「十四五」国家重点图书出版规划项目

国家社会科学基金重大项目「中国近代日记文献叙录、整理与研究」（项目编号：18ZDA259）阶段性研究成果

中国近现代稀见史料丛刊 【第十辑】

三十八国游记（上）

胡石青 著

张剑 徐雁平 彭国忠 主编

庄煦 周琪瑛 整理

本辑执行主编 张剑

凤凰出版社

图书在版编目（CIP）数据

三十八国游记 / 胡石青著；庄煦，周琪瑛整理. --
南京 ：凤凰出版社，2023.10
　（中国近现代稀见史料丛刊. 第十辑）
　ISBN 978-7-5506-3994-2

　Ⅰ. ①三… Ⅱ. ①胡… ②庄… ③周… Ⅲ. ①游记－
世界 Ⅳ. ①K919

中国国家版本馆CIP数据核字(2023)第179209号

书　　　　名　三十八国游记
著　　　　者　胡石青 著　庄　煦　周琪瑛 整理
责 任 编 辑　李相东
特 约 编 辑　张淑婧
装 帧 设 计　姜　嵩
责 任 监 制　程明娇
出 版 发 行　凤凰出版社(原江苏古籍出版社)
　　　　　　　发行部电话025-83223462
出 版 社 地 址　江苏省南京市中央路165号,邮编:210009
照　　　　排　南京凯建文化发展有限公司
印　　　　刷　江苏凤凰通达印刷有限公司
　　　　　　　江苏省南京市六合区冶山镇,邮编:211523
开　　　　本　880毫米×1230毫米　1/32
印　　　　张　31.125
字　　　　数　809千字
版　　　　次　2023年10月第1版
印　　　　次　2023年10月第1次印刷
标 准 书 号　ISBN 978-7-5506-3994-2
定　　　　价　188.00元(全二册)
　　　　　　　(本书凡印装错误可向承印厂调换,电话:025-57572508)

存史鑒今　袁行霈題

袁行霈先生題辞

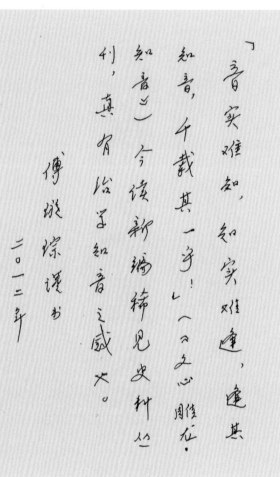

「音实难知，知实难逢，逢其
知音，千载其一乎！」（《文心雕龙·
知音》）今读新编稀见史料丛
刊，真有始觅知音之感矣。

傅璇琮谨书
二〇一三年

傅璇琮先生题辞

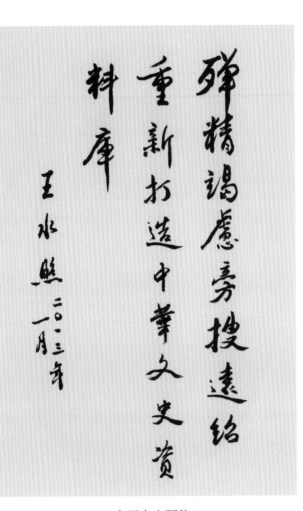

殫精竭慮旁搜遠紹

重新打造中華文史資

料庫

王水照　二〇一三年一月

王水照先生题辞

胡石青像，载《焦作工学生》1933年第2卷

《胡石青先生题辞》，载《焦作工学生》1933年第2卷

胡石青题《河南博物馆馆刊》刊名

胡石青著

三十八國遊記 上

開封開明印刷局代印

1933年开封开明印刷局代印《三十八国游记》封面

《中国近现代稀见史料丛刊》总序

在世界所有的文明中，中华文明也许可说是"唯一从古代存留至今的文明"（罗素《中国问题》）。她绵延不绝、永葆生机的秘诀何在？袁行霈先生做过很好的总结："和平、和谐、包容、开明、革新、开放，就是回顾中华文明史所得到的主要启示。凡是大体上处于这种状况的时候，文明就繁荣发展，而当与之背离的时候，文明就会减慢发展的速度甚至停滞不前。"（《中华文明的历史启示》，《北京大学学报》2007 年第 1 期）

但我们也要清醒看到，数千年的中华文明带给我们的并不全是积极遗产，其长时段积累而成的生活方式与价值观具有强大的稳定性，使她在应对挑战时所做的必要革新与转变，相比他者往往显得迟缓和沉重。即使是面对佛教这种柔性的文化进入，也是历经数百年之久才使之彻底完成中国化，成为中华文明的一部分；更不用说遭逢"数千年来未有之变局""数千年未有之强敌"（李鸿章《筹议海防折》），"数千年未有之巨劫奇变"（陈寅恪《王观堂先生挽词序》）的中国近现代。晚清至今虽历一百六十余年，但是，足以应对当今世界全方位挑战的新型中华文明还没能最终形成，变动和融合仍在进行。1998 年 6 月 17 日，美国三位前总统（布什、卡特、福特）和二十四位前国务卿、前财政部长、前国防部长、前国家安全顾问致信国会称："中国注定要在 21 世纪中成为一个伟大的经济和政治强国。"（徐中约《中国近代史》上册第六版英文版序，香港中文大学 2002 年版）即便如此，我们也不能盲目乐观，认为中华文明已经转型成功，相反，中华文明今天面对的挑战更为复杂和严峻。新型的中华文明到底会怎样呈现,又怎样具体表现或作用于政治、经济、文化等层面,人们还在不断探索。这个问题,我们这一代恐怕无法给出答案。但我们坚信,在历史上曾经灿烂辉煌的中华文明必将凤凰浴火,涅槃重生。这既是数千年已经存在的中华文明发展史告诉我们的经验事实,也是所有为中国文化所化之人应有的信念和责任。

不过,对于近现代这一涉及当代中国合法性的重要历史阶段,我们了解得还过于粗线条。她所遗存下来的史料范围广阔,内容复杂,且有数量庞大且富有价值的稀见史料未被发掘和利用,这不仅会影响到我们对这段历史的全面了解和规律性认识,也会影响到今天中国新型文明和现代化建设对其的科学借鉴。有一则印度谚语如是说:"骑在树枝上锯树枝的时候,千万不要锯自己骑着的那一根。"那么,就让我们用自己的专业知识与能力,为承载和养育我们的中华文明做一点有益的事情——这是我们编纂这套《中国近现代稀见史料丛刊》的初衷。

书名中的"近现代",主要指 1840—1949 年这一时段,但上限并非以一标志性的事件一刀切割,可以适当向前延展,然与所指较为宽泛的包含整个清朝的"近代中国""晚期中华帝国"又有所区分。将近现代连为一体,并有意淡化起始的界限,是想表达一种历史的整体观。我们观看社会发展变革的波澜,当然要回看波澜如何生,风从何处来;也要看波澜如何扩散,或为涟漪,或为浪涛。个人的生活记录,与大历史相比,更多地显现出生活的连续。变局中的个体,经历的可能是渐变。《丛刊》期望通过整合多种稀见史料,以个体陈述的方式,从生活、文化、风习、人情等多个层面,重现具有连续性的近现代中国社会。

书名中的"稀见",只是相对而言。因为随着时代与科技的进步,越来越多的珍本秘籍经影印或数字化方式处理后,真身虽仍"稀见",化身却成为"可见"。但是,高昂的定价、难辨的字迹、未经标点的文本,仍使其处于专业研究的小众阅读状态。况且尚有大量未被影印或数字化的文献，或流传较少，或未被整合，也造成阅读和利用的不便。因此，《丛刊》侧重选择未被纳入电子数据库的文献，尤欢迎整理那些辨识困难、断句费力、衷合不易或是其他具有难度和挑战性的文献，也欢迎整理那些确有价值但被人们习见思维与眼光所遮蔽的文献，在我们看来，这些文献都可属于"稀见"。

书名中的"史料"，不局限于严格意义上的历史学范畴，举凡日记、书信、奏牍、笔记、诗文集、诗话、词话乃至序跋汇编等，只要是某方面能够反映时代政治、经济、文化特色以及人物生平、思想、性情的文献，都在考虑之列。我们的目的，是想以切实的工作，促进处于秘藏、边缘、零散等状态的史料转化为新型的文献，通过一辑、二辑、三辑……这样的累积性整理，自然地呈现出一种规模与气象，与其他已经整理出版的文献相互关联，形成一个丰茂的文献群，从而揭示在宏大的中国近现代叙事背后，还有很多未被打量过的局部、日常与细节；在主流周边或更远处，还有富于变化的细小溪流；甚至在主流中，还有漩涡，在边缘，还有静止之水。近现代中国是大变革、大痛苦的时代，身处变局中的个体接物处事的伸屈、所思所想的起落，借纸墨得以留存，这是一个时代的个人记录。此中有文学、文化、生活；也时有动乱、战争、革命。我们整理史料，是提供一种俯首细看的方式，或者一种贴近近现代社会和文化的文本。当然，对这些个人印记明显的史料，也要客观地看待其价值，需要与其他史料联系和比照阅读，减少因个人视角、立场或叙述体裁带来的偏差。

知识皆有其价值和魅力，知识分子也应具有价值关怀和理想追求。清人舒位诗云"名士十年无赖贼"（《金谷园故址》），我们警惕袖手空谈，傲慢指点江山；鲁迅先生诗云"我以我血荐轩辕"（《自题小像》），我们愿意埋头苦干，逐步趋近理想。我们没有奢望这套《丛刊》产生宏大的效果，只是盼望所做的一切，能融合于前贤时彦所做的贡献之中，共同为中华文明的成功转型，适当"缩短和减轻分娩的痛苦"（马克思《资本论》第一卷第一版序言）。

　　《丛刊》的编纂，得到了诸多前辈、时贤和出版社的大力扶植。袁行霈先生、傅璇琮先生、王水照先生题辞勖勉，周勋初先生来信鼓励，凤凰出版社姜小青总编辑赋予信任，刘跃进先生还慷慨同意将其列入"中华文学史史料学会"重大规划项目，学界其他友好也多有不同形式的帮助……这些，都增添了我们做好这套《丛刊》的信心。必须一提的是，《丛刊》原拟主编四人（张剑、张晖、徐雁平、彭国忠），每位主编负责一辑，周而复始，滚动发展，原计划由张晖负责第四辑，但他尚未正式投入工作即于 2013 年 3 月 15 日赍志而殁，令人抱恨终天，我们将以兢兢业业的工作表达对他的怀念。

　　《丛刊》的基本整理方式为简体横排和标点（鼓励必要的校释），以期更广泛地传播知识、更好地服务社会。希望我们的工作，得到更多朋友的理解和支持。

2013 年 4 月 15 日

前　言

　　胡石青(1880—1941),名汝麟,字石青,河南通许(今河南省开封市通许县)人。少孤失怙,由母教养,延师就读于家塾。光绪二十五年(1899)中秀才。1903—1906 年就读于京师大学堂。1913 年当选为国会议员,尽识海内名流,与梁启超等友善。1926 年任北洋政府教育部次长。1928 年任华北大学校长。1929 年与房达三、刘雪亚、马凌甫、王幼桥等办平民大学。1934 年任河南通志馆总纂兼河南大学讲座。长期担任焦作中原煤矿企业总经理,晚年任国民参政会参政员等职。四十岁以前崇尚人类主义,游历诸国过程中思想发生转变,认为人类主义不能适应中国国情,改造中国之根本方策应为普产主义,著有《普产主义大纲初草》。除此之外,其著作尚有《三十八国游记》《人类主义初草》《产业论》《欧战后各国新宪法之特质》等。其子胡乾善,是我国著名工程力学教育家和振动专家。

　　1921 年胡石青自费出国游历,考察各国情形,《三十八国游记》为其出国旅行之实录,分上下两册,是严格的日记体,起于 1921 年10 月 22 日,止于 1924 年 6 月 22 日,历时二年又八阅月。期间历朝鲜、日本、檀香山群岛、美国、加拿大、墨西哥,再经南美诸国如古巴、巴拿马、秘鲁、智利,又过欧洲,最后于 1924 年抵越南,再由香港返程。胡石青此次虽是私人游历,但也颇受政府关照。拟出游前,大总统徐世昌派朱锲林询问其行况,拟赐赆,然胡石青全谢之。胡石青所持乃外交护照,在国外多有驻外使馆接待,为其介绍当地情况及政府要员,于参观国会、考察政治情形等事亦多便利。

　　胡石青出国考察颇受同时代游历家的影响。如他在日记中自述,其赴南美游历实则是因"在胡炜基君室中,见有黄君游历南美调查记,不觉心动,欲赴南美一游也"。另如,日记中记载其在俄国考察所得新闻甚多,且为其他游历家所未发表者。由此可知,胡石青出国游历之前已大量阅读游历日记,为其考察作准备,《三十八国游记》中所记内容也有许多其他游历日记中未曾涉及的。

胡石青一生抱负所在乃兴办教育、振兴实业、改良政治,晚年投身抗战建国之伟业。教育、实业、政治也正是他出国游历考察的重心,因此《三十八国游记》所涉各国教育、经济、政治、历史、文化篇幅极多。胡氏在游历期间于以上各问题处处留心,务求穷其源、推其本。教育是胡石青考察的重点,因其当时正有兴办大学的准备。他考察了京都大学、斯坦福大学、麻省理工学院等著名院校,并且访问了各国教育界人士,请教学校设置、经费、男女比例等相关问题。经济方面,胡石青十分重视实业,考察了日本造纸厂、夏威夷制糖厂、美国福特汽车厂、德国克虏伯钢铁厂、丹麦嘉士伯啤酒厂等各国实力强劲的老牌工厂,对工厂选址、原料来源、机器运作、工人生活等各个方面进行了全方位考察记录。日记中还考察了日本国力增强的原因、德国战后经济恢复的情况、秘鲁全国交通权和经营状况、墨西哥文明消歇的原因、俄国共产主义的施行情况等等,分析强国之所以强盛,弱国之所以弱小,探索改造中国的可行之路。胡石青特别留意和中国在世界所处国际地位近似的国家,进而在日记中展现了世界上被压迫国家、弱小民族的生活现状,借以提高国人在当时世界局势下的危机意识。日记中也展现了胡氏个人思想在游历见闻的影响下从推崇"人类主义"向"国家主义"的转变。

在游历过程中胡石青交游甚广,其中不乏政界要人、知名学者,除此之外当地的华人华侨、贩夫走卒、老弱妇孺,其言谈在日记中都有记载。这些都是理解当时各个国家的政治情形、学术风气、生活文化等情况的生动而具体的历史史料。日记在宏大的历史走向下展示了个体生命的悲欢离合,从中多可窥见彼时彼地彼人的真实处境与思想。另外，胡石青在国外与中国留学生交往甚密，这对于了解中国留学生的留学生活也大有助益，其交游中较有名望者有冯友兰、康白情、曹理卿等。

《三十八国游记》文采颇佳。胡石青游历世界的胜景古迹，留下多篇诗作，其文字简洁古雅，在考察之外，也记载了作者的游情、乡情和襟怀抱负，读起来兴味盎然。文中也时常流露出胡氏虽忧患加身，仍以之自励自勉的中国传统士大夫精神。

《三十八国游记》整体为游历时所记，该书在1933年出版。出版之前，胡石青在已有内容的基础上增补了对朝鲜、日本、墨西哥、加拿大等地的观察谈。增补内容意义重大，除胡石青对十多年来时局变迁的观察外，另有其对日记内容的总括及发挥，从民族兴衰及其政治、经济现状方面，对各个国家进行全盘介绍与分析，并借以为中国未来发展的参考和警示，更能见作者著书的心血。

本书的整理，以1933年开封开明印刷局代印初版本《三十八国游记》为底本。在此版本之前，游记中部分内容曾在民国时期的报刊中发表。胡石青于旅途中所记日记，校正后即寄回国内，登载于《新中州报》，这使得游记还具备了报告文学及时性的特点。目前在河南大学"新中州报图像数据库"中可看到1923年和1924年《新中州报》刊载的部分游记内容。此外，1924年《晨报副刊》曾连载《南美汗漫录》；1927—1928年《新国家》曾连载《游希拉日记》《游土尔基日记》《由地中海赴埃及日记》《游意大利日记》。其部分内容与此后的开明印刷局本有差异。

本书附录郭豫才所撰《胡石青事迹闻见录》。1941年胡氏逝世不久，郭豫才受胡氏友人杜扶东、张君劢等的嘱托，在重庆撰写出《胡石青先生年谱初稿》，此为《胡石青事迹闻见录》原题。后郭豫才对初稿稍加订补，改用现题发表。经过"文化大革命"，胡石青的日记、书信及著作手稿已全部丧失，《胡石青事迹闻见录》成为研究胡氏生平的珍贵资料。《胡石青事迹闻见录》的整理以1988年11月中国人民政治协商会议河南省委员会文史资料委员会编辑出版的《河南文史资料》第28辑所收版本为底本。除此之外,1943年《再生》第87期刊载有郭豫才所撰《胡石青先生年谱》,可看作《胡石青事迹闻见录》的缩略版。本期《再生》亦为纪念胡石青专刊,胡石青友人王幼侨、张君劢、周久安等皆撰文追念。

　　本书的整理得益于诸多师友的教导和帮助。感谢郭豫才先生的外孙刘跃令老师对本书出版的大力支持。感谢张剑老师的信任,给予我们这次难得的机会。在整理校对《三十八国游记》期间,李芳老师提出了很多宝贵意见,并时时敦促该书的整理工作;郜同麟老师在我们识别文字的过程中也提供了不少帮助。在《中国社会科学》杂志资料室老师们的帮助下,我们也得以从容地查阅底本;又蒙本书责编李相东老师、张淑婧老师细心校订,指瑕匡谬,使本书增色不少。在此一并致谢。

　　限于整理者目前的能力,本书的整理一定还存在诸多不足之处,恳请诸位方家批评指正。

校订条例

1. 底本中出现的错讹，修改后出注说明，例如"王搏沙"改为"王抟沙"；同一错讹重复出现者，仅在首见处出注说明，其余径改，不再出注；疑误而不甚确定者，保留原文并出注说明。

2. 底本中异体字径改为规范汉字，不另出注说明。例如"並"改为"并"。

3. 底本中出现与当今用语习惯不同之处，修改的情况出注说明。例如"守财虏"的"虏"，是否改为"奴"；"境色"的"境"，是否改为"景"。修改原则是：词汇放在文中理解时不致产生歧义，则不改，尚可保留民国文字语言的特点；若理解时会产生歧义，改动并出注，如"敝衣妬面"改为"敝衣垢面"。

4. 底本中标点断句多有误，径改。

5. 底本中语句不甚通顺但不影响文意理解之处，保留原文，例如"余近日比较的觉中国政治，甚关重要"。

6. 底本中外文多谬误之处，处理方式为：保留原文，错讹或有疑之处，皆出注改正；不确定者暂不作改动。

7. 底本中不清晰的地方，可由残缺字形或上下文推测者，补全并出注；无从所知、不可推测者，以"□"表示。

8. 底本中多有前后同一个人名、地名等表述不一致的情况，明显为同一个人名而前后表述不一时，作统一处理；前后不一致的地名不作统一处理。

9. 底本中存在多处系明显错讹者，如日期、序号、衍字等，径改。

10. 底本中目录与正文内容不合者，从正文径改。

11. 底本中部分表格数据存在问题，现统一保留原样不作处理。

目　录

三十八国游记上册

---

① 原文作"参加"。

---

　　① 原文作"班"，下文皆同。

三十八国游记下册

---

① 原文作"塔"。

_____

① 原文作"缅匈",下文同。

4. 出城游姐岸

5. 参观博物院

6. 小书摊上之书目

三十八国游记上册

第一　朝鲜

（自民国十年十月二十二日至二十七日）

民国十年十月二十二日

行程　晚八时十分，自北京登京奉车，经天津，天晓至山海关。

会晤　在京城前门站。送行者：浙江王幼山，安徽孙焕庭，贵州李藻孙，江苏宝山朱经农，湖南舒新城，山西刘芙若，直隶戴惟吾，同乡吴式湘、朱铁林、王月波、王赞岑、刘景伊、王翼周、王尧夫、吕文郪、郭芳五、孟剑涛、张秋言、陈子衡、陈友仲、陈子猷、李子中、王新铭、吕祗泉、赵安民、马振寰、王寰五、傅佩青、郭润生、陈仲三、王抟沙①、其子仲孚、婿孙君，及余表弟②李九如、余子乾善。

又同县王苍瞻、娄耀亭、刘允言，此外尚有数友，一时不能忆之，

---

①　原文作"王搏沙"，"搏""抟(摶)"形近致误，后文多处可见"王抟沙"之名，此人为近代教育家、实业家王敬芳(1876—1933)，字抟沙，河南巩县人，清末举人，曾留学日本，与胡氏往来甚密，详见《胡石青事迹闻见录》。

②　原文作"第"。

俟补记。

在津送行者：新会梁任公、四川蒲伯英、广东杨鼎甫。

谈话　舒新城约余为《教育杂志》作文，伯英约余为《晨报》通讯，任公约余为《晨报》《时事新报》通信，并箴余精神宜集中，所研究者，以范围愈狭愈好，博则必不专也。

感想　余此游所欲调查及研究者，种类太夥，恐精力断不能给，深以任公之言为然。但余向爱为广泛之构思，而少专一之研究，今欲小其范围，竟不能自定所取舍，睡时熟计，至不能寐。因念素喜睡时构思，良不适于卫生，今欲改良生活，先与自约，睡时不得冥想，乃寐。

十月二十三日

行程　自山海关经奉天历一昼夜至安东，在奉天改乘安奉车，时下午八时。

通讯　致李九如信一封，言兰、封、杞县荒地事，致杜荫南一信，抄寄抟沙送别诗。

闻见　辽河一称浑水，多沙，其流域亦多沙。然南满地甚膏腴，视黄河两岸沙地迥异。盖因黄河时决口，每百年必输新沙于平原。辽河身低，虽或泛滥，究不能横决，故其沙皆远年所淤，今已化为沃土。黄河能有根本治法，使永不决口，两岸黄沙，岂终不毛耶？

十月二十四日

行程　晨五时，至安东，入朝鲜铁道，并不换车，历平壤、仁川等处，至汉城下车。

会晤　甲阳商会机械部主任 C. S. Crowe，坎拿大人，甲阳商会英名 Koyo Engineering Company。高丽人李丙熙（P. H. Lee.），Rising Sum Petralum Co.①之办事人。

闻见　拂晓渡鸭绿江，宽约里许，水作碧色，天然风景极佳。过

---

①　此处疑为 Rising Sun Petroleum Co. ，即旭日石油公司（日企）。

此即高丽境,其农产物如秫谷(即高粱①、小米)、蔓菁(即菜冬,可食其根,春花夏实,可制油)等,与中国北部无异。多水处种稻。树木,山上多矮松,道旁除新植之德国槐外,以小叶杨及柳为大宗。耕地纯用黄牛,其风物最有异彩于视官为特别之刺激者,即男女皆着极长之白色衣,女子并着白冠,或以白布缠头。男子仍多戴乌纱帽,其农人着短衣,远观之与中国北方农人无别,惟上衣直领,下衣稍宽,鞋旁较低耳。北部无山之处甚少,地无大树,而山下亦无多沙,必其处古无烧山之习也。火车自安东至汉城,山峒几至十处,而工程甚佳,乘之无所苦。山多红叶矮树,覆于短松之下,艳红铺地,上覆翠盖,为景殊幽艳。道旁有标明名胜地者,如青龙园、正方山、太平山地等,不能下车往视,亦不知其风景如何也。

谈话　柯朗(Crowe)谓彼公司以三人合资组成,日本人一,坎拿大人二,彼即二坎人之一也。高丽如此等公司,并不甚难成立,日本之限制,亦不甚严。但高丽人则多作农人,近来东方会社(Oriental Company)为日人所组之公司,收购高丽人土地甚多,其将来农业之命运如何,亦不可知也。李丙熙谓彼甚愿出国一游,但不能得护照。余叩其原因,彼谓难言之也。余询彼识赵国光否?彼云乃其至熟之友。安东以北铁路上,纯用日语,间可杂之以华语,至朝鲜则华语全无,余不能日韩语,除用英语外,不能谈话,甚苦也。

高丽旧都开城,在汉城北百余里,城北有南北车道,颇坦直。柯朗(Crowe)语余,此名北京路(Peking Road),昔日高丽京城入北京之官道,可乘马车,直达北京。农村生活极简陋,屋覆草,且矮,无院墙。农事上亦不甚精进,因其陇宽而不匀也。钯锄亦不勤,故陇多土块。

住宿　晚宿朝鲜旅馆,为铁道会社所开,住法分欧美二式:欧式只有房费,饭钱另计;美式房饭合计,不食亦不退钱也。

---

① 原文误作"梁"。

十月二十五日

访晤 访中国总领事马拱宸廷亮,广东人,前曾为此地领事数年,去年又回任。余与彼不识,往访时,送护照与阅,借作介绍。

又访商会驻会书记王翰辅,山东人,其会长李书蕡,山东人,副会长谭杰生,广东人,均不在会。韩人金芸圃君来,导余参观专门工业学校,彼供职中国领事馆,马领事派其来者。

参观 专门工业学校,为中央试验所所改组,学生二百一二十人。内分窑业科、造纸科(原料用楮皮,造高丽纸)、丝织科、应用化学科、木工科、金工科。校址宽敞,房舍亦尚宏适,各室相距不甚近,中莳花木,颇清幽。由校内书记招待,因现值假期,其他职员均不在校也。李君招待殊简疏。

谒吴武壮公祠,公讳长庆,字小轩。原任广东提督,光绪八年,韩京兵变,奉诏统登州六营,来镇是邦,乱平未妥牵一人,韩国上下交感之,依为长城,又三年卒于军。祠为卒时由韩廷向中朝奏请敕建,韩并,日人欲废之,时马拱宸充任领事,力争辍议。民国成立,项城跻总统,题额悬祠,额云"怆怀袍泽",末署"中华民国元年袁世凯敬题"。另有光绪十一年吴北有、朱光民、黄仕林、方正祥、张光前、郭春华等题联额,皆吴公部属,项城亦列名在内,并署门生二字于上。旁有幕吏部将题名碑,第一人即优贡生江苏通州张謇,即张季直;项城则营务处候补同知也。

十月二十六日

晨乘汽车约金芸圃同往昌庆宫,另详记。

游朝鲜昌庆宫补记:

昌庆宫,韩前王三宫之一也,其他二宫,一庆福宫,为日人没作他用;一长德宫,即废王现所居者,故皆不能游。余过韩时经马领事介绍,得游昌庆,风景甚佳,余之兴趣亦极浓,以行色匆匆,未为记,今已多遗忘,及此不补,将沉淀于脑海最下层,永不得复现矣。

宫居城之偏北中部,宫门如中国式较小,然壮丽可观,门旁悬黄松木牌一,上书"李王家博物院"六字,壮严全失矣。盖宫之正面殿庑,日人改为博物院也。此部分任人观,无禁,余等入门,先越左庑,至一便殿,有人招待。再越数廊,至御苑,今称李王花园。

园内通长德宫,故此方门常闭,请于王乃得启。门内外皆古木,苍翠可爱,以一栏限之,以为博物院之界,非其本有也。入门先至一温室,室西洋式,中蓄暖气,四时有新鲜花草,金君极称此室之妙,余视之殊淡然,以其无高丽风味,更不足见中韩历史上之关系也。出温室,至演庆堂,堂五楹,为中国翚飞式建筑,然檐柱较低,以韩俗仍席坐,殿阶亦然也。金君云此为二百年前某王所建。绕堂之左,至宙合楼,遇学生数十人,询之,知系某道教官学校毕业,由日本总监介绍来观者,王亦派人导之。余游宙合楼,适与遇。楼五楹二层,三百年前建。中陈几帐,王犹时临幸焉。至楼后,下有池,无水,各生皆入池,向一面立,若有共同动作者,余立而俟之,王之导者,为演说楼之历史,及王现在来楼时之情状,诸生皆静默,不一语,似有所感者。盖每至一处,导者必示之以词,亦常事也。而引学生来游之日本教员,旁立若深厌之者。过宙合楼,地势渐高,盖此城四面山势环抱,仅东南一方为平原,中北部山势未尽,耸起作小峰,在两宫之间,昔王因之以筑御苑,故景物清胜。将至山崖,有泉涌出,不甚大,名药水泉,谓饮之可疗疾。泉上有亭,八角,面山处古木障之,森森有龙蛇气。亭有联云:"龙蛇乱获千章木,环佩争鸣百道泉。"亦纪实也。过亭登山,蹭蹬宛延,万松竞秀,清荫袭人。出松林,有曲廊数事,廊端有亭,额曰"翠寒",联云:"一庭花影春留月,满院松声夜听涛。"其他联语尚多,不能记矣。再行又至山下,有流泉,有荷池,有临水曲榭,榭下系小艇一二,似久无人乘者。由此又折过太和亭,经长乐门,至拱宸[①]门,多有楼宇,不能详记,记其二联云:"画阁条风初拂柳,银塘曲水半含苔。""绝壁过云开锦绣,疏松滴水奏笙簧。"出拱宸门,转至宫之正面,

---

① 原文作"辰",而下文作"宸",疑为笔误,据下文改。

入博物院之范围矣。正殿二：一曰养和堂，前王听政之所也；一曰明政殿，受贺之所也。曰通明殿，曰景春殿，曰欢庆殿，皆便殿也。殿皆中国式。金君云：建筑时，派员至北京绘图。然檐亦较低，殿内全陈高丽古物，前院两庑，陈前王仪仗，如"允执厥中""绥予一人"等匾额，皆独立时代之纪念物，如"教受见来客不起""非先生不入"之长额，为当时内阁办公室所悬。教受即奉旨意，先生指有职官者，此当时行政上之纪念物也。两庑中，西面陈石器、铜器，东面陈动物标本，有焚琴煮鹤之叹矣。更有一物足为高丽独立之纪念，使余不易遽忘者：韩前皇今称李太王，华城将台手题之诗，今亦悬诸宫内，为博物品之一也。其诗云："拱卫斯为重，经营不费劳。城从平地回，台倚远天高。万垛规模壮，三军意气豪。大风歌一奏，红日在征袍。"朝鲜自箕子分封，为我藩属，垂三千年，朝代虽有改易，皆奉中国政朔。前皇际我国国势不振，日兵寇我得胜，受其保护独立，改迎恩门为独立门，兴学练兵，骎骎有自强之势。前所录，即其大阅时诗也，意势豪纵，有王霸气概。未几日又胜俄，遂为所并，且废皇而立其子，即李王也。王怯无能，故日人利用之，皇有次子英迈，学于日本，皇属望最切，思乘机责以恢复之业。前年日政府强以其皇室女妻之。皇闻而号曰：吾子孙血统，乃乱于倭奴，万劫且不覆矣！痛哭呕血，旋薨。皇亦一代之雄，末路如此，游其故宫，览其遗诗，不禁流连三叹焉。

午约金君及商会会长李书冀、书记王翰辅同餐于大观园中国馆也。烹调殊佳。

下午访李书冀于其肆，字号裕丰德，并再询此间商业情形。

赴马总领事处辞行，并略谈。归旅馆整行装。下午七时十分赴釜山，李书冀、王翰辅到站送。

十月二十七日

晨六时，到釜山，为一面东之海港。三面皆山，南北相距，约不到十里，东西较长，港口南北二山相距里许，铁道似系自港西北穿山来，倚北岸为站，站以人工筑成，插入浅水中，与墩船相衔接，舟车交换极便。此天然佳港，加以新式建筑，令人生羡。中国非无良港，非已租于他国，即尚未修治，深可浩叹。将出港，两岸山渐峭，入海后，余势作小岛，自水中突出，如长江中之小孤山者，北约五六，南一，真奇景也。

附朝鲜最近观察谈

吾生平未出国门一步，此次为第一次出游，朝鲜为游程中第一国，匆匆三四日，不能多所观察，然感想则极复杂，其约略可举者：

1. 朝鲜旧属中国，中日甲午战后，脱离中国，虚拥独立之名，日俄战后，归日本保护，派统监治其国，旋为日本所并，设总督治之，故朝鲜之应为一国历史上、地理上之名词，非国际上之名词也。吾读近代史，对于国家存废，得二公例：其一，凡具悠久之历史足以长植其国民性，使独立不拔者，无论其以何原因，及亡国经若干年，终必有恢复国权、宣告独立之一日，如：希腊、罗马尼亚、芬兰、波兰、捷克，其例甚多。在巴尔干战争以前，无人能预言希腊等国能独立者，在欧洲大战以前，无人能预言波兰等国能独立者，待时会一至，历史上所酝酿之战争爆发，所谓强大国家，平日专以支配弱小国家，甚至吞并弱小民族者，方竭其全力，互相火拼，胜败所分，足以决定其国运，故凡足以弱敌方之势力者，彼皆视为自身之利益，而被压迫或被灭亡之弱小民族，向为各强所视为俎下鱼肉者，在此战争紧急之时，往往被甲强允许以自治，乙强又准许以独立，使其善己，而不为敌方所利用，于是被压迫之国家，被吞并之弱小民族，或因而恢复主权、恢复国家，此公例也。其二，弱小民族其国家为人所并者，非乘国际有大规模之战争，列强利害完全处互相冲突之地位，则独立永无恢复之望，盖弱小国家之所以亡，以其知识之低下，经济之落后，武力之不振，政治之组织不良，事事处于劣败地位，不能与强国争。所谓强国者，则必学术较为昌明，经济较为发达，军备较为充实，政治组织较为强固，弱国被之灭后，其教育、其经济无不操之强国之手；其军事、政治则完全解散而归并于强国组织之内，故专以灭国者与被灭者两国单独关系论之：弱者愈弱,强者愈强,被亡者永无恢复之望,此又一例也。朝鲜历史之悠久,在日本以上,其民族性受涵养于悠久历史之中,决非短期所可消灭,由第一例言之,则迟早必有独立之一日。日本并韩后,吾尝考其预算,其警察费常超过于教育费数倍,教育费少,则人民之知识无从提高。警察费多,则人民之行动毫无自由。是以三十年来,朝鲜人对日本之反抗,前仆后继,无时或已。然终不能成功,则第二公例有以限制之也。自九一八后,日人以暴力劫吾东北四省,创造伪组织,命以满洲国之名,以欺骗全世界各国,至此中日之关系日恶,而欧美各国对于日本之毁废盟约,蔑视列强,亦不愿忍受,则此后吾东北四省能否恢复,与朝鲜之能否独立,将构成连带关系,决其命运于世界将来之大战。

2. 方吾游韩时,韩国志士有意恢复祖国者,约可分为三派:一曰王派,又名亲华派,多为与王室有关系及有科第者,仍欲奉李王为共主,取消日韩合并之约,以复旧观。然其人多半年事已长,多议论而少行动。二曰共和派,亦名亲美派,其中颇多美国留学生,美国基督教所设学校中之学生亦不少,羡慕共和政体,总拟仿照美国独立,以建立共和政府,亦时有在上海组织临时政府之预备。三曰共产派,亦曰亲俄派,多亡命俄国者主之,其初人数不甚多,自俄国革命成功后,倾向之者渐多,其势或将日张。余游朝鲜,今已十二年,其第一派之老辈,强半凋谢,今想已不能成军矣,而第二第三两派,亦各意见纷歧,内讧剧烈,不能为举国一致之团结。最近亲日派产生,且有向日本请求允予自治如加拿大与英帝国者,此派人直伤心病狂不明事理者也。日本之对朝鲜,远不如英国之对印度。甘地昌言抗英数十次,每度绝食,英政府必表示退让,以全其生命,不肯居杀复国志士之名也。鲜人抗日入狱者,其行动远不如甘地抗英次数之多,其宣告死刑者无论矣,而狱中自杀在半,官报上发表者,年来不知凡几。英人不肯居杀复国志士之名,而迄不允印度之自治。朝鲜人乃欲向骈诛复国志士之日本政府求自治,此必不可得之数也。

3. 日本大陆政策，以朝鲜为第一步，以南满为第二步。自军事言之，在经营大陆之前，必先以朝鲜为根据地。自经济言之，则所谓南满集中政策，及两港两线政策，所以谋囊括东北利权，操纵其生产及市场，无一不以朝鲜为出发地(注一)①。其政策之最毒辣而无人道者，第一步以经济力压迫朝鲜人迁移入吾东北境内，不但延吉一带人口比例鲜人常居半数以上，即南满路延线各市镇及吉黑两省农村中，殆无处不有韩人足迹。吾游朝鲜时，其人民侨居吾东北者，不过三四十万，吾教授东北大学时(民国十七年)其数乃至六七十万，近来殆超过百万。第二步鲜人既被经济力压迫移入吾疆土后，日本又以外交力量，诱迫韩人处处与中国人为难，扰乱东北之农村组织，故韩侨与吾国农民冲突之事件随时发现，无地不有，万宝山之案特其荦荦大者。东北纵不被占据，经济大权亦处处受制于日本，返观韩国境内，基本财产强半流于日人之手，游韩时与甲阳商会经理加拿大人C. S. Crowe 谈，彼谓：工矿重要营业多操之日人手中，又组织东方拓殖会社，正进行收买韩人之农田。今据英人出版之政治年鉴②所调查，韩人土地现入日本人手中者，截至一九二九年，已将及农田总额之半数。查朝鲜共有农田一〇七六三三一九英亩(注二)③，日本地主，平均每户有农田五十二英亩，残余之朝鲜地主，每户平均尚不及四英亩，循此例推之，日本之资本家，非吸尽朝鲜农田不可。朝鲜农田在吸收过程中，以新式耕种机器代替人力，则朝鲜之广大劳动民众，不但夷为无产阶级，且将陷入失业状态，二十万之可怜民众，其势

---

①　原注：两港，一为大连，一为青泾军港。日本初经营满洲时，以大连为中心，以南满路为吸收机关，名为大连集中政策。其后以南满全路为中心，多修支路以为吸收机关，名曰南满集中政策。近数年来，一面经营南满路，一面开青泾军港为商埠，夺取会宁至吉林铁路建筑权，并西伸至洮南以与中东路平行，以囊括东北经济利权，名为两港两线政策。

②　原文误作"舰"。

③　原注：一英亩合中国二百四十号之官亩二亩六分。

非有千万以上移入中国境内将无以延续其奴隶牛马之生命矣！而吾东北骤然增加暴力压迫诱惑下之外来民众，则全盘经济机括，非被此突来之外力，摇动其基础、破坏其组织不止。而日本乃思乘摇动、破坏之后，一手遮天而另行组织之。吾书至此，为韩人哭！为中国人哭也！

4. 日本之初并朝鲜也，旅韩日人仅上层组织之少数人与派遣之军队耳。三十余年政治上统驭之力量，已招徕有五十万日本人，遍布朝鲜全国，其分布之比例，有足使吾人之注意者。查五十万日本人与人口总额二千万之比，仅占百分之五；汉城（首都）三十四万人口中，日本居九万三千余；佛山十二万人口中，日本人居四万三千余；Tar-ku① 九万五千人口中，日本人居二万八千。此各大城者，朝鲜政治组织交通之中心也；此各中心点中，日本人口殆居总额百分之三十以上。此后朝鲜人之仍未被压迫逼入中国境内者，将沉淀下层中服惨苦之劳役，日本人则永操城市之上层组织，行使其政治力、军事力、经济力乃至一切力的超越无上之统治权，韩人其永劫不复乎？抑在今日之高踞上层组织者，亦将颠越崩溃之虞乎？请俟事实证明。

廿二年九月卅日

---

① 此处疑为 Daegu，即大邱市（韩国）。

第二　日本

（自十年十月廿七日至十一月十一日）

十月二十七日

出朝鲜釜山港，水天一色，浩渺无际，舟行与水浪相激，雪花翻涌,与深碧之浪纹相出没,为生平所未见。天晴无风,然浪渐大,头晕,回舱呕一次。早餐用少许,中餐未进。近日本岸浪小,又出立舱面上四望,目界内殆皆有岛,岛仍作山形,如不下视,方疑为平地看山也。五时抵下关,日语呼之为希毛奴司奇(Shemanoseki①),殊不便于记忆。登岸至一小肆晚餐,下女不解英文,一餐者有时代为译,余称谢。七时十分钟,又登车赴京都,先为胡海星发一电。海星余友,海门之弟也。

十月二十八日

晨六时醒,在车中向两旁眺望:远山尽绿,黄云覆畴,盖木叶未黄,秋禾未收也。在奉天及朝鲜北部,木叶半脱,田陇间积枯秸②,已是内地初冬气象。平壤以南,景象仍如深秋,此邦寒迟,殆如北京中秋时气候也。过神户,栉比万家,从车上旁视,如幼时看走马灯,一一景物,横小门而过,以供赏览,惟不能停留审视耳。过大坂时,余乃未觉。九时十分,抵京都下车,海星来站迎候,乘人力车往东洋亭旅馆寓焉。馆甚狭,余无择焉。

海星导余赴京都大学参观,在城之东北方,越巷跨街,校舍甚多,不尽连属。大学分法、理、文、工、商、医等科,工科中采矿、冶金,初本为一科,嗣分为二。海星习采矿科,故未参观冶金。土木与建筑旧亦为一科,后分为二。有湖北学生徐世民习土木科,海星介绍识之。又参观土木科,余未正式访校中职员,求参观,故仅由本科学生陈明职员导余而已。

采矿科教授田边(Tanab③)发明震动试验器,如桥梁之类,可以此器测轨上火车震动度之若干,以推定桥梁能用之期间,此创造也。田边为工业上设计最有名者,京都大工程多请其设计,而彼至今为教

---

① 此处应为 Shimonoseki,即下关市(日本)。
② 原文不清,疑为"稭"字,现改为通用之"秸"字。
③ 原文不清。此处应为 Tanabe,即田边(姓氏)。

授，未入工业界。京都东二十余里有湖名琵琶，象形也。湖周围诸山环峙，山泉及雨水均汇于是处，成日本第一大湖。湖口南向，注出为河，然有山障之，不能经京都，故京都有乏水之患。十年前，京都府知事某主张引湖水过京都。田边为其设计，湖面高京都地三百余尺，若穿渠或銮洞通之，水道斜度太大，不能通船，于运输不便。田边之设计，一通水处用疏水机（inclined），湖南口用闸（wair），京内河道用堰（dam），于是湖水之储放，输水之多寡，舟行之上下，一惟人所欲为，京都之市政，实于此开一新纪元焉。全市所用自来水及电灯，其发动机皆借此水力。又有禹治公司分水一部，生电至供全京都市及京都、大坂间之长途电车之发电原力。琵琶湖抵中国西湖大不过三四倍，视洞庭、洪泽渺乎小矣。其利赖之大如此，可羡也！下午同徐君及海星遍往参观其工程，并乘船游湖，至八时乃返。本日除乘电车汽船外，步行四十里许，归至一日本人所开之中国饭馆便餐，无能食者。

十月二十九日

上午往参观府立第一中学，其校长森外三郎有事，晤其嘱托者，前第八中学校长导观一切，极恳挚，不似在朝鲜参观专门工校时，彼朝鲜人之简忽也。余随观随与谈中学校应有之各问题：一、记分制度。二、考试问题。三、教式采用问题。四、管理上干涉与自由之限度问题。五、校长职权法律上与实际上之同异。其答复多为有经验之语。盖彼初曾供职于是校多年，后出为府立第八中学校长数年。又后该校裁并，彼亦老退，今已六十余。现在此校，乃应校长之约，临时相助也。余所与谈，拟暇时另记之。

下午访日本著名社会主义者河上肇，与谈共产企及之方法。彼言彼为社会主义之研究者，非实行者，然且极为政府注意。彼为余所谈，多极平和，然仍嘱勿以彼名发表。一时余往，谈至三时，余稍倦，因余欲与语及人类主义，故于彼多引之使近，用心较多也。欲告别，再约谈期，彼询余何时去，余言一二日，彼谓次日无暇，请缓去，至四时乃去。余已将人类主义大纲略为言之，彼不以为能行也。

十月三十日

午前起甚宴，以连日劳惫也。至海星处，彼为余介绍江铁字炼百，江宁人；雷宣字子布，江西人，分习采矿冶金者。陈达字雪涛，湖北人，习经济；张黄，江西人，习文学；曹世钧字秉国，习文科，原毕业于中国保定高师。下午，曹君往谒西田几多郎，言余为主张善恶同源、真幻一体者，闻彼著有《善之研究》一书，欲与一谈，彼甚愿谈①，即约当日往。自八时谈至十时，欲去，适有雨，彼又遣其女仆出寻人力车，至十时半乃去。极畅契，不似初识。彼送至门外，视余等上车，乃回。

十月三十一日

偕海星、秉国、子布、炼百乘电车至大坂。在中国餐馆内，遇贵州人张连科，字钟山，大坂高工采矿科学生。饭觉甚美，饭后雇汽车出游，至天王寺公园，观四民博物馆，有兴感。寺相传为中国僧人来募建，纯为中国式公园。视中国所谓公园，大且有意识。晚过张钟山寓，彼坚留饭，其居留主亦为备酒饭，盖纯②粹日本风味也。归已十时，同游诸君偕来寓，话别去。

十一月一日

晨结付旅债，海星来，同乘火车赴东京，自九时十五分登急行车，历十时，至七时二十分至东京。途中经名古屋、静冈、横滨，皆大镇。名古屋昔有中京之称，静冈仅为一县，横滨与东京将毗连矣。

晚寓筑地静养轩旅馆（Tsnkiji③ Seiyoken Hotel），室雅洁，多西人居之，夜睡甚安。

十一月二日

晨起，神甚爽。赴理发馆理发，馆在旅馆内，甚便，其技亦甚精，

---

① 原文误作"淡"。

② 原文作"钝"，疑误。

③ 此处应为 Tsukiji，即筑地（日本地名）。

视中国理发者胜多多。归室补写前数日日记毕，思出门，适有警察厅外事课员丸山常作来询余职业，索一名片，然执礼甚恭也。

午前偕海星在街上略散步，并在街中餐馆便饭，归见余之行李已由车站取回，大箱被撞，多破，甚可惜。

午后二时，乘车赴横滨访领事长寿卿。在彼处晤公使馆随员陈宝庵，江苏人。彼寓北京中铁匠胡同，与公司驻京办事处甚近也。又彼曾赴焦作，故对于公司事甚悉。明日赴公使馆，托介绍参观各处，可由彼陪往也。晚偕彼同回旅馆，梁琴堂在此已久候，同赴东洋轩晚餐，归遇海星于途，又至寓稍谈。海星今日借寓他友处，因不愿居此，累余少耗资也。

十一月三日

午前赴公使馆拜胡星五公使，谈国内旧闻甚久，又由陈宝庵介绍馆员江洪杰字子因、杨雪伦、陈泽宽字伯华、文宗淑字访苏、戴毅字仲刚等。宝庵留余中餐，其夫人陈文彬女士亦出陪，甚恳挚也。餐后归寓，梁琴堂为购《新社会之原则》《哲学概论》《认识论》《生物与哲学之境》各书，同谈出晚餐。宝庵来访，未遇，歉然。

晚访旧同学王桐龄，彼前在此求学十年，习西洋史。回国在北京高师授东洋史，又十年，今又来研究东洋史，笃学之士也。

十一月四日

往访大学教授服部宇之吉君。彼十五年前，曾在中国充北京大学教习，余从其受教育、心理、伦理①各科，彼学未有独异主张，而博淹逾常，通中、英、德、法四国文，故余因之得闻西洋学派绪论不少也。彼寓市外，余不通日语，数易电车，不得其处，卒改人力车往，比至，已下午二时余，彼已公出。盖他教授专以学术为职业，多在家中伏案，彼兼行政上生活，尚赴文部省及其他处所也。其夫人能操中国语，出招待余，设茶点，询余自旅馆出时情形。彼云归时勿更失路，乃令其

---

①　原文为"论理"，疑当作"伦理"。

女绘一简明路线图,至高田马场上电车。余按图而索,不费周折,得返旅馆,已四时矣。

陈宝庵来访,晚出同餐,并游浅草公园一带,类北京之东安市场,无甚意味也。

十一月五日

上午赴使馆,晤陈君,并同赴留学生监督处,请其介绍各学校。出别陈君,访胡海星并同访直隶女生李书芸,请其转介郑女士,以郑为大学哲学生,曹秉国另有函介绍余,闻郑居早稻田一带,距李寓甚远,但请其转曹君函致询而已。

晚偕马龙章君及海星往与纪平约谈话时间。余在京都,与西田谈话,由曹君译,来此拟访纪平、桑木等,仍以哲学生通译为便。同餐,归,甚宴。陈君送胡公使介绍函三通,一介绍古河足尾铜矿,二王子造纸厂,三日清纺织公司,因余未归,乃置此。

十一月六日

晨陈君来约同游日光山。因昨[①]已与纪平约今晚谈话,不能同往,乃约海星同游江之岛。自东京登车,至镰仓换电车,附近有地名长谷,有山名大异,有寺名清凉泉寺,寺有铜佛,坐像高五丈,周九丈八尺,面长八尺五寸(按非指面之全部),横壹丈八尺,目长四尺,眉长四尺二寸,耳长六尺二寸,鼻长三尺八寸,口广三尺二寸五分。佛身左侧下开门,观者可由此入,余入内见傍右处又设佛龛二事:一高一低,任入瞻拜。傍佛背有梯,上登约二丈,上支横板如楼棚然,长丈余,广六尺许,向前观正对佛面。面内部额内空,置观音像,若令人在棚上拜瞻者,向后开二窗,有门可启闭,伏窗外视,见三面山势环绕,万木森森,苍翠交加,时于一二隙处,补以红黄霜叶。且山皆瘦削,树多耸直,尤具秀拔之致也。上所记皆在佛之身内,此佛真可谓大肚包荒矣。余等自佛身出后,赴西式旅馆中餐,餐后乃乘电车至江之岛,

---

① 原文误作"咋",今改,以下统改。

途中有时夹岸碧树,行绿①荫中;有时背山面海,上下争呈深翠之色;又时闻潮声澎湃,心境为清。惟电车中人太拥杂,甚阻清兴耳。未下车,已见岛,距岸可一二里,与陆地四面不连,高约不过千尺也。有桥通岸,以木为之,极脆薄。余初次登时,虞陨越,陈君云:"夏时游人多,桥不胜重,曾陷折一度,然水浅,人无遇难者。"现游人较少,无恐,然桥板摇动声与足声相和,余终惴惴。至岛沿途多小肆,大致专售贝制品及风景照片。贝品有制造极精者,惜余未购。盘旋自岛东面上,登路于林木隙中,叠石为之,稍平坦处,多有建筑物,亦多寺院之类,时间太匆,未深览也。至巅下瞰大海,浩瀚无际,向陆上可见富士山。本岛较高,其西南又与一岛相连,远观如一岛。西岛下有平铺山岩,由②岩福岛,下有洞名龙窟,余等因晚,亦未进观,仅徘徊于岩石上,看夕阳遥射海水,随波光散为万道锦霞耳。由原路登西岛,回至本岛,由偏西处寻途,古树丛郁,幽蒨侵人,有西湖北山内西溪花坞之概,而邃密或过之。至此忽忆与抟沙同游花坞,游时情状,聚③散离合,飘忽如幻,不禁感慨系之矣。渡桥抵岸,红日已沉,余霞未散,而暝色四合,渐与人逼。远近村落,高下山势,遂模糊不可辨。惟沿路电灯遥接,若有意示余以归途者。买车归东京已七时余,急乘自动车,访纪平正美博士,海星译,言谈甚畅,容另记之。至十时,余告辞,彼约再会之期,定为八日晚,然仍续谈至十一时,出寻小馆便餐,已十二时余,归寓。

十一月七日

上午十一时,偕海星持留学生监督处介绍函,参观东京帝国大学。余意欲参观文农二科,文科无其他设备,仅参观其图书馆及研究室。而研究室又注意其哲学一门,此门又分三室:一为哲学室,东西

---

① 原文误作"录"。
② 原文作"由",疑当作"有"。
③ 原文误作"娶",以下统改。

各哲学书稍重要者均有藏本,听教授及学生入室研究。大略教授完全自由,学生入室研究,或另有规则。余阅其从前之研究签名簿,中国学生仅一人,为浙江范寿康君。一为印度哲学研究室,一为宗教研究室。三室均有佛典,并有音译英文本及巴里文本。近来所谓研究梵文,直接读印度经典者,即以巴里文读经也。日人学者颇有通巴里文者,故研究之资料较我为广。又参观大学图学馆,规模亦不十分大,视北京清华学校者尚不如,而书则较之甚富,盖清华纯美国式,于东洋典籍或尚未大注意也。农科距大学本部甚远,拟另日再参观。访服部、桑木二教授,均不在校。

下午参观高等师范,与其教授兼干事落合寅平君略讨论现在教育上之各问题,彼亦无甚特见。参观其物理科,由一职员导观,见各学生正实习,据言此为学生自由实验,盖彼等已在附属中学练习教授,故先行预备也。此班留学生,中国留学者约在十分之一以上,并查阅其历次实习分数,亦甚优,不在日本学生以下。又参观化学科,由此科教授武原熊吉君引导指示,极为诚恳,其学生仍在实验室者甚多。某君言此在功课表时间以外,学校不干涉学生之自由延长实习时间,而学生愿多实验,以求切实学问者甚多,故已下课二时余,彼等仍未出此室也。此班中国人较少,然亦有在实验室中者。余在京都多晤中国习实业之学生,此处留学生亦多习实科,且沉心深求,留学界之好现像也。晚访范君寿康,数询乃得其寓址,并约定访桑木或纪平时,彼偕往译言。余初晤,即以事烦人,殊可笑。然留学界亦多愿助余,又可乐也。

十一月八日

上午八时,偕海星持胡公使介绍信,参观王子制纸公司。该公司有厂十一,在桦太岛者有三,余在其他各处。此处为最早之厂,去此不远,为其新经营之厂,地名十条。余仅参观本厂,然本厂并非大厂也。其原料分三种:一、废纸;二、废布,以棉制者为限;三、木质原料,此类多由桦太岛制成原料分送各厂制纸。闻其原料制法,全用机械,不假化学作用,而使木质变形为极柔软之线维。其导观者曾手持此制成原料示余,为极白而极软之物。制纸方法:先以各种原料入水中,此三种须入三各别池中,因废纸易融,废布较难,有色者尚须漂白,去其色,至均变为白色相等之柔质,乃合为一处。各物入池以后,不再取出,因各池内均有机令原料在内旋转,以行其应有作用,此池作用毕流入他池,池不连属,或由楼下池,移至楼上池,亦皆通巨管,由水送运,三种原料合一后,又经若干池,乃加若干药品入,或为变色作用也。再经若干池流出,横溢于铜纱帘上,帘宽约六尺,丝密如中国夏衣中之铁线纱,牵置架上,长约二丈余,两端各有转轴,此端密接纸料流出之池口,彼端密接烘燥机端一轴,线料在先入之池,尚可察见其厚形,流转之池渐多,原形渐变,至中间则三种原料已不可分认矣。然水与原料尚可分认,至最后则原料变为最细最纯之线维,而与水混合莫辨,望之为一种白色液体。始由最后之池端平流于铜纱帘之上,平铺匀满,水自帘空下泻,帘端轴转,由此端转至彼端,帘由彼端之轴下转,纸料此时水已流去,成极薄极匀极软之纸状,乃牵置烘燥机之第一轴,转入第二、第三,叠转约二十余轴,水器渐尽,即应干纸。各转热力不等,大约愈后者热力愈大。轴转纸行,回旋奔赴,极为有趣,纸过最后之轴,牵入轧坚机,皆两轴相逼对转,纸由中过,约四五机,干纸由松而坚。此机大约轧力亦不等,愈后者力愈大也。自最末机牵入加光机一次,坚纸又变为光纸,至此纸成。自加光机奔飞而下,白光电闪,飒飒作风鸣,剪裁机在下承之,工役在旁助之以手,于是此无端长练至是乃节节斩断裁方,分令(五百张为一令)捆存。流转之作用,至是告终。而纸之实物,至是出现。创此机真巧夺天工矣。余素主万物皆有生命,故有天行而生、人治而生之别,如此纸者,乃人治而生也。近世学者之极端主物质论者,视人类心理作用,均为物质作用,而蔑视生命与精神。余适与相反,而谓无论矿物、植物皆有精神,有生命,不过其生活之方式不同,或其生活作用,与人类感觉无相应性,则人因而蔑视其生命与精神。余说与彼说或疑以为各走极端之实验派与理想派,然其等视万类而认其接近研究之可能则相同也。

出厂回城内参观女子高等师范,仍与海星偕往。因时已下午三时,课已甚少,仅在讲室参观。其附属小学尚有课,由一女教师导观,先观其高等小学,男女同校,已际下课时,学生各携书包去,讲室设备视中国北京高师较为完备,无甚大异。次参观寻常小学及幼稚园。幼稚园生徒已散,寻常小学尚有两班未散。此两班用最新教授法,尚在试验中。其教室不用通常讲台,学生桌椅,如家庭中所用之矮长桌,一面坐学生三人,两端各坐一人,室共五桌,可坐学生四十人。临墙有橱架等物,备置教育用品及学生衣物。教员无一定坐处,或立而讲,或坐而讲,或为全班讲,或为数生讲,或诸生皆坐而听,或环立而听,皆无一定程式,借以养学生活泼之精神。且人生无论在家庭、在社会,均不能如机械之整齐划一。学生在校时,学校以供给以人生必要之知识、技能、道德为宗旨,故校内之布置及练习上,总以使其勿感学校为与家庭及社会隔离歧异之地,则与学生将来之人生观,大有裨益也。此二班试验结果,闻尚满意,将来寻常小学或添设此种教授之班次也。

初来校时,导余者为一男管理员。余询日本女学从前以养成贤妻良母为宗旨,今有变动否?彼云女学之宗旨,为养成贤妻良母,此无可变动者。余又问,余见日本现在社会上女子有职业者颇多,如电报、邮政及其他公共事业或商店,女子在其中服务受佣者,所在而有,是日本现在社会情形,女子并非全在家庭中生活,若学校宗旨专以造就贤妻良母为事,未免于其本人在社会上之生活不能相应。彼云但日本现仍以造贤妻良母为宗旨也。余亦不再问矣。

出校约范寿康君偕访桑木严翼君,桑木在日本哲学界驰名甚早,著作亦多,其《哲学概论》已消行至四十板矣。晤时略谈意识问题及人生观,彼盖于佛典有得者。彼谓内偏则成范畴,外偏则见实在,故宜不内偏,不外偏。余意内成范畴,外见实在,宜寻求其范畴所由成,实在所由来，其结果必能得二者同一之点，或同一之来原，哲学之责任也。若以寻求有所见为歧而务避之，终成为边见，盖执边为边，执中亦为边，避中与边仍为边，必穷其边与中，而有所得，乃真超中之正智也。

晚重访纪平，与谈人类主义，彼主至善而集中于国家主义，余极薄视国家主义，而尤反对日本褊狭之国家主义，所谈转不慊。去后，乃知彼著有哲学书主张集中国家，彼之自信其国家主义，与余之自信其人类主义相同，宜其格格不入也。自纪平处出已十时余，返寓。

十一月九日

闻[1]大洋丸（Taiyomarn[2]）船今日到横滨，余思今日即在船中宿，明日即开行，因结账收拾行李赴横滨。日本国旅馆分本国式与西洋式，日本式名为旅馆，西洋式名为 Hotel 号太路（译英文音），而以假名写之，或全写英文以别之。日本式价廉而小，账无一定规矩，或至小账多于正账，西式则完全用西洋习惯，开小账与否，听客人自便。因西式专备西洋人住也，余住此旅馆，其执事人及用役皆甚殷勤，故开小账亦较多，盖中国人出外，多为人所轻视，余宁愿坐车、用膳、购物时，自行节俭，有对外关系者，总以不失身分为要也。

至横滨访鲍滔宗，彼导余观中国会馆，并参观大同学校，彼为此校创办人之一，今已二十余年矣。校长杨君伯康办理颇整齐，附幼稚园一班，有二女士为保母。游戏时，保母或加入，或指导，至授课时，一女士授课，一女士巡行为个别指导。学童年长者不过五六岁，小者三四岁，活泼欢笑，极为可喜，惜校址太狭，地不敷用也。

鲍君来此已四十二年，彼到日本之年，即余降生之年也。彼时横滨市只山下一小部分，山上全为荒坡，今则山上繁盛冲要，与昔日完全改观矣。彼时日本人尚称中国为天朝人，凡中国人出外游览，日人

---

① 原文作"开"，疑误。

② 此处应为 Taiyomaru，即大洋丸（日本船名）。

见之皆遥望致最敬礼,以两手抚膝,鞠躬俯首,不敢仰视,俟中国人去远,乃徐徐直立。若中国人去后,忽回首望之,则彼必急鞠躬,俯首如故。尔时中国官场亦蔑视日本,某年中国兵船泊神户,水兵上岸,因狎娼不受巡警约束,为巡警指挥刀所伤,酿成交涉,结果除中国伤兵抚恤、日本军官惩戒外,并要求日本全国巡警不准佩刀,以为中国居住日本之人民安全之保障。日本忍辱认可履行者若干年,直至甲午之战,彼之巡警始得公然佩刀于街市。曾几何时,而我之东三省既半入其范围,山东半省又以欧战之故,所驻日兵尚未撤退,北京首都亦时见有黄色矮人,着军装,跨高马,意气扬扬,驰骋通衢,我国人望而避易,以为此天骄之子,勿或撄其锋也。今昔之感,其何能已!

赴通济隆(Thomas Cook and Sons Company)问上船之手续,彼谓余在北京所购者为定单,须以此单改换船票,余以定单给之。彼询余纳居住税否,余云未纳,因向美使馆请验护照时,余送税款去彼不收之故。彼云然则君应否纳税,余须一询,明日再换给船票,船虽今日到,十一日方开行也。

晚寓横市自由旅馆(Liberty Hotel)。

十一月十日

晨访长寿卿领事,并辞行。

十一时至通济隆换得船票,彼云不须纳税也。下午又回东京,赴胡公使处辞行。彼宴客方散,见余去,惊询昨日请简由旅馆退回,谓君去矣。余云,昨日至横滨,今日又返也。彼前时在旅馆面约,余忘之矣。又与各馆员辞行。

赴胡海星君寓与马君辞行,昨日李书芸女士来此相访,彼以为余与海星同寓也。

晚仍寓精养轩。

十一月十一日

乘电车赴横滨,已十一时,尚未至,余讶车行之迟,及向外视,乃为高田马场,余前访服部博士所遇之处也。因疑误乘电车,询之果然,乃改车回转,又至一站,改乘赴横滨之车,下车至船,已十一时三刻,去开船仅十五分钟矣,险哉!上船,胡君海星、马君显文已在船上候一时许矣,又略谈,陈君宝庵、杨君雪伦亦来相送。少顷船上鸣锣,示将启碇,催送客者下船也。日俗送人登轮船者,以纸条制成一卷,由船上持其一端,将卷掷下,船下人接而牵之,以表送别时缠绵不断之情绪。余上船时,见纸条自舱面下披者无算,各色俱有,上承日光,下映水色,极灿烂有致,而不知其用意。此时送余者均下船,余至舱面望彼等,乃知纸条在舱面上皆牵于被送者手中,恍悟其意,顿触别情,同时已望得胡、马二君,然船高岸远,人多声杂,盈盈相望,已不能交一语矣。马君购得纸条向舱上力掷,俾余接而牵之,数掷而不一中,彼失意之状现于色,余极为感动。继中一,余接而牵之,彼乃大喜,如得锦标然。回顾胡君,未免向隅,乃以此条授胡君,彼另以新纸上掷,余又接得,彼益慰。船停岸时,以浮桥通船于岸,凡上下者,均过浮桥,此时已逾正午,浮桥拆去,机发轮动,船渐渐离岸,除天空、大气与海湾一泓水外,船与岸已完全分离,无复物质上之连属矣。而送人者与被送者,精神上之别情离绪,转觉密于积气,浓于澄波,借千缕彩纸,以寄其无限缠绵之感,"丈夫非无泪,不洒别离前",然耶,否耶?余不禁怦然心动,魂销黯然,非仅对于胡君、马君,若对于一般送人者、被送者发动一种不可名言之别离感触者。船行渐远,送行者纵令纸卷伸开,如百丈彩霞,浮荡空中,极为美观。船行约里许,纸条下端飘浮水面,犹映日光,作彩虹色,岸上人有仍望船上招巾或扬帽者,亦有渐寻归途者。余望胡、马二君,已不可得,回舱内至餐室中餐。船在东京湾内行甚迟,餐后登舱面眺望,犹见四面陆地环抱,岸上山势与沿岸岛屿合作坡坨起伏状。湾内各方俱有轮艘来往,知附近东京、横滨工商业均极发达,故交通亦随之发达也。傍晚始出东京湾,无岸景可观,且海浪渐大,微觉头晕,回舱中卧。余此度游历之对于日本,及居住日本者之因缘,随以告终,其感想为此册所未记者甚多,他日有暇,再为编缀,此册不过记行踪起居而已。

　　头晕渐重，呕吐两三次，晚餐亦未能出室，由伺役取牛乳、面包入室稍餐。

　　同船中国人不少，皆粤人。惟江苏顾君宝善，字季安，为中国银行送美国实习者；湖北杨君，忘其名、号，为交通部送考察工人教育者。上船时，中餐同谈。粤人不解普通话，故不能多谈也。

　　余来时携有中国墨汁两瓶，置手提箱中，历次皆手提之，亦无意外，此次由旅馆交人转运，不慎瓶破墨流，箱中书籍、用具尽污，有致废者，第一册日记亦被污，致不能续写，深为可惜！余因晕船，亦不能详加检点，只可俟诸明日也。

附日本最近观察谈

　　日本割吾台湾后之二十六年，并吾高丽后之十一年，租吾旅顺、大连及关东铁路之十八年，吾初来游日本，旅居凡十四日，所观察者甚少，又阅十二年，即日本以暴力占吾东北四省。二年之后以友人之促，将刊印国外游记，今昔之感，横溢胸际！日人之欺吾甚矣，然凡欺人者，必有其所凭借之力量。日本国土之小，人口之少，文化之缺乏独立性，无一足以与吾较。其国力之骤强，果何道以致此？吾在日本时，苦思而不能得之。吾游美时，正当华盛顿会议，日本乃处处表现其英美对抗之世界第三强国地位，不仅海军之五五三比例一端也，此时吾疑日本国力之增加也以兵力。吾游巴拿马运河，考察其船支来往，日本乃居其吨数之第三位；吾游秘鲁，考其海关贸易出入，日本货之入口，乃在欧洲诸国之上，至此吾疑日本之国力增加也以经济力。吾游阿根廷，参观农业大学，日本人发明之地底温度湿度察验表，居其设备中之重要地位，在各国所遇学人，多称颂日人近二十年来学术之猛进，吾至是乃又疑日本国力之增加也以学术力。最近吾综合吾所知日本事物之一切，博考深思，以为国家之构成，为各业人民之共同组合；国力之增加，亦必由构成国家各部分所具之力量，万流同力，乃以形成伟大之国家力量。日本自维新以来，步武欧美，自倒幕以至现在，在国内未尝有重大变乱，其政治组织，虽视他国落后，然中央有议会,各级地方有自治机关。聪明才智之士,有政治思想者,皆以其社会所造成之地位,在各级政治有相当之出路。其军人自成阀阅,自有系统,亦在不破坏上述政治组织中,长养发达其对外实力,故一战胜吾①,再战胜俄,三战则出兵近代文明策源地之欧洲,而超升为世界三大强国之一。故其军力之增长也,以政治安定力为其原因。日本经济循欧美工业革命之途径,又附以政府奖掖保护力量,所谓温室中之资本主义,日趋完成。其工商业进展过程中,绝未受任何意外摧折,在明治朝代中,其预算中尝有大额数字以为温室中资本主义长养之资源,故日本经济之发展也,亦以政府保护为其重要原因。日本派遣留学生与吾国不甚先后,日名相伊藤博文与吾国侯官严几道同时留英,其学绩远在严氏之下,严氏归国,不过作教书译书之贫冷生活,伊藤则出将入相,领袖元老,以造成日本维新之局。自是之后,留学者及国内毕业者,多能人当其用,用当其才,人才之辈出,促成群治之合进。最近其全国预算中,除地方教育不计外,其直接由国库支出之国家教育经费,达一万三千万元之上。凡从事于学术事业者,其生活问题,亦完全被解决于安定的职业之中。同能以毕生之研究,得长足之进步,然则日学术力之增进,亦以政治之活动于正轨中为其先决条件。一言蔽之:日本之国力,可云构成国家各部分之力量之总和,而其各部分力量之分途进步,尤基于其政治轨道之确立。换言之,日本已为近代有组织之国家,有组织则有力量。彼目吾为不具有现代国家组织者,其言虽虐,要不与吾国事实相远。吾国之能否有实际抗日办法,能否收复东北四省,决之于兵力,决之于经济力,决之于学术力,其最终决之于吾国族能否再进一步,变无组织的为有组织的,与日本决胜负于政治之组织。

日本之政治,诚不能谓其无组织,然其组织为过时的、不强固的,随时可以发生政变,随时可以摇动政体。彼都有识之士亦不能否认。

---

① 原文作"一胜战吾",疑误。

吾尝谓近代之国际战争,乃整个的国族之战争,不仅为局部的军事战争也。故战争之第一线为军事组织,第二线为政治组织,第三线为经济组织。日本之军事组织,太涉专门,吾不愿评,要之已形成为东亚一庞大的暴力。请略言其政治组织:天皇万世一系,其政治之特点一;下级政府之自治权限极微而有限,其特点二;军政机关其组织存在于内阁之中,其机关主官之产生,则独立于内阁之外,其特点三。其内阁之更替,名义上决之于国会,实际上则别有大力者,负之以趋。以此种制度,撑持封建制度崩溃过程中之过去局面,则足以任重而致远;以之抵抗民智大开社会各方面实际生活要求确实参政澎湃汹涌之潮流,必有决堤溃防之一日。请再言其经济组织:欧美之先进国家,经济之畸形发展,已造成全世界之经济恐慌,阶级对立社会,其基础最不稳固,已为世人所公认。产业普化之趋势弥漫全欧,各国在国际市场极端萧索、国内生产极端减缩、失业民众充街溢巷之现在,而仍能维持其社会秩序,保持①其经济组织者,原因在此。苏联自武装共产,经过新经济政策,以达于五年经济计划时期,国力日益充实,军备日益增加,然迄不能冲过新近东诸国经济防御线(注一)②,以操纵中欧经济之变化,其原因亦在此。日本政治家迷恋枯骨,仍抱定帝国资本主义,向死路前趋,其国力之向外发展也以此。而在最近之将来,必发生内在之崩溃,亦必以此。吾国族非自今日起急起直追,从事于国族自身之组织,不足以抗日,不足以救亡,已为朝野上下所公认。虽然,组织与编制,意义有别。历史上之国家,以君主编百官,以百官编万民。故有一英雄出,削并群杰,正位大统,新国家之组织即告成功。近代之国家,其机括出于全体国民自动之组织,所谓国族英雄,特倡率而振导之,以作万民之气,宣万民之隐,达万民之意,成万民之志,万民以公意推戴执政,英雄本国民之公意,发挥其能力,以改

---

① 　原文误作"特"。

② 　此处原注内容缺失。

革政治,推进社会。中国国家之无组织,既为人所公认矣,如何走上组织之途,俾吾伟大之国族,形成一现代之合理国家,吾同胞俱有此责任,知识阶级之责任尤重。世界经济变化之趋向,今显呈其形势于吾人之面前,产业为人类生活物质表现之实体,亦人类生活进行惟一之资源,决不容在畸形发展下,操之极少数人之手。不集之一党一政府,则必普之于各级政府及多数民众。民国以来,经济制度之讨论,渐由理论家延及于实际政治家口中,至今日而国是未定。大体言之,世界经济制度略分三途:第一,私人资本集中,形成有产、无产之两大阶级,其组织至不稳固。第二,集产于中央政府,形成统治与被统治二种阶级,其基础或较阶级对立社会为巩固,但仍多摇动之机会。惟第三普之于多数民众及各级政府,基础最为巩固。吾国族诚有意致力于组织,以与日本决最后之胜负,则于经济制度、政治制度,盖不能不详察熟计,求一至当不易之轨也。

二十二年九月三十日

第三　渡太平洋至檀香山群岛

（十月十一日至二十日在太平洋舟中，
二十一日至十二月五日在檀香山群岛）

十一月十二日

夜睡尚安，天将明醒，闻室中有水声，有物相撞声，惊起，见室内水深数寸，小箱漂泊水中，船身摇荡，水随船动，左右互流，箱随水流，左右相撞，且声甚剧。惊愕间，忽悟昨日日间余将室窗开启，睡时忘闭，睡后浪大，水自窗入也。急往闭窗门，以防水再流入，而室中之水无法注出，只可将箱置架上，听水之横流而已。天明按铃呼侍役来，告以故，彼挹水出，并为余整箱中物。而箱中多积墨，复灌之以水，狼籍无下手处，不胜烦厌。且海浪过大，室中又立脚不定，只可仍卧床上也。太平洋在夏日间，浪不甚大，现入秋冬之交，浪之汹涌，不可言喻也。正午船至纬度三十四度五分，东经一百四十四度三十一分，自横滨启碇，共行二百六十九海里，每小时速度十四海里四十四分。因昨日船初启时行迟，故只行二百余海里也。横滨至夏哇夷岛，即檀香山（Howii① Island）首埠浩奴鲁鲁（Honalaln②）共三千四百九十海里，除已行者，尚有三千一百二十一海里也。

午餐赴餐室，食量稍减。餐后又觉头晕，回室卧，又呕，不及昨日之甚。伺役告余曰，晕船在舱面较好，得新鲜空气，可减轻，乃约顾君共登舱面，果然。遇一高丽人金君佐秤赴美留学者，与谈。彼云得护照极难，彼不爱同日人谈，故来就余等谈也。晚仍至餐室晚餐。

十一月十三日

睡甚畅足，补前夜睡眠之不足。天明起登舱面，浪视昨天为大，而晕船之度大减，已习之也。天气稍暖，在舱面游眺并伏槛。下瞰海水作深墨色，浪花则滚白如雪。浪愈高则白色愈显，至高极则转而下落，色又渐暗。其落之速者，由白色中忽现深绿色，至与水接连，又变墨色。昔人句云"溪光自古无人画"，余以谓画海浪视溪光更难也。余航海为初度，平时见画中所作之海浪，以谓真者当以类是，其实则百无一似。惟开封王宫午太守所作深墨云龙图，借来比拟，尚觉近似，惜太守当时只画云龙，不画海龙也。

在餐室中餐，餐后又稍晕，因餐室中既非如舱室之可卧，又不如舱面上之可以远眺，可以走动，可以得新鲜空气，故最易晕也。回室

---

① 　此处应为 Hawaii，即夏威夷。

② 　此处应为 Honolulu，即火奴鲁鲁。

稍息，并未呕，视昨又有进步矣。

正午船至纬三十四度四十四分，东经一百五十一度四十五分，共行三百五十七海里，每小时速度十五海里十六分，距浩①奴鲁鲁二千七百六十四海里。

晚西人在舱面跳舞，音乐队移舱面，盖海船均有音乐队，启碇及到岸时必作乐，此大典也。平时餐时亦多有音乐，餐室有音乐楼为乐队奏乐之所，跳舞时须移近跳舞之地也。跳舞式殊简单，不及中国舞，惜今日中国舞几无处可得矣。

十一月十四日

晨起，神觉爽，晕船之病全愈，在舱面上行动如平地。太平洋夏日无浪，名称其实，秋末冬初，浪即甚大，至来年四五月方平静也。海面上四面无岛屿，凝目四望，上有苍苍之天，下有茫茫之水，视线尽处，苍苍与茫茫者混合为一，不可分辨矣。吾人作文写信时，所惯用之"水天一色""海天万里"者，徒为一种想象形容之词，今身临其境，觉有无穷兴味也！凭槛注眺，悠然意远，须臾浮云四起，聚散离合，变幻无端，此寥廓浩渺间，无所谓深山，无所谓大泽，无所谓长林丰草，云果从何处起耶？果向何处散耶？虽有智者，亦不过答以云自起处起，向散处散，或云云从未起处起，向未散处散之禅门转关语而已。再视相对之海面，万潮怒涌，忽起忽落，如簸如扬，如迎如拒，大之如排山倒岭，澎湃肆雷霆之威，小之如抛练戏彩，荡漾呈锦绣之光。初观之时，境动心随之动，继则境动心转觉静，终则心与境相忘，不能知其为动为静，心与境合而为一矣。忽而他来动机，蓦地相触，心与境忽分为二，忽觉境之为动，所谓波谲云诡者，非当前即是耶？然忘却心之先动矣，心不先动，波与云且不出现，安有所谓谲与诡者也？

正午船抵纬三十四度二十三分，东经一百五十九度七分，共行三百六十五里，每小时行十五海里五十分，距浩奴鲁鲁尚有二千三百九

---

　　①　原文误作"汉"，以下统改。

十九里。

船有广东人十余,皆不能操普通话,故不能多谈也。能谈者只顾、杨二君耳。九,二十四①。

十一月十五日

晨起以船上散步为日课,西语以能在舱面如常行动谓之有海腿(sea legs),以晕船谓之害海病(sea sick)。生海腿,生则海病全愈矣。

正午船至纬三十三度十一分,东经一百六十五度四十一分,共行三百三十五海里,每小时十四里二十五分,视前二日速率稍减,因风浪过大也。距浩奴鲁鲁二千零六十四里。

十一月十六日

船抵纬三十二度二分,东经一百七十二度十七分,共行三百四十里,每小时十四里四十五分,距浩奴鲁鲁一千七百二十四里,距经一百八十度,只余七度四十三分,约四百余海里,一日余可达。凡轮船由东而西过此者,于历日之外多得一日,由西东来过此者,则于历日之中少得一日。盖因地球自转向东,船向其转之方向进行,由今日正午至明日不足二十四小时,此名时差,每经度一度,差时间四分,每十五度差一小时,三百六十度共差二十四小时,为一日。若背其转之方向进行,则由今日正午至明日正午,在二十四小时以上,其时差亦系每经度一度差四分。此逐日时差,如不行至经度一百八十度,永无算账之日。曾记二十年前,习算术中之时差,同学有以为无用者,此次同船之人,多有不能明时差之理,或知其理而不能算其数者。余二十年前之技术,至此乃一用之,岂不可笑?船中惯例,由东向西,行至一百八十度时,举行"得日"之庆。此次船中醵资为奖,于"得日"为各种游戏,由乘客推定职员筹备,中国人推为职员者惟余一人,余以英语不娴,实未尽丝毫义务也。

---

① 不明所以,具体俟考。

连日风浪仍极大,每餐餐时案上杯盘狼籍,或倾落案下,盖案皆固定于室内地面,遇浪大时,常于案上周围加一木圈,离于案边寸余,以防倾落,然仍有倾落时也。

晚西人仍跳舞,浪大时舱面立足不定,有时将跳舞男女共倾欹为一堆者,则哗笑惊讶之声,与舱面音乐、海面汹涛相响应。此船虽为日本船,而一等舱间十分七八为西洋人,故跳舞者亦仅西人也。

十一月十七日

天未明起至舱面观日出,适有黑云在东,扫兴而返。

正午船抵纬三十度零三十六分,东经一百七十八度四十六分,共行三百四十三里,每小时行十四里五十六分,距浩奴鲁鲁一千三百八十一里,距经一百八十度只一度十四分,大约下午五时许,可至一百八十度。余意自此时起,应入"得日"范围,至明日下午五时,乃入本月十八日之范围也。

"得日":此日在十一月十七日之后,十八日之前。

正午船抵纬二十八度三十三分,西经一百七十四度五十六分,共行三百五十一里,每小时行十四海里八十九分,距浩奴鲁鲁一千零三十九里。已过经一百八十度,又行五度零六分。地球经度惟零度与一百八十度不分东西,此两度为子午线,以分东西两半球之界,故昨日以前所经皆东经若干度,今日以后皆为西经若干度矣。合计今日所行,在东半球者一度十四分,在西半球者五度零六分,共合六度二十分。以时差每一度差四分钟计之,共差二十五分二十秒钟,即自昨日正午至今日正午,共得足时间二十三小时三十四分四十秒钟。此二十三小时余之时间,皆自游程中之时差积累得来。即如余此次周行世界,其南北绕行者不计,但以东西计,除此日所经之东西距离为六度二十分外,其余三百五十三度四十分,每行一度,必少得时间四分钟,总合所少得之时间为一千四百一十四分四十秒钟,即二十三小时三十四分四十秒,恰与今日所得之数相合。吾人凡东西来往者每一举足,即有时差,因为数太少不便计算,即行数千里数万里所差虽大,但不经过一百八十度之地点,此差数不过为行程时间之流水账上一种之来往活支,永不清结,如一经此地即将绕行全球之总时差账目一笔还清,亦为一大快事,宜乎船上照例庆贺也。余不娴戏游之术,即以结算此账为余庆贺之纪念。下午在舱面上为各种游戏,胜者有奖。晚日本水手在舱面为相扑之戏,胜亦有奖。余不能游戏,自无得奖之望,捐日金五元,助奖而已。

十一月十八日

晨起在舱之后面见灰色鸟,逐船绕飞,此地四面与陆地悬绝,岂此种鸟能在海面上永久生活耶? 抑彼能来往于各岛耶? 抑或逐船来往,不逐船则不能辨别方向,以得陆地耶? 心不能解,亦无可问之人,留此疑案而已。

下午,日本水手在二等舱面上演日本戏。二等舱面在船之后端,在一等舱面后端望之,居高临下,恰如临街楼房之瞰街市,惟其戏则毫无可观也。日本戏学自中国,不及中国之精,其相扑之术亦远不及中国武术之精彩,然西人亦乐观之,以其为特别一国独有者,总觉有异彩也。中国旧日学者,专门尊古,对于现时之技艺,全不研究,且加鄙视,而于古之技艺亦毫无所知。最近学者,又过于崇拜外人,凡外人之技术,殆无敢评论其缺点者,对于中国自有之技术,不论为古有为现有,一概鄙视为不足研究,又若恐研究中国故有之物,必为外人所轻视,以为不文明者,此实大误也!

正午船抵纬二十六度三十二分,西经一百六十九度零一分,共行三百三十七里,每一小时行十四海里三十分,距浩奴鲁鲁六百九十三里。

晚西人仍跳舞不倦,跳舞者大半皆少年女子与中年男子,其中年女子与老年男子,不过偶一为之,至少年男子二十左右者绝不入跳舞之场。盖西俗男女跳舞,必先认识,凡认识者,男子对女子均须有相当之应酬,如此船上除住室、餐室、浴室外,有运动室、有交际室、有屋顶花园、有舱面,随地皆有几椅,可坐、可卧、可游戏、可赌博,随时可于正餐、正茶以外,呼伺役购酒及其他饮料,如冰吉凌、果子汁、苏达水等。凡男子与女子交接者,最少每日必为购饮料数次,或请其饮酒,但女子多有不同人饮酒者。少年男子多尚未得职业,并无多钱供给女子,故不敢望得女子之一盼,而女子亦知其无钱,不屑与之来往。此种男女社交,在中国人目光视之,颇觉其所谓爱情者不甚高尚、不甚纯洁,亦不甚真挚。或者西人在外侨民多系商人,且多未受其本国高等教育,故有此特别习惯,亦不可知也。连日几乎日日看跳舞,厌之早睡。

十一月十九日

晨五时又起看日出,东方仍多云,且将雨,怅怅然,返室重睡。

在船上所识之日本人,冈本为冈本公司之代理人,和田章为日本棉花会社之代理人,尚有欧美视察团中数人,皆忘其名。美人格里恩(Lreen①)为煤油大王罗克飞来(Rockefeller)之代表,皆商人也。有某日本人,持有日本文杂志,中有一文主张美洲西部应归日本统辖,末又谓美国非哥伦布所发见,然亦非日本所发见,若当时为日本所发见,今日必不能全为白人之势力云云。盖美洲除其土人不计外,最先与之交通者为中国人,而中国人今日在美洲无势力可言,宁不可伤?

正午船抵纬二十四度十八分,西经一百六十三度十九分,共行三百三十七海里,每小时行十四里二十三分,距浩奴鲁鲁三百五十六里,约一日可到矣。

浩奴鲁鲁居太平洋中心,天气暖和,虽冬日亦着白单衣。船中客人自昨日起多有改着白衣,以应浩奴鲁鲁之节令者。实则今日天气仍不甚热,着薄呢衣,正为相宜,余因他人改装,不免见猎心喜,故亦出黄色山东绸衣着之。

连日风浪甚恶,有时船之倾斜度极大,至不能立足。余惯在舱面散步,迎浪行如登高山,背浪行如下峻坡,船向左倾,则身向右以应

---

① 据音译名,L 疑为 G 之误。

之,船向右倾,则身向左以应之,随在皆能保持身体之平衡,不虑颠蹶,极游行自如之乐。然食量总觉减少,船上餐品极佳,且甚丰富,竟不能努力加餐也。船上有写字室,他人多在内伏案作报告,余亦不能在内作书,觉不快也。

十一月二十日

晨七时起,因夜间浪仍凶恶,睡不甚安,故未早起观日出,实则本日仍有云,纵起亦未必能见。此次沧海十日之行,而未一观日出,诚一遗憾也!大约今日午后可抵浩奴鲁鲁,故不及上舱面,在室中检点行李。顾君来室呼曰:"急上舱面!一观檀香山诸岛,已入视线矣。"急偕登舱面,见西南面一岛峰起,另有小岛低地傍其左右,在云天飘渺望洋无际之海面,若沉若浮,群岛中低者略见丛翠,高者呈赭黄色,意其风景未必甚佳,或如枫落吴江冷①,所见不逮所闻耳。

然久泛洋面,得见迎面岛屿涌现,此时情绪,极似久旱甘雨、他乡故知,不觉欣然色喜。留恋舱面,不忍遽归。将午,乃回室重整行装。

正午船抵纬二十一度十八分,西经一百五十八度十一分,共行三百三十九里,每小时行十四里二十二分,距浩奴鲁鲁只十七里矣。午餐,此时近岸,潮平,无杯盘冲撞声。餐后又上舱面,饱视檀岛风景,地上树影禾色渐渐可辨。岛下一港,有建筑物三事,高耸插空中,如三柱。询之曾到此处者,知为海军驻地(Navy Station)。又过有背山面海之处,楼阁连阡,花木扶疏,逼近面前,即浩南奴路也。船未泊岸,先有美国军官乘小汽船到船上询视一切,又稍停,有美国医生来船检验行客有无病症,又如上船时例,一等乘客均坐餐厅内,医生略一视而已,无甚烦扰也。余询船上执事人,谓何时海关员检查行李?何时查验护照?彼谓船停时室役可送行李至码头,关员察验行李,同

---

① 原文作"枫吴江冷",缺"落"字。此处引《新唐书·崔信明传》故事:扬州录事参军郑世翼遇信明江中,谓曰:"闻公有'枫落吴江冷',愿见其余。"信明欣然多出众篇,世翼览未终,曰:"所见不逮所闻。"

时示以护照,令其验看可矣。余不知此地移民局对于护照之验查最为挑剔,故未问及,而彼亦未答及。此时方欲呼室役运行李至码头,以谓有无纠葛俱在码头上之查验耳,乃行过餐室,见一西人坐餐室中,又二三西人副之。各乘客纷纷出护照请验,余亦出护照示彼,彼令余先赴另一西人处,不验护照而验余填写税单之收据,略有询答,又令余赴验护照处,仍前之西人也。彼审视略询数语,令余稍候,余候他客验毕,又请其验,彼以余英语不娴,令一粤人与余语,余不谙粤语,彼不解官话,仍操英语谈,不得要领。彼覆西人以余不通粤语,余时殊厌,乃向西人追询对余护照究有何意见,彼指所译法文曰:此法文耶? 德文耶? 俄文耶? 又指余云:汝官吏耶? 非官吏耶? 继则连称奇怪。余答以余为前任众议员,现中国大学董事。彼又谓:若然,汝为官吏,有何证明文件? 余谓余只携此中国外交部证明之护照耳,他物并未携以出洋也。彼又对护照称奇怪者再,继云:汝不似不文之人,但无由证明耳。余云:然则余能登岸乎? 彼云:不能。继忽又询曰:汝为一等乘客乎? 余曰然。盖日本多有日本二等乘客,亦赴一等餐室请验护照者,或彼误余为二等乘客也。彼又云可令余持汝护照去,明日午前汝至一米各来身(immigration station),决定后,再告知。余云:适汝谓余不能登岸,如何能赴汝处? 彼已另书一收据付余云:持此可登岸。余乃偕杨君、顾君为不正式之登岸,余行李尚在卧室中也。按当时外交部给予官吏护照,美国转予以外交签字(diplomatic visa),惜余当时英文程度太低,并不知此签字为何种意义,又因个人游历,不愿自称为官吏,致启移民局之疑心,大为留难。此经验少之过也。若当时答以"余为中国国会议员,承贵国使馆照例予以外交待遇",则断不致受留难也。

下船至码头,又一西人索护照,顾、杨二君各以护照示之,令出,余以收据示之,彼收去。出码头先访此地领事谭毅侯君,适领事馆新移居,甚久乃得。谭君与任公有旧,然多年不通讯也。人极诚恳,询悉余事云:前二日来一无线电,余往船相迓,万事俱无矣。相谈甚欢,约余等赴一中国餐馆名荔圃亭者晚餐,觉味甚美也,同餐又有谭君①之侄。餐后又至码头上船,至余室,知余行李已悉移下码头矣。又出复,盖某西人口中之一米各来身(immigration station)即所谓移民局也。余当时听未甚清,故不知其为何职官,但觉可厌耳。谭君言行李下已无甚事,移民局某西人最爱与华人为难,明日余当往与说明,乃同回领事馆。谈至八时余,谭君电杨格旅馆(Alexander Young Hotel)为余定房。复偕至旅馆稍谈,九时余,顾、杨二君回船,谭君叔侄亦去。余室为三十二号,在三层楼上,甚宽敞,陈设亦雅洁,并有厕所、浴室。稍息入浴,浴毕寝。连日在船上寝,床随船动,久渐安之,骤登陆寝,虽觉安适,总转仄不易睡熟也。

十一月二十一日

晨起忽觉头晕,恐有病,稍迟无恙。初乘船者晕船,岂骤登岸者亦晕陆耶?余候谭君来,同往移民局索护照,故不能出,乃取旅馆中之旅行便览阅之,所谓世界第一火山奇荤武伊亚(Volcano of Kila-nea②)者,须乘岛内轮航公司之船(steamer of Inter Island Steam Navigation Company)往观。现此火山已规定夏威夷公园之一部(a part of Hawaii Nation Park),位于檀香山本岛,现仍正喷火,可逼近观之。以其火烹水数秒钟即滚熟,乃决计一往观。

谭君之侄来导余至移民局,谒其局长(Inspecter③ of Chanse)某君。一年老西人,尚霭和,道来意,彼意殊不恶,但局长之下有二主任,事须同意乃决。昨日与余为难者即主任之一,名伏默(Farmer),著名不近情理。局长与彼言,彼坚持谓此护照无效。局长不得已,又寻他一主任(忘其名),适不在,俟其来,乃以二人之多数胜伏默,认余护照为可登岸。谭君又导余至海关取行李,检查不甚苛,余等乘汽车

---

① 原文误作"居"。
② 此处应为 Kilauea,即基拉韦厄火山。
③ 此处应为 Inspector,即督察,巡官。

往，谭别余他去。余自携二件乘车归，他三件谭君为余雇车送旅馆。余稍息取衣易之，仍往领事馆中餐，餐后毅侯偕赴华奇奇（Waikiki Shore）。先至水族馆观鱼，门票两角半，领事免费。鱼有四百种左右，奇异美丽，精巧活泼，非笔墨所能述。门口有售鱼图者，然不过百分之五六种耳，图之所能绘者，仅其色彩与形状之大概，而不能绘者甚多，兹略举之：一鱼身有至薄者，其后半身薄如纸，可透光，绘图仅一侧面，不能绘者一；鱼之色彩外另有生光，活泽照耀人目，不能绘者二；鱼之妙处，多在其活泼之姿势情趣，绘图者专务求似其美丽精巧之色彩花纹，故皆为端正之侧面图，其妙处全失，不能绘者三。此就其已绘图之鱼言之也。其奇怪而未入图者甚多，略举数者：一鱼头部面积较大，其花纹为中国所谓汉文，亦名富贵文，黄地黑文，极精彩古雅，身则又为他花样矣。一鱼身古拙，色质如顽石，绒毛覆身，作深墨斑斓色，如古苔，尾有绒，如其身，尝蜷伏池角，观者皆以苔石置池中作点缀，忽游移他处，乃知为鱼。又一种名鳟鱼，遍身绒毛，体无定形，惟二目之构造甚精，如陆上兔目。上部分有时缩为固体，亦类兔之头额。余部有时平扁，有时浑圆，有时长伸向二处分趋，如两头之蛇；有时岐肢横出俱卷舒，作寻觅状，类多鼻之象；有时全身向水中抛放作长练形，而于转折处辄分横肢伸卷，极类中国写意画之云龙；有时团伏一隅，绒毛紧束，双睛外射，谓似卧兔少二耳，谓似[①]绒球多二目，就形态学求生物上进化之径途，则此种动物之研究，最为有趣。他处闻亦有鳟鱼，未有构造如此地之巧者。就其卷放伸缩之作用言之：其长伸大缩者，游泳行动也；旁肢横出作一部分之伸缩者，觅食物也；蹉伏者，倦而息，或专行消化作用也。二十年前，日本曾绘一滑稽地图，以俄为一鳟鱼，波兰、芬兰皆为其横肢卷入，已将消化，波斯、阿富汗等皆被卷着一肢而求脱不得者，又一长肢东伸作卷旋中国势，日本则自绘其国为一射鳟鱼之渔夫，踏飞轮前奔。今大势变迁，俄罗斯

---

① 原文误作“以”，据上文改。

已非复旧状,中国之不生不死仍如昔,不知伸长肢作卷旋状者,又为何物,又为何国,不胜感慨!然余昔日尚以为鳝鱼状态大半为日人之寓意,不必其真如此,今详观真物,知其图又不足状此鱼之万一也。噫!奇矣。馆内分三巷,即对门一巷,左右二巷也。巷两边作立池,以厚玻璃为壁,以便观览。池上有孔,向内射新水以宜鱼之生活。水射处,如珠泉倒涌,各鱼多环而吞其珠,颇饶情趣。出馆至岸边一长亭上观海,亭前为浅水白沙,士女游泳之所,外有木栅,防入深水也。再远海水中现绿色长虹,闻其色常如此,颇可爱。转入公园,并无多物,有动物数事,如象、猴等。公园无甚建筑,亦无墙垣,道路及电车路一如他处。惟夹道花木,高低相间,平苑芳草,任人踏步耳。此地无处无花木,无处非草地,此处之所以为公园者,正以其无建筑物,无居人,故星期六及星期日无论士女老少,皆麇集游行,相与徜徉于碧树青莎之间,左临沧海,右倚屹峰,真地上仙境也。此地又有不同于他处者:一木叶有奇大者,如椰子等叶长而大,如棕蕉树等叶尤浓大,长可径丈,宽亦数尺,干高丈余至数丈不等,此种浓荫,对之不生尘世观念。二轮□大木上,无枯枝败叶,而花蕊纷缤浓艳,娇鲜多作猩血红及茄花紫色,落英铺地,鲜艳不改,且与浅草绿茵相映,更为耀目。自公园登电车还领事馆,与谭君之侄往访德维氏铁厂(Davis Iron Work)。经理侯尔君(Holl)并致德维氏君(Davis)之介绍信,谈片时,约期再会。德维氏并有致其公司经董(managing director)吴德豪氏(Wodehouse)之信,吴君不在公司,亦俟再订期乃会。归旅馆稍息。晚自出散步,入一中国餐馆晚餐,餐役忽向余大作政论,操极粗劣之英语,谓彼与袁世凯不同党,与孙中山同党,又谓彼与康有为亦不同党,因康为袁世凯之党,每谈一二句,必询余意见,余艰于答付,告以余为商人,彼等乃伟大人物,余谨知其名而已。餐极恶劣,不堪下咽,乃至未饱。归寓又呼茶点补之,就寝。

十一月二十二日

晨起在寓未出,谭少君来,约之同出,稍购零物,赴荔圃亭中餐,并电约毅侯来。饭后毅侯导观博物馆。此馆为一私人业产,并遗嘱立案,子孙永不准转售于公家或他私人。业主夫为白人,妻为土人,崛起致大富。夫先死,妻乃以资经营公益事业,并立有学校,自任经费,唯必须有土人血统上关系者,方准入校,亦奇女子也。馆内陈列亦有亚洲及他洲物品,但无多,大部则为檀岛土人旧物与土产动物模型。土人旧物约分五类:(一)木制最多,皆用全木雕刻,无用二木相合者。整者皆像人形,散花多对偶有规则,如中国之汉瓦文者不少,约分二类:(甲)食具,大小不等。最大为盛烧猪器,长可三尺,宽一尺,深数寸,中较宽深,两端微狭,雕二人攀器,伏地承之。小者或长或圆,或方口,或大或小,无一不精美者。(乙)陈设品,多以直木雕作人形,大者数尺,小者三四寸,然形式滑稽,最有趣者一大人形,其口、鼻、耳、目、须、脐等皆雕为小人形。全身人类,将及三十。尤怪者,凡雕人器官俱备,男子生殖器亦必雕之。(二)草器,编织极为精美,一为席类,二为帽类,三为装饰品,其花纹亦多有规则,如中国之富贵文。(三)果制器,皆用果壳雕制,大者可径尺,大约为椰子壳,小者径数寸至寸许不等。其花纹与中国北数省用扁葫芦所雕之畜叫蛄、促织器极相似,其用处大半为储存食品也。(四)石器,最多者为舂杵,上狭以便手持,下宽作长圆形似舂物。臼则为长形,与盛烧猪器相仿。有最古之二石器,则以直木夹石刃,另有长柄,为中国木匠所用之鐯镢。盖此处无陶器,无金器,故石刀之用,弃去尚不甚久,而彼极精美之木器果器,乃皆以石刀雕之,其精巧亦良可惊矣。(五)为其前王之仪仗衣冠,乃最近时物,已多有中国丝制品及金珠为装饰矣。宝座类西式椅,而后背甚高,王冠圆形,顶贯红宝石珠,以金环绕镶之,冠周以金界为八方,自顶至缘,金上各镶珍珠二十六颗,下大而上小,缘亦镶以金,珍珠外配以杂色宝石,并有钻石,冠身似系中国青缎,颇壮丽可观也。此外尚有二事足记:一为其土人生活模型,各种住屋纯用草为之,或有两端用**X**木支一横木,自旁一面,覆以木草,由横木斜拖及地。蹲其下可以避风雨,有两夫妇分蹲两面,中一儿伏地面前，前堆短木燃之，旁置一死羊，下皆枯草，以代被褥者，全身无衣，此种生活，尚距今不甚远，可异也。一为一方形岩石，长宽均四尺许，上有刻文甚深而显，其形如左。

极似中国篆文，此石为法雷（J. K. Farley）所赠，得自克欧内娄亚（Keoneloa Beach）河岸之石岩上。此地古无金器，此刻文何来？而极明显之中国字迹，又何所依据？真可异也！观毕出，又至荔圃亭坐谈，因此餐馆经理人李家骧君为前清京师大学总监督李柳溪先生之弟，本为学习领事，彼随杨晟至德，今二十年矣，仍不迁官，因以商自养，可浩叹也。晚由毅侯电约此地大学中国教授王天木君同餐。王为前清翰林，能通英、日、德三国语，颇难能可贵，今在此以英语授汉文。谈颇畅，餐后同来余寓，谭少君偕胡炜基君，系太平洋商务公司经理来视，同谈。谭氏叔侄去后，余又同胡、王二君乘胡君汽车同至威奇奇海岸（Waikiki Shore）。先渡长板，入海中一亭上，少坐。长风万里，细雨千丝，明星含水，远灯窥人，海水时送微浪，瓋琅声入耳际，若特为人破岑寂者。略谈中国人之经济能力，返岸上，穿欧亚侯（Oahu）旅馆，转侧面，寻原路归。又至王君寓，王君失偶，有二子，亦偕来求学，少谈，回寓寝。

十一月二十三日

晨起结账，收拾衣物，改着薄呢服，并带厚呢服一袭，携小皮箱将为夏威夷本岛之游，其余行李仍存旅馆中。谭少君来，同赴码头，所乘船名奇拉威亚（Kilavia），即取檀山最大火山之名为名也。船属内岛轮航公司（Inter Islands Steam Navigation Company），现停第十二码头，此处码头分号，船停各有定所，远东码头为七号，即余前日下船之地也。各码头均自岸筑坝，伸入海面，两坝之间，凿海浅者使深，俾大轮可以进口。坝上则通火车，轮轨交通，紧接直连，极为方便。前在横滨所见亦如是，即高丽之釜山，亦大致相同，中国上海、天津、汉口、海口河岸，建筑苟简，视此有愧多多矣。至码头，见船不甚大，此为内岛航线，或为中国江轮，不须甚大也。檀山诸岛，自东南直趋西北，东南者最大，名夏威夷（Hawaii）。夏威夷群岛（Hawaii Islands）亦以此得名。次马武夷（Maui），又次摩娄喀夷（Molokai），又次欧亚喉（Oahu），即汉埠（Honolulu）所在之岛也，最西北为喀武河夷（Kaui①）。又有小岛三：曰拉那夷（Lanai）；曰喀侯欧拉卫（Kahoolawe），在马武夷之西南中，成一海峡；曰尼那武（Nikau②），在喀武阿夷之西南。汉③埠位于欧亚喉之正南方，登船出港，向东南直趋，过摩娄喀夷之南，穿马武夷海峡，抵夏威夷本岛，在其东之嬉楼埠（Hilo）登岸。航线极直，途中风浪极大，其原因：（一）太平洋夏日毫无风浪，波平如④镜，冬日向来风浪甚大，不止此次也。（二）近数日大洋中无日不风，汉埠人均以此数日之风，为多年来所未有，风大故浪亦大。（三）连日北风浪从北来，穿各岛中间之峡而南，故岛南之风浪视大洋中更甚。（四）所乘之船尚不足一千吨，船身尚不及一浪之大，故颠簸之甚为人所不能堪，乘客几无人不晕，谭少君为最甚。余初尚力与风搏，在舱面行走，至船面倾斜度时在十度以上，一分钟之间，左右颠转至数十次。余在舱面奔波颠欹，仍不少息，亦未大晕，渐渐汗浸全身，不能支，颓然一卧，大晕不止，起伏栏而呕于海，仍走，仍晕，仍呕，终至不能走，不能起，遂一听其簸扬反覆，不敢再与争持。其后乃至又遍身汗溢，口中涎垂，经二十一小时而达。余夜间尚倦极而睡，谭少君并睡亦不能也。后作诗自嘲云：

　　　未到焰飞烟突处，先经地覆天翻时。几人落落都倾倒，何物登登自转移。我亦众生颠倒相，谁教刹那去来迟。临风涕唾成

---

　①　此处应为 Kauai，即考爱岛（美夏威夷群岛之一）。

　②　此处应为 Niihau，即尼好岛（美夏威夷群岛之一）。

　③　原文作"汗"，据上文改，以下统改。

　④　原文误作"加"。

珠玉,沧海鱼龙不敢窥。

计有生以来,除大病外,以此为最狼狈也。

十一月二十四日

登岸有彭君帝桐及陈君某来迎。彭为毅侯之友,陈又为彭之友也。乃共乘汽车,先至嬉娄旅馆早点,即共赴奇拉威亚大山。途中经一糖厂,彭、陈二君导往参观。厂适停工补修,执事人亦多不在,仅略观大概。彼多利用水力,第一层工作,系将蔗轧为汁,彼即利用水力冲蔗入二轴中间,过轴,汁流入池,渣又前行,再轧二度,愈后汁愈不纯,故上糖以第一次之汁为之,而第二、三者,必须复制,乃能成精糖也。蔗汁经分析作用,去其不适用之物,流入汽锅煮之,渐结为糖,至应制何种糖品,乃最后一次工夫也。彭、陈二君不通官话,谭少君能勉强作数语,用心听之乃解,然较长之话,彼不能说,亦不能解,故译事甚难。余所得之观念,远不如在日本参观造纸厂矣。此厂亦附造纸厂,以蔗中之纤维为原料,废物利用乃糖业之最大附业也。出厂仍向火山进行,下午一时至火山旅馆(Volcno① House)中餐,此处专为视火山者而开,距火山不过一英里也。惟乘汽车须绕他道乃达,饭后同乘汽车往视,先过已死火山二,俱为深谷,小者四百余尺,深者六七千尺。深者之旁里许有拉哇洞(lovo tulee②),径极幽僻,宽可数尺,古树浓荫覆其上,干均数丈,下为丰草,深可没人,长叶六七尺,纷披交错,时拂游人之面。余等排叶寻途而行,是日雨大,衣襟尽湿,行近一里,忽成山谷,蹭蹬盘旋,下益幽邃,弥目葱翠,不见天日。雨丝下落着树,转滴如漏声,与树外风雨声,如相唱和,至谷尽处,傍岩现一圆洞,梯而登,径约近丈,秉烛四照,可见各面,上下浑圆,前后壁直,壁上斑斓③如古石藓苔,如中国瓷窑变。穿洞约四十丈,回视洞口如

---

① 此处应为 Volcano,即火山。

② 此处疑为 lava tunnel,即熔岩隧道。

③ 原文作"烂"。

瓮,微光射入,不知身在何所也。再进前面,忽现微光,自上而下,洞至是尽。仍梯而登其上,见洞断处,周围洞质层层可辨,约五六层,皆作深浅赭石色,盖此洞昔为火山之口,壁直向上而喷,年久成此洞,迨后火势加大,洞不能容,遂自中崩裂,此洞遂由前述较大之死火山中崩出落此,又后仍不能容,乃崩颓不能出火,于此遂死,仅留六七十丈之深谷,供人研究而已。然当时其内蕴之势力,不能不泄,乃更自他处崩裂为口,以成新火山。现所看之活火山,或即此死者之后身也。所谓拉哇(lava)者,状类岩石,乃火山出口时,其热力将地质烧融为流质,自口向外涌出如泉,出口渐冷,滚流如泥,如用浚河机所排出之泥,半流半凝,前者滚流而去,后者又源源而来,卒至热力散尽,凝为固体,再久乃如岩石。凡火山旁之山岩土壤,始皆拉哇所化也。余等出洞,仍自绿树碧草间觅径出,赴大道,乘车前进,渐见烟飞,再前则遍地新拉哇初融成固体,用人工分开,中通汽车。再前数十武,拉哇缝中皆有烟出,车不能前,而所谓火山者乃在万罅荒烟之中,若由此径返,只可谓之看烟山耳。彭、陈二君谓弃车步行,火光即见矣。余惴惴而行,愈前缝裂愈宽,烟愈大,硫黄气亦益甚。渐见前途烟气弥漫纵横可数里,足下烟亦渐多,然须知足下之烟,自裂缝而出,浓淡可辨,前面则充弥模糊也。再前黑烟之下,渐含红色,再前则至火山之岸,盖火山如深湖,可百丈许也。至岸下有火光上烛,可见四岸,惟烟雾缭绕,不能甚清也。火在湖底,逐处爆发,声如爆竹,火星上飞,欲与岸齐。其爆发处,又为小火口,自远观之,周围数十尺不等。爆时口中吐火如弹,方圆长短,各异其形,大小亦径尺或数寸不等。爆甚则口旁顽石亦皆融变为火,大可数尺,绕口翻滚。稍迟火势渐轻,石之上面渐黑,而下面仍红,其爆发甚时,声如沉雷,火光上起,突出岸外,观者即不能逼近。余等观时,爆发不甚,未得见其凶焰,而得详观其谷内爆发时详状,亦觉满意。正观时忽有声如巨炮,余恐岸崩,急反奔,同人止之,招余重观,则近对岸处,一口爆发,视适所见者极大,白昼视之,光焰数十丈矣。余不能堪硫黄气,未久观去,仍沿岸外周行里许,拾拉哇碎块携归,作纪念品也。拉哇之种类极多,大者为山岩,小者块石,其色彩或黑,或红,或黄,或赭,或绿,或有光,或无光,各色相间,亦有稍玲珑者,不多得也。最奇者为拉哇丝,乃火融坚石成流质,飞空中为万道金霞,落地则为金丝,与中国之黄色生丝相同,亦奇物也。观火山为余来檀山目的之一,今日已达矣。仍乘汽车归嬉娄,寓嬉娄旅馆。馆临街处为空地,古木大蕉、杂花异草实之,开一路环入其中,外面两端通街,内面正中为旅馆。正房为二层大楼,楼前位于环路两岸。又二室较小,如中国之厢房者。正房两端以斜廊通厢房,正房之右,又连续为长楼。长楼之前为较小之房数间,皆有横廊相通。正房廊宽约丈许,余廊亦八九尺也。正房前之老榕树,干周约二十余尺,高数丈。又一大树,干稍细,而高过之,叶亦微类,因无浮根,知非榕,亦无由得其名也。余树皆为附庸,二大树之下,建六角亭。其余各室廊前俱系空地,树较小而花甚盛,椰子树及芭蕉尤多。余居正房楼上左边,廊前有蕉,叶披槛上。再前为椰子树数株,大者高出房外,叶长丈余。廊下为紫萝(根叶稍类藤萝花,色如茄,瓣如榆梅而长,余加以此名)、芙萝(其名之音似为 flosen,枝叶稍似木芙蓉)、海碧(hibiscus,来自中国,但余在中国未尝见也)等花,嫣红姹紫,迎风飞舞,又值微雨,落英满阶。阶下除碧油路外,丛翠凝碧,不见纤尘,草以番茵(fern)为最多,叶状类芭蕉,而花纹较精细,长亦数尺。杏花春雨,江南无此富丽,无此幽雅,余爱此馆甚,置摇椅坐廊上,对古树看飞花,赏芳草,听细雨,真不知身在何处,人世变幻,俱忘于无有之乡矣!晚入市寻中国杂碎馆餐,食品恶劣。归浴,以此间火山及旅馆邮片分寄国内诸友,寝。

十一月二十五日

七时起,乘汽车往约彭君,乘火车出游。此地商办之夏威夷联合铁路公司(Hawaii Consolidated Railway L. T. D.)共有两线,均以嬉娄为起点。一线至喀威雷阿武(Kaveleau)，一线至帕阿威娄(Poavilo①)。后线自嬉娄沿海岸西北行，背山面海，风景较佳。公司长开游览专车(observation car)，乃同彭君乘汽车赴车站。未至见游览车已开，此车日只一次，余意不能乘火车矣，乃汽车折回飞驰，有一路向火车线，汽车驰入此路，直向火车，稍近，彭君向火车上招手，汽车司机人亦鸣笛使火车上闻之，余车及路，火车遂停，待余等登车而去。余甚以为奇，彭君谓此何奇者？彼铁路营业，乃欢迎人来乘车者。虽然，中国铁路执事人能明此义者孰耶？大概西人物质文明，乃依其社会经济进行状况自然产生，故无论何项新发明、新建设，无与社会隔阂之弊。中国新事业凡学自西人者，均与人以不可向迩之气焰，以表其尊严不可侵犯，故与社会隔绝，而种种阻障横生，此中国人所应急自觉者也。此车停不按站，无风景有站不停，风景好处即停，任游人赏览或拍照。是日大雨，烟树蒙笼，约行五六十英里，时而入山，时而面海，时而茂林丰草，枝叶纷披，在车窗中即可攀折，时而高原碧茵，羊牛自由饮啄，车来不惊。其可记之景，一为瀑布，凡临高山处，均有溪流下注，往往上下相悬，至数丈、十数丈不等，层叠奔驰，声如雷阗，其色黄白相间，如黄河中涌雪者，因此岛火山正然，到处拉哇随水融化，故溪流多作黄色也。一为市镇，道旁市镇景多佳，然在此地无可奇也。有一二处铁路在山上，两峰对峙处架桥而度，伏视桥下，忽现楼阁，真如仙人乘云御风，伏瞰下界也。其镇市在山下，背山跨河面海，形势风景，幽奇雄隽，令人观之，不知作何感想。人之情绪，皆为其经验所融冶而成，若一旦新风景之入目，不但为平日经验所未见，亦为想象所不及，则感觉必引起一种向来未有之情绪，余此时自天桥上下观海市，乃正如此。归来正午，雨仍不已，在旅馆休息，并领略院景，以消磨此后半日之光阴而已②。

---

①　此处疑为 Paauilo，即帕奥伊洛(夏威夷岛地名)。

②　原文误作"光而阴已"。

十一月二十六日

晨起，彭君来，唤汽车往观虹瀑（Rainbow Fall），距旅馆不过二三英里。至正雨，此处似一小公园，有古木十数，其余小树杂花相间，绿草成茵，中辟游径，可通汽车。园西山势渐高，自山来一巨溪，两岸夹之，至园近处，溪身忽低，落十余丈，成一峻崖，溪流下落成瀑，宽七八丈，长不及二十丈。瀑自西面下落，水珠飞腾，渐高渐小，成为水汽，蒙蒙蔽空，每逢晴霁，晓日东来，射入水汽，现虹彩，自旁观之，景甚奇丽，故名虹瀑。余来正值大雨，见瀑未见虹也。归旅馆，少息，中餐。连日皆食中国杂碎，极不适口，以谭君嗜之，不便分食也。归寓稍息，写明信片数张，寄中国友人。中饭后，陈君车来，偕彭君同游。城西公园一带，河流洞注为湖，两岸树木极丰秀，似西湖小南湖钱王祠风景①。又向海近处，河流又宽，中成一小岛，名椰子岛（Kokolnut② Island）。岛上古树杂花与河滨花木相映，争艳竞奇，极幽绚也。此地树有蒙蒙内、莽果、中国马尾松等，均苍翠可爱。游后归寓少息，赁汽车至码头。陈君及彭君均来送，余等登船后，俟船解缆，彼等乃归。余等因来时所乘船太小，不能堪风浪，乃将回票加价，改换马武夷船（Maui）。此船甚大，其构造视大洋丸远过之。在船毫无苦，为挦沙作信一封，饭后在舱上散步，九时寝，夜睡甚安。

十一月二十七日

天明七时，船抵汉埠，上岸，来回均在美国境内，绝不搜检，甚觉简便也。下船程君某来接，即乘其车往海里洼（Haleiva）海滨游。先过德门花园（Deaman Park），约一二里长，为德门之私产。老树浓荫，弥望无际，车经其中，环行约十分钟乃尽。中有小河甚浅，河身宽，有莲而叶花甚小，此地花木皆硕大，此何相反？岂别种耶？然久不见莲花，入目极感美快。园将尽后为工园（labour's garden），亦

---

①　原文作"影"。

②　此处应为 Coconut，即椰子。

多古木，风景不减，惟其中建筑较少耳。德氏之园多有建筑，盖其家室或居内耶？暖房排列约七八处，其经营费及维持费必不赀也。出园夹道山岸皆仙人掌，下列老根，盘错交叉，作蛟龙形，数十丈不断，上则万掌丛连，如小山，如翠屏，极呈奇妙之景，再前两岸皆为蔗田矣。再前下山，经一河，水甚小，复登山，道路跨河越山，工程极佳，无一处不平者，用黑油灌碎石筑之，呈深碧色，昔人称碧油车，余名此为碧油路，觉甚切也。再登山，岩石与土壤均渐变红色，继乃为丹沙铺地，火齐成山，满目灿烂，胸生奇感，中国昔名琼洲岛为朱崖，不知视此若何？余名此地为珠沙岭，岭上现一高原，土色虽红而肥饶，为极大之蔗田。穿高原，路直如矢，两旁树马尾松，苍翠无际，不知其几万株也。树与路相隔约丈许，中露丹沙土亦无杂色，一碧油路穿其中，左右青松护之，三色相映，但觉奇丽，浑忘其为道路矣。再下坡北行，即至海里洼（Haleiva）。海滨有旅馆面海，临海建茅亭，亭前即[1]海水浴场也。场西有岩石杂列，海水冲激石罅，砰砱作响，余攀缘登其上，览碧波银浪，浩渺不知边际，此时感想又与平日无一次相似者。下岩石，回亭，与程、谭[2]二君同至旅馆中餐。此地侍役广东人颇多，皆不能官话，此旅馆有一侍役，向余作中国官话，耳中极生快感。此处有游船，底以玻璃制之，可见海底。海水又最清，一切水族及海底地形，均可辨认。而又天然产生奇鱼，前日新见水族馆中之物，多系此处捉得者，惜今日风大船小，不能入海。饭后乃归。过中国升昌稻米公司，种稻兼制米，其营业颇大，闻此地米价均由彼定，或有称之为米王（King of the Rice）者。其中房屋虽西式，而有中国风味。小河贯其中，院池蓄鱼，颇有苏杭水乡之意。此地西临珍珠港（Pearl Horbor[3]）。海水伸入岛内数里，见港不见海，感想上总觉为湖也。公司

---

① 原文作"及"。

② 原文误作"潭"。

③ 此处应为 Harbor，即港。

偏西隙地，租于日本人开小旅馆。在水滨建二三小楼，更筑棚道插水中，建小亭，景殊幽胜。其门额曰"水乡楼"，亦写实也。余登其楼，又作中国山水园林之想。下楼后，同归汉埠，仍寓杨格旅馆。晚，电约王天木君来谈。十时又同赴饮料馆，饮水，相别归寝。

十一月二十八日

晨起，赴夏威夷大学（University of Hawaii），访天木，并参观。校本为欧亚喉专门学校（Colledge① of Oahu），改今名尚不甚久，中国亦有董事在内，其详情另为记。参观后，偕天木赴领事署与毅侯谈，遂邀彼二人至荔圃亭，并约李家骧君字升腾同餐，餐后同至寓。天木约逼君来同游，余主张先谒阿公山。阿公者，相传为华侨始祖来此岛最早之华人也，福建籍，姓王。山今为华侨义地，专备寄葬。至其地见山内道路甚整，毅侯谓方由华商捐金四千元修之。阿公墓在义地最内处，不易至，余必欲偿此愿，披丰草内入，浅者没膝，深者及肩，历数百步乃觅得之。盖墓在高崖上平处，自下望之，见崖不见墓，又值草深没人，故极不易寻，寻得，余乃大喜。墓前见白石短屏，中高旁低，屏长约五丈，屏前为大半圆形之拜台，长与屏齐，亦颇壮观。乃摩遍石苔，迄不能得一字，三鞠躬展谒，复徘徊不忍下。时阴云密布，浓湿欲滴，谭君等大声唤余，复披草衔湿而下。又同乘车至抛球岭（Punch Bowl），为汉埠附近高处，汽②可通高处，仅绝顶一拳石，无人工路也。下车，余登其岭，俯视全城，街市纵横，楼阁排比，更有无数茂树丰草点缀其间，绝不类中国之上海、天津也。下山归，由天木君同至荔圃亭同餐。餐后又偕天木及其二子同赴自由戏园（Liberty Theatre）观电影，十时后归寝。

十一月二十九日

晨起，胡炜基君偕谭葆廉君（即毅侯之侄）同来，又同至太平洋轮

---

① 此处应为 College。

② 原文少"车"字。

船公司换船票,已决定乘胡塞尔船(Hoosier State),因其电报未到,故未能确定舱位号数,须再来也。归寓稍息,觉不适,肠胃有小病久矣,因贪游未医,午饭后愈,自出购夏威夷语言书二本,《夏威夷之过去及现在》一本,《夏威夷年报》一本,归略翻阅。胡君来,同出购照像机、指南针各一,又购纪念物数事,乃同赴领事馆,今晚谭君招饮也。座客五十余,本埠华侨大绅商尽于此矣。谭君一一为余介绍,惜不能记忆之也。饭后偕天木及胡君在街中散步。胡君介绍,访一胡雨生君。其家有自动洋琴(roll piano),曲谱有夏威夷土人跳舞乐数种,亦可听,余盖专为听土乐来也。听后辞去,天木自归。胡君又约同车至哇奇(Waikiki),途中有土人学生数人,持土乐器,似中国瑟琶、三弦之类,且弹且行,余方欲听土乐。而途中遇之,可幸也。因念此岛土人文化毫无,而其乐尚能保存,中国古称礼乐之邦,今日宴会乃至无乐可奏。真可叹! 于是又发整理国乐之思想。胡君极爱同余谈,又同车至宝石顶(Diamond Head)对面,停车海岸,作长时间之谈话,夜色沉沉,海波不惊,天风徐来,有引人飞升之意,谈兴因之益豪。胡君之官话与余之英语相等,时操华语,时操英语,归来已十二钟矣。

十一月三十日

晨七时半起,理发,八时半与谭葆廉君同往访侯尔,少谭,偕至其公司之糖厂。厂有蔗田一万二千阿克(Acres),每阿克约四万二三千英方尺,全厂之田,合中国七万余亩,在一高原上,土色红,似与前日所过之朱砂陵相接近,且来回均经德门花园也。先至厂,侯君约厂中经理人同参观,俾便指示,余随时略有询问,因英语不娴,调查多未能详。参观厂完,出乘汽车,在蔗田中略观,至收蔗处,下车细观,略加询问,乘车同归。侯君不日因事赴菲律宾,尚过中国,余允为作介绍函,俟函成,再约期会也。兹将调查所得,略记于次。

关于种植者

甲　蔗田:

一、土壤　色红,质坚,粘液力小。

二、地形　高原,大致尚坦平,以视中国河南、直隶之平原,则不免陂陀起伏也。

三、雨量　不足。

四、地面　距水在二百尺以外。

乙　种植及收获:

五、犁　用机器。

六、播种　每阿克用工价十元。

七、刈草　用人工。

八、灌溉　用井水,以抽水机上之,每月一次,因其陇深蓄水甚多也。

九、收获　先以水浇①其叶,用人工刈割,每吨工钱二角。

十、装载　由田装上火车,用人工每吨二角八分。

十一、转运　蔗田内有铁路通糖厂,工人装蔗入火车,即开运入厂。

十二、成熟期　十八阅月,不论节令,以其四时无秋冬也。

十三、收获量　每阿克约四十余吨。

关于制造者

丙　制造厂:

十四、厂址　在蔗田中心,四面运蔗,均不甚远。

十五、厂房　四层洋楼,面积长二十余丈,宽相埒。

十六、全厂均用电机。

十七、燃料　此间煤炭极贵,以蔗渣(beggar②)代之。

十八、水源用井　上架水楼,贯注全厂。

丁　制造之次序:

———————

① 原文作"烧",疑误。

② 此处疑为 bagasse,即甘蔗渣。

十九、卸载　蔗由田中以火车运来,直停机器前,有卸载机自动,一工转捩之,卸入上送机。

二十、入料　上送机以层叠铁板相连而成,状如楼梯,自下上转,送入轧挤机。

二十一、轧挤机　以二巨轴相挤,随飞轮对向内转,蔗田上送机来至两轴间,轧入内即分柝为二,一系蔗汁(gevice①),一系蔗渣(beggar②),汁顺轴下流入池,渣过轴有器承之,展转送至别处。

二十二、加灰　汁流入池,加入石灰(lime)约千分之一,俾生相当之化学作用。

二十三、去水　由加灰池用抽水机引入煮锅,行去水作用,得糖百分之三十,其余之水被排去,为百分之七十,煮锅十二具并列,因煮烹须有相当之时间,故锅之容量必须与轧挤机出汁之量相应也。锅旁有玻璃表,可视锅内沸状,汁结为糖珠,滚转可见,表列度数,以察热度高低及糖之成否。

二十四、旋转机　糖成如泥,仍含有水分也。自煮锅输出经输送管送至旋转机,旋转极速,机不甚大,并列约二十左右。至相当时,糖干,有工人停机,送糖入第二次输送管,送至装包机。

二十五、装包机　以一柜上承来糖,下有软口,有工人司之,极易启闭。工人以麻包(即麻袋)口承软口,糖即下流,包容一百磅。软口每启一次,只流此数即闭。糖包之下,为一活板,糖装入后,随手推板,即送至缝口机,此工人则又以另包承软口矣。

二十六、缝口机　两小铁板,自上下垂,麻包送至此机之下,有工人送包口入机,两板夹合,针线自行穿递,约二三秒,即缝毕,工人即推包入下送机,同时他包已自装包机送来。装包、缝口二机紧连活板,一动即由彼机至此机矣。

---

① 此处疑为 juice,即汁水。
② 此处疑为 bagasse,即甘蔗渣。

二十七、装车　下送机上承缝口机,缝成时,工人随手一推,包即入下送机,不费力也。下送机与上送机大致相同,其不同有二:一彼之铁板向上转,此则自上向下转;一彼送生蔗容量较为宽大,此则狭而小也。包送入车,有工人以手整理之,俾堆排有次第。车满即推出,再以他车承之,以便汇列运出。

戊　附属机:

二十八、铁路　除通蔗田外,并可通至田外,与他交通铁路相接连。

二十九、修造厂　本厂机械太多,附设此厂,可随时添补修理也。

三十、石炭炉　每日约用石灰三吨之谱,自设此炉,运石炭石(lime stone)烧之。

己　营业大概:

三十一、每日可制蔗六千吨,每八吨约可出糖一吨,约出糖七百五十吨左右。

三十二、每阿克合种植收获制造之期,约每二年产糖三吨。

三十三、现在糖价,每吨八十元美金,合华衡每斤美金五分,约中国洋一角,此价极廉,故现在几无余利也。

余于农事素有兴味,本日参观因余英语不娴,所得明确观念较少,然有裨于余农事知识多多矣。此厂合蔗田及厂机、道路、井机各项,价约一千万元美金,可为宏大之规模矣。然尚仅制粗糖(raw sugor①),运金山后,尚须复制(refine),若欲并制精糖,经营实非易易,不免令人思之气阻。然此地土壤既不甚肥,雨量又不甚足,地面距水平尚在二百尺以外,尚能成为极大之富源。中国内地,水利不兴,农事诸多危险,如河南、直隶等省,土壤尚非甚薄,雨量不甚足,而地面距水平二三丈者居大多数,平原数千里,若少加人治,富源之大,

---

①　此处应为 sugar,即糖。

实可惊异。然连年则有旱灾,外人问及,深觉汗颜也!回国之后,誓必于农业加意筹划也。据侯尔君言,此处二十年前,全为荒山,几等不毛,被以人力,今乃有此成绩,然田尚未全收获也。

中餐后倦甚,少息。下午三时起,记前半日参观所得。六时天木来,同谈,偕赴青年会餐堂晚餐。餐例陈食品于定所,各置盘碟中,由餐客自行选取,以大木盘自承之。堂中有执事专司计值,餐客付价,即持盘自选定桌位,分置其上食之,价廉而味美。余等二人仅餐价一元也。餐后同赴天木寓谈,十时余归寝。

十二月一日

上午胡炜基君来,约至其公司(太平洋商务公司〔Pacific Trading Company of Hawaii〕)。前曾由彼偕往购一照像机,先由彼授余照相法,以语言不甚通,稍隔阂。昨日又向王天木君之子隽斐习之,隽斐甚聪慧,照像术颇精娴,且能自制无线电机,可喜也。今日拟出游试照,乃偕炜基乘其车同在街上一游。至高等学校,作二影。对面又有中国人钟姓房院,景极佳,亦撮一影。继至领事署,又撮二影。闻人云初学不娴者,用光不合,所照皆模糊不可辨,此为必经之阶级也。晤毅侯同谈,天木来,与胡君三人又赴青年会中餐。餐后同至胡君公司内,并有他友同谈。继思出游,乃与天木、炜基①同乘炜基友李君之车,往游帕丽山(Nuvanu Pali②)。此山峰最峻削,东北面海,海风紧张,高不胜寒,体弱者当风立,不能伫足也。此山为檀山历史上最有名之地,初夏威夷本岛与此岛各有王,夏岛来伐此岛,胜之,岛王退据此山之巅,扼险死守,卒③为夏岛王军所克,各岛遂统一,建都于汉埠。为美并后,真王(king)降为假王(prince),其旧宫今为美政府所派之总督府。其王名(遗忘),现住华盛顿,为无表决权之参议院议

---

① 原文作"伟基",以下统改。

② 此处应为 Nuuanu Pali,即努阿努帕里(檀香山观景点)。

③ 原文误作"率"。

员，兴亡一梦，为之慨然！高峰之对峰较低，临路处尚有其统一纪念碑，系英文，大约乃美人后来代为建立者也。赴此山所经之路，盘折而上，路旁多丰林，有极密者，入其中不能见天日，幽蒨袭人，有与赴奇拉威亚火山去之路相似处。此处遍地丽景佳境，游数处后，楮墨即不能描写，因各地景致相似而不相同，流览绝不生厌，而形诸纸笔，自觉重复生厌矣。归后至胡君处稍坐，余步行归寓，几失旅馆所在，甚久乃得之，为抟沙、秋帆、文耀各作写一封，因何尔君不久游华，为作介绍也。

　　晚六时自赴青年会餐，餐毕自乘电车赴天木寓，彼寓在乡间，其乡今日晚电影园中有胡拉胡拉（holahola①）之戏。此戏为夏岛土人之跳舞，余极欲观之，特来偕天木父子同往。园中演电影如故，惟每段中间加演胡拉胡拉耳，此间通解胡拉胡拉土人跳舞，实则歌舞连为一事。欧美人耽娱乐，故视乐歌特重，不但军队、学校、婚丧、大礼视为必要，即交际、宴会，乃至旅馆、轮船之中，无处不有，殆演成为社会上必要之行为，此种习惯，远之由于动物进化，有自寻娱乐之天性，近之由于彼族崇尚自由活动，不重家庭生活，故每日所事毕后，最爱为共②同活动，乐舞实共同活动中之最足自娱者也。故彼邦人士无论与何种民类交，无不喜人之乐舞者，初不问其与彼族相同否也。余来时在大洋丸中，日人所演之日本戏及相扑之武术，粗劣不堪，西人亦皆乐赏视，久立不倦，余当即疑其如此。今土人作胡拉胡拉之戏，白人亦嗜之甚，每一歌者、舞者奏艺毕，入幕，则鼓掌、呼啸、喧嗔，震于场外。彼例凡掌声、啸声连续不断，即表示要求艺员仍出续前技也。再不出则全场多以帽向空中叠掷，并顿足，必出乃已。此夕土女之奏艺约十人，舞者三人，奏乐者三人，其出幕歌者一人，其余尚有二三在幕中歌以应乐，并未出幕。每次艺毕，辄喧嚷震耳，乃益信白人

---

①　此处应为 hula-hula，即草裙舞。
②　原文作"公"。

之但爱乐舞,不问其乐舞之性质与程度如何也。余近来^①颇感整理国乐之必要,今国内军队、学校仅习欧乐,所习者断不足与西人相周旋,而自有者乃皆未尝习。西人多疑中国为无乐舞之国,吾辈若告以中国古乐之高雅,今乐之精巧,而不能自奏一技以实之,彼疑团终不释也。

此间土乐乐器,余所见者三种:一类瑟琶,一类三弦,一类琴,音亦多相近,盖丝音也。其歌调亦有类中国处。其舞衣沿旧俗,着草裙,舞时细草纷披,亦具别趣。舞者能身之上部与下部不动,而腰独旋舞,使草四张作轮形,大为西人喝彩。然技只可一观,若再观则厌其荡矣。西人则屡观不厌,而其弹琴与瑟琶二种时,调缓和婉转,歌喉和之,呖呖如莺啭,使听者意醉魂销,西人转淡然也。有一歌者,两奏较粗之技,每归幕必被狂啸之声呼之再出,最后乃为此阳春白雪之曲,乃曲高和寡矣。或者此为乡间,多中下人,故其赏乐顾曲之程度亦较差耶? 观毕归寓,十时有半也。

十二月二日

晨起,作函三,致挞沙等。十时访何尔君,调查制糖机器,谈颇详。余尚欲参观机器犁种,彼介绍古德君(Goode)为余指导。午归,仍往青年会中餐。下午一时半,胡炜基君来,偕往太平洋轮船公司(Pacific Steamship Co.)换船票,又补七十余元美金。胡塞尔(Hoosier State)船大而好,故须加价也。

二时偕侯尔君访吴德豪氏于德维氏公司,略谈,由侯尔导观其新建公事房,宏大浑坚,美观适用,然用款至二百万元美金,真不赀矣。此房若在纽约,亦甚平常,檀山诸岛,此为第一矣。

下午三时,往访谭领事,不遇,同时彼适来访余也。四时胡君炜基来,约在街上散步,至一胡雨生家,晚餐。雨生托炜基转约余也。雨生妻有土人血统,故其自动洋琴曲调册多土人音乐。正饭,适二女

---

① 原文作"乐",疑误。

子至,一亦为亚洲夏威夷人(Asiatic Hawaiian,即中国与土人间种),一则纯粹之土人也。雨生邀共入座食。土人着西装,亦尚适体,惟皮肤黑,鼻大,殊难看耳。饭后土女弹自动琴,土调,身手俱作跳舞状,盖自动琴只须足踏,不须用手也。旋雨生代之弹琴,彼舞兴作,余等亦怂恿之,乃移室中几椅于室隅,为彼舞场。彼且歌且舞,舞类西人,简单无致,歌则婉转幽艳,不类其人,可怪也!旋与炜基共跳舞,以炜基技不甚娴,乃捉余,余大窘,以更不能谢之,不得,及察见余真不能,乃释余,与他女子跳舞。余厌其舞,而爱其歌,而彼则歌必杂之以舞,彼等兴尚未阑,余先谢主人去。

访毅侯于其署,请验护照,签字,此为法定手续也。验后,加一戳云"此照验讫",下署领事衔名,再下盖领事洋文印,还余。与毅侯谈土人歌舞,彼云来檀岛必闻土乐以去,乃无遗憾。土人无文明,其惟一文明即乐歌。不但白人不能望其项背,即东洋人亦虑不及。彼女子无不能歌者,歌无不悦耳者,此为其女子通行艺术,顾无艺馆,非遇机会,不能听。余亦自幸游运之佳也。座有于君言,曾闻菲律宾土乐,其哀艳婉转,视此处土乐更悦耳,西人皆称为世界最美之音乐。余念文化愈低,而乐歌愈美,无乃大奇。意者人类进化,各因环境之不同,而分歧以趋,此茫茫大洋中,不通大地,他方文明无从输入,本地物质上不能供其文明之发达,惟歌唱发于天籁,鼓舌扬喉,不须外求,于是绝岛人类乃天然以乐歌为其发达之正途,理或然耶?土乐乐器无金竹,皆为丝音,丝虽非其土产,然其地草及木皮可作乐弦者甚多也。

自谭君处出,乘汽车访天木,并托天木之世兄洗所照之像。前日共照十二片,前六片由炜基交照像馆洗之,今日已成有三片,甚佳,余亦可辨,后六片托王世兄洗,先将底片洗成,未干,仅一片尚好,余或取光不合方向,或光小,照时太短,且有在室内取镜中人影者,故或模糊,或竟无色也。天木留用夜点,彼有汽炉,简单之食可自造,美国生活大都如此。就劳心劳力二项人言之,以工薪且了目前,实不如中国人小农小工商家之乐。然社会递演递进,经济状况竟不能长安其旧有之地位,如中国今日社会,学术方面既有新组织,大规模的农工商之智识技能,又因对于外国农工商业之宏大精巧有一种之观感愤发,而新式之农工商业必将发现,工商之改进已稍具规模,恐农业已必有改进之动机,而此等新事业与旧社会难相调协,故他国必至工业充量发达,而后社会问题乃形重要。中国则实业稍有萌芽,即有新事业旧社会不相调应之问题,其结果即实业未发达,而多数企望新事业不安旧现状者,先为失业之人,此则大可虑者也。十一时归寓。

十二月三日

晨九时古德(Goode)来,约余同赴农场观犁耕机器。所观者为二十年前机器,甚旧,然可与余以机器耕种之明确观念,亦自有益也。又参观灌田井,磅波在地底二十余丈,余等乘电梯下,地下工程甚好,每日能出水八千万葛劳(goollan①),视河南福公司煤矿地下磅波更大也。犁机两端各有百八十磅气缸之发动机,拖犁机来往如梭,犁地日可三十阿克,约合中国二百亩,然价须二万五千元美金,亦太昂矣。连日所究心者,多关于农业事项,闻德国多小田主,而能利用机器耕作工,当一参观,盖不用机器,则耗时费力,而收获又量少质次,用机器则必变为大农,而小田主日以陧阢不安,社会问题又相逼而来也。在中国人安故蹈常,纵生产品低下,但能自活,本可安其现状,而外族以物质文明衡种族高下,凡物质文明不自求进步者,彼必起而代谋,故今日中国又不容以旧状态自安,此问题真大矣。德国能有先行之善法,不可不一往也。

十二时半,赴青年会餐,遇天木父子。餐后谭领事来谈,又同出游,至哇奇奇,在喀皮拉尼(Kapiolani)公园散步甚久,末至海岸,坐长几,面海听天风激水声、水起落声、潮上激岸声,心境为清。夕阳与海水相映,渐低渐大,至一边近海时,四面忽现红云,如虹如

---

① 此处应为 gallon,即加仑。

霞,如火山。海面簌动,如日着水,沉浮于水面者。此时夕阳下坠甚速,如海水吞咽之状,初尚吞而复吐,继则完全下坠,此度之白昼,在此岛上告终。日落后,红云渐向上升,薄者渐散,浓者益结,如玲珑火齐掷飞天空者。又继忽生黑边如墨,边渐阔,形渐变,遂与他云接连混合。观日落者,至是亦转目他视,流览瞑色,苍茫中长树弄风,杂花含露,不复注目沧海矣。少停,归市,晚餐,餐后至一中国药店,大姓名今福处,谈。归寓,谭葆廉、程洪发二君来说煤业,余又为函致文耀,乃寝。

十二月四日

昨询太平洋邮船公司(Pacific Mail Steamship Co.),谓胡塞儿船(Hoosier State)今日上午到,下午开,晨起即收拾行李交司事人,送船上,即赴领事辞行。至,谭君外出,同来者有陈君坐候未归,乃以电话约其至荔圃园中餐,并电约天木父子。餐后无事,仍在街上游览,复至哇奇奇,途中过夏威夷王故宫,今为美总督府,府前隔路,有夏前王铜像矗立,颇雄伟。王之领土,为夏威夷本岛,继征服马武夷,华人所指之檀山名欧亚喉(Oahu)者,自有王,夏王争服之,各岛乃统一,迁都浩奴鲁鲁,后为美所并。王创夏威海陆军,征服各岛,制衣冠,建宫室,一时制度颇灿然,不旋踵而并于强邻,慨然久之。成诗一章吊之:

> 遗像峥嵘插碧空,余威犹见大王雄。河山百战留残垒,烟雨半城隐故宫。铺地绣茵芳草绿,连阡楼阁夕阳红。高牙大纛新开府,漫赋黍离吊晚风。

晚由谭毅侯约食西餐,餐后又觅新旅馆住,盖叠次电询,知船至晚乃到,明日正午开也。

十二月五日

晨起赴船视舱位,又回旅馆,为抟沙作一信。谭毅侯来送行,同至船,余与胡炜基君同一舱,来送者:王天木、胡雨生、谭葆廉、程洪发,余数人为炜基之友,不能记其姓字也。檀俗女子最爱戴花圈,歌舞者胸项必有花圈,送行时以此志别,不论男女,均可赠花圈,且为戴之项上,诸友有以此赠余者。曾记在日本横滨登船,海星及马君仿日俗牵纸丝相送,情景如在目前,不转瞬又在此地承友人送别。人生聚散离合,真如水中浮泡耳!十二时船开,余与胡君登舱楼,谭君等在对面码头栈楼上,未开船前,通以活桥,开船时撤去,初则对面话别,勉可相闻,离岸渐远,语声不及,惟有遥望招手耳,再远则举帽相招,至不可见时乃止,余檀香山之游亦随告终。

中餐后,船出港,折转向东北行,风浪并不甚大,又晕。余前函挞沙谓此后任遇何浪,不能再晕,不及一月而又晕船二次,事前自诩,届时力不能践者,大都类此。

檀香山最近观察谈

檀香山群岛位于太平洋正中,天气清和,风景明丽,地点北纬十八度至二十二度,四面大洋,海风时来,故绝无其他热带之暑威逼人。自其花木繁美言,四时皆春色。自其果实谷蔬收获言,则四时皆秋也。小说家之形容神仙世界,所谓四时有不凋之花、八节有长青之树者,仿佛似之。余游此曾有句云"十丈芭蕉三丈叶,绿荫深处露红楼",又"一面斜阳三面雨,彩虹影里透青山",皆此间风物之写真。世人多称此群岛为太平洋中之天国,以风景气候论,不但为太平洋之天国,亦即为全世界之天国也。不幸地球尚在剧乱时期,岛上居民初被扰于英吉利,继被扰于葡萄牙,终被并于美利坚合众国,使不识不知之辈,于洪荒初开后,首先领略亡国滋味,此亦天国人民之大不幸也。天国擅天然,气候风物之美,人力不足以守之,不但所谓独立的夏威夷王国,仅在十九世纪中昙花一现,即其人民亦强半受外来民族之压迫,日失其生活根据。据最近调查,各岛面积六千余方英里中,有居民三十六万八千余口,其纯血土人只二万二千六百三十六人,其含有土人血统杂种人二万八千二百二十四人,故在今日吾对土人已有博物院活动陈列品之感想。继此之后,此陈列品能否继续繁殖以永久被陈列、被观赏,尚在不可知之数。人类优胜劣败,其现象竟如是之显著也,余心怦怦然为檀香山人悲矣。当吾游此岛前,各岛人口约二十万有奇,日本居其四分之二,中国人共居其四分之一,土人及欧美人共居四分之一。此岛虽属美人管辖,实际言之,不啻黄种人之殖民地也。最近人口,日本人口已由十万进至十三万九千六百三十一,中国人则由四万余低落至二万七千一百七十九人,尚不及日本人口之零数,由是吾生日本之势力日益澎湃,中国势力日益萎缩之感。虽然,吾侨民之在国外者以百万计,在美被排,在墨西哥被排,在秘鲁被排,最近在南洋群岛亦被排。在历史上永不排外之古巴,前数日亦有被土人聚众毁伤店铺之新闻登载报端。国不自强,则其人民到处无可立足,又岂但在此天国中势力日益萎缩哉!

　　注:按各岛自英国航海家古克(James Cook)以后,共称为三德威持岛(Sandwich),后称为夏威夷(Hawaii),檀香山群岛为中国人所命之名。

民国廿二年十月一日

第四　美国西部

十二月六日

　　晕船病渐轻,多在舱面上走动,或在吸烟室与粤人谈。有廖玉余、李青一二君,略通普语,有翁灿及姓欧阳、姓蔡者皆商人,然英语皆不娴,至有并不谙丝毫者,故虽谈不能畅也。昨日开船,地约西经①一百五十七度五十三分,北纬②二十一度十八分;本日正午至经③一

---

①③　原文误作"纬"。

②　原文误作"经"。

百五十四度,纬①二十四度,共行三百七十四英里也。

十二月七日

今日已不晕,惟不惯在舱中坐耳。粤友皆爱同余谈,然甚艰难也。彼等皆愿学普通话,而无机会,中国如早统一,政治略有头绪,统一国语,实较前数年为易也。

西人几于每晚跳舞,久渐厌看,其舞式极简单,除男女互抱之猥亵状态外,了无余味。西人开化较晚,此其表现之一端也。今日正午船至经一百四十六度二十一分,纬二十八度零五分,共行三百八十九英里。

十二月八日

在舱面观浪,浪白一如自日本赴檀香山时所见。然海水不似前时之黑,彼时之水如墨,此则深蓝色,然亦与画家所图之海色不同也。在吸烟室见西人有饮酒者,曾记在檀香山时,旅馆餐室有啤酒,呼饮之乃清凉饮料,绝不含有酒质,意船上之酒当亦如是,然抱无弦琴,读无字经,自是雅人深致,则饮无酒质之酒,更所谓醉翁之意也。乃呼而饮之,佳酿也。余平昔不甚嗜酒,故在日本未尝饮,在大洋丸船中,日见西人饮,亦绝未引动酒兴,在檀香山饮无酒质之酒后,忽觉酒之可爱。有友人约餐,曾饷以私酿,彼所称为中国酒者,乃余在中国所未经尝过,或亦粤中特制,余觉其味怪逆口,不能饮。今饮之酒,殊觉适口,饮时与粤友同座,人共一杯,不能尽兴也。

本日正午至经一百三十九度四十六分,纬三十一度二十四分,共行三百九十八里。

十二月九日

粤友有持《新青年》杂志,《论社会主义》一文,于财产发生真正原则未曾研究,又于中国经济、历史及现状均未考察,故所言皆抄自外国社会主义者,就外国情状所发之议论,于中国情形毫不相合也。下

---

① 原文误作"经"。

午又与粤友数人饮酒，余前所作吊夏威夷王铜像诗一章，草在草本日记中，为粤友所见，求余即事赋诗，因口占云："稳渡平洋万里波，胡越一家共咿哦。管城寄语情弥切，萍水倾心兴倍多。世界黄金终是梦，光阴白驹恰如梭。番酒一杯犹未醉，诸君大笑我高歌。"时余正与李青一君笔谈人类主义，余人与余等言皆不闻，彼等大笑不止，故诗中云然。后知末联平仄失叶，亦不愿再加改正矣。因此诗原不佳，聊以志鸿爪耳。

本日正午至经一百三十二度五十八分，纬三十四度十三分，共行三百八十四里，因夜来风浪甚大也。

十二月十日

箧中得《孟子》一本，乃在高丽所购，中有高丽文译本并注解，就原文读之，借以销永日，略有所见，另记之。

下午仍饮酒，李青一君欲学诗，和余吊夏王铜像一章，余略为改正之。

自昨日午至今日正午，行三百五十九英里，至经一百二十五度二十七分，纬三十六度三十四分，由此至旧金山（San Francesco①）只余百英里矣。傍晚借返照余光，已见岸上远山，或即所谓机山者也。至六钟余，暮色四合，船外较远处，已不易辨认，虽有月光，尚未大圆，不能见远，心甚烦急。稍顷，见远处忽有灯光浮沉，明灭不定，常行船路者言，此灯在岸外一小岛上，然距岸甚近矣。适鸣笛晚餐，乃往用餐。餐后在室中稍停，略检收行李，置箧中，复登舱面，船已进金门港（Golden Gate），迎面灯光万点，层叠纵横，闪烁照耀，知此地乃跨山为城，环海作市，极为天然形势也。因金山金门之名，戏成一绝云："东方犹有未招魂，臣朔千年只病贫。早识金山通有路，遥从海外拜金门。"盖戏用东方朔金马门饿死语也。至九时，船去金山埠岸不过数里，已停驶。诸西人均欢庆到岸，跳舞欲狂，晚餐前余亦因到岸在

---

① 此处应为 San Francisco，即旧金山。

即,美国禁酒,至九时即不能饮,呼酒与粤友各饮一杯,兴不尽,又购香槟一瓶,共饮之。酒后余颂《诗经》声稍高,某西妇闻之,以为美听,至余前握手道好,坚请复颂,余不得已,复颂一什,诸西人聚听,颂毕,鼓掌声雷鸣,有大声呼啸者。西俗呼啸,乃请再续前歌之表示,某西妇又携一男子来,谓系其夫,介与余见,敦求再颂,余勉为更颂一章。至饭后彼等跳舞时,余倦归寝矣。

十二月十一日

晨起赴舱面,见船已停,在埠近处。昨日所见最近之灯火,乃一小岛,位于金山港中间,闻移民署即在其上,更有军备布置也。岸山楼阁重叠,街市排比,与前所见之市镇,其形式均异。七时用早膳,余略进少许,同时医生验病,船客在食堂作一回转耳,无甚繁苛也。九时,移民局检察员(inspectors)来船检视,西人检视最宽,华人均在一处,较严。此处检察,对余之护照尚无挑剔,且因身分之故,稍加优待。俟验毕,其检察员长(chief inspector)尚赴余前握手道歉,谓劳君久候,深致不安,并作邦交交际上照例敷衍语。余偕胡君出,同时中国领事署员孙垣君因得电亦奉领事命来招待,在海关上检查行李,亦无繁重手续,其检查次序,系照姓名首一字母排例,全①姓首为H,尚不甚在远,然出关至沙特旅馆(Suttle Hotel)已将近十二时矣。旅馆甚宏敞,所居室亦雅洁适用。下午在街上游观情形,见贫乏西人执鄙业及状可怜悯者颇多,此为在中国西人中所不能见者也。晚同胡君至上海楼晚餐,一李姓朋友作东,彼为青年会人。晚偕胡君观剧,剧与电影错演,电影殊少精彩,趣剧亦平常,惟一歌妓坐电系花圈唱歌,全场灯尽灭,由演电影机内射出圆光,恰照满花圈,如十五夜月,而歌妓乃盈盈如月中嫦娥也。电力运花圈移行空中,浮沉浮荡,电光随之转移,颇堪系赏。然尤妙者,则歌喉婉转如贯珠,哀感顽艳,闻者倾倒也。歌毕重演电影,余归旅馆寝。

---

① 疑为"余"之误。

在船上时,司行李者问明行李若干件,如有一定住址可告之,彼照行李数目给与纸券,填明自己船位及号数姓名及所欲往之旅馆,俟海关验后,关役即可照券送至旅馆,券有存根,可自收执,如有差误,可往询也。

十二月十二日

胡君炜基昨亦寓此,晨起少息后,胡君约出餐,彼有事先过李君处,乃中国旅美基督教青年会也。食于远东楼,亦可口。胡君下船时失物,餐后偕赴码头往寻,久未得,归寓,胡君改寓他所。

途中所识之友廖①玉余偕二友人来访,同谈,出餐于上海楼。因问侍役能说上海话否?彼答以余只能说中国话及英国话。余又询汝想我为中国人否?彼答汝与中国人同来,或是中国人。余又问汝想余能说中国话否?彼答或者能说,然能说者甚少。廖君及其友均不解英语,余为译此问答,彼几喷饭,盖此地所谓中国话,乃专指广东话而言也。餐后同至廖君寓,乃成昌号一商家也。在彼寓遇一老者,忘其姓,老者已来此四十四年,操英语甚娴,文法或未甚好。老者甚恳挚谓:汝语多英国音,必须改学美国音乃好。余谓:余英文不足应用,且读书甚难,颇思得一地习英文,至能勉强应用。彼谓:读书无用处,美国音最关重要。余谓:余来游历,不似君等久居美国者,明年秋间余将赴英矣。彼又谓:无论何地人,总均爱听美国音,故君学说美国音,最为重要。余势难与辩②,含糊应之而已。

余谓白种中,英国人保守性最强,中国人中广东保守性最强,其保守之性愈坚,其发展之力亦愈大。故英国势力遍于日所出入处,广东人不借国家势力为之保护,亦能足迹遍于全世界,随处皆足以自立。广东近百年来,不但通西学者辈出相踵,即治国学者,亦皆有独造,然均不能代表广东之特性,今日在上海楼所遇之侍役,及成昌号

---

① 原文误作"寥"。

② 原文作"辨"。

所遇之老人，其识见之误陋，至堪发噱，然其先入为主之保守性，颇足代表广东人大部分之心理，故特记之。

十二月十三日

上午胡炜基君偕谭葆慎君来访。谭亦毅侯之侄，今肄业加州大学（University of California），该校学生会会长也。毅侯有致彼信，即面致之。谭君人极聪敏，英语甚好，同出早餐，又在东方楼。此地中国餐馆，家家适口，与檀香山大不相同也。餐后访周领事于署（617Montgomery）谈约半小时，出，呼汽车与胡、谭二君同游。先至码头，胡君再寻其失物，得之。

此地码头建筑形势，亦与他处所见者大致相同，惟局面极大，各码头相并排列，数至五十左右。每码头皆伸入水中，其左右则俱系水道，可进出船，水道之宽，约近百丈。邻两面码头，均泊大船时，中间尚可容船舶转折也。码头上临水左右，分建栈楼，船高者自高层上下，省转运上下之劳甚多也。中间为铁路轨道，有多货时，车可入内，平时则均用汽车转运。码头外铁轨甚多，以接于各码头，并通至各车站。每码头均有海关办公所，各轮船公司停泊，均有一定码头。中国土地如此之广，海岸线如此之长，出产如此之富，销费尤视各国为大，其进出口之货，当加于各国之上，至今无一自筑之港，真可耻也！

由码头穿市街（Market St），此街为全市干路，由东北直贯西南，分全市为二，其余各街均在此街两旁，另行规画。街之西北方各街，均东西南北方向，斜接于干路上，东南方则多为斜街，或与干路平行，或成垂直线，故此地规模虽大，其街道亦易于辨认也。

由市街转至巴拿马博览会场，当时各国建筑多不甚坚固，不能经久，近多剥损者，惟中央为美国政府所建者较坚。其大门有极大之雕塑品，树于数圆楼外，下有涌泉环之，古树杂花，错落掩映，水面凫鸟，见人不惊，景致最佳。绕场巡行，至中国馆，为宫殿式之建筑三座，亦尚具规模，不似当时各日报纸所诋尽为丑态也。大抵初慕欧风时，见西式均以为美，中国式者均以为丑，实则西人眼光并不尽如是，中国人更不应如是也。惟其规模不能与中国相称,然尚系端午乔制军竭全力主持,乃能有此,否则更不知简陋如何也。余记当时中国各省均有出品协会,余为河南会长,而力不能备出品,至今思之,犹为汗颜!在馆中摄影而去,中国馆旁为暹罗馆,甚小而精,盖中国有大房三座,彼仅一座,且较小也。

由博览会场绕至美国兵营,面积甚大,大约总数十方里,营中道路一如街市,其房屋建筑亦类住室。惟花木葱茏,直为一公园也。临海处为飞机场,列飞机甚多,汽车场停汽车甚多,此皆军用器具也。回忆中国兵营,真儿戏矣!然徒耗人民之脂膏耳!直接累商,间接病工,果何所为者。

出兵营后,为住户之街,万木蔽空,平茵铺地,住室排比,错列其中,无甚高者,与市街不同也。少顷至门公园(Golden Gate Park),园面海处,约四英里许,长约十英里,面积四十余英里。非乘汽车不能周览也。中有山,山上有湖,树多柏类,花树不甚多,此地近北纬三十七度,与北京相差有限,然北京两月前,已木叶尽脱,萧条满目,此地则碧树绿草,色浓于染,更有黄红杂花,相间点缀,宁非至奇怪之事哉?在海岸一中国餐馆中餐,餐后在岸上见海浪高水面丈许,至数尺不等,如雪城银山,平涌而来,至一定地点,忽跃倒入水,激为无数浪花,而其后之浪,又相继而至,前仆后继,不舍昼夜,亦奇观也。

出公园返寓,途中来回经二伟大之建筑:一为市政厅(City-Hall),厅长(mayor)及各局长办公之所也;一为警察厅,规模壮丽而有浑朴之气。晚自赴上海楼晚餐,餐后在唐人街(China Town)游行,至一中国报馆,名《世界日报》,购一份阅之。售报者陈姓,以笔与余谈甚久,彼处并售邮片,有中国西湖之平湖秋月、津浦路之黄河铁桥、京绥路之八达岭照片,乡情骤动,购归备寄友人。

十二月十四日

上午未出门,胡君来。午,周领事君璋约在上海楼便餐,餐后偕胡、谭二君至市街购时表,与胡君别,偕谭君赴加省大学,在金山对岸白克里(Berkelcy①),先渡海湾,次换电车,共四十五分钟即到矣。此处无大市面,商家较少,除大学外,以住宅为多。此地无平原,故皆倚山跨岭,无论学校街市,随处都陂陀起伏也。大学所在地位,多古松及油木(oak)之类。校外大树丛中,有露天希腊式戏场。树丛临路,为高阜,戏场于临路凿道嵌石为门,以通场内,场则由高阜凿一大圆坑,径二十丈有奇,周围自底至顶砌青石为阶,即观剧者之地位。最低处平如釜底,亦可容观者。釜底近路方面较高,作直长方形,为演戏之所,有门外通另一地位,为扮演之所,再外则接临街路矣。此专为学生演剧或演说之所也,约可客三万余人。又至其藏书楼参观,所藏东方书不甚观,室极宏壮,阅书者极多,教员研究预备多在此处,勤修之学生亦在此者极多。出藏书楼,至中国学生会。此处为学生自行募款所置之房,亦颇宽敞,谭君即会长也。谭君又为余绍介胡君茂臻,胡君福建人,生于南洋,后归国就学上海复旦大学,今为新中国贸易公司职员,并修业大学也。晚来市同餐,又回寓畅谈及中国对日本丧失之权利,以铁路为大宗,余在狱时,曾拟作《十路亡国论》,未就,二君慷慨几为泣下,求余为文,登诸彼等所办之《中美杂志》,余允之,不知能践言否。

十二月十五日

上午安石如来谈,石如河南辉县盘上人,前毕业中国大学及北京大学,现肆②业加省大学,午出同餐。下午二时,胡君茂臻、谭君葆慎、郭君某先后来同谈,甚畅,三君有应酬,去。余与石如又谈至七时,晚餐后回寓,谭、胡、郭三君又来谈,胡、谭二君先去,石如及郭君十一时余乃去,可谓竟日之谈矣。

十二月十六日

久不作梦,今夜忽有梦。梦大盗劫余家,余外祖母尚在,拟令他

---

① 此处应为 Berkeley,即伯克利。
② 原文作"肆"。

人在外，而扃余于坚室内，余思着蔽衣，混佃夫中，正脱衣改着时醒觉。电车声可厌，决计三二日移寓白克里。复寝，仍欲续前梦，戒勿作思乃免。晨九时半始起。

胡炜基君偕其妹来视，稍谈，余约其共赴上海楼中餐，在唐人街遇胡孔初君，彼前充任檀岛领事署秘书，去岁曾代表谭领事赴北京领款，故能稍通普通话也。

便中访李青一未遇，遇廖玉余同晚餐，购《社会主义之限制》(*The Simit*① *of Socialism*)及《工团主义(Syndicalism)、工联主义(Industrial Univonism②)及社会主义(Socialism)》二书。

晚，胡孔初君来谈，甚久，知此间土生华人求学者甚少。故大学中华人九十左右，土生者尚占少数，且爱斗殴，不求上进，而私售鸦片、吗啡，及聚赌者亦甚多，可慨也！约十时在街上稍散步，归略习英文。

十二月十七日

夜睡更多梦，不知何故。

昨夜平湖秋月景片寄抟沙，附以二绝句云："光阴百日如驰电，不向西泠③系梦魂。谁剪平湖三尺水，教从天外认游痕。与君暂作经年别，让我先行大九州。何日南天双雁影，六桥风月续前游。"盖余与抟沙同游西湖，去今刚百日也。

正午在旅馆内用膳，此为第一次，亦系自行取食，余颇爱此种办法，惟此处乃不如檀香山青年会餐品之适口也。

下午石如来，谓已为余物色得住房，乃同至白克里。其房在佛儿吞街二千四百一十五号(2415Fulton St. C)，小局面之新屋，楼上一大间，二窗向阳，尚雅洁可居，每月租金二十五元，已租定，一二日即

---

① 此处应为 Limit，即限制。

② 此处应为 Unionism，即联合主义。

③ 原文作"泠"。

可移住也。

与石如同往便餐馆(cofeteria①)晚餐。凡此种餐馆皆自取,随到随取,时间上极为经济,价亦甚廉也。餐后与石如同赴学生会,晤同乡学生郝坤巽,字象五,武陟县人,又晤江苏学生张君景欧,同谈。石如在欧克兰(Oakland)任授侨民子弟国语,须往授课先去,课毕仍来谈。余素爱谈,因近来来往友人普通话不甚娴习,余之英文亦不敷用,故谈兴迄未畅。今晚言语通谐,谈兴大作,至十二时乃归。夜间车少,又候车候船许久,下船步行归寓,适有微雨,至寓已二时余矣。

十二月十八日

起甚晚,本拟于今日移寓,因系星期,下午各业停工,无人转运行李,只可俟明日也。

石如来,同出中餐,餐后自市街西南行至一小山登之,北可望海,其土则皆沙质,下山归至市政厅撮一二影,厅中今日停止办事,门仍不闭,任人入观,此则与中国衙署大别者也。

晚仍同石如餐,餐后彼回白克里,余归寓。今日在书肆购《东方言语研究》(*Oriental an Lingnistic② Studies*)及《言语之科学》(*Science of Langnagec③*)二书,稍翻阅,已十一时矣,就寝。

十二月十九日

晨起收拾行装,交转运公司,出外中餐,访李姓某君,未遇,即渡海湾来白克里新寓。寓主姓来司即英文之大米(Rice),主人不多问家事,主妇料理一切。此地分租之房,大半如此,故房东通称为女主或女居停(land lady)。至下午五时,石如来谈,因出晚餐。餐后赴公共图书馆阅报,约半时,归寓。行李仍未来,乃电询旅馆,谓须俟明晨也。天小雨,既不能出门,又无书可读,乃练习作英文信,至十一时就

---

① 此处应为 cafeteria,即自助食堂;自助餐馆。

② 此处应为 Linguistic,即语言的。

③ 此处应为 Language,即语言。

寝，夜睡不甚安。

十二月二十日

自今日起，拟每日习英文，并作文，恐中文日记或不免有时间断也。

十二月二十一日至三十一日无日记补录于左

一、识威尔逊女士（Miss Welson），待余甚厚，彼为此间有名之音乐家，在女青年会国际调查所（International Institute）为音乐监督（director of music）。

二、识富兰雅博士（Dr. Fryer），彼六十一年前至中国，曾在中国政府任翻译西书事。余初阅译本西书时，见有英国富兰雅译字样，系中国旧式刻本，以为其人久殁矣，不图于此间遇之，皤然白发，八十二岁矣，然精神尚好。

三、识此地中国学生甚多，无事时，常至学生会阅报。

四、同安石如常至大学藏书楼，盖任人入览，不论与大学有无关系也。

五、北大学生康白情君来访谈，且云：闻君前清毕业北京大学，特开会欢迎，并请入北大同学会。逾日开会于康君寓内，余亦从众意入会，颇觉有趣。少年时曾见老童生，在家子女满堂，自顾颓然老翁矣，一但赴试，与少年童生同居便谈，乐而忘老，余近来情形，往往类此。

六、安石如发起新年欢宴会，余亦加入。阳历除夕宴于金山远东楼，倍极欢洽。惟粤友不解普通国语，北方友人不解粤语，而英语亦有不甚娴者，感情未能完全表露，为一憾事！各人均须作谐谈或歌一曲，中外古今任便，以坐中余年最长，必择一最古诗词娱众，乃歌《伐木》诗一章，众人为之击节捧腹，可谓诗歌兼谐谈矣。尽欢乃散。

七、除夕餐后，偕同人游金山街市，美俗除夕男女相偕在街市狂走，无论相识与否，皆可相戏，戏法略举如下：

（一）撒纸花　纸裁小花如钱大，五分钱一筒，逢人便撒，不论男女。平日男子见女子不论相识与否,均须恭敬,此夕则见女子可任意抛撒,乃至以纸花自领际装入衣内,惟不可手触其肤耳。男女同行者,男子往往尽力保护女子,不敢妄撒人,若彼撒人,则人不还撒彼,而专撒其同行之女子。

(二)吹短笛 以马口铁或他质制之,声极粗劣,专向人耳边吹,或扰其谈话,或猛吹惊之。纸花男女多互撒,短笛则多为男子所吹。

(三)鸣铁筒 用小马口铁筒(大半为罐头废筒,大小不甚同)一端钻一小孔,孔内穿一坚线,内端作坚结,外端下垂二尺许,以手用力摔(音律)线,铁筒生小震动声,与线声相合,如放大屁声,男子暗持筒近女臀部鸣之,如屁声发自女子,群相引以为笑。

大概上述戏法,以纸撒花为最普通,次一较新鲜,末一或为最新鲜者也。

男女横填街市,真所谓摩肩接股者,乐新年之声,杂呼不绝于口。其呼声亦千奇百怪,任人各自立异,且不论老少及相识与否,彼此皆以孩子(bay①)相呼,此真新大陆之新风气也。

美国现在禁酒,然此夕所遇醉汉甚多,有一捉余手不放,不知欲作何言,其舌似僵,言语不甚灵,而酒气扑人,苏君士民(奉天人)持纸花向彼立撒数次,彼乃脱手。余等去,又一醉者欲伸手捉同行之王女士,醉者有同行者数人云,此中国女子也,力牵彼去。

晚归,夜睡不安,以昨日观美国人过除夕,心向外驰,如失生命所在也。美国人心神外驰,多不能自知其生命所在,此夕之状况,乃代表其一般②之国民性,宜乎其多数劳动者,受驱策于资本家而不自知也。

民国十一年一月一日

自今日始,改记英文日记,然所记极简略,且有时自行翻阅不能

---

① 此处应为 baby。
② 原文作"班"。

知所记为何事者,随中辍而译补为中文。

安石如、郝象五先后来。

下午访富兰博士,昨日彼来访未遇,今日往且贺新年也。

元年元旦,余为国事略有所奔走,时正寓北京,适宣布共和,未久,曾记某君五色旗下之门联云:"安得桃园避魏晋,漫将椒醑话唐虞。"若预知项城有孟德、仲达之心者,余当时怦然心动,深惧其言之确,故终项城之世,不敢作官。

二年元旦,余正在河南办选举,疲精敝神,回忆不知是何心绪。有友人寄谐诗嘲余云:"一张邮票出山门(山货店门),大海(胡)茫茫欲断魂。"

三年元旦,方任代表与福公司交涉,且预备组织中原公司,倍极艰苦,曾有诗故作壮语云:"上帝不神鬼蜮跃,中原无主我归来。"

四年元旦,国会久被解散,同人星散,每日过其门不忍回首,有句云:"远天战伐喧箫鼓,故苑莺花没草莱。"

五年元旦,项城正筹备帝制,余数月不敢入都,因事往,有人告曰:"总统屡相问。"乃连夜赴天津,绕道归焦作,有句云:"白袷归来犹自魂,浣溪流出帝京尘。"

六年元旦,公司风潮初起,内外交攻,有句云:"终觉汗颜对父老,只应洒泪向山河。"

八年元旦,距余入狱只十五日,初入狱令取保出,不肯,有句云:"黄金铸罪名犹累,暗室覆盆意未降。"

九年元旦,案仍未结,余意渐和,思出弃公司,赴北满经营他业,有句云:"匹马朔风千尺雪,回头无语望中原。"

自元年至十一年之间,惟七年与十年二元旦,处境较顺,回忆其时,觉醉生梦死,无一事可以自慰而作纪念者。生于忧患,死于安乐,其信然哉!书此自励,愿此后勿以安乐而堕志气、阻进修。

一月二日

与安石如、唐惠玄、四川全君、陕西郝君、江苏王女士出城登东山,东瞰旷野,西眺大洋,万树森森,碧草如油,使人气扬志奋,欲破空飞升。余等携食品席地野宴,亦可乐也,自早十时往,下午五时乃归,余照有数像,可作纪念。

一月三日

美国人葛理尔君(Mr. John Callier)约在司徒阿旅馆晚餐[①],为威尔逊女士所介绍,同坐尚有伍女士,为伍博士盘照之女。

此为余识葛君之第一次,余操不完全之英语,评论美国情形,乃大为葛君所悦服,言美国人不深求心理学,故观察不能如君透辟。自此引为知交,回忆当时聚会如梦,不知何故。

中餐,余约云南萧、袁二君同餐。夜胡茂臻君来谈中国对外贸易之将来,深夜乃去。

一月四日

美国人水思尔君,与胡茂臻君介绍参观一汽车厂。厂主人意甚殷殷,在其处中餐,赠余一览表等,余竟忘其名,岂不可笑。余参观各处,往往得吾所独得,有得意忘言之趣,真过渡时代不科学之人物也。

一月五日

阿母司床(Armstrong)君介绍参观巴克司炼糖厂,规模极大,闻为此地第一家。但现在停工,问其停工理由,云粗糖价洋每吨八十元,由菲律宾购来,由檀香山则须八十五元,制成精糖后,连同运费制费,共合每吨一百一十元,而售价只得一百零五元,实折本每吨五元也。

一月六日

与葛理尔约在司徒阿旅馆对面一旅馆内谈话,交换意见。唐君惠玄翻[②]译。葛君之书记金女士(Miss King)速记,约数小时。大概为中国社会旧日组织之方法,金女士所记为英文,将来拟译为中文,

---

① 原文作"盘",疑笔误。

② 原文作"潘"。

余英语不娴,谈话诸多不便也。

正午余约葛君、唐君、金女士、威尔逊女士、伍女士在上海楼中餐,餐后闲谈至二小时乃散,并约期再谈。

葛君赠小书数册,皆为其昔日所著关于社会问题之单行本,其重要者多关于平民会议、平民组织者(community council, organization of community)。惜余读之,极感困难,故学英文之心颇强也。

一月七日

习作英文信二封,一致抟沙次子正学,一致南京东南大学秉农山博士。

四川仝君、湖北王君来谈。余谈及中国应发达机械制造,同时奖励改良手工制造,以机械制造抵制外货,而应必须之要求,以手工制造设法输出,庶可挽回商权云云。王君云:手工制造,如何能运销外国,因外国均有机器也。余云:机械最发达之国家,一切用品,千篇一律,失其美术上之价值,足以使其人民爱手工制造美术品。因指余自国内带来之绣花桌毡示之,曰:如此毡乃手工品也,外人最爱之。王君以手持视良久,曰:余毫未见其美,毫不觉其可爱,但知费工多耳,余若为外国人,决不购此。余知势难与辨,颔之而已。

一月八日

与威尔逊女士及来司夫人(Miss Welson, Mrs. Rice)同访巴克母博士(Dr. Baukum)于其家。并晤其夫人及其女,俱蔼然可亲,朴厚有大家风,不类普通所见之美国人。威女士云:巴君实在为美国人也。余不知其意。彼又云:巴君来自新英伦,盖美国东方人视此地人为较野之民,巴君与此地人,迥不同也。(Miss Welson said:"Mr. Baukumi① is quite American."I asked:"What do you mean?"He② said:"He come from new England. The People come from East al-

---

①　此处应为 Baukum,与下文同。

②　此处应为 She。

ways regard the Californian rough people. Mr Baukum is quite different[①] to the Californian. ")余意美国东部人，亦必有别于西部，此地开辟过迟，居民皆系移居者，闻其文化亦远不及东部也。

巴君(Mr. Baukum)款余以中国茶，其室在白克里(Berkeley)之东面山上，街路蹭蹬而上，路工极美，类中国宫殿台阶，初来者往往误此街路为富人邸第私路也。其室西面皆窗，可越城看海面，适值红日将沉，景致极佳。日距海面较近时，忽有红光下垂，与水相接，荡漾闪烁，如红云，如赤霞，如火山之焰忽冲上，景极壮丽。再近则海面忽涌现黑云，与红光相接触，瞬息已互相混合，为红黑相间之云花，其上仍为较淡薄之红云，又一瞬间，红日已沉入碧海，只余上述之二种光与云，下接海面，上浮碧空而已。

一月九日

访大学心理学教授司脱久博士(Dr. Stratteu)，谈心理学。余英话不足用，极感困难。司君借余心理学书一册，亦为行为派心理学，惟不极端也。司君问余云：闻巴克母君言，君谓就心理上言，中国劳动者较美国劳动者为快乐，愿闻其大概。余谓：中国现在工人少，农人多，以中国农人与美国工人比，当然农人快乐多。司君又问何故？余谓：农人自己有田，自播种以至收获，时时可自知其劳动之成绩。此项成绩，随时可以予劳动者以心理上之快乐。至成熟时，各人可以管有其自己劳动之生产物，又予以最后之快乐。美国工人，多数死守于一机轮之下，既不能自见其劳动之成绩，每月向厂主得工钱，又不能自己管有其劳动之生产物，当然不快乐。彼甚惊奇余言。又问余曾游中国，在北京坐人力车，君以为此车夫比美国工人快乐否？余谓当分别言之，在两种情形之下，不快乐：（一）自晨至午，无人来坐车，本日之生活费无着，不快乐；（二）自己力小，坐车者体重，所行之路远，不快乐。除此以外，均比美国工人快乐。司君更诧异，问何故，余

---

①　此处应为 different，即不同的。

谓或快或慢，能表示个性。或先快后慢，或先慢后快，可行自己计画。数车同行，有时有竞争之乐；行达地点，往往得坐车者之称赞，亦为一乐。至美国机器下之工人，机轮要转千次，工人不能加一次，亦不能减一次，无所谓个性，无所谓计画，无所谓竞争或被称赞，故不如车夫之快乐。司君谓闻所未闻，颇觉有趣。

闻司君云：中国学生有郭君者，去岁毕业，其心理学甚好，可与一谈也。

一月十日

胡茂臻君介绍参观二糖厂：一为阿发拉豆，一为垂西。前者已历四十年，未易机器，可征机器之坚与管理之良。后者为最新之机，初建三年，因糖市太坏，现停工。

一月十一日

赴金山新华公司与胡茂臻君谈。

一月十二日

葛理尔君来访，金女士同来充速记，仍由唐君翻译。午在白棉旅馆（White Cotton Hotel）中餐。餐后，唐君有课去，余自与谈。极感困难也。

餐时威尔逊女士在座，餐后安君石①如来谈。

午前，康白情、孟寿椿二君来访，因余正与葛君谈，未得多谈去。

一月十三日

司脱久博士约便餐于大学教员俱乐部，介绍余面校长巴乐博士及其他教授数人，均未得深谈。

一月十四日

一月十五日

本约与威尔逊女士、葛理尔君夫妇往某处观老树，谓系三千年前物。因葛君有事，赴罗三吉尔，遂中止。下午与安石如、康白情、孟寿

---

①　原文脱"石"字。

椿及四川仝君同游金门公园。

一月十六日

此后英文日记亦辍，至二月三日始重记中文日记。在此十五日之间，曾赴哈迷屯参观糖厂。归途至沙开来门图（Sacramento）住二日，前后共四日。此四日曾草记其事，而未记时日，过时亦不能追忆，要之，必在十五日之间也，录之于左。

某日晨，偕胡君茂臻及菲雪君（Mr. Feashure）同乘车赴哈迷屯城（Hamiltton① City），参观糖厂。电车前后接连四辆，至海湾驶至船上，分二段载之。船上有食堂，余同胡君入，早餐，因此日甚寒也。不过一刻，船达彼岸，车驭上岸，入轨而北，先至沙克来门图（Sacramento），为加州都会，街市颇新鲜整丽可爱。车停不过二分钟即开，行至祁口（Chico），亦一城也，不甚大。下车晤巴来克君（Mr. Barach），彼来自罗三吉尔（Losangeles②），一机器师也，来招待余等，乃同乘汽车至哈迷屯（Hamilton），晤其经理盖司徒胡君（Mr. Jelston），一六十许岁老者，和厚可亲。巴君导余遍视其机厂，此厂已十年，其公司已久，惟此厂新也。大概机器新整，能省人工，闻其每日制萝卜六百五十吨。自总工程师起至一切工人，仅用人六十也。若在中国或者仅职员已达此数矣，但现亦在停工时代，故仍未尝予吾以如何亲切之观念也。余摄数影，颇清晰可喜。晚与盖君同餐，略谈，盖彼欲售此厂全数机器也。连日风雪，冷甚，夜和衣眠。

次日晨兴，早餐后，盖君自驾汽车，偕余等同观全厂之农田，计五千英亩，合中国三万亩有奇也。并至其运河上游参观灌溉机器，除一大水磅（pump）以外，无甚机械也。与盖君之言，有二事足记者：

（一）彼谓彼厂除售去机器停止业务以外，只有一法，或可进行，即将所有之田，全售于农人自种，彼得有萝卜再卖于厂中，或可撑支。

---

① 此处应为 Hamilton，即哈密尔顿。

② 此处应为 Los Angeles，即洛杉矶。

因现在城市工价过高，此间农工，又须视工价加高。前十年尚有真正之农人，能耐农事之苦，而工价亦较低，近来所有农人皆工人化，故在乡间几不可得农人，若在城招农，应招者必问作农比作工工价加高若干成。问以何必须加高？彼之理由：（1）农工比城市工作太苦。（2）此地无戏园，无女人，故非高价不来。迨至高价请来，而彼等乃以极粗劣之工作相报酬。盖机器下之陶练，竟使人不能作农工，而农事无论如何济以机器，究竟大部分非以手足作工不可，至种植萝卜尤非多用手工不可。故现在粗糖价贱，在菲律宾仅每吨八十元，在檀香山仅每吨八十五元，而此间每吨萝卜之生产费，乃至每吨十五元。吾之机器最好，得糖极多，五吨萝卜，可得糖一吨。然原料五吨，已用去价本七十五元矣。以故赔累不堪，现在精糖只售每吨价洋一百零五元。彼购粗糖复制已经赔本，此厂自种萝卜，故更甚也。余记二十年前，在坎拿大（Canada）经理一糖厂，规模与此略同。但彼之原料，悉购自农人，农人各有田数亩，自种萝卜，售于糖厂，彼自耕自田，成绩极好，因彼等乐做工也。今此与彼情形相反，故谓将田全售于工人，令彼自耕自田，或可望其加意工作云云。余按此事极可借以证明经济之心理（economical psychology）。

（二）彼指其大块田中一段云：此为另一人所有，此外两方至河，皆公司所有之田也。当初公司收买田时，此家无论如何不卖，加价彼亦不理，此段地内之房舍，此人之家也。此人名毕流司（Billues），其先自法国迁来，以农为业，今已三代。彼人丁亦不甚多，自耕其田，所耕极好，与吾公司之田，殆成一反比例也云云。余曾以此事询之巴君，其所言相同，此大足以与前段对看，以研究其心理。

余与巴君所谈者，余言中国人重将来，不重现在，故能耐苦，因现在虽苦，可以望将来之乐，故能忍受。彼谓此恰与美国工人性情相反，彼只知有现在，绝不顾及将来，今日得有工价，吃烟喝酒，偕女人游玩，必至用尽，明日即死，亦所不顾，此一事也。

彼又谓美国人最爱离婚，至少离婚亦占结婚者之半数。余以其言过甚,彼又谓结婚十五年而不离者,在美可为少见,故至少离婚必占半数。男子工价,不足供女子之挥霍,此为其最大之原因也。此又一事也。

合上四事以观,吾念美国人生之苦,乃远甚于中国,吾数欲为文主张废弃中国家庭制度,至此乃有维持之意。下午同去,纪君自驾车送余等至祁口(Chico),至为殷殷。余等同至沙克来门图(Sacramento),余偕胡君下车,巴君有事,自赴金山,斐君今晨已回也。余与胡君寓沙克来门图①二日,此处为加省之都会,风景较金山为好,而不及其城之大。此都之游,可记之如下:

一省公署建筑整齐阔大,周围为一大公园,古木森森,棕榈②蔽空,距署不远,更有小湖,湖内水鸟自游,见人不避。余等两次径游,并照有像片数张。

余等参观公署,由一警长指导,颇为殷勤。公署及参议院(Senate)、下议院(Assembly)均在一处。其议员有女人四,黑人一。屋内下层地面均用小白杂色石砌为花纹,左右二人,一为白人,一为一古代红人。有一处墙上砌有一花,其警长云,此为吾之省花,如贵国之樱花,为国花也。观毕,余赠以美金二元,告之曰:余等为中国人,非日本人也。大概此地人,对中国之观念极不好,彼以广东人在此之洗衣服、卖碎粹者为中国人之代表,凡遇黄人有体面者,彼皆以为日本人。余此日着貂皮大衣,海龙大领,彼断定以为非中国人,余特为声明,此后无论至何处,遇彼疑为日本人时,余均正式声余为中国人。参观毕出门,遇其省长司提芬氏下车入门,仅所乘汽车有一车夫,此外并无仆从,中国官僚,一县知事,即仆从如云,耀武扬威,视此真可愧死矣!

一参观南太平洋火车公司。公司总站有机关车(火车头)一事,

① 原文作"沙克列门图",以下统改。

② 原文作"棢"。

陈列院中,四围以木栅围之,闻为西美第一次之机关车,视现在所用较小,闻其拖车亦少,载重尤轻。中国铁路发达未久,第一辆机关车,今不知尚保存否?

一参观博物院(即创办此地铁路某君之住室,彼死后,改为博物院,以作纪念)。多图画品,中有画中国人来此时所乘帆船,大可容数百人,船身高圆,以理度之,不易覆,而排水不利。然此等船,决非近代所制,盖古代中国本有航海生活也。

一晚至戏馆看戏,颇感兴趣。在此间住二日,乘夜船归。船行沙克来门图河中甚稳,价甚廉,几于与住旅馆相等。余研究其理由,盖城市地皮贵,房租重,故以造房之费造船,尚可省去地皮之价,仅多用水手数人,多燃煤或油数吨耳。且火车汽车,到处皆有,船上但求有利,不敢涨价,价大则人均乘车不乘船矣。然美国人重时间,轻金钱,仍以坐车者为多。故此河中,只有夜行之船,日间低价亦无人乘,以时间不经济也。

第五　旅美加州半载记

（于民国十年十二月十日到十一年六月十五日旅加省）

1. 游苗尔林
2. 访桑得博士
3. 郭任远气高千丈
4. 莫丽湖并岸上博物馆
5. 参加世界协会
6. 参观全国博物馆
7. 到加州乡间访问
8. 参观金山商业展览会
9. 可怕的美国新经济制度
10. 前清玉牒流失加州
11. 参观美孚油公司
12. 参观养老院
13. 游爱德公园
14. 参与加大毕业典礼
15. 参观司坦佛大学
16. 游罗三吉尔
17. 帕叟登纳城
18. 访包家达博士
19. 游加州卢山观天文台

二月三日

太平洋宗教学校(Pacific School of Religian①)开学,与富兰雅博士(Dr. Fryer)、威尔逊女士(Miss Welson)同往参观,遇阿因司理博士(Dr. Ainslie, Unity of Religion of the World)谈,不日欲访之。彼问中国宗教情形,余谓以欧美人宗教眼光观之,中国殆无所谓宗教,因信孔教者同时可信他教也。若谓孔子本非宗教,而佛教在印度乃确实宗教也,至中国后信佛教者,同时亦信道教,中国人不喜分界限,此其一例也。

遇桑得博士(Dr. Sounders),彼为大学内东方哲学教授(Prof. of oriental phylosophy② of U. C.),前曾遇之,不久仍约谈也。

晚赴学会生,彼有通知并专函奉约,在胡炜基君室中,见有黄君游历南美调查记,不觉心动,欲赴南美一游也。开会后,余少坐,觉冷,归。

二月四日

晨起草信一封,致巴洛克君(Mr. Barack),请来司夫人(Mrs. Rice)改正之。余学为英文演说,题目为《世界未解决之问题,乃南美也》,作为今日课程毕,清前信付邮。

唐惠玄约中餐于白棉旅馆(White Cotton)。一美国男生、二女生,为美术家,允为余画像者,人颇雅。雅字在英文为以理更(elegant),在西美不甚用,因此间人脑中,少此雅之观念也。

餐后,至潘力山君家谈,其同乡孟童贰君亦往,谈三时去。

访富兰雅博士(Dr. Fryer)于其家,遇一女士,专门研究中国美术者,忘其姓氏矣。

富君示余二书,一为《世界之钥》(Key of Universe),一为《命运之钥》(Key of Destiny),为一人所著,中多埃及古国画,有与中国相类者。

---

① 此处应为 religion,即宗教。
② 此处应为 philosophy,即哲学。

　　晚饭后归寓，孟君寿椿、郝君坤巽在寓，纵谈甚久。余历言余思想到美变迁极大，几于将余在中国二十年来研究所得之结果根本摇动。盖余在中国时，即以谓今世之研究社会主义者，纯以经济为出发点，殊无澈底的办法，故余之人类主义，乃以心理及经济二者为相并之出发点，觉为完善。今之思想，乃进而主张心理的经济论。盖经济学者，率以人类对于物质上之关系为出发点，以定其生产销费分配上之主张，乃以物质为人类经济上独一之原质，而不知人类自进化为心物合体以来，无时无事可以分心物而二之。经济上之研究，尤宜并重心理，乃可有澈底解决也。

二月五日星期

　　晨①九时赴胡茂臻君寓，因陈敦朴约在其家便餐，询其家在何处。胡君言周领事有电话言陈君有事，不能请客矣。余乘南太平洋公司（Southern Pacific）车赴金山，车中遇威尔逊女士（Miss Welson）。因有约，余等与葛理尔君（Mr. Collier）同游苗尔林也，至金山同彼早餐，至他车站买票赴米尔谷。葛君家在是处，乃共赴苗尔林（Muir Moods②）。其地③在半山上，古木参天，幽深若不能竟，余与葛君游山之约甚早，其友劳提君（Mr. Rorty）亦闻而加入。劳君④诗人也，今日偕其夫人同来。余等在山上方寻幽探胜时，劳君乃蹲地写其所作诗，其人对于美国通常之社会礼节，若不甚拘者，颇类中国诗人。苗尔（Muir）乃一人名，不知彼在此林中作何事，后乃以其名名林而保护之，今乃为游人共趋之所。林中有小流，极清，足助点缀。吾在中国时，尝谓寺观足以助名胜，美国山林以中国人眼光观之，终有乏趣之处，即无历史的美也。下午四时余，余共至山半高处，有旅

---

①　原文作"晟"。

②　此处应为 Woods，即森林。

③　原文误作"他"。

④　原文作"君劳"。

馆,可休息。此间多游人,士女如云,惟女子均着游装,短衣窄裤,小帽高靴,远望与男子无别。其中有不施脂粉者,尚有一种奇隽之气,有施原粉过多,着此种装束者,为猿为人,几不能辨,尚何从论其为男为女耶?现为冬日,游者晚必归,闻在胜夏时,男女多有住此林中数日不归者,昼则裹粮,夜则露栖,颇类原人生活,可发一笑。此处夏间,每日均有游车(observation car),冬季不按日开,遇星期日天气清朗,游人过多时,乃一开行。今日适有游车,余等乃买票乘车,归车不径向下,有高行路(inclined route),车行盘旋渐登山岭,闻此山高二千七百尺,近山岭处,大约二千尺上下也。远望太平洋,寥廓模糊,天水莫辨。下视金山(Sanfransisca Bay①)如釜,金门(Golden Gate)如箸,隔岸城市,楼台参差,至是乃觉金山城于所见之中,最为美丽。以其建筑在山上,陂陀起伏,极有致也。车改换方向,渐行渐低,五时下至平地,即米尔谷(Mill Valley)也。与葛君(Mr. Collier)殷殷致别,彼有三子,今亦同游,均聪慧可嘉也。乃乘舟仍自原路归寓。

　　葛君(Collier)午前过其门时,曾邀余至其家一视。在半山上,木屋数间,谓租金甚廉。其邻右三四家,一为印度学者,以著书为生活,一为俄人,一为英人。彼并导余遍至其他各家,并谓此乃村落生活,彼此均相意识,视城中乐甚,最后复自他一路盘旋下。余对于葛君(Collier)之生活,极感兴趣,如不遽去,颇愿移居其旁。补记之。

二月六日

照例早习英文。

　　正学来,同出中餐。彼去,余自至图书馆阅报,知华府会议前日告终。各报载中日交涉,有山东交还,及日本宣言取消《二十一条》中之第五项云云。实则山东问题,仅青岛胶济铁路及附近矿山问题耳。其余日人既未攫以去,已无所谓交还。今彼三者,日本既皆获相当条

---

①　此处应为 San Francisco Bay,即旧金山湾。

件以去，又何所谓交还也？《二十一条》之要求，所压迫中国承认者，仅十六条，但签字尚有修正，此间各报所载，皆为原文，而非修正之文，今所谓撤消第五项者，乃当时已经撤回者也。而于其他各项，又不肯再加正式之承认，且有美英为之保证。呜呼！华会中国所得之结果如此，尚何言哉！余素不主国家主义，到美后处处所受之刺激，乃使吾脑中，国家观念渐重，且余素薄视政治，近亦渐有重视之倾向，环境殆足以改心境也？

晚至潘力山处谈归，胡茂臻君在寓，知陈君约餐并未改期，彼又临时电约，余等皆出矣。

胡君言：彼遇辛博士（Dr. Singh），印度人，为婆罗门，留学此间甚久，新得博士，不久将归。彼言印度国内产业百分之九十操自印人手，英人握其出海之咽喉，故国外贸易，皆为所把持。然在国内经济上，英人固无如印度人何也。余久信世界上庞大之民族，能生能养，勤苦耐劳，此当为第一种强权。因其他权均有时崩毁，惟此种民族，乃无崩毁之日，如二百年前之西班牙，其海权之强，殖民地之广，语言之通行世界，视现在之英国，或当过之。一败之后，夷为贱种，而印度人亡国百余年，颠扑不灭，今乃渐为世界所注目。英人殖民彼邦百年，成绩不过十万人，而印度人乃增至一万万有奇，以十万人欲长久控制三万万人，胡可得耶？

二月七日

下午访桑得博士（Dr. Saunder）于太平洋宗教学校（Pacific School of Religion），彼留印度十年，能巴里文，略谈印教入华后已非印土之旧，因中国内蕴太富，外来者必受一种之变化，乃自存留也。与潘君同往，并志之。美国近来心理学，渐趋重行为派，乃极端认行为乃外界刺击之适应，其完全等于机械作用，并至心理之名词，几欲废去，因彼派极端不承认有心理也。美国之机械社会，已渐渐消灭，其人性为机械化之器具或原料，为自识者所悲悯。方赖学者渐悟其非，著论立说，大事疾呼以施教正，而其学者亦多数沉溺于机械观之下而不能自拔,前途实觉可危。岂真欧哲某君所言,物质文明将破产,必待中国文明输入以趋度彼之人类耶?

晚安石如及惠玄在余室谈,一时乃寝。

二月八日

草游记约千余字。

晚赴金山上海楼。葛理尔君(Mr. Collier)约餐,其夫人亦在。余前至彼室时,彼病不在家,极欲面余,故此次偕来也。另有司久阿女士(Miss Steward)及金女士(Miss Jean)同座,司女士(Steward)在一山村上创长年补习学校及夜班,增至千二百人之多,成绩甚好也。

餐后,同赴一学校,闻为意大利之学校,规模极小。少顷,至一楼室,今晚开会,此会名为经济研究会,实则此间社会党之机关也。本日所研究之问题,一为葛君(Collier)所讲心理与社会之关系,一为一中人所提出之俄国现在问题。全听不甚清楚,前后发言者不过七八人,以葛君(Collier)所言为最多。本年之会,主席为劳提君(Mr. Rorty),其夫人亦到会,且发言,即与前星期同游之诗人也。今晚彼精神极畅旺,与前日晤面时不同。此次到会者约二十余人,女子约三分之一,会散后大雨不止,余与葛理尔(Collier)君又谈,约半时,唤汽车,至船码头归,已十二时半。

二月九日

午前草游记。

正学来谈甚久,下午四时同赴金山。正学约美国人古娄司君(Grose)便饭于其旅馆,古君(Grose)为某公司主任,与福中有交往,故对正学甚殷勤,且急欲与余一晤也。饭后,谈十时始归。美国有以跳舞为名,而为卖淫之勾结所者。某友昨日至一地,名跳舞院(Dance Academy),有人招之入,中有女子十余,可任择其一,而与之跳舞,入门票十先,每十先跳一短出。彼询诸他人,知其隐,归又询诸其友,美国人云,此名胡客(Hooker),意即钓人者。

二月十日

与安石如同赴金山，因昨日与正学约，吾三人同游博物院（Museum）也。至金山雨仍大，且下午三时半，余尚约与胡茂臻君，共访陈敦朴，因辍前议，往观电影。三时半，与胡君同访陈敦朴于其公司中，并为介绍其总司库陆文澜君，即前总理陆君之子。陆君创筹中国邮船公司，甫成立而被刺，可伤，此数年前事也，其子精饬可爱。又由其副经理周君（N. C. Chu，中国人）导余等参观一切，其总理社美司君（H. Z. Thomas，为美国人），所用职员，中美约半，其组织，总司库、总书记独立于总经理之外，对于总理，亦不相统属。盖皆董事会所选出，而总经理则由总理聘任，其下各职员，又由总经理聘任，但受总理之监督。业务款项出入有司账理之，但须报其总数于总司库。至股款债项，则全经总司库处出入，司账不问也。关于股款债款等之票据，总书记、总司库均会同签名，乃生效力。余觉其立法用意，颇为周密可采。五时余归，连日用脑过甚，觉头部不快。

晚，康白情来，及安石如唐惠玄等同谈，至十二时半，彼等去，乃寝。

二月十一日

晨赴大学，惠玄教室中，略一翻中国书归。

昨闻陆文澜言，其船中国号，仅以三十万元美金购之，南京号多至三百余万元，因前者购于欧战之初，后者欧战最烈之时也。今日大约前者可得原价，后者不过一百二十万元，比原价差二倍也。补志之。

美国人婚姻日艰，无家者甚多。有问其家在何处者，往往答以余有三个大家：旅馆、饭店、戏园也。故美国人实亦无家之倾向，此种三家主义，究竟为大同主义之先声乎？可否以此为将来人类能否完全废止家庭制度一种试验，吾愿关心人类前途者细心观察之。

下午二时。劳提君（Mr. Rorty）来略谈，同访英人安迪生君（Andison）及其夫人。安君在华七年，能中语，在英人中为难得者。

晚至学生会,晤郝君,因在彼处餐。晤郭任远君,即去岁毕业心理学得最高荣誉(highest honour),司脱久博士向余言者也。彼班得此者,仅其一人,与谈,其少年胜气不可一切之概,颇觉可嘉。余询美国近时行为派心理学趋势如何,彼①谓四十岁以下心理学者,殆无不主张行为派者。余云然则彼等对于哲母司(James)所主张之"意识之波"(wave of consciousness)意见如何? 彼云,余视哲母司之学说,孩童之见耳,彼有何知? 余笑云,余与君见乃适相反,余觉美哲惟哲母司尚自知其生命为何物,然行为派之所实验,余极乐看其结果,因先以助吾研究之资料也。

美国多数人,据余观察已受资本家及科学主义者之制造,至丧其人性,而极端之科学论者,不知科学之用,在利用物质而必欲施之于人类之本身,不知意识之不易以科学化验得之,乃认为本无此物,余意美国之工人,三五代后,必不繁其子孙,因其人性已失也。而科学论者,乃视美国为一机械厂,而以人为其原料,至缺乏时,则开一闸门,如磅之取收,所谓移民是也。美国但有开禁之时,不虑他国之不来,南美之失业者,无时不欲以美国为其销纳之地。他国能生产,美国能销费,故此机器厂,与他国颇能调协,若世界皆为美国,销费日多,而生产日少,人道绝矣。

二月十二日星期

与郝君及万君、四川童君同赴欧克兰游莫丽湖。莫丽湖较西湖为小,傍湖杂花疏林,绿草铺地,亦雅洁可喜。湖有小船,须游客自划,童君能此技。乃买船放棹湖中,约一小时。此游自觉甚快,湖岸上有博物馆,其中陈列有二种,余阅之最感兴趣:一为红人遗物,其缀珠彩花、草制器等,极为精美。其装饰亦大半为皮羽二种,羽多饰之头上,皮则被之身,有数种皆名为白鹿皮跳舞饰品(white deer skin dancing dress),亦皆皮制之,是否为白鹿皮不可知,因其皮上已去毛

① 原文作"被"。

也。其弓箭一项,余最惊奇,因其与中国弓箭完全相同,若不标明为红人遗物,余直认为中国物矣。其箭之镞与羽,皆与中国制法相同,惟红人并不一种,尚有以石为箭镞者。弓之制法,亦与中国所用者完全相同。余意自二处发明,其羽必有不同之处,因为四羽二羽均无不可,而乃皆为三羽,意者红人自白令峡渡海来此,其远古本为亚洲人,而彼时已发明有弓箭耶? 今已尽为美人驱而至于瘠乡,可慨矣! 二为白人在殖民时代,所用一切用器,其农具如耙叉等物,远不如中国所用之精,然中国现在所用者,实已二千年来无进化者也。彼二三年来,改良进步,如此之速,吾自今日起改良纵不能驾彼而上之,亦不至久居彼下也。其织布机更远逊中国妇人所用之旧式织布机,且机中之附件,如绘筑等物,更粗劣矣。余物甚小,无甚可观,惟美国币制,乃愈变愈小,然则国富数目之增进,钱小亦其一因,不过此之所谓增加,乃假而非真耳。

晚归,偕郝君同至其农事试验室,观其所种大麦变种,甚有趣也。

二月十三日

访正学不遇。

访伍盘照于中西报馆,少谈,至新华公司。晚与胡茂臻君同赴陈敦朴君之约,有中国馒头,此出国第一次食真正中国饭也。

陈君之子忘其名,毕业美国矿学,颇有志于中国矿业,谈甚久。

晚归,胡君偕来寓,安石如君亦来,谈至十一时,余倦极,觉不适,正学亦来访余,适相左也。

二月十四日

正学来,余为拊沙作函,尚未得,欲交其带去,本闻其今日起程,已改为明日矣。下午正学去,余继为拊沙作函,成之。

二月十五日

午前赴加州包装公司(California Paking[①] Corporation)访古娄

---

① 此处应为 packing,即包装。

司君(Mr. Crose)，不过闲谈耳，无正当事也。古君约便餐，同坐者为其助手，忘其姓字矣。餐后访正学，彼诸事均已齐备，下午三时送其赴火车站，至四时二十七分车开，余正拟转车归白克里(Berkeley)，适遇安石如，彼①来送正学，甫至而车已开，同归。晚与郝坤巽君谈余之人类主义，彼甚赞同，盼余早成，并愿为余分任笔政，余亦心动，思早成之。

二月十六日

前晚又为抟沙作信二封，并英文密电码一本。今晨又作家信及徐文耀信，晨自赴邮局加快寄去(special delivery)。午后又赴书肆，购心理学二种，社会学一种，归寓略加翻阅。潘力山及葛理尔(Collier)二君，均约于今晚便餐，不能俱往，乃先至潘君处面谢，乘车赴欧克兰(Oakland)与葛君同餐。同座一女士，为司克里女士，乃欧克兰市政厅之慈善科主任。此间共有贫民三千人，分为失业者、无作业能力者、无父之幼童，每名每月给钱二十元，有某孀妇有五童，月得美金百元，自给甚足也。其中亦间有中国人，惟甚少耳。

日间郝君来同谈，询余著作，因余近日精神不甚爽，不能进行。余意思筹办一杂志名为《中国与世界》，专论中国改进之大政策及世界改造方法，俟神健，思进行之。

二月十七日

阅书觉耳目痛，下午偕石如同看电影，神觉适。

二月十八日

神渐爽，思欲知黑人经济状况。余意美国经济畸形发达，其罪不全在资本家，如英人亡印度且百年，而其国产业十分之九，操自印人，英之资本家，岂不欲印人之胥化为劳动家乎？何以其效与美国大异？盖资本主义之造成，一由于资本家之自身，一由于劳动家之不自立。吾尝言中国内地产业状况，与外国异。凡能刻苦自立者皆有产，其无

---

① 原文误作"被"。

产者皆社会所弃为不务正业者也。今觉外国亦不免为此理由一部分之所支配，盖工价既高，如能稍知积蓄，断不至永为无产阶级。美国工人，大多数中年得钱，一气用尽，老年生活，在所不计，遑论产业？此种风尚，今似仍进行不已。揣其原因，其远因盖由于移民时代，其来者即分二种：一为有野心之企业家，一为无职业之求饭者。此类求饭者之心理，往往但求有钱，不惜以一醉饱罄之。其近因由于机械制造之进步，在机械下作工者毫无乐趣，故工毕后，即以工资买快乐以偿之，快乐不可极，非如衣服等必须品之有定量有定价也。故工价虽高，永无存储之希望，此亦就其多数者言之。亦有少数人知存储者，而彼之产业均为大规模者，又非稍有存储，便易购置，所以其无产者终甚多也。此种理由，半为余所闻，半为推测，是否确实，尚待调查。惟大产业之造成，其原因有三：一为遗产之承袭，二为天然产之取得，三为凭上述之优势以得机会。但余意，仍有最重大最正当之一理由，即劳动生产之销费剩余。余急欲知黑人经济状况者，以彼等原为畜奴，被明释之后，既无天然产可占取，又无遗产可承继，且无优势可凭借，如黑人可得产业，可证白人之无产者，大半为不自立者也。黑人如得产业，其原因必一以劳力换工价，二以工价供销费，三以销费剩余之工价购置产业，舍此彼必终为无产之人类也。

晚，此间世界协会（Cosmopolite Club）在中国学生会开会，余被邀往。主席者为一少年美貌女子，演说者共二人，一为黑人，名古雷利君（Souis G. Gregory），乃东方新来之律师，与主席并坐，一男一女，一黑一白，一妍一媸，一老一少，望之有奇趣。黑人之演说，颇有条理可听，余视其名片，除姓名住址之外，尚有数行，上书世界原理自由讲演，下列真理之寻求、人性之一致、宗教之统一、宗教与科学之契合、男女平等、偏见化除、世界语言、世界教育、国际法厅、世界和平、经济问题之解决、神圣精神之权力等目。另一行大字为"巴海运动"，巴海不能解其义，当时未及问之。

会毕，有跳舞，此洲排斥有色人种之风甚高，故白人女子，向不与有色人跳舞,亦不与之在街上偕行。今日主席之美女子,先被一菲利滨人邀共跳舞,继又被介绍与胡炜基君跳舞,末又与印人跳舞,可为极大之牺牲矣。大概凡入此会者,其种族之偏见均甚浅,此会在美国最发达,以排斥有色人最力之民族,而此种会乃发生于其国中,似属可怪。然人类进行有一种不相一致之潮流,常常涌现于同时,即吾人之思想,亦往往同时有二种相反之倾向,情绪及联想等作用尤甚也。会散至郝君室,少坐归寝。

二月十九日

起甚晚。中餐后赴萧君、袁君处同谈甚久。

晚归,郝君送书一本,置案头,关于黑人在美之移殖者(Negroes Migration),其中言黑人之经济状况者颇多。

二月二十日

晨起浴,稍阅书,出饭,理发,觉神爽,惟天气又冷,且雨,可厌也。

默计无论何国,除对外贸易另计外,其生产与其销费必相调应,物价与工价,不过为一种代表名词,生产费与生活费,皆须依其代表名词计算之。然生产与销费既相调应,生产费与生活亦相悬不甚相远,产业究在何处?盖在原料与生产工具也。换言之,即土地、山林、房屋、机器家具也。此种原料与工具,亦必以代表名词代表之。凡上之代表名词,皆以金钱详明代表其分量与价值,依现在此国人民所有现状而言,如各人所得收入,均恰与其支出相合,即其国内各人贫富之状况,永久继续而不改变,若有人收入过于支出,则他人之原料工具,必致有一部分移转于此人之手,而其工具原料移转入于他人之手者,必其本人之支出大于收入者也。故国民有勤俭之习惯,则产业必分于多数人手中,反之,必渐握于少数人之手中,若世界大通以后,则产业必渐流于勤俭之民族,而奢惰者将不能自保。以此证之,今日之民族,极为不合,此由于现在有勤俭习惯之社会,其经济较不活动,其生产小,其工具太旧,若渐改良其工具,使生产力加大,而仍保有其勤俭之旧习惯,此种民族,将来在世界上,必握经济大权,可无疑也。

晚阅黑人移殖状况书,大概专言其农业,而以乔治亚(Georgia)一州为最发达。其沿海数府发达之速度,有与黑人为六百对六之比例者,殊觉可惊。黑人在各大城如纽约等处,产生与死亡之数对比,死者多于生者百分之三。而在乔治亚处产生率多于死亡率,则超至百分之十五分,以黑人最少之地减少者为百分之三,其黑人最多处之加增者,乃为百分之十五。故黑人增加之总率,仍甚高也。各大城死亡率虽加,而人口亦加,盖由其生产多处移来也。

发藏启芳君、王镇五君二信。

二月二十一日

赴金山领事馆,探询赴南美护照也。

叶领事因病未到,与周君皞君略谈,即前代理领事之副领事也。

赴金门公园参观博物院,大致分为:美术部,以画像为多;雕刻部,以人像为多;历史部,多画白人来美时情景;殖民时代部,杂陈殖民时衣物用具,与在欧克兰所见者相类,其所陈红人各物如弓箭等,不及前所见之精;有希腊雕刻部,似系古物,中国物有景泰蓝铜狮一对,甚壮丽,红木雕花桌一具,余有瓷器,然为日本或中国,不甚可辨;甲兵部,有现时之武器,阅之讨厌,有欧洲十五、六、七世纪英、法、德三国之甲胄,以炼钢为之,颇精,然中国尔时已脱甲胄时代矣;乐器部,所陈中国铜锣①皮鼓等类,无一精者,另有一琴,上署广东省城金声号造,有一敲琴,装置极精美,以福建漆为盒,描金饰之,上题李太白清平调"云想衣裳花想容"一章,末署光绪己亥始平山人题,此二物颇可观,然其英文标签,皆为印度支那(Hindochina②)之物,岂不可笑?

出院见对面青草矮树,景颇幽,即散步其间。旋登较高处,见博物院之西,隔树露一中国式之朱门,急趋观之,忽忆此名日本茶园(Tea Garden),前过此未得入观者。乃入视,内有小亭数事,溪水自

---

①　原文作"罗"。
②　此处应为 Indochina。

高处下流,洄漩抱之,小桥三四相通。亭后忽见桃花,使人动乡思,流连不忍去。此间冬日,万木葱茏,风景诚佳,然十九为在中国所不经见者,此桃花乃完全与中国花相同,脑海中中国风物之旧观念,连想并至。又绕较高处,有杏花已残红片片矣!柳初吐青叶,如中国早春天气,意兴新鲜,大概四时无冬之处,惟初来者觉其如仙境,殆居住稍久,转觉太无变换,不如四时递更,随时与人以新气象,其感受较为清快也。成诗一律云:

> 未省东风面,何来桃杏花?斜阳明片瓦,小苑试新茶。泉响林增秀,路回景觉赊。经营劳意匠,未许住山家。

其大门上之瓦为中国式,故一望而神与之合,不能不往观,观之又不能不流连也。有一亭较大,设矮几长案,售茶,日女侍之,余购青茶一壶,罄之而去,故诗中云然。

出茶园,陟湖岸,湖在高处,以机器压水上也。湖环抱一山,山上更有湖,湖中间有蒲荻,稍类乡景,此外万水争绿,皆不辨为何名。沿湖行约二三里,渡桥至山脚下,盘旋上,上有定路,不得自林间穿登。至其最高处,不知山为何名,且暮色苍茫,已不能久停矣。又由他道盘旋下,渡别一桥至大道,然仍园内大道也。此园局势开展,面海抱山,其人工修整处无雕凿痕,天然大方,是其特长。余意山林园亭之观,须具有三种美:一为天然美,一为人工美,一为历史美。美之刺人美感,仅及感情(feeling)者,其度低,及情绪(emotion)者高,此三种美,皆能刺激人之情绪。而历史的美最甚,但非知其历史者不生效。天然美凡未开辟之处,或开辟较晚者,多易寻得。人工美全恃富力,不数年可以成之,惟历史美非有其历史者,不能得其美。如中国名胜之地,大都与多少英雄,多少名士,多少贤媛才女、高僧逸士有历史上之关系。故一至其地,家国兴亡、河山变迁、儿女情致、豪侠肝胆、飘飘登仙之意,非非出世之想,万感千绪,相激相荡,相引相拒,交杂萦绕于当前之泉石竹木、莺花风月、台阁寺宇,是二是一,是心是境,浑不可辨,此种历史美之感人深入,恐中国当推独步矣!

　　此时山上湖畔,几无一人,而大道中尚时有电车来往,盖穿园而过,非游人也。时落日久沉,余霞①已散,天容如墨,惟沿途每数百步,置一电灯,为行人引路,远望现一片白光,若长虹之拖地者。余路既不谙,惟努力向路之低处走去,意山尽地平,必为市街,可乘电车归也。行约十余里,林外电灯渐穿林引余出,且有震荡连续之声,为电车为海潮不甚可辨。少顷②出林,已至海岸。电车声殊不甚响,街市冷静,惟怒潮澎湃,若乘夜色苍茫,冲飞上岸者。余未出园时,深恐不能得路,至是大慰。寻电车归,途中购饭食之,至寓已九时矣。

　　有诗二章,其一云:

　　　　金门重访胜,落日此孤踪。鹤戏悬湖水,鼠缘桂壁松。山回疑失路,寺远忽闻钟。未许乡心动,海洋几万重!

　　其二云:

　　　　不辨湖边路,恍疑画里行。寒林凝湿翠,暮霭下空明。流永今何夕,孤怀相与清! 大圆未成智,一念静中生。

　　与惠玄谈,睡甚迟。欲成长歌,未能也。

二月二十二日

　　为美开国总统华盛顿诞日,美国学校放假,安石如、郝坤巽二君来作竟日之谈。晚偕惠玄、石如观电影。

二月二十三日

　　晨浴。

　　补前日诗一首:

　　　　暝色催人去,寒灯入望遥。急归穿短径,觅路渡横桥。星弄垂天影,海鸣隔夜潮。苍茫游子意,云水共超超!

　　阅黑人游民书。

---

①　原文作"露",此处描写天际之景,疑应为"霞"。

②　原文作"倾"。

二月二十四日

晨潘力山君来谈，午至其寓同餐。

连日精神不振，不知何故，念出国四阅月，学问未有进境，调查亦未有所得，远游之目的，究竟何在，自觉悚然！

余尝以美国为空间性的国家，其学术多向空间研求，而忽略时间，即其人之生命，亦多只知向空间扩展，而不求时间之延长。如社会上一般人，但知今日求乐，如跳舞、饮酒、观电影等，皆为空间的乐。若夫内在继续与生命共其延长之乐，此邦人士大多数人均不能领会。此盖其哲学及宗教上均有注重现时之倾向。中国与之相反，乃注重已往及将来，故能演为今世界历史最长之国家也。故觉中国现在改革，只可取彼现时向空间发展之精神，以补我之不足，断不可将吾旧有之时间延长之精神失去也。即如基督教对于人生观，轻忽祖先与子孙，远不如中国视祖先与子孙皆为一体；其天堂地狱之说，即就迷信而言，亦远不如印度六道轮回之说较为近理，且有已往与将来。中国近时之宗教思想，实合中国故有与印度传来者一炉冶之，实为世界他国宗教理想所不及，不可不竭力保存之也。

二月二十五日

威尔逊女士来谈，询余中国基督教情形，余告以略分四种：一为深求其教义者，此类人极少，余友侯雪舫送余书数种，为山东人某君所著，所阐颇深，然中国此类基督教徒甚少；二为有真信仰，但其知识甚低，且此类均忠厚人，不信教亦不肯作恶者；三为以求学或谋事之方便，因而信教者，现在最占多数；四为政客派，欲借基督教中之青年为其凭借，以向政治上活动者，最为社会上所讨厌，然彼辈亦颇占势力。前述第三派，有久则变为非教徒者，亦有变为第四派者。

彼送余劳体君（Mr. Rorty）同游时所作之诗，译之颇有意味也。

晚与胡茂臻君及惠玄同谈。日间赴此间市政厅参观，其建筑分为二层，市长（mayor）及市议会（city council）及各科办公室，分隶其内，其组织如下：

一市议会(city council)。

一市法院(city court)。

一市长(mayor)。

以上三者各不相属。

一财政主任(commissioner of finance)。

一公共建筑主任(commissioner of public work)。

一教育主任(commissioner of education)。

一卫生主任(commissioner of sanitation)。

一商业主任(commissioner of commerce)。

一巡警局(department of police)。

一消防局(department of fire)。

以上各职,统于市长。

二月二十六日

星期,偕惠玄、石如同赴欧克兰,同行者并有胡炜基。至莫丽湖纵览,惜天气不甚好,时怕雨来,游兴为之不畅。至唐人街游观,其街市亦与他处同,惟不甚洁,每街皆有赌博场,可耻也。

在共和楼晚餐,归。

二月二十七日

晨安石如来,约同游乡间,余其乐往,且天气甚佳也。

先经欧克兰换车,至海华地(Hayward),途中遇一犹太人,夫妇皆于数十年前自俄国迁来,极爱与华人谈。大概此间老人,均爱与华人谈,因社会上老人不为所重,故一切社交,至老年渐形冷落,除富翁外,老年人几无处可得朋友,故遇外国人乐与之谈者,大可破其寂寞也。与之谈有三种可记者:

一 美国人对犹太人有薄视之心,吾夙所熟闻者。问之此老人,乃云不然,无论作何事,均与他种平等,并无歧视,乃与所闻者不同。

二 美国禁止无市民权者购买不动产,彼谓此专为防止中国人及日本人所立之法,毫无道理,且亦愚甚。中国人不能买地,可以租用,以九十九年为期,此至久之期中,可以生子生孙,乃至可生曾孙,尚不能取得市民权耶?此种立法,除暴露其偏狭外,毫无意识也。

三 美国家族制度,不及俄国从前之善。美国一至老年,子女俱各婚嫁,分离而去,茕茕[1]衰躯,形影相吊,殊少生趣。俄国从前制度,父母老时,均有子媳同居,但以一子媳为定例,子嗣多者,先为长子娶妻,同居。至为次子娶妻时,则须为长子另置房屋、家具、农具等产,使其分居,父母则与次子之夫妇共居。至娶第三子媳时,又须为次子谋独立,故至最后必有一子媳同居,因至最少之子,则不再分居,以至其死,故老人殊无冷落之感也。

余与谈时,以一角钱购饼与其外孙,彼乃喜甚,彼有二子,娶妻后皆独立去,彼现依其女居也。

余等在此处中餐,向乡间行,村头有一小肆,售杂货及水果,余向肆主询其身世职业,所言亦多可记者:

一此间农业,多数农人作工数年,均可自购少许田地,自耕自种,并非一切田亩全操自富人之手。此间地价最贵,彼在街外购地一英亩半,约合中国十亩,共价美金一千二百五十元。中国临大路之地价,必较其他地为廉,因大路与小路均为泥路,并不受交通之利便,而来往车马人牲过多,地受践踏也。此间临路毫无上言之妨害,而大路修理,极至整洁,随时均有汽车,故无论种粟种果种蔬,交通利便,转运之费必省,故地价特贵也。

一农事上佃田制度,约分三种:(一)凡田种、肥料、家具均由地主供给,佃夫只出人力,所有收获平均分配[2];(二)田种、家具、肥料等俱由佃夫自备,地主分四分之一,佃夫分四分之三(此间税重,税似在开支之内);(三)租田法:佃夫按年给一定之租金于田主,收获多寡,田主全不过问,大多数租期只一年,至次年有愿出高价租种者,田

---

① 原文作“鹜鹜”,疑误。

② 原文作“劈”。

主即改给新佃,若旧佃愿以同价佃种者,仍尽旧佃有优先权,此处一年只种一季,故一年为佃期尚无妨害也。上述三种,大概为农人自行演成之习惯,并非国家之制度也。

一彼曾佃种他人之田十年,多时佃种五十余英亩,一人不能种,另雇人共种之。除去一切开支,少时一年可余七十余元,最多时曾余三百余元,积至数年,彼乃购此少许之田,建此小屋,开此小铺,大半南欧人来此者,多作农,人必能积蓄少许金钱,以置少许产业也。

一彼现购有汽车一辆,为生活上彼实无用汽车之必要,但此间欲娶妻者,必须先有车,若无汽车,则女子决不愿与之相爱,何言结婚?

一彼曾种果园,于果之行情略知之,大概由园中售与城市大铺,如橘子每吨七十五元。大铺售于小铺,或发卖,每吨一百二十元,即每磅六分钱也。小铺零卖,每磅大约一角,则合每吨二百元矣。至茶饭馆中,则每一个一角,每磅约二个至三个不等,则每吨合四五百元矣。

由上述各事,可略得美国经济上产生者至销费者,中间尚隔若干层,故生产费虽低,而生活费则甚高也。又由此可知大资本家与劳动者之间,尚有多数小本生意者,自东自做,并不加入资本劳动二阶级之中,美国经济状况能暂时相安者,全类此阶级人耳。

出此村步行二三里,乘公共汽车,至儿芬屯(Irvington)中,过一镇,不记其名矣。在儿芬屯参观一图书馆,规模极小,阅书者亦不多,经理者皆女人。后赴小肆用茶,与一老人谈,亦言此村地,有为地主所有,租于他人佃之者,亦有自种自地者。大半居此村者,所住之房皆其自产,房之坐落皆其自地。此间住民,一为农民;一为园民种果者也;一为畜牧者,有畜鸡鸭者,有畜牛羊者;一为商民,在街上设肆以售必需品者。然大半皆有产之人,此村共五百余人,有眷者约百家,无眷属之独居者,亦约百人。美国西部农村,大半类此。老人为介绍一少年人,颇能干,在此间电厂作工者。问以结婚否,彼云大费钱,娶妻必须之件:一房屋、二大洋琴、三汽车,无此三者,断无女子与之结婚，而结婚后之供应，尚不在数也。

老人导余遍观此村，村东南旧有大酒厂，禁令行后，今拆弃矣。

晚乘公共汽车归，过欧克兰夜饭。

二月二十八日

本月只有二十八日，每四年一闰日，则此月为二十九日，其余各月有三十日者，四、六、九、十一各月是也。有三十一日者，一、三、五、七、八、十、十二各月是也。阳历每月有三十一日及三十日，此可说也。二月乃少至二十八日，此实不可解。然欧美人薄视中国旧历，为与其他野蛮人之专以月纪历者同等，实则中国自尧时制历，即先以冬至、夏至分为两半年，再以春分、秋分为四季之中。每二季于其中为一线，以为二季之交替。如冬至、春分之间有立春，春分、夏至之间有立夏，夏至、秋分之间有立秋，秋分、冬至之间又有立冬。每季各分为六节令，每二节令为一月，乃真就地球绕日一周，平分为十二月，而所分之春夏秋冬，又适与地行缠度相应。如日行正赤道，则为春秋分；行南黄道，则北半球为冬至；行北黄道，则北半球为夏至。今所通行之阳历，春秋四季又不正确，余意名此为现时强有力之民族之历则可，谓为其历为尽善尽美则未也。又凡一民族，必有其时间上之兴趣，历数上可与人以种种兴趣。中国人之历数的兴趣多在月上，盖古人制历，本以属日分二十四节与四季，以为实用上之方便。而属于月者，则留之为一种时间上之兴趣，如月历尽废，中国文字上之兴趣将减少甚多，故余现在实不主张尽废阴历。入美以来，思想日趋于旧，此又一端也。

阅南美地理书，其地尚有国十余，其居民半为红人。掌握高等政治经济权者为南欧人，以西班牙人为多，葡萄牙次之。今则意大利去者甚多，商业上美国最占势力，次为英国。美国国力之富，与南美洲关系甚大，因地属接壤，他国不能与争也。然闻南美各国，对美感情则极恶，中国与之仅隔一太平洋洲，乃将来我之商务最有希望之地也。

昨日所见之人，其纯粹恃工钱为生活者，皆无产，皆为城中人。而愿居乡间之人，多有产。然美国现今城中居民，渐多于乡间，故乡间工人，至城中去者多，而大农场所，亦渐为工业化，工人而无农业为之助，其势不能得产业，而精神上之生活益苦，然彼辈物质上之生活程度则已增高而不可复低，遂不能再安乡间之生活，故赴乡间作工之工价，仍必至城中消耗之。余意焦作工人，凡本地工人，皆为农民，专于农暇作工，其人皆自立，能积钱值产，但多城镇工人多而田地少，断不能行此种制度。故中国将来工业之发达，必以能遍及各处为相宜，其大城市则立法禁其逾量之发达。生物进化之公例，依其原来进化之倾向，而有逾量之发达，皆为其物生命上之累害，今日世界大城市之发达，使社会渐呈麻木之象，彼此不相意识，而个人之生活乃苦，道德更日益堕落，乃至生育之事，亦不能维持，夫至人类相生相养之道敝，前途尚堪设想耶？中国经济现有发展之势，若听自由发达，则必循欧美故辙，使城市为逾量之进化，今日上海、汉口之民德，远不能与乡镇较量。然欲为前途确定进行方针，则又涉于政治范围矣。经济独立，诚颠语也！

三月一日

胡茂臻君介绍印度人孙仆门博士（Dr. Pardman Singh），在新中国公司谈话。孙君为印度婆罗门，留学此地七年有余，初得博士，不久将归。彼学政治，或将于印度政治前途有所筹画也。

余询印度经济状况，彼谓大部分产业全操之印度人手中。富人有大产，贫人有小产，英人无从夺去。惟对外贸易及口岸之交通，全操之英人耳。然印人现着手自办工厂，颇有所闻。

余询以印人独立成功后，用何政体。彼云当然共和。惟印度幅圆太广，各省语言亦多有差异，自以联邦为相宜。余谓中国倒前清君主太易，现共和政治，尚未组织十分完善，印度现在须由各省切实预备省之组织，俟脱离英人势力后，组织中央政府，自属易事。

余询以白人所著古代史中，多以印人为由叙利亚迁去，为白人一分枝,然否? 彼云:白人文化,远在印度以后,印度确有八千年历史,白人作史不采,而以印人为自小亚细亚迁来,无非欲证明彼之文化,不由印度得来耳。余谓日本人自诩其建国之早,其人类另为一种,与中国不相系属,亦此意也。正午余约之同餐,餐后,又谈甚久。

晚访雷振夫于晨钟学校。彼先导余参观中华学校,在中国会馆内附设,校具颇精坚,学生约百七八十人,为两等小学,国民一二年有用合级制者,男女合校,学生自办有《中华杂志》。参观毕,偕雷君回晨钟学校。此校附设于晨钟新剧社,每年演剧二次,可售票三千元之谱,专充校费,职员多有尽义务者,雷君言此校为纯粹平民所组织,故经费无多也。两校学生数目相等,班次亦相同,此间学生亦出有《晨钟月刊》,然均不能按期出。学生均活泼有精彩,学科亦尚整齐。

约雷君及李君青一同餐,餐后又赴雷君寓,稍谈归寝。

夜醒约半时,思人类因环境不同,其心理之发达亦多歧,大约可分为经济的心理、伦理的心理。若分析研究之,以政治的心理为最有害于人类。然此种心理,只少数人特别发达,将来有法改造,使此种心理减其作用,实人类幸福之一种也。

三月二日

欲得黑人真实状况,郝君为余介绍一黑人,名约翰孙(Johnson),谈其经济状况,彼未能深知。约其晚餐,餐后又偕来余室,云南萧君及惠玄、茂臻、石如均来谈,室为之满。房东(Mrs. Rice)约共至一教堂看结婚,同客多未得往,余尚未得见美国结婚之仪式也。

三月三日

晨得王镇五函,余为函致怵沙。

前日购一书,名《和平之新观念》(*Newer Idea of Peace*)。今日略阅,生字太多,几不能求解,其能得解者,多先得我心之论。余阅书最无恒,到美以来,尚未曾阅竟一书也。

晚看电影。

三月四日

起迟,阅《和平之新观念》。

下午三时,此间东方学会(Oriental Club)开会,函邀余偕惠玄同往,来会者有大学东方学部长威廉博士,其余多系学生,盖此会为学生组织也。威君演说后,唐君惠玄演说,请中国学生略唱中国戏,有中国女生钱、张二君,以中国笙与西乐合奏,韵极幽艳可喜,西人亦均喜之。座有印人某君,余请其唱印人土音,余毫不解,觉其有类日本戏之处。

惠玄演说中有中国发明炮药一事,有某君询中国人最爱和平,何以发明炮药最惨毒之物? 余意史称蒙古人发明炮药,实则唐朝火树银花,即系炮药所制作,惟不作击人之用,而以为娱乐之观,蒙人乃因之以为战具,或不诬也。

开会场在阿谋君宅内。阿君夫人,余在富兰雅博士宅曾晤之,极文雅,爱研究中国美术,成癖。彼藏有芝家谷劳范氏(Chicags[①] Sanfer)所著《中国古代器物考》,示余,其珑玦琼琚等佩,以原物印入者,几以百计,且皆精品可爱。中国今爱古董者,大半言此价昂,吾藏之表吾富有而已,能考年代者为高手,考其制度者尚不多闻,视外人有愧色矣。会散,阿夫人留余及惠玄同餐,餐后,谈至十时乃归。阿君研究社会主义,且为极端之主张,谈社会问题颇多。

三月五日

夜有未寐时,研究心理,拟草《心理学之改造》(*Recreation of Mind*)一文,其分类与前略有别:(一) 伦理的心理、(二) 经济的心理,由上二之发达,为(三) 政治之心理、(四) 科学之心理、(五) 社会之心理,至(六) 宗教之心理、(七) 美术之心理,则与前者另一系统也。

与惠玄同至胡茂臻君寓,今日星期,约共登山,印度孙博士亦在

---

① 此处应为 Chicago,即芝加哥。

约内,乃共登城东之山,作竟日之游,并携有食品,坐草地大嚼,亦觉有趣。傍晚面海共坐,万里水波,奔赴眼底,天风四至,呼吸可通,下视白克利城,街市如棋布,楼台如栉比,意境清朗。胡君请余为诗,得句云:碧城万井分青霭,芳草半山送夕阳。旋足成一律如下:

> 风物东来各异乡,登临此日破空苍。碧城万井分青霭,芳草半山送夕阳。遥海波连天上下,孤峰影落水中央。暮云渐解浮沉意,相半歌声下溟沧。

晚归看电影,甚有兴趣。

三月六日

夜又有未寐时,究中国五行论,与古代文明之关系。五行生克,为儒者所不乐谈。汉人纳甲之易,为易家所不取。余意八卦论与五行论,俱为吾国古代哲学之一种,然五行论或胜于八卦,且为当时实用哲学,与古代文明最有关系。盖钻木取火,为人类进化最大一阶级,西人但知石器进化为铜器为一阶级,而不知有火乃能利用金属,故火为最要。中国自进化至火化时代,不久而至金化时代,合之从前人类所利用水土木共成五种,然不云五物,而云五行,盖以生克作用定名,非视世界为死板之物质也。克为制服之意,其生克之理云:金生水,水生木,木生火,火生土,土生金,为五行相生之循环;金克木,木克土,土克水,水克火,火克金,为相克之循环,以此两种循环而成世界。其所言惟金生水为不可解,木克土亦勉强,然与当时之文化,相关甚深。盖金化以后,宰制万物之能力日大,水为人患,则以土修堤,以土制水也。火至不用时,以水止之,或失慎为灾,亦以水救之,此以水制火也。用火镕化金属,以制各种器用,而以食器、兵器为大宗,此以火制金也。又以金为刀器,可以任意刻木为器,此以金制木也。此为吾先民宰制万物之实用学问,但尔时知世界为相连属不断的,则必能循环其理乃安,于是又加以木克土,以成①循环之理。且

---

① 原文作"城"。

尔时既以金器制木器,则以木器制土,亦实用上所不可少,亦非全无理由。木干则枯,灌以水则荣,此以水生木也。火由木中钻出,且尔时无煤,俱以木燃火,此以木生火也。火燃之后,木即成灰为土,此但求其理,当无作用,金矿皆自土中得之,此以土生金也。此亦以金又生水,成其循环之理,于是任何事何物,皆以五行生克之理求之。于是五方、五色、五味、五德、五脏,皆以五行配之,以成其生克之理。此时中国天文学,已大进步,发明地外之五行星,乃亦以金木水火土名之。盖行为运行之意,当时所测见之行星,适与五行数等,益以坚五行说之信仰也。迨后农事发明,于五行以外,又加一种谷类者,唐虞称为水火金木土谷六府,五星以外,则配日月而称七政,此皆见于书经者也。至八卦之说,所谓乾、坤①、坎、离、震、巽、艮、兑,即天、地、水、火、电、风、山、泽,其内无金,或在火已发明,金未发明之时。其所指多为自然物,不及五行生克之于人事更为切近。孔子《系辞》,乃大申制器尚象之旨,则古学而加以整理也。中国古代政治、学术、经济、宗教,合为一体,朝代有更嬗,学术或亦时有变更也。

　　印度古代之地、风、水、火四大,皆为八卦所有,不知其是否出于八卦,待考。

　　日间又思五行论,古人既重在实用,当时似已有凿井之事。尧时农人有耕田而食、凿井而饮之歌,是凿井之术,必与农事同时发达。当时以金掘地而生水,以水灌地而植木,以木燃②火而成灰,以成土,而土中又可得金,则其金生水之论,就实用上亦自可通。

三月七日

　　报载美国宣言禁止军火入中国,并系于华府会议时与各国先有成约,各国将有同样之宣告,谓中国内争不止,故有此举云云。

　　各国此举,全为彼之商业。英美商业,近来情见势绌,美国失业

---

① 原文漏"坤"字。
② 原文作"然"。

停工之事实，实际上已成问题，不过彼之报纸不甚宣传耳。彼等近来
注重中国商业特甚，盖以谓中国地大物博，销费力甚大，均欲得此极
大销场，以救济其国内种种不安之现况。实则中国旧式之经济组织，
生活程度虽低，而组织甚坚，外来之物，销费力尝以其生产力为比例，
如无生产力，不能以所生产者直接增其收入，彼能使其支出少于收入
为常例，故销费力不能骤增也。此虽为经济发展迟缓之一种原因，一
方面为之不利益，然外国之经济力不致如决江河，短时间使中国旧经
济事业所汩①没，而国民生命全操自外人，则又大利益也。特中国要
不可以此自恃，停止其自谋进步之计划也。

三月八日

潘君力山来访，稍谈，余有事赴金山。

晤阿谋司创（Armstrong）谈糖业上事，约之中餐。

晚阿谋君（Armor）及其夫人约至其宅便谈。阿夫人询《易经》，
余为说其大概，略谓易之起源②，为一种现象论，天、地、雷、风、山、
泽、水、火，皆现象也，彼持一西人所著之中国学说，上绘八卦，中有太
极图，询余何意。余谓八卦生于四象，四象生于两仪，两仪生于太极，
二仪四象皆为现象，而太极无象，后人添绘之图，无深意可本也。又
告以六十四卦之分配，及每卦六爻之意用。又告以六十四卦圆图错
综变化之理，自直径上任取二卦皆为对待，自圆周上任取相接二卦皆
为差度，由对待成差度，由差度成循环，此易理之大概也。末谈中国
现状，归已十二时矣，然阿君仍欲约期再谈。

三月九日

在室略阅英文书。

下午五时赴葛理爱君之约，在欧克兰晚餐，同座有司奇尔女士
（Miss Skeele）、祁克林女士（Miss Chickering），谈华府会议惟日人得

---

① 原文作"泊"。

② 原文作"原"。

利。余谓美国今日失业者太多,恐一有战事,此项人与社会主义人联合勾结军人,以步武红俄,故一面为军士加年奖,一面仍与各强谋息兵之会,不知日本亦在此相同状态之下,且日本或更甚也。故此次四强同盟,直可谓之为一部分的国际资本家同盟而已。末又谈及中国古代文明,余仍言五行论与中国古代文明之关系,葛理爱君有讲演先去,二女士听极有兴,至八时余,乃散。又今日并谈及中国有统一之文字,不随土地而变,故语言乃由分而合,非有合而分。三千年前,中原一片土,大不过三四省,语言颇歧异,现则南接缅甸,北连西比利亚,语言皆归一致,惟闽、粤二省及浙、苏二省之大部分有各别之土语,余则皆统一也。又因有直系统一之文字,故朝代虽有更替,而文明完全前后一系,因造成数千年文明一系之历史。欧洲大不过如中国,因其文字随语言而歧异,语言随地理而变迁,故地方民族之更替,乃演为两种之文明,成代谢而不为继续,如所谓希拉文明、罗马文明者。中国今日之造国音字母,只为统一音读之用,非以之代替旧有文字也。

三月十日

得傅佩青君自国内来函,出国将五月,此第一次得国内函也。余家甚好,彼为余延其妻妹韩女士,教余子读英文。

连日天气又转寒,晚大雨,室内又生炉火矣。

英文苦不进步,甚烦闷,然实未切实学习也。大概余兴趣方面太复杂,学英文亦不能专读一科之书,故查过之字,不成系统,最易再忘也。

三月十一日

赴金山新中国贸易公司,请开一糖厂计划①书。下午偕胡茂臻君及郭君同赴金山商业展览会参观。会场在市政厅,演说场内中有

---

①　原文作"画"。

风干电巾(air dry electric towel)、记账机(accounting mechine①)等，初为加法机(adding mechine②)，现在全美国无论大小店铺皆用之。其机类打字机，而管较少，以其仅有数目字也。用法将各账数目，照数寻字按之，则机内有纸条涌出，上印明分数总数，既省开账之劳，又无错误之虞，机内仍存一数，以备结总。此旧机也，余在檀香山时，见各店皆用之。现又出新机，名乘机(multip graph)，则各种大账，皆可按机算之，法至简便也。

晚归稍阅中文本《人类学》。

三月十二日

星期，赴米略谷(Mill Valley)访葛理爱君，在其家中餐。餐后雇汽车越山上，至海岸，即太平洋岸也。望浟浟无边之春水，隔岸为吾之故乡，海上移情，信然。余此时不自知身在何处矣！在浅水沙中，捡③木石各一块，留作记念，此木石了无足异，无足记，纪吾此时之感触而已。

来游此者颇多，大多男女偕行，多有在僻处褪服相偎倚或相抱者，观者不以为怪，其不同于兽者，惟见人不惊不避耳。

葛理爱君现正著书，名《群众集合与社会》，彼意美国退化，几于有群众、有集合，无社会也。

连日在舟车中得暇，即阅所购之中文《人类学》(Anthropology)，已尽之。此科在今日极为幼稚，欧美皆然，且彼携一人类有高下而彼本身为高者之成见，故所得不甚精确也。然以吾自身而治此科，恐亦将蹈此弊，今略述余分类之标准如下：

一　骨格，此最为重要，人类之可分根本上差异者只此。因人类未成形以前，或云原人时代，此种原人皆经无量世纪进化而成，远随其无字之历史分居于大地，各别进化为人类，故其骨格因环境之差

---

①② 此处应为 machine，即机器；计算机。
③ 原文作"检"。

别,而演成异相,或且其异相乃为前于原人时代遗传而来者,亦不可知。

二 毛发,此非论其颜色,乃论多寡及形状也。原人时代,毛殆与他兽相同,其退灭之原因,分为二种:一为受天然之影响,如寒带毛易长而难退,热带与之相反,温带介于二者之间,又当地球结冰期内,近冰者所受寒带之影响愈甚;一为受人事之影响,即衣服之进化,足以促毛之退落是也。

三 皮色,此关系最浅,因皮色易变也。大概寒带色白,赤带色黑,温带亦介于二者之间。然又有间接影响,即寒带多毛,退毛迟者色白,热带与之相反。但寒带而多风沙之地,皮色不能白。

上三者,可称骨格为上古分类之标准,毛发为中古分类之标准,皮色可为近世分类之标准,近世指有文字史以后也。

四 言语,最易以政治、宗教、商业之力改变之,故以为考各人种相互之关系,最为有用。

故又可言骨格皮色属于天然者也,毛发半属天然,半属人事,言语则几于全属人事。

傍晚归,安石如来谈。

三月十三日

赴欧克兰市政厅参观,觉毫无所得,因余访司奇尔女士,彼为慈善科主任,只以其所管之贫民分配口粮之事相告也。

此城属阿来美大府(Alemada Country①),慈善费 495 000,四十九万余,大多分配于贫民,分为四种,表内著色:一孀妇,以白色代表之;一老人,"男"以蓝色代表之;一穷无业,以黄色代表之;一小儿,以绿色代表之。其经费半由省政府出,半由府政府出,故其税特重也。美法课有业者以重税,赡养无业者,亦自为人类相生相养之道之一端,惟纳税者既深苦其苛,而受养者亦毫无生人之乐,故余意必人类

———————

① 此处应为 Alameda County,即阿拉米达县。

自有相生相养之道,而政府不过调剂其间,办人民委托之事,不应以人民生计全责之也。

又与女士谈及中国重视父母,彼大不为然,云:"娶妻后应惟一重视其妻,如有父母同居,只能以剩残者食之,不然谁肯为人妻者?"彼继询余中国女子嫁人者多否?余云若以百分计之,则不能成比例,因不嫁者太少,除妓女尼姑以外,殆无终身不嫁者。彼大为诧异。

中餐后归,晚与胡茂臻君及惠玄同餐。

三月十四日

晨赴金山,陈宝祺君约中餐,陈君为陈敦朴君之子,不日即回中国,寓广州东山龟岗十八号。中餐在杏花楼食中国馒头,河南名为包子,颇佳。午后至新中国公司晤菲雪君,谈糖业上事,全谈英文,余甚倦怠。

晚归,略阅英文财政学。

三月十五日

晨起甚迟,下午赴大学,参观江元甫所捐之中国书籍,不甚多,尤无好板本,寥寥数小架,且多残缺者。

阅《山海经》,略有所得,记之:

一海内各经,所言大概不出中国北部,实际上多相合。

一海外及大荒各经,其中间有神话,然与实际上相合者亦不少。意者此书作时,或有得之传闻者,中国古代人与他族之交通甚多,且中国自发明火金宰制万物后,每至一处,必为他族之首长,以统其众,故经内所言某种民为某帝之后,其代数皆甚少,不能孳生为一民族,盖专指其君长言也。

一三苗亦称三毛,分见数经文内,此当为古时最大之种族,余意蒙、蛮、马来、芬因(Finms①)均属此种,吾种亦与此最或近,为同种而文化早者。

------

① 此处疑为 Finns,即芬兰人。

一大荒东经,有白民之国,又大荒西经大泽之长山,有白民之国,大荒北经大泽六千里有毛民之国,又海外西经有白民之国,白身被发云云。按地球结冰时代,欧洲至中部,亚洲仅至贝加尔湖及察堪岛,与日本北海道古称虾夷接近,故欧洲人、西比利亚人、虾夷皆白色多毛,在结冰期前,不必为同种,而因同住结冰线内或近结冰线,故多毛而色白也。又大荒东经帝俊生帝鸿,帝鸿生白民,意盖为白民之君主也。

一海内南经,南方有赣巨人,长臂黑身,有毛,见人笑亦笑。今南海仍有此种人,殆猩猩之近人者。又有黑人食蛇,又交䏲国黑色长臂云云。凡所称黑色之人,皆在南方,盖赤道下之人,皮色必黑,证以今日赤道下各民族更信。

晚赴浸礼会(Baptist Charch①),听一缅甸女子演说。余对于无国之民皆表同情,故冒雨而往。然此女子因病未至,殊失望。教堂内听讲者,大半老而且贫之人,美俗轻老,故其社会中,老人均自惭形秽不敢往。又戏园中各自看戏,老少无分,然老人多贫,亦不能尝往,故以教堂为消遣之地,亦不得已之举也。

三月十六日

赴金山晤葛安司君,约其中餐,并约胡茂臻君谈至下午二时。又至其公司访其副总董本体雷(Benley)君。稍谈,购书未得,今日殆未作甚事也。

晚归亦未读书。

三月十七日

稍阅糖业书,拟草《糖业计划书》,未就。

赴学生会访郝坤巽君,托其译《糖萝卜种植法》。

赴金山购萝卜种六磅,寄回焦作试种。

寻书店欲购书未得,购《新旧约》中文本阅之。

---

① 此处应为 Church,即教会。

摩西称天自雄,蛮横贪淫,残暴绝伦,真为梦想不到,略记如下:

一所谓耶和华者,自称系以色列独有之神,非万有之主宰也。

一以色列人不准再敬二种之神,其理由因以色列人,在埃及为奴,由耶和华救之出也。(《出埃①及记》如此言)

一异种人归附之者,如清朝之汉军,虽降服而待遇有差别。

一其余未降服者,残杀之,无论男女老幼,动辄以万计。

一有时留其幼女,数亦以万计,归以色列分享,且分献于神,而所谓神者,皆出自摩西口中。

一摩西之子与他人铸一金牛像,摩西称神之意,以石毙人以千计,而其子独不加罪。

一摩西尝屠人之城,每次辄数十城,而劫其金银。

一摩西晚年造仪帐,令人献金,黄金以万计,银铜更多。

一除以色列以外之民族,强胁降服者有十一族,共称十二支,摩西以军法部署,编其壮丁为兵,多至六十余万,以为残杀攻劫之武器。

一摩西谓神自言彼最忌妒,凡不信之者,彼必灭绝之而后已。

吾尝读《穆哈默得传》,而悲其贪残,不图摩西所行,乃甚彼百倍。盖穆哈默得学摩西而规模较小者也,然今日穆哈默得为闭门宗教,不向人传教,亦不入他教。而耶稣教乃为白人中政客资本家所利用,派赴中国遍地宣传,以为势力东渐之前驱。中国人生计较艰,缺食之人,昔日多有以吃教为生者,信之者渐多。近则美国人思大展其经济力于中国,不惜以重金为饵。又以旧式之教堂不足举其职,乃假青年会之名义,以行其经济主义之传教政策,而中国青年者梦梦焉盲从不知其凡几。更有一种妄人,谓中国欲发达进步,必须全国为耶稣教化乃可,而中国人亦有附和之者,良可悲夫!

又略翻阅《新约》,耶稣毕竟较摩西为较善之宗教家。

一彼称自为天之分体,随时可以己意代天立言。不必如摩西之

---

① 原文作"伊"。

时时称神告以何语,且神之所言多毫无道理,而摩西又不负立言之责也。

一不言神为一族之神,度量较为宽大。

一多言人事应作不应作,为善为恶责任,较于人类有益。

然其致死之由,则摩西之后,仍荐人于天,以请天指派其为教主。耶稣自称为天之分体,以与旧教争势力,且明明为一自然人,而妄称为天分体,实为人所不能信,故卒不能见容。其门徒中亦有不信者,故杀耶稣者之中,有其门徒名犹大者在焉。

三月十八日

晨,早起,偕胡茂臻君赴垂西镇(Tracy)看糖厂,此厂曾一看之,此其第二次也。

晚郝君坤巽来,余托其译《种糖萝卜法》,已译成送来。

三月十九日星期

昨日得抟沙来电,今日赴金山翻之(因所用 ABC 商码此处不易借也),只言正学平安抵国,并为余兑款,由葛娄司君转交而已。

与胡君茂臻及郭君至唐人街,游遇雷振夫君,约余等晚餐于共和楼。餐后往观剧,每剧均二三人对唱,或为极简单之趣剧,或为极简单之情剧。其戏园建筑之壮丽,与电光之闪烁,音乐之洪亮,远非中国所及。惟戏中之情节及其描写之状态,简陋可笑,然此为其第二种戏。第一种则无唱,专描仿社会现状,如中国现在新流行之新剧,余在沙克来满豆及金山他园中,曾阅二次,视中国戏亦觉简单。然各园中演者不甚多,以其不为社会所欢迎也。

三月二十日

赴金山访葛娄司君,取款,彼为余介绍友华银行戴垂客君(Mr. P. Dietrick),以便兑款。戴君曾在中国十四年,情形甚熟,论及中国实业前途,余谓中国多数人为村落生活,旧式之经济组织,所谓家家自给主义,力量颇强,故实业发展不能甚速。彼谓中国所取之路甚妥当,过速实不甚好,美国新造之国家,发达过速,不可以为常例也。余颇然其言。

赴新华公司,阅商部进出口报告。

年	出口	入口
一九一三——一四	二三六四五七九一四八	一八九三九二五六五七
一九一八——一九	七二三二二八二六八六	三〇九五七二〇〇六八
一九一九——二〇	八一〇三九八八六六三	五二三八三五二一一四
一九二〇——二一	六五一六五一〇〇三三	三六五四四五九三四六
一九二一——二二	二四八〇四二五七九七	一六二二八六六四三六

前表皆自前年七月,至下年六月为一年,本年只有八月,并非全年也。

查表内以一九一九年至二〇年为进出口额最高年分,出入相较,出口者多二八六五六三六五四九金元。其前一年度进出数虽较小,而出入相较则为四一六三五六二五五八[1],去年度出入口数已大减,而出入相较为二八六二〇五〇六八七,与一九一九年至二〇年度数几于相等。是则就去年论,其国富仍应加增二十八万六千二百万余也。何以其国今年百业俱呈停滞之象,失业人口至有五百万之多?盖其国富增加之数,全为少数资本家所得,虽前二年工价倍增或有地增至三四倍者,似工人所得亦当较前为多。余当时在中国曾疑为此后美国将有小产业勃兴时代,因工价过高,工人均可积资致富也。不知事实与此相反,一因工价高则百物之价俱高,生活费加增也;二因工人骤得高薪,如狂如醉,饮博戏娱,以为不足,而又购汽车,以为上工下工及工余星期载女子游玩之,曾不虑及年老何以为养,乃至明日停工,明日断食,亦所不计。故一至战后,商业稍见减退,而工人先叫苦连天矣。美国经济之畸形发达,极为余所不取,昔以为皆富人之罪,今乃知工人与有罪焉。然余实怜工人精神太苦,不能不迫而走此

---

① 按表中数字计算,此处应为四一三六五六二六一八。

一路,其原因乃在于家庭宗教之不良也。

凡文化发达之民族,其家庭均有夫妻共命,父子相养,兄弟互助之道,此社会之起点,道德之根源,人类之所以不灭,世界之所以不毁也。美国夫妻二字,殆成男女交际上之游戏名词,有一人离婚至六七次者,有一人同时与数人相爱者,有借结婚以得人财产,财产既得而离婚者,有但求男女之乐,不取夫妻之名义者。今日美国大学女生之数,已超过男生,而大学毕业之女子,其结婚比例之数,则为百分之五十焉。其离婚之数,与结婚数相比例,约在百分之二十以上,然全赖乡间小产业者与异种之新移民来者,及红人、黑人不甚离婚,方能维持上述之比例。然此种乡村及异邦异种之人,皆美国所鄙为第三、第四、第五等之人类也。若纯就高等者计算,恐离婚之数,常欲追踪结婚之数,亦不可知。美国父子,为父养子,子不养父,人皆知之。囚首丧面之庸叟,与白发鸠形之乞婆,其子未必不系富商大贾。又社会轻老,与老年人来往者极少,故老人不啻未死先入地狱也。至兄弟之间,彼此更为淡淡,以此之故,所谓工人者,入不能享家庭之乐,老不能望子孙之养,人生惟一之目的,在中年乘时欢娱耳。夫彼之人生观,既以中年娱乐为目的,更何怪其饮博纵欲不顾将来也。至其宗教方面,自耶稣以后,即只言本身,不及子孙,故信之者,亦不免趋重于现世娱乐主义,其不信者,更无论矣。耶稣好为过高之论,如爱仇如己,夺我财者请其多,伤我身者请其重。矫枉过正,殆绝不能入世人之耳,如耶稣最反对离婚,而世界人数之离婚案,殆全数出于耶稣教徒,其宏教之无益于其风俗道德,更为显然矣。

其家庭不能与人以天伦之乐事,其宗教不能与人以精神上之愉快,宜其随流逐波不知所极矣。

三月二十一日

下午,偕惠玄访大学教授贾尔夫博士(Dr. Galver)。贾君智利人,为彼国大学教授,得博士于德国柏林大学。又曾游英国,彼欲游中国,余欲至南美,故一互。谈南美人不但与欧人异,与北美人亦不同,质直少文,易言之即朴野也。其见唐君首发之问题,为君为完全中国人乎?唐君答云:自然。彼又云:中国名为黄人,君之皮色为何乃较我为白?其见余第一问题,则为君如此之年幼,何能得如此高之位置?此种问题,大类中国乡间人第一次晤城市中人所问者。然其质直自觉可喜。

三月二十二日

赴金山与胡茂臻君、郭君及美人菲雪君,谈糖业事。下午阅书肆《大历史》一部、《美国灌溉大纲》一部。《大历史》中多有古文明国事,余欲一查考巴比伦史事,究竟与中国关系如何也。

晚安石如来同谈,眠甚迟,夜不安。

三月二十三日

晨起,又觉寒,天雨。

中餐遇一奥国人,为一治珠玉者,约至其肆,彼有一弟,共成一铺。彼治珠玉,其弟治雕金,弟兄共产极友爱。余去时其弟适不在肆,彼几于言必称其弟,嗣购其表链一条,附小刀一具,其弟归为余刻中国字"石青"于上,并未加手工费。余询其每月得钱若干,彼云甚少,余谓作工若干时,彼云整日工作,至晚六时乃停耳。余云既得钱无多,若赴工厂为人作工,以此相同之时间,或可多得工价。君视自业自理,与为人作工多得工资者,谁为快乐?彼云自理自业,较为人工作乐甚也。余数以问题询之此间人,其答语大半相同。此弟兄姓莫利生(Morison),其肆为下台可街(Shortuck)二一六一号。又一美国人在,彼谓彼爱中国人而恶日本人,余询其恶日本人之理由,则日本人在此地有银行,有农厂,常可赚美国人之钱也。然美国得他国之利益,又何止此,使人闻之动心矣。

下午,昨日所购之《世界大历史》,由邮局寄来,历史文法较简直易读,阅较快,夜贪阅新书,睡迟。

三月二十四日

阅《巴比伦史》兴趣甚好,史称夏尔典(Chaltan①)民族为哈母西母共种,于渺冥远明之古时自东方来,其最初之祖为哈母(Ham),哈母生古氏(Cush),古氏生尼母罗(Nimorod②),尼母罗能伏百兽以去人害,遂奠邦家,实其初皇,后人尊之为神,与中国史之伏羲地位事业,殆全相同。

夏尔典民族信星象占验之学(astrology),故其天文学(astronomy)发达较早。彼亦知日月五星之七政,惟谓生民之初,有人先造天地,再造日月,再造五星,此种神话(mythlogy③)殆各民族均有之。然其认识五星之早,亦可惊异。

《舜典》在璇玑玉衡以齐七政,大约在西历纪元前二千二百年左右,与前巴比伦帝国大约同时。但《舜典》文气璇玑玉衡,为旧有之物,则其发明者必在前,前巴比伦帝国至西历纪元前一千三百年始灭,彼书亦不能证明彼之知有五星在其建国后之何代,则中国知有五星当较早。且中国以五行名五星,五行论之胜定在尧舜之前,则五星之命名亦必远在尧前也。但史简有缺,不易详考耳。

铜壶漏以志时,罗马多用之。罗马古历,史学家推为巴比伦人所创造,中国用此较晚,或由西方来亦不可知。余在中国未尝考漏之制造,见其图颇觉有趣,其制法:一铜壶,下有小孔漏水,壶有二直拉夹之,然能下堕,旁立一标尺,即时表,上有度数以志时,尺与壶之中间有短柱,上支一横针,一端接于壶下,一端指有尺边。壶水注满时重量大,下堕,针之此端受壶压亦下堕,则彼端必升高,因短柱在中间为支点也。彼端升高恰在尺上之一时度数,壶水渐漏,重量渐小压力亦小,壶身渐上升,针之此端亦随之渐升,则针之彼端渐落由一时渐至

---

① 　此处疑为 Chaldean,即迦勒底人。

② 　此处应为 Nimrod,即宁录(出自《圣经》)。

③ 　此处应为 mythology,即神话。

二时渐至三时,至壶水尽,则壶升至极高处,而针之彼端至落极低度,为十二时也。

余意人类之大区别在面部骨格,埃及人似与现在北欧人为同种,其面部骨格相同也。其特点为鼻骨狭高与额骨平,而两颧低也。中国人种鼻骨较低,而颧骨稍向外张,此为显然之分别,小亚西亚人与南欧人似介于此二者之间,其发亦均为黑色,或者此为间种亦不可知。未加详考,不可确断也。

下午,赴金山往观美术馆(Palace of Fine Arts),至则即前日所已经过之巴拿马赛会旧场。

又赴中国馆及暹罗馆详观之。中国馆建工粗劣,远不如暹罗馆之精美。彼馆墙内外多用手工镶玻璃细花,殊美观,惟现在无人保存,大半剥落,深可惜也。

晚约威尔逊女士晚餐,房东夫人作陪。

三月二十五日

晨仍读《古代史》,并翻中国古史。证之伏羲时诸侯有栗陆氏,与尼母罗相近,且中国史载中国建国柱州亦作括州,在昆仑山下,去小亚西亚不甚远,夏尔典又系间种,史称其由东方迁往,则尼母罗或即栗陆氏亦不可知。且尼母罗(Nimrod)之"尼母"(Nim),"母"为音余,可省读为"尼罗",余因"尼罗"与埃及尼罗河音相混,故加"母"别之,然不如近译"栗陆"也。

下午安石如、郝坤巽二君来,与惠玄四人同至大学草地照像。后又偕石如、惠玄同赴日本学生俱乐部参加东方学会。大学东文教授,日本人久能君(Mr. Cuno),演说《日本人之文明及生活大概》,多言日本文明,完全自中国来。始则完全搬运,末乃稍有抉择,故日本文明之来自中国,一如美国文明之来自欧洲云云。余颇以其言为然,然日本学生极不乐听,乃设法促其停演。

阿谟君亦到会,与余谈,彼谓久能君能演日本有文明,余不知何为美国文明,余询其故。彼谓聚百美人开会,各以五分钟演说美国之文明,百人必皆不同,因美国毫无自己文明可言也。会中有日女二人,鼓中国琴,阿谟①君爱之。余询彼对于黑人音乐之意见,彼谓美国音乐,无从再求进化之径,乃返而求之初民音乐,今有多人赴非洲研究黑人音乐来原矣。余谓威尔逊女士向余言黑人音乐之发达,在到美国之奴隶时代,人愈受逆境之磨折,则音乐益工,其基础来自非洲,不必甚高也。

晚偕石如、惠玄至欧克兰,此地有华侨公立学校,其学生组织自治会成立,遍约人来参观其成立会,余等亦往。石如在彼为教习也。

开会时人达五六百以上,极为整齐。校长刘英伦君,能操普通话演说,请余演说,余以普通话演说,大概为鼓励之词,刘君为余译成粤语,大概粤省男女学童,皆不解普通话,然甚乐学,石如即在彼校任国语教授也。散会归。

三月二十六日星期

赴金山,郭毓昆君约中餐,在其寓内,其夫人自作菜甚适口。惠玄及胡茂臻君偕,又同归。

三月二十七日

晨偕惠玄至大学,余翻阅中国书。《山海经》相传为禹所作,余意《禹贡》乃禹所作,《山海经》则非禹所自作也。禹定九州后,遣章、亥等分步南北东西,务求尽处,其精神如近世之探南北极者。且章、亥二人,不过总其事者,随从人员当复不少。《山海经·海内西经》多言某山之神如何云云,意其时已近巴比伦一带,因巴比伦一带,尔时迷信甚多,所奉之神,亦怪状百出,故此所谓神,乃彼族自奉之神,非中国使者所自信之神,更非中国使者所遇之神。昔日读此经,往往以为多神怪不足资参考,盖误以纪他人宗教之部分,为中国之神话也。

遇东方学会会长司提芬(Stefen)君,为余向图书馆借一巴比伦最古史,乃专自楔形古刻(cuneiform tablets)中译出,断烂不全,不能

---

① 原文误作"谋"。

作完全史书观,然事必求证,亦自可贵,堪比中国罗叔蕴之殷墟遗文考证也。归而读之,困难万状。

晚罗提君(Mr. Rorty)约便餐于其宅,与威尔逊女士偕往,饭菜精美。罗君宅在山坡,风景幽胜,余爱其地。罗君言,住城内繁嚣处,使人尝迷其生命之所在,故尝欲得如此地者居之。余云,使有三人于此:一为久住繁嚣之市,已与相安,每日专为繁嚣之生活者;一为尝住幽静处,为吾辈之生活者;一为城市乡村轮流居住者。若以"君之生命今在何处,君觉之乎"一语相问,则此三人之答语各异。久住城者必曰:"生命在何处,此何意义,吾觉无人能答此问题也。"住乡者必曰:"吾之生命,即在当前,吾深觉之。"城乡轮住者,必怃然有问曰:"吾得吾生命所在矣,微君问几不能得之矣。"座中皆以余言为然。餐后彼等约余共至大学,听陶尔氏演说,余不能甚解,先归。

三月二十八日

阅罗素(Bertrand Russel[①])在《新共和》杂志论文,题目为《对于美国之希望与恐惧》(*Hopes and Fears as Regarding America*),以美政府为比较的好,即作恶较少也。

余意美国政府,及其人民之有势力者,因其国势与他国不同,故其政策亦与他国不同。且彼有鉴于英国现在持盈保泰之难,故决不再蹈其覆辙,然其野心毫不让于英日,而方法则更为精妙,即更为剧烈也。英陷印度后,印人皆知其国为英所灭,故英国人对于印人宗教之宣传力,学校之输灌力,及风俗习惯之改造力,均不能充量发达。其原因由于印人对英之感情不融,其结果则印人经济上仍半有独立之性质,思想上殆为完全独立者,故至今日印度独立之死灰复燃,渐成英国之大问题。虽现在印度之力量,断不能独立,而英政府对之为镇摄之设施,所耗财力及心力甚多。今日世界政治,纯为经济之附属物,如能完全操其经济上之特权,正不必直接握其政权,以陷身于众

---

① 此处应为 Russell,即罗素。

矢之的也。美国今日决不抄袭英国成文，故对中国全自宗教、学校二方面着手，以改造中国之风俗习惯。风俗习惯一经改造，则新经济制度之势力日增，旧经济制度之势力日减，而中国人民将全数奔走于美国资本家（即统治者）之下，以求工薪，借以自延其生命，美国之怀柔政策，乃大告成功矣。

所为新经济制度者何？多数人以职业为生者也。旧经济制度者何？多数人以产业为生者也。家族主义之下，为父者尝欲积产以贻子孙，故崇尚勤俭之习惯，而销费力甚小，因之生产力亦不发达。盖生产力与销费力，必相伴而发达也。个人主义之下，老不能望子女之养，则中年必及时自谋幸福，故养成奢华之习惯，而销费大，则生产力亦随之而大。欧美物质文明之突飞进步，实于个人主义有密切之关系。然其弊也，多数人以职业为生，职业足以自养，则与父母分离。职业足以养妻则结婚，求婚不得则别求其所以自娱者，无论结婚与否，常举所有工薪以供女子挥霍，借以自博欢娱则同。故因无产而以职业为生，因以职业为生而更无产。其尽力职工也，全售其动作之自由于他人，以换必需之工薪。其生活也，又全掷其工薪，以易目前之快乐。其结果则终身劳动，除销费外，一无所得。而工厂与商店，则既以工价易得多数人之劳力，以增加生产，又以生产中之一部分，易归其支出之工价，而产业乃全操于少数人之手。故美国人而欲中国为其劳动者，为其销费者，使中国全国人民，俱丧其产业而奔走待食于其资本组织之下者，必使中国对于经济制度未经定有宗旨有办法以前，先以彼之势力励行新经济政策于中国。中国人不喜其畸[①]形发达之经济制度，而喜其风俗习惯，并至迷信其宗教，欲求不为其经济力之洪水所冲泛，胡可得耶？故余以为中国今日所最为急要者，即自行产生经济制度，使不碍产业之进步，且有以预防畸形之发达，在此种新制度未经行有实效以前，一切旧习惯旧道德旧制度，均有相当

---

①　原文作"踦"。

保存之必要也。晚与惠玄谈苗猺民状态，彼少时曾与猺人同村居，其人态状与中国人全同，近来多能作汉语，惟生活程度较低耳，吾同种非异种也。

三月二十九日

访萧君，云南人。阅《汉书·律历志》《天文志》《五行志》《艺文志》各篇。

晚访阿谟君夫妇，谈至十时半乃归。阿夫人藏有印本中国古画甚多，有一图为中国拳谱，阿君最不喜，谓此必近人所作，有欧画习气，美术之本意全失矣，彼最不喜云云。又有古美人数幅，彼夫妇均极喜之，谓画工精美，衣之式样亦最美观，并谓巴黎现有人赴中国专绘古代女子服装式样，以为改良女子服饰之蓝本云。余亦素喜中国女子古装，惜乎国人方鹜欧化美化，并此亦无人考究也。

三月三十日

思将日记寄国内友人阅之，略加检点，往往有专游某处，并未记其情形于日记中，仅注"另记"二字，时久忘之，欲补记亦无从矣。游高丽故宫为此次游程第一段，即未记入日记，以半日之力补记之。

晚看电影，事实系法国人在南美阿根廷国，当战前，有一少年与他有夫之妇相爱，访一预言家，问其将来，预言家冥观，见天魔张巨口喷烟火，示欧洲将有极大战事，自烟火现出神人四次，示战事之逐节情形。少年所问之事，与此战有密切关系，结果少年极不利。少年不甚信，未几欧战果起，有夫之妇归国，其夫从军以功擢将军，又因战伤目，妻为爱国自作看护妇看其夫。少年情思不断，追至法，寻妇得之，妇告以其夫战伤目，不忍背，谢绝之。少年云：尔爱军人耶？而投入军，中流弹死。

余于预言之根本不相信者，即先问将来之事，是否确由前定，如果由前定，则知之亦万不能有所裨益。如谓预言家所言，乃示人以趋福避祸之途，福祸若可趋可避，是并未前定，既未前定，何能预知？然此种理论，亦或可驳，余更有一种己见，乃不应前知也。人之生命与生趣,即在将来之事不可知,吾人作事皆以已往之可知为根据,向不可知之将来勇力前进,以观将来所实现者为何状况,将来之为祸为福,与吾自身所选之进行路径,有密切之关系。吾之选择,决于吾心,即吾之将来为祸为福,亦决于吾之自己。吾之选择未定,旁观者何能预知其结果? 如云吾之选择亦有预定,吾之意志皆有预定,吾毫无自由可以参加,则不啻将人类生命宣告死刑矣。人生之兴趣,即在将来不可知,故为种种奋勉以求前进。若前途皆可前知矣,吾复何为而奋勉耶? 大抵人类之自信心,不甚高者,往往欲求前知者以决其行事之方向,而神秘之预知家以出。吾于预言家之学说一无所研究,亦不愿研究,美国预言者如看相揣骨之书,随在而有,惟无批八字者。然近来亦有一种小本印行之书,言某月生人之性情特点,及其终身作事结果,为概括之论断,购者颇多。若以中国之八字书输入彼邦,必多相信者,惜乎彼无干支甲子也。一笑。

三月三十一日

本年过四分之一矣,余居此邦四阅月,学问未尝从事,调查亦未切实进行,悠悠忽忽,此游果何所裨益? 思之思之,时光不再,精神尚强,勿以宝山空归贻羞也!

第一册日记寄归,并函马和赓、杜荫南,请其校正登报。

下午偕阿谟①夫人至金山冈坡公司看古董,因冈坡得有中国古物,上多中国字,无人能译。余视之,为前清玉牒馆之上尊谥文,以青玉制之,刻字镂金,真无价物也。牒共四叶,题端一叶,正文三叶,然题端为"仁宗宪皇上尊谥文"八字(按即嘉庆庙号),正文则为"乾隆上孝圣显皇后谥文",孝圣乃雍正皇后之谥也,满汉文对照共八叶。此牒上之太庙,太庙附有玉牒馆,专司皇室家谱,今乃流播贩卖至外国市侩之手,不但清室之羞,亦民国之羞也。彼有经理人名惠来,去岁在中国购得此物,知非义和团之乱所失落。惠君又导余遍观其他古

---

① 原作"谋",即上文提及阿谟夫妇。

董,皆中国名贵之品,总价不下美金二三十万,彼询余见中国故物如此之多,引起乡思否? 余谓但使余叹中国太穷耳。

晚约阿君夫妇、罗题夫妇、威尔逊女士,同餐于上海楼。

四月一日

上午略读书,访大学日本教授久能君,谈及中国文化,见日本某君所著《支那通史》,称中国文化远在亚洲西南各国文化之前,尧舜时之典章文物,断非数千年所能发达,其言颇当。

下午访美国人麦康博士于其家,胡茂臻君介绍同往谈甚久。麦君诚信有学问,不类普通教士。

晚同胡君及惠玄看电影。

四月二日

安石如来约同游弥靳湖(Lake Merry①),余已游此湖二次矣。然仍愿往,以其地风景甚好也。偕唐君惠玄、胡君茂臻同往,去时已十二时,至,在草地上略眺望,买舟泛湖,舟身极小,无舱无棚,须游人自划。吾数人中惟石如曾少习之,亦不精。舟泛湖中约二时,泊舟,下登草地,择较清静处坐谈。湖四周皆草地,四时碧绿,古木杂花,断续掩映,新柳初展,长条拖地,有中国新春气象。此间树多冬青者,四时均无凋②零之感,四时皆之新鲜之生趣。春初旧叶未脱,新叶未布,更形暗淡。而杨柳等树,经冬季数月之收藏含蕴,一际春暖气和,生意勃发,嫩绿绚目,使眼帘为之顿生快感,更与其他盛开或初放之花相映,益觉妍媚。春色宜人,信然。

草地中美国男女横坐杂卧,各自乐其天然,有为一家之夫妻儿童者,有为未婚相爱之男女者,与中国城市中公园及名胜古刹,情景迥异。甚有男女平卧相抱,逼近路侧,行人经过,彼此均若无见者,此自西洋风俗,恐非其他民族所能学步也。前二次来游时,因天气较寒,

---

① 此处应为 Lake Merritt,即梅里特湖。

② 原文作"雕"。

故无卧地者,然曾见有男女二人共一舟,划至湖心停桡,二人遂相抱卧于舟中,至兴尽乃划舟出湖。此次湖中各舟亦多男女相共者。前此间舟分二种,一为四人共乘之舟,前后四座皆固定,故能坐而不能卧;有二人共乘之舟,更为狭小,然可撤坐平卧,舟身宽不过三尺,二人并卧,非相抱不能容,此或专为一男一女所制者。湖中各舟,纯系男人,或纯系女人者甚少。余等正划时,遇一舟三人,亦皆系男子,彼等大声向余舟问曰:君等之女子在何处? 盖此种纯男无女之游客,在此为罕见也。

五时半,兴尽,胡君今日约在金山上海楼晚餐,乃乘车同往。

晚餐同席者为麦康博士夫妇及其二子一女、江苏张女士、郭君毓昆、唐君惠玄。余与麦君及其少女并坐,女仅九岁,能长谈,如成人。此间男女性质大别,男子多粗野,其肄业大学而操简陋不文之语言者甚多,女子则言语多有条理,见人有礼貌。此少女则更聪慧不类他女,可喜。麦君家教甚好,其长男十三岁已入高等学校,如中国中学校,亦不类他人家子弟。故欲养成好国民,家教所关甚重。麦君鼻相似塞母种,其二子长者鼻直高,次者平扁如中国人,且不类中国之鼻高者。其夫妇之发,均为黑色,而长子及少女子发色则纯黄,此为人类学研究之一助也。

四月三日

赴阿谟君宅,与阿夫人共译冈坡公司所得之清世孝圣宪皇后上尊谥册文,约五百字,骈体多典重富丽之语,译之不易。以二时之力,与阿夫人共成之。然仅举其大意,不甚完全也。

下午安石如、郝坤巽二君先后来谈。

晚仍阅古代史"印度",颇感兴趣。

四月四日

晨兴整理从前日记第二册,因在日本临上船时,仓匆未记,须补也。

下午赴公共图书馆阅书。

晚阿谟君夫妇约晚餐,偕惠玄往。同餐者有路易君、狄来波君,及其他一夫人。屡欲归,彼夫妇留再谈,比回已十二时矣。

四月五日

上午赴公共图书馆阅书。

下午访康白情不遇,遇其同寓江西柳君与之谈,乃一少年道学先生也。

思练习英文作文,未成篇。

晚偕广东胡君赴大学听威廉博士演讲,演题为《中国与华盛顿会议》,历二时。威君知中国事甚详,所言亦多切要。归遇柳君于途,又遇康白情,同至其寓,谈至十一时归。余之思想日趋于旧,康君亦不免,殆美国国情足以使中国人勃兴其守旧思想也?

四月六日

晨赴阿谟君宅,其夫人为余照像。彼初约时,余不知其意,及照像后,彼取出彼从前所照相片相示,余大惊异。盖彼乃极精巧之照像家也。彼谓照像之使用光线,与作画时之使用颜色相同,故能写动能写静,能表示现像外之精神,使阅者有一种深穆幽邃之想。余极服其言,彼又谓欧洲及英国有见其作品,来函致询者颇多,惟美国人皆不解其技术之美,解者只一人,即其夫也。彼夫妇均为美术家,均爱中国美术,均喜与中国人来往,彼赠余其旧作二片,其一甚佳。

中餐归,略读书。

晚餐遇简地尔君(Hugh Jedell),余前遇彼与谈。彼先为法国人,现入美籍。餐后随余来寓,又谈,余为彼说中国古时史事,彼爱问,且亦略知。彼主张余回国后组织一有力团体,专译中国学术及文明之发达,为英法德等文字,俾西人知中国数千年来文明古国,自有所以自存之道,余极然其言。

安石如来同谈,简君先去,唐惠玄来,石如与彼谈亦去。

四月七日

整在日本临去时日记。

下午访胡茂臻君,同参观威廉私立学校,在城北山上,沿途花木甚盛,在电车上可赏览也。校有学生八十名左右,自国民一年级至中学三年级,皆有专用教室,不类通常学校所用。布置一如家庭生活状况,谓可养儿童自由生活之习惯与兴趣。教员约二十人。此校建筑本为一妇人住宅,装潢亦颇富丽,转让于学校,颇类捐助,并未出多资也。麦康博士介绍余等参观,其夫人及张女士同来,导余等入各室参观。麦夫人亦在此校任有课程,其二子一女,均在此校。余来时各学生正在操场抛球,亦以女生为多,加州男子平均体高似比中国人不甚悬殊,其女子则平均较中国为高,盖与男子之高,不甚相差也。

归,麦君夫妇约至其家晚餐,餐后又稍谈乃归。

中餐时,又遇简地尔君,彼谓闻中国人操国语,不能作细语(Whisper),使声在口中,然否? 余笑谓毫无此事。彼坚不相信,余为操中国语使其闻之,然后以相同之语句小声与之言,彼大惊异,谓所闻之不确。晚餐时,与麦君谈此事,引以为笑。不意彼之所闻,与简君相同。余与胡君谈国语,先使声出口外,渐低至声全在口中,彼乃信。嗣穷其何以有此怪异之传闻,盖彼等闻中国字分四声,彼不知其分别在抑扬转折,而误以为全以声之高低大小分声之。余又告以中国声音,以单音论有一千六百余音,每字有四声(全以普通读之,为阴平、阳平、上、去)共合五千四百余音,视欧美音之分析,详备甚多,断无须以说话时声之大小为字义之辨别也,不过每字一音,与欧美之一字数音不同耳。

大概白种人于中国文明,始终莫名其妙,彼等以其浅薄操切之方法、傲慢简忽之心理,考查非洲黑人、夏哇夷土人及南洋群岛之土人,略得其原始生活之状态,著之于篇,以谓考查他种人之宗教文字习惯生活之能事尽于此矣。迨以此施之中国,迄不能得其真,乃目为一种神秘之民族,然彼等根据其浅劣歧误之观察,发表于其偏私夸大之著作者,不知凡几,故白人对中国著述,均失真象,惟近来罗素、杜威等学者,到中国后,多与学人来往,住中国时虽不甚久,尚能察得中国情状,虽不全合,去事实不相远也。其余为政府作侦探,为资本家作宣传者之教士,所著关于中国之书,百无一合,如麦君、简君对于中国人皆表同情,不过曾阅彼无聊教士所著之无聊书报,遂致误会也。余晤美人甚多,彼等多谓教士之报告,专爱言中国之蠢愚拙陋,绝少言及中国古文化者,而中国近来乃专欢迎教士,不知何也。

美国教堂,大多数为基督教之新教(Protestant),其旧教(Catho-cli①)亦甚多,然无甚势力。大概以信徒多寡论,旧教多于新教,以势力论,则旧教不能望新教之项背,盖新教徒多资本家,故其教会有处募款,亦因之为其利用。旧教之所以少资本家者,以多为南欧人,而经济权操之北欧人种,南欧人急切不能与争衡也。南欧人既较穷,因之旧教会亦较纯洁,青年会为美国最时髦之教会,在中国尤有势力,故其资本家对之抱甚大之希望,即改造中国习惯,俾全国为其销费者也。去岁罗桑吉尔(Losangeles②)青年会,有一二有独立性质者,不愿附属于资本家,而自有主张,其资本家随断其接济,并函致他处不应其募捐。盖美国宗教,今日纯为资本之附属,而新教甚于旧教,青年会又为新教中之更甚者也。

四月八日

闻郝坤巽君有病,偕唐君惠玄、安君石如往视之。余自念年逾③四十,精神不及彼等,用心过度,恐不宜于摄生,亦宜稍将息也。

看电影二出,皆为金钱结婚(marry for money),虽非确实事实,然美国今日确有此种情形。去岁此间有一人为其妻控以重婚,及逮案则彼自认已重婚七八次,现在尚未离婚者三人,供给其用度。又白克来城即现所住者,其大街(Skatuck)有一旅馆名白棉,译音为怀特考吞(White Cotton),即其店主之名也。幼时曾经与一孀妇结婚,结

---

① 此处应为 Catholic,即罗马天主教的。
② 此处应为 Los Angeles,即洛杉矶。
③ 原文作“愈”。

果乃为骗局。盖美国例,结婚后所得之财产,如离婚须与妻均分。尔时怀君幼,开一小旅馆,有富孀来寓,诱与结婚,实则孀妇并不甚富,不过装饰如富者耳。怀君之父老而多金,未几死,怀君得遗产甚厚,彼孀未久与之离婚,分其产一部而去。然怀君今仍为此城有名富者,大街之房室属彼者,至少亦数十万金,今尚有一大房,正在建筑也。闻美国类此之案甚多,故近来其富家子女结婚,皆仍择富家,所谓全以爱情结合者,并未必然。

四月九日星期

偕安石如、唐惠玄出游,先访阿谟君夫妇一谈。阿夫人又出其作品相示,多有精彩,绝不类照像片也。阿君以《生纪报》(*Leving* [1] *Age*)本年二月分报相示,有题目为《不变之中国》(*The Inchange-able* [2] *China*)一文,不满于中国处亦多。然谓中国宗教,能使其国民快乐之度,较美国宗教能使其国民快乐之度为高,此但就现时快乐言之也。余意中国宗教能使人少作恶多劳动,不注重于目前之快乐,乃其特长,因中国宗教使人注重子孙,故其希望多在将来。人能视将来之希望重,则自然视现在之快乐轻,自然能耐现在之劳苦,能耐劳苦,能顾将来,而不注重目前快乐,自然作恶较少也。美国所谓宗教,大抵专指基督教而言,此教既不能如中国宗教之注重子孙,视之为己身之分体,己身之将来,又不能如印度宗教之信有来生,但以极单简之天堂地狱说,为劝善惩恶之惟一法门,绝不足以维系人心。而耶稣降世,普救群生为上帝分体之说,粗劣可笑,更不能成为一种宗教哲学,以与古今哲理相融会,安能与中国宗教并论? 不过彼宗教名为脱政治而独立,实际上常为政治上所利用,今又为资本家所利用,一言蔽之,今日之基督教,完全为白人利用以操纵他种人民,或侵占其政权,或把持其经济之惟一用具。中国人以国弱之故,于他族之所谓文明,

---

① 　此处应为 Living,即生活的。

② 　此处应为 Unchangeable,即不变的。

——视为可贵，乃至其宗教而亦崇拜之，可伤也已！

自阿君处出，中餐后，赴瑞池门镇。

距白克利约二十英里，美孚油公司（Standard Oil Company）有厂在焉。厂一面通海湾，内有蟄船，可由自有之轮船运之出海；一面通铁路，可以运赴陆地各处。厂内地管遍通，空中亦多巨[①]管，以磅坡力互相转输，极为方便。其油矿不在此地，此厂之油乃自地底巨管中由磅坡自矿地运来也。美国交通，如铁路、电车、汽车发达为世界之冠，而其油产乃更修地下交通之道，以磅坡转运，规模之大，真可惊也。

此镇西临海湾，湾之岸适为高山。山下有隧道二层，一通汽车，且为行人出入之路；一通火车，穿隧道出。面海有小公园，忘其名，中林木甚茂，有海水浴场，有跳舞室，此乡男女多来此聚会，先携手赴海水浴场，浴泳毕，乃相携入跳舞室。此间公园皆无墙垣，此园周围以铁条圈之，置一简单之门，大概为防黄人入内也。由园旁而北，登山，可望大洋与山东之各城。向内下山，入一小餐馆市饮，其中皆意大利人。道旁小规模之房室中，询之亦皆为意大利人。有一家其子女四五人，年均不甚悬殊，南欧人第二等民族，故生育之力尚强，大概美国初移来之高等民族，近来并不甚增加，亦不甚减少。而高等工人，则生育不甚繁，因彼等皆被复为造三个大家（旅馆、饭店、戏园）之人民，其势不能复繁衍子孙也。美国近来户口之增加，第一为南欧一带之移民来者，第二为移民初来之一二代所生子孙，大约至第三代后，即变三个大家之生活，而不从事于生育之苦工矣。

晚归，偕石如、惠玄径赴金山，因惠玄为余践行也。同餐者为胡君茂臻、江苏张女士及郭毓昆君夫妇。胡君将归国，张女士初来也。

四月十日

晨偕张女士及麦康夫人访阿谟夫人，因张女士有事托阿谟夫人，

---

①　原文作"距"。

余为之介绍也。

下午偕石如往视郝坤巽君,其病势较减。

晚约二美国人便餐,一名白利氏(Bellis),一名罗司寇。石如以其不满意于美国宗教,介绍与余谈。白君深不满于其宗教,而罗君则迷信最深,而不自知其教义之价值者也。余为说中国宗教之来原及现状,白君极赞成中国宗教,罗君不置一词,罗君亦不满意美国现在之经济制度。饭后余向白君言欧美宗教殆全为政治经济之利用品,然乎? 彼笑曰,自然。欧美对人国有野心而虑其反抗,先遣教士往,人目为善类,继之商务,人无排斥之意,终之以武力,彼此时觉其非善类已无可挽救,盖此时已处被征服之地位,印度之被治于英是也。今日英国之待简地(Gandhi),无论何人,不能以英国为是,而英国乃人所称为基督教国家也。吾殊不相信基督教能有良好影响于现在也,盖基督伦理(Christian Ethics)根本以上帝先造男人,再造女人以为之戏伴,为之造各物,为之造星辰,断不能容于今日之神话也。归已十一时,余与谈之言甚长,不详记。

晨间接张忠夫君自国内来函。

四月十一日

得威尔逊女士自罗三吉尔来函,情词斐然。音乐家之手笔,不同凡众,使人生敬重之念,而茕然老处女依八旬独父而居,形影相吊,又觉可怜。拟为函报之,自觉英文不能工也。

中餐赴金山,有美国糖业工程师绌司克君,谈糖业事甚多。余英语渐能自由谈话,稍觉可喜,惟谈久则觉倦耳。

报载本月十日纽约市浸礼教会(Baptist Church)新建礼拜堂,行落成礼,由政府派多数巡警保护,恐社会党与之为难,因此教堂与资本家有密切关系。此新建筑用款一百五十万元美金,某资本家之子尝往祈祷,故捐此项建筑费云云。呜呼! 一资本家之捐助一礼拜堂之建筑费,其数至一百五十万美金,即中国三百万元矣。以此财力向中国传教,宜其蓬勃也! 以此为商业之前驱,吾国经济之前途,实觉可虑矣！

晚偕胡茂臻君、唐惠玄君同餐，胡炜基君来访。

四月十二日

晨，草《糖业计划书》，补志。

赴白克里旅馆，与胡茂臻君合照像，同赴金山，仍续谈糖业事。

晚约麦康博士夫妇、阿谟君夫妇、胡茂臻君、张女士、唐惠玄同餐在怀特考吞，即白棉旅馆也。餐后余言余爱此旅馆，以其雅洁，又不甚大，不似金山之旅馆大而人杂也。麦夫人谓彼不爱旅馆而爱家居，因旅馆专为旅客而设也。余谓前月遇一美国友人，忘其名，余询其家，彼答以有三大家：一旅馆，二餐馆，三戏园也。麦夫人谓人类总应有家，家中有友人，有音乐，可以自行烹调，视彼三大家有乐趣。余谓如纽约之大城，最易使人为三大家之生活，而不爱有家。彼云此种生活，久则使人不爱有子女，因除工作时间外，赴餐馆用饭，回旅馆住宿，余暇尚不足其跳舞看戏之用，断无工夫照料子女，且深以有子女为妨其娱乐也。余谓此种大城之组织，第一步使人不爱有家，第二步使人不爱有子女，然尚未尽，第三步使人不爱有夫妇，但有男女而已。彼笑谓其然，且有其趋势矣。晚归，安石如来同谈，余稍觉倦。

四月十三日

赴金山，绌司克君约中餐于某餐馆，忘其名。餐馆甚大，绌君谓此处中国人来者甚少。晚餐后，下面大厅中夜夜有跳舞，舞时女子着最简单之内衣一件，几同裸体，此城男女多不爱家庭生活，而爱餐馆生活也。余又谓彼等不爱有子女，确否？彼云当然。谈此颇久，末彼与斐雪君二人谓城中居民，无家庭不爱子者至少总有百分之五十云。餐后又赴新华公司，继谈糖业事，晚归赴白克里旅馆，与胡君茂臻谈。

四月十四日

阿谟君以《生纪月刊》一册相赠，系本年二月分，中有一文题为《不变之中国人》(*Unchanging Chinese*)，言中国宗教有高尚观念，绝不为专制忌妒肆威之神，如所谓耶和华式者稍留余地(No room for the imperious jealous threatening diety① of a Jahova② type)。故西洋为示威之宗教，而中国乃向善之宗教，中国人之自信其教者，尝时娱快，不似西洋人之信教者日在恐惧之中也。又谓中国教事祖先如神，故老人之愉快较西人为多，发色渐白面皱③渐多，不啻表明其将为子孙所敬奉而为永在之神矣。默察中国人，大多数决无弃其安乐平静之宗教，而信吾侪所谓上帝，以求其神明之不快者。盖吾辈所宣之教义，彼等根本上绝不相信，不过以谓借此达他种之目的而已云云。其文甚长，此其一段也。阿谟君云，此文多数人赞成，故谈后多传观，彼未阅此报，乃朋友转相送阅者也。发表上述之情形者，在中国三十二年，专研求中国实在情形，得上之结论。阿谟君赠此册与余时，题其上云，在"中国人之生活程度较低于美国，而生命程度则远高于美国，能使两国增长其较低程度与他国之高者相等方好"。余晤时笑谓之曰：汝国富乃能雇人向中国传教，中国生活程度甚低，换言之，即穷也，如此穷国，安能赴贵国传教，以改进贵国生命之程度耶？ 相与大笑。

晚，唐惠玄约阿谟君夫妇及其子安司吞及房东来司夫人赴上海楼晚餐。餐后回白克里，赴白克里旅馆访胡茂臻君，谈至十二时乃归。又阅拉康皮耳（Terrien de Laconperie④）所著之《中国古代文明之西方根据》（*Western Origin of Early Chinese Civilization*）一书，多彼此颠倒之事实，盖彼主张巴比伦文明早，中国文明晚，中国文明全由巴比伦传来，乃至以沙贡（Sargan⑤）为神农，与余意见殆全相反。盖余意尼母罗（Nimrod）乃栗陆氏也。彼谓神农在巴比伦毫无

---

① 此处应为 deity，即神。
② 此处应为 Jehovah，即耶和华。
③ 原文作"绉"。
④ 此处应为 Terrien de Lacouperie（法语），即拉克伯里。
⑤ 此处疑为 Sargon，即萨尔贡阿卡德王（阿卡德王国的缔造者）。

所据,而栗陆为伏羲时诸侯,彼书所传尼母罗既非本种,其行为皆类中国之伏羲。盖游牧时代,自昆仑既可东至黄河流域(伏羲墓在今河南陈州,俗称人祖爷),则西至巴比伦,亦在情理之中。其古书所绘之尼母罗像,鼻之上端较低,两颧较高,稍类中国人,与埃及之图像,不甚相同也。二时始睡。

四月十五日

九时起,偕胡茂臻至金山,仍与绌①司克等谈糖业。

中餐雷振夫约在远东楼,其菜味确有中国风味,可佳。

下午赴东方学会。在威廉博士宅内(Scenic Ave 1410),会内请中国领事叶可梁君演说,阿谟夫妇亦均到会。晚阿君夫妇为余钱行,同至其寓,唐君亦在内,座中人甚多,余不能记其姓名。餐后又来二三人聚谈,至十二时半乃去。

四月十六日

晨起甚迟。

下午赴桑得博士(Dr. Saunders)之约,赴其宅茶话。其宅在白克里山之最高处,风景甚胜。此日谈话者人亦甚多,余仍照例不记其姓字。桑君室多中国木器,又有画,得自中国及高丽者。

晚与胡茂臻君谈,归甚晚,在学生会视郝君坤巽,彼病已全愈。

四月十七日

晨赴金山访葛娄司君,得介绍信数封,又访叶可梁领事。

中餐约领事馆李君同餐。

归途误乘车至欧克兰,可笑。

晚约萧君云南人晚餐,为其钱行。归,安石如来谈。

得马和赓自开封来函。

四月十八日

晨葛娄司君来,约一同参观其制龙须菜(芦笋)罐头厂。经三王

---

① 原文作"垂",疑为笔误,上文皆言"绌",以下均改。

金、沙克来门豆二河,二河之间,有小岛五六,历次船渡或桥渡,乃达厂之所在也,距白克里七十余英里也。厂有工人三百五十,女工占十之八九,地名忘之,每年作工期不过三个月。厂内有医院、有幼稚园、有小学校、有公众戏所(Social Hall)、有餐馆、有工人住室,设置可云完备。其关于工作者,俱系新式,极为简便。比来神倦,不详记也。彼公司有如此之厂八十五个,其中有多数并其果品亦皆由其公司自有之园田中种植,规模可为大矣。今日同余往者,除葛君外,尚有戴叶君。葛君所乘为自有汽车,戴君所乘为公司汽车,乃其公用汽车之第一百九十五号,不便询其有汽车若干,即此可以见其规模之一斑[①]矣。

晚至八时,乃归,甚倦。

四月十九日

晨迟起,赴金山约吴德及绌司克二君,及胡茂臻君,便餐于三藩西司(San Francis)旅馆,仍稍谈糖业事。

赴领事馆探询请发护照事。能否赴南美未定,墨西哥则决意一行也。

余此游既欲考察世界生活之现状,思有所立言,断不能仅限于美国及欧洲,此二者今日世界有势力之民族也。其所以控制他种民族,吾应知之,而其他各种之被其控制者,尤应知之。盖吾国今日研究控制他民族之方法非必要,而考察被控制者之状况,以告吾国人,且可合人类全体施观察以研究人类主义,乃较为必要也。白种人脑中国家观念太重,其言世界主义者,不过极少数学者之好奇[②]心,若就其心理上之成分分析之,恐国家主义与世界主义,殆不能成为比例。中国人国家观念最淡薄,故考察全世界人类状况,而确实研究人类主义者,必属之中国人。中国人在世界人类占四分之一,若以与同种或近

---

①　原文作"班",以下统改。

②　原文作"希"。

于同种者合计之,则占全世界人类三分之一以上。则研究人类主义,以谋全世界之永久和平,抑亦中国人惟一之责也。惟中国国家太弱,民族亦为人所轻,力量不足以左右世界,则又吾中国人所当自勉而力求进步者也。

晚印度孙博士介绍同乡麦图君(Mr. Mettu),约晚餐。麦君娶美国人为妻,与其岳母及其连襟同居,座中除其全家外,尚有其他二客,彼等乐与余谈,一再留之,至十二时始归。苏士明、谭葆慎二君,在寓少谈,寝。

四月二十日

读所购历史。下午郝坤巽君来谈。郝君研究学问甚精进,而暇时又善思,其脑太劳,余劝以习静,非劝其辍学,习静乃劝其求学之暇,总使心理作用有真休息时,则研究时心力更觉清爽,更觉强健也。

四月二十一日

略整理从前日记。思将第二册寄归,忽念奉直已经决裂。交通梗塞,寄去如有失落,更无副本,即第一册收到与否,亦不可知,乃止。又念余家眷分居京沪二处,皆近战线,无处可逃避,为之愀然。余近日比较的觉中国政治,甚关重要,此辈兽征蛮战不已,政治将自何处下手耶? 慨然。

安石如来谈,石如在欧克兰两处教国语,近来广东侨民子弟多感普通语之必要,思设法学习,亦一好现象也。石如妻在新乡,亦近战线。

四月二十二日

赴金山领事馆,阅中国报,欲得国内战事消息也。知无确息,徒增萦扰而已。

此间中文报共四家。一、《少年晨报》,最狭义之国民党机关报也,其宗旨在宣传国民党及孙政府之主张。二、《世界日报》,最急烈之反对国民党机关报,名为属于宪政党,遥奉康南海为首领。此二报皆色彩太重,记事亦往往有所偏重,不敢尽信,即奉直之战,《少年晨报》偏奉，《世界日报》偏直也。三、《大同日报》，为党界所办，稍偏于反国民党。四、《中西日报》，为伍盘照君所办，似无所属，然偏于国民党。大概此二报可比较上谓之为中立者也。

中餐于上海楼，胡茂臻来同餐，餐后同往观马戏。凡马戏均有狮、象、熊、虎、猴、犬、斑马等物，然皆无可观。惟马之驯熟可喜，其跳舞能完全与乐之节奏相合，颇足为研究动物学及比较心理学之助也。

四月二十三日星期

偕唐惠玄、胡茂臻二君赴金山，下午归。

昨日偕胡、唐观一极大货肆，如中国之先施公司、永安公司者。凡人生所需要之用品，色色俱备。闻其营业甚大，在其中购威尔氏（Wèlls）《世界史大纲》（*Outline of History*），今日略加翻阅。晚访康白情、孟寿椿、柳报青三君，因彼等数次来访，皆未遇也。谈甚久，十二时方归。

四月二十四日

读威尔氏《世界史大纲》。彼书：

一　以三数种化石，推论古生物而及于人。

二　以所发见之石器铜器，推论有史以前之人类生活。

三　以石刻陶版上之纪载，讲上古史。

故现时颇有价值，然其论中国处简而有误：

一、因中国无石器可证，彼大感不便。盖中国开化最早，而农业尤为发达，石器时代之陈迹，久归消沉，与欧洲情形不同，彼未先认定此前提，故随时皆感困难也。

二、中国上古史惟一之史料，为古代典籍，此在中国为毕生之业，西人解中文之程度甚浅，对于中国古书，不免望洋兴叹，此第二种困难也。

有以上二种困难，遂不免有错误之处，如中国古时金银铜铁等，皆统称金，黄帝时黎苗等种类，已在葛卢之山冶金为剑铠矛戟等器，其中必当有铁。因黄帝与蚩尤战，大雾不辨方向，黄帝造指南针，因得胜之。指南针之造，非有铁不可也。又《禹贡》载梁州厥贡璆铁银镂等等，中国有铁甚早，毫无疑义。且铁之发明，或先在南方，因苗地与梁州皆偏南也。而威史乃谓中国铁自何时输入不可考，大约由匈奴输入云云，又谓中国有铁制兵器，在纪元五百年前，较欧洲晚二三百年云云，似属无稽。中国唐虞以后，为精神文明发达时代，其前则为物质文明发达时代，五行论当时纯为物质文明之精神所在。史载伏羲本五材之用而定五行，五材者水火金木土，五材之用者，即以水克火，以火克金，以金克木，以木克土，仍以土克水，又以金生水，以水生木，以木生火，以火生土，以土生金也。定五行者，以此五者，循行之理著为实用物质论也。自此以后，无论何事，皆以五行相比附，故伏羲时所谓建五气、立五常、分五方、命五官、辨五色，自是以后，各代命官分职，制作教化，无一不以五行相比附。乃至天文之五星，地理之五方，生理之内五脏、外五官，耳之五声，目之五色，鼻之五臭，口之五味，政治上之五官，伦理上之五常，宗教上之五神五帝（见《月令》），音乐之五音，仪仗之五旗，殆无一物一事而不与五行比附者。《洪范》九畴，第一即为五行。惟五行为物质论，其余五事八政等等，政治上事也。箕子开宗先云：鲧堙洪水，汩陈五行，天乃不畀洪范九畴，彝伦收敛云云。水亦五行之一，火金木土亦非洪水所能汩陈，足知此所谓五行，乃五材生克之用也。洪水泛滥五材之用不能施，即所为之汩陈其五行也。由此推之，古人以火克金，以土生金，即金属矿开采融冶之作用也。洪水期稍停滞，洪水以前，久经发达，铁之发见，与制铁之发明，必为吾之先民，毫无疑义。匈奴之有铁，为自先民贩运，亦毫无疑义。据威史所分石器铜器铁器之时代，欧洲初有铁在三千年前左右，其以铁制兵器较晚，其视中国铁器时代，相差须以千年计矣。彼乃谓吾之以铁为兵器较彼晚二三百年，似须再考也。西人治中国史，能得要领者甚少，甚望中国急起而自研究吾史，其西人所著之史书，惟可供参考，断不可遽信也。

晚补草《人类主义》旧稿。

得拃沙信，读之甚快。

郝坤巽君来谈去。

四月二十五日

续补旧草。

晚赴阿谟君宅谈，有可记者如下：

一凡作工人者均无思想，彼均不爱用脑，但求目前之快活，与之谈他事，皆不愿闻，余谓若然，则美国社会主义不易实现。彼乃云，最后必实现，美国商业凋敝后，失业者必更多，彼等不知社会主义为何物，至不能得每日食料时，自知反省，只争时间耳。

一彼前数年曾有一教会请其演说，已允之矣。至日教会中人乃思授意使其演说，彼不肯，乃以己意演说，其大意乃以社会主义眼光，批评宗教，说皆有据。说后请台下任意发问，其教会人皆不作一语，仅与听者问答。其下次星期，牧师特开一会反对其说，至次日并公布之于机关报，然只有牧师之驳语，而无阿君演说原稿也。

四月二十六日

仍续补旧稿。

江西柳报青君来谈。

《闵报》载张军已占北京，接收警察，不知秩序如何。余眷属在北京，为国为家，悬念无已。

四月二十七日

晨起浴。

得家信平安，然一月前之信也。此时如何，则不可知。

得继理信，并寄公司去岁结账报告书。

连日补旧草数千字，便觉倦困，何也？

读古史甚难，因其中多杂有神话，各国历史皆犯此病。然神话种类亦不同，以中国论之：

一 言开辟者，谓天地如鸡卵，浑沌不分，盘古居其中，天日高一丈，地日厚一丈，盘古日长一丈。盘古者，天地万物之祖也云云。此纯粹之神话,而非史料也,然为中国三才论所自出。

二　精卫填海、夸父逐日云云,填海逐日,此纯粹之神话也。而炎帝之女(记不甚晰)与夸父,或有其人,一为多情,一为善走,但有其人亦非史料之有价值者也。

三　女娲补天、蚩尤作雾云云,女娲、蚩尤,当有其人,补天者神其功也,辗转识为神话。作雾者,蛮夷未开之民族,或能出入于雾中,又以其善战威震殊俗,因而识为神话,如此类者,皆应辟其讹误,以事检剔。若因作雾之语荒渺神奇,而并二人其他之事迹一概屏除,则亦未为得也。

四　古人纪人之貌,往往以兽名作形容词,即后世亦然。如猿臂善射,如虎头燕颔飞而食肉,如蜂目豺声之为忍人,此类甚多,古史中之以兽名作形容词者,亦应如此释之。

晚与胡茂臻君同看电影,归。安石如在寓,同谈甚久。

四月二十八日

晨起阿谟夫人来电话,谓阿谟君今日生日,约晚餐时往谈。余应之,然不知美国俗遇友人诞日,何以为寿也,并约唐君。

仍续写国内旧稿。下午六时,偕唐惠玄同赴阿谟君宅。余无物可购,乃购水果贻之。今日阿谟生日,其夫人以古画谱一本为之寿,内搜印中国、埃及、西班牙及印度及墨西哥雕壁绘窗之画,古色斑斓可爱。此日座中无他客,除余二人外,即彼夫妇及其子安司吞也。

餐后,谈至十二时乃归。

四月二十九日

仍补国内旧稿,起甚迟,故所写以甚少。

石如等来谈,康白情来谈,甚久,谈中国万事皆大度包荒,惟家族主义不容含混。国家主义、种族主义,在中国人脑中极淡视,而宗教以尊天敬祖为大纲,此纲之下,容纳万流。余意我国太古时,宗教必甚复杂,大概拜日月拜山川,此有史可考者。如五祀、如八蜡,则更奇离矣。当时首长以尊天敬祖统一一切信仰,以天为最尊之神,无论何种信仰之对相,皆括于天之下,以祖先为最亲之神,其他之神或可敬可不敬,而祖先则血统相传断不可不敬者也。其有书契可考者,《舜典》肆类于上帝,以天为最尊之神也,望于山川,禋于六宗,遍于群神,此举各种信仰对相,一概纳于天之下,故尔时万国易于统一,而无宗教之战争,即或稍有之,与白人之血染出之宗教大相径庭也。其天子九庙,诸侯七庙,以及士祭其先,皆以祭祖为极重要之事也。直至今日中国人之信仰,仍支配于此种大纲之下。佛教时空法空,当然与尊天敬祖之宗教不相容,然佛教入中国千余年来,真知佛教精义者,不过为少数学者,大多数人之信仰佛教者,仍以尊天敬祖为大纲,不过向印度又抄来一部洋装《封神榜》,于旧日之庙宇中多增新神或加建新庙耳,此形式上也。至精神上则中国人之信仰,确信天道福善祸淫,而本血统相续之义,祖先之善恶有时子孙并负其责,佛教来后,仅于善恶之报应上,又加一种轮回说,谓来生仍须负责而已,大纲始终未变也。今耶稣教以简单无味之教义,褊狭偏利之见解,输入中国,真觉无聊。中国人乃有以其在中国作慈善事业为词而恭维之者,然美国商业上得中国之利,每年至少以千万计,岂不应以救灾恤邻之义相与耶?彼教会者受资本家之资助以来,为资本家作事耳,中国人乃信其为中国人作事,何其骏也。

晚阅报,直奉已正式开战矣。南与南争,北与北战,统一不知何时,而眷属在京,虽知其不致受惊扰,终觉悬挂也。

四月三十日

晨起安石如携今日报来,知北京、天津以南,自马厂直至长辛店,同时开火,自二十九日夜来已有继续枪声,至浮晓大战,竟日未已,在北京城上可见枪烟,避难来京者络绎于途。为之慨然!

中餐后,同惠玄、安石如及陕西郝君登山撮影,并至大学浴水池观游泳。久未登山,觉风景大殊,春来之花木绚烂夺目,溪流与碧草掩映,和霭之日光亦有沁人欲醉之意,古人云"东风吹得游人醉",不领略不知其意味也。

晚与石如、惠玄观电影,睡甚迟。

五月一日

晨起迟,因夜来睡迟,且不甚安也。

购《金山纪报》(*San Francisco Chronicle*)及《金山日报》(*San Francisco Journal*)阅之,中国战事有延长扩大之势,海军声明加入直军,现政府则声明加入奉军也。

专以直奉本军论,现在战役中者,各五万人,然尚继续集合,大约各增加一倍之数,故外人之推测,谓大战方始也。安石如来谈。

下午约威尔逊女士及房东及唐惠玄,同赴白棉旅馆晚餐,谈甚久。威女士两自罗三吉尔来函,约余候彼归一谈,故特约之。彼初丧妹,心绪不好,余为之谈佛教,彼间亦问中国宗教。彼谓佛教教旨之高,为平生所未闻,而中国宗教之宽大自由,且有益于人类,亦远胜于欧洲人之宗教。彼自身为耶稣教徒,且在青年会作事,然能深知耶稣教之无谓,可谓慧矣。

五月二日

晨起早,夜睡仍不甚安,且夜来天气骤暖,亦觉热也。

赴白克来图书馆阅报。

江西柳报青君及四川刘君来谈,谓余交美国人多,欲得闻美国社会宗教家庭真象,余就所知者为言之。中餐后,石如又来,携有《午报》,总观今日之报,战事仍无眉目,而日人暗中助奉,似亦证实。前数日朋友共谈此事,余曾言去岁皖直之战,日人助皖,因皖军败太速,故未得大接济。此次直奉战事酝酿较久,且日人鉴于去年助皖之迟误,此次恐日人将早有所图也。内争不止,暗中亦有外寇,慨然久之。

晚同惠玄、石如晚餐,餐后赴学生会一坐,又同至石如寓,兼访陕西郝君,此间对友人多称姓不称字,故只能记其姓,犹之在中国,只能语其字,而不记其名也。

五月三日

晨早起,赴公共图书馆阅报,门尚未启,候甚久。国内战争,阅之伤心,然不阅则心悬如罄,无日能安也。阅报后归寓,稍补写国内旧稿。

下午阅威尔氏《通史大纲》,谓烟草之名字,自红印度人之语言得来,因此物为美洲旧产也云云。按中国北方父老流传,谓中国之吸烟,来自满洲,而淡芭菰之名,亦译自满洲语,今与欧美音同,足证其出自一源。中国与英及西班牙通商,皆自南而北,如烟草由英国、西班牙等运入,似应由南而北,满洲当后,若满洲有此草在前,岂亚洲东北渡白令峡通美洲,此草故先有于此处耶?淡芭菰字已见之前人诗词中,惟不记其时代,中国字之烟字,《广韵》①称为臭草,是否即淡芭菰亦须另考也。

安石如来,彼关心中国战事更殷,故暇辄来谈。

五月四日

晨起浴。

安石如又来,谈报中关于中国战事消息。

连日不甚能读书,亦不能写文,心不静也。中午阅《午报》,奉军大败。

此间法律禁止白人与东方人结婚。美称最自由之国,乃至人类之爱情而亦干涉之,可笑可恶。而白人女子,多愿嫁中国人,前二月有某中国人及一美国女子结婚,乘船赴金门湾三海里以外,在船上结婚,并请有友人观礼,船主为之证婚,礼毕返市,此为创例。今日报又载中国人李君,与白人女子结婚,仍乘船至海面行礼,且照例以船主证婚,当晚即又返市矣,李君自谓彼爱此女已数年,当时女只十一岁,专候此女至十八岁时,即结婚,盖美律以十八岁为结婚最早之年也。

余觉中国男女知识程度,沿教育习惯,自然男高于女,而男女之性情,亦不甚悬殊。美国女子多工言词,善应酬,有礼貌,男子比较上

---

① 原文误作"广酌"。

颇嫌草野气太重,其大学生之仪度,无以异于村夫,且言语亦多陋劣,岂礼貌言词,为女子所独应讲耶? 抑加省之男子,因开辟较迟之故,异于他省耶? 闻此间女子对于仪容举止,似亦专有研究。

五月五日

阅报,谓张军忽然大败,北京附近之战事,或将告终,果尔中国可少伤人民,少损财产,且华府会议之结果,亦得早日实行矣。

石如又来略谈去。

下午访康白情、孟寿椿、柳报青三君,遇柳君略谈而归。

晚唐惠玄邀餐于上海楼,主客为威廉博士夫妇。

威君著有《中国古文明之源流》一书,前在阿谟君宅阅之,未得其结论,今日询之,盖彼与余抱完全相同之意见,彼亦以谓休牧林(Sumerian)来自东方或泊米尔(Pamir),中国来自昆仑山,文明本可同源也。

休牧林圆头少须,当然为中国相近之人种,此事理由极显明也。

余意白人为地球结冰时期居近冰带之人民,故使其色白。中国人久在黄河流域之大平原居住,此平原无山林为障,多风沙,人民久浴于狂风黄沙之中,因而色黄。彼亦赞成此说。

余初仅以白人为寒带种族,然蒙古天寒,而其地居民不白,且关内人至其地者,转变而为赭色。余游其地,不过月余,面皮改色,数年不能复旧,知风沙之于皮色,所关系甚密切也。

印度人为阿利安种,因居近热带,其色甚黑,此亦皮色易变之证也。

五月六日

晨访威廉博士于大学,彼以其所著书(即《中国古文明之源流》)相赠。彼云作函为余介绍爱来司喀博士,爱君现供职美京博物院,现世人类学颇有名者也。余近来颇以人类学为有趣,此间人类颇杂,凡遇人时往往乘机问其为何种何族,而观其目、鼻(上端之高低广狭,下端之两仓两孔,准头上之筋肉,俱有分别)、颧骨、眉骨、须之部位、身上毛之多寡，而后及其发状皮色，渐成种种习惯，故威君为余介绍此人类学家也。彼作信时，余即翻阅其书之结论，盖与前时所记入日记者，大概相同，为之狂喜。彼作信毕，又稍谈出。

偕唐惠玄中餐，餐毕购报阅之，知战事已完全结束。奉军在关内溃散者，均解除武装，资遣回籍。吴已到京，政府明令免张之巡阅使职，并明令褫梁士诒、张弧、叶恭绰三人职，由法庭通缉。年余来，北方战事之酝酿，至此结束，日后是否更有此种酝酿，尚不可知，然人民之惊扰损伤，已不聊生矣！

安石如来谈，彼渴望吴军战胜者，故每日必来谈，或携报以来，或来阅余报也。

晚偕唐惠玄访康白情、孟寿椿、柳报青三君，作无忌之畅谈，言在美国所见之风俗，及所闻之欧洲风俗，杂以男女猥屑之事与社会流传不经之言，至十二时得一结论：中国为世界上最有礼教之邦，在国时不敢自信，今乃确承认之。人类能裁制天然，对己身之天然，须先能为相当之裁制，否则人类虽能于己身以外之天然裁制之以为人用，而无形受裁制于己身以内之天然，则过剩进化（over-evolution）。结果，已孕人类衰减之渐，中国礼教，即所以裁制己身内之天然也。惟其结果，或有失之过当，而防害人类自然之发达，今日只可解放此过当之点而已。欧美之文化，能补助中国者甚少也。

五月七日星期

安石如言欧克兰中国学生，以今日为国耻纪念，上午列队游街，下午在学校开会演说，约余等往，同乡郝坤巽君及康白情、孟寿椿三君，均来余寓，同赴欧克兰。先往参观穷人院，在城内之东偏，其中布置亦好，西为办公室，今日似无人，因星期也。北为病院，东南各屋环列，均自屋山上开门，各门共联于一环廊，若中为一小学校，当极饶生趣，余等观之，可以增快感。无如其皆白发老人，每屋分为四列，每列有床数十，老人或坐而太息，或卧而呻吟，或斜敧枕端，毫无气息。此等老人，每日夜除两餐以外，皆困守一床，不愿在外走动，且皆乏走动之气力者也。举昏花老眼，向屋内四望，皆囚首白发，敝衣垢①面，与自己之状态相等，其幽惨之情形，不可形容。余等皆不愿多流连，方欲去，见一中年女子来，衣饰甚整洁，入室至一老人床，两人四手相抱，两头相偎，作极亲昵②之状，盖父女二人也。出时见院中停有汽车三辆，今日职员不来，此乘车者必为来探视此屋中老人者，且必其最近之人也。若不为最近之人，必不肯来。虽然在美国万勿笑此乘汽车者之任其老人入穷人院，盖肯来一视，其加恩于此老人者，已如九天雨露矣！潘君立山之夫人，曾言某老妇，寄居一他人家，老病垂死，其女曾乘汽车来一视，立谈数语即去，因其婿在门相候也。至其子则始终未见其一来，可以知其风俗之一斑矣。

余在国时，对于人类主义中，亦有养老院之研究，大概如《礼运》所谓"老有所终"者也。今重思之，觉养老院者真世间之活地狱也。余囚未决监中一年又四阅月，未尝以为苦，今日观此等老人，自念若使余老时入此处收养，其苦乃不可思议，此种印象，在余脑中，乃助余改变思想最有力量之原料也。

观毕，回欧克兰中餐，餐毕，同至此地华侨公立学校。盖学生游街毕，在此开会也。时间已晚，彼等请余演说，余略说数语敷衍而已。

五月八日

晨早起浴。

前数日天气太暖，昨今两日，忽又凉，今日晨作日记，觉久坐而冷也。

阅报载河南督军与吴军宣战，意其不确，然又多一牵累。

下午赴金山访雷振夫。彼有同族及方姓友人（此地雷、方、邝三姓为一家），有回国办实业之思想，约与余一谈也。方君名美全，为罗三吉尔电料专门毕业，彼专习无线电并制造电料，约至其肆中一谈。

---

① 原文作"姤"。
② 原文作"呢"。

其肆名天寅电局(Union Electrical Supply Company)，至其肆，请余由无线电箱中听音乐，彼以听筒置余耳，先开电机，次拨电表，即闻其中音乐杂作。少顷方君云，此告白也。则听其人言某家某货，如何物美价廉，在某城某街某号云云。方君又云，此新闻也。则听其中又易一声音，报告新闻若在电话中有持报纸读者，但其声音则较电话清楚者多。余不解其理，方君为余说其大概，一空中有电浪，任自何处发音，皆向周围平均射出，无线电即利用此电浪也。发电机处，有电之浪环表(radio)，表明浪之度数，如自甲点发音，向周围分射，其射线之周折，皆为相等之距离，故每浪纹一曲，周围成为浪环，凡自发音机发音时，必先拨浪环表。此间所用之机器，大概自一百五十度至七百度，度数多者，其射线曲折之距离较远，而浪环较大。美国政府例用三百六十度，其他新闻各业，各有其自用之度数。用受音机(reciever[①])听时，拨至何度，即可听由同度所发出之音，彼所用之机器，可听三四百英里。如加一二电光，不换机器，即可听及一千五百英里。适间所听之音乐、告白、新闻等，乃《金山考报》(San Francisco Examiner)所发出。其报纸有一栏，专登无线电环表(schatue[②] for electrical radio)，表内注明某时若干分，用何度数发何音，故有受音机者，均可按表以听。故方君以听筒置余耳后，即告余以何时为音乐，何时为告白，何时为新闻，盖彼目视案上《金山考报》之浪环表也。发音机一架，约美金千元，受音机只数十元，为价甚廉也。余初以为无线电亦如有线电，仅能传号码字母，今知其与说话无异，真新奇也。

晚归甚冷，且大雨，此间天气真不可测。

五月九日

今日可谓虚度，殆一事未作也。上午略记昨日事，下午与唐惠玄、安石如纵谈，至晚餐后，继之至十一时。

---

①　此处应为 receiver，即（无线电或电视）接收器，接收机。

②　此处疑为 schedule，即时间表。

致佩青、继理函各一,昨日致张忠夫父子函各一。

五月十日

晨读威廉博士所著《中国民种源流》。

午威廉君约餐于大学内教员俱乐部。与惠玄同往,遇某博士,亦大学教授,威君为余介绍云,胡君在中国办煤矿,来美游历调查。某君即云,然则君为营业中人也,余曰然。彼作极不赞成之态度云:文明非机器多之谓也。后又续之云:有人谓孔夫子与苏格拉底不文明,因其不知机器也,近人思想大半类此云云。余颇异其言,惜无机会与之续谈。

餐后归寓,购报阅之,谓张作霖已逃至大连,其败兵尚有若干,麇集滦洲一带,掘沟自守云云。观此,则此次战事,完全了矣,惟河南又发生,尚不知结果,未免悬悬也。

晚约安石如、郝坤巽二君共谈,请其联合各处留美学生,公函河南同乡父老,主张河南创办大学,二君极赞成,拟即函河南留美学生同乡会,征集同人意见,晚餐后,又归谈至十一时乃去。

五月十一日

威尔逊女士约中餐于司裘哇旅馆(Steward Hotel),餐后谈至二时别。彼持一书,系英国某博士所著,中有延年之术,大概言人若能使思想完全受管理(control thought),即可长生。威女士询余有其理否?余云,有。但云管理思想,不如云管理意识,余十年前曾用此功。彼又询余美国经济制度,究有何法可以改革?君研究既久,乞以相告。余谓余研究中国如何改革,未尝研究美国也。彼云以君观察美国社会党急切能成功否?余云,余不甚悉,然以普通资本家及劳动家之情势观之,成功极难。因资本家已将政治家、宗教家、科学家均纳入彀中,成有组织之系体,反之劳动家只知本日之快活,与之谈将来经济制度,彼置若罔闻。贵国行普通选举之现象,工人有知为将来计者否?彼云若施以高尚之教育,当可使其有觉悟。余云,此有二难:一、贵国教育机关,皆操于资本家之手,不易澈底的传讲经济改革；二、工人只顾现在，不问将来之习惯，已成第二之天性，其致此之原因甚多，专恃教育以回复其人类知顾将来之本能，恐亦不易为功。彼又询其重要致病之原何在？以何法可以医之？余云，以余意见必有亲子互养之家族制度，再有血统相续之宗教信条，庶可复回其注重将来之本能。否则集人民于大城，皆变为三个大家之生活，始则不愿有家庭，继则不愿有子女，终则不愿有夫妇，人类至此，有动性无生性矣，欲其不为资本家之机械，何可得耶？虽然贵国资本家，以贵国之含有动性之机械为不足用，而必欲设新制造厂于中国，以制此有动性无生性之机械，所以每年以巨额金钱向中国派教士，设青年会，以求中国之"美化"，"美化"即欲凿丧吾国大多数人之生性也。人类之生性，以"亲子互养""血统相续"，维系于不敝，贵国资本家，先以普通之教士到中国传教，将以"断代为生"之教义，破坏吾之"血统相续主义"。再以高等教士作讲学式的宣传美国文化，又破坏吾之"亲子互养主义"，而代以"个人自顾主义"。个人自顾，必变为"中年集乐主义"，中年集乐主义行，人不复顾及将来矣。吾方求自保之不暇，何能有术以代贵国谋耶？然贵国之少数资本家，彼之血统相续之精神，乃大有摹仿吾国之趋势，则殊可怪也。威女士付之长叹而已。

下午赴领事馆阅中国文报纸，知郑州居民无辜死者，约及一万，为之慨然！晚餐后，有犹太人阿鲁孙（Oronson）及奥大利亚洲人班泽民（Benjamin）来室谈，班君此地大学助教也。

五月十二日

赴大学阅报，归访康白情未遇。谭葆慎、苏四明君来谈。

下午葛里尔君约晚餐，彼初自罗三吉尔回，渴欲一畅谈也。前与同乡纵谈时，安石如谓彼初至新乡之年有兴讼者，讼由某农人娶妻后，其妻机关渐发达，变形类于男性机关，因出妻，并求退回聘金。余亦闻有此种异闻，但未亲见。余思研究此问题之理由，但须先证明此事之真有否，因思美国如此等事，必有学者取以为研究资料，因询葛君美国有此种阴阳性人（neutral sexual）否。彼误会余意，答云此等事甚多，名为同性相爱（homosexual），或云非法相爱（heterosexual①），即男与男相爱，女与女相爱，不婚不嫁俨同夫妇也。此种现在甚多，但尚非公开，此风或由希腊传来，因希腊此风殆公开也。余又云，此种之男性机关与女性机关尚同，惟同性相爱耳。有无机关上即为阴阳人者？彼云，亦有，此名畸形（deformity），乃发育不全者也。胎生之发育之不全者甚多，不只阴阳性之机关。然以余意推之，只有发育不全者，决无真正之阴阳也。餐后彼赴师范学校授课，余往听所授题目为《欧洲经济状况》，彼讲甚清晰，余多可解。惟有可异者：（一）此班约六七十学生，男子只有三人，余皆女生；（二）其女生年在三十以下，占甚少数，其大多数年龄皆在三十岁以上，此殊可资研究。吾国来考察教育，大半专就其教育本身，或正面考察，余则爱自旁面及附属相关之问题加研究也。

自七时讲至八时，电灯忽灭，诸生请去，甫出门电灯又明，诸生喧笑奔归。学生似对于葛君讲授颇感兴趣，其记笔记甚快，然似皆用普通字记之，非速记术也。但又有一可异者，年长者之记笔记，更为专心，有年太长约在四十以上者，则较差矣。余尚须归白克里，灯明后未再听，作别出校。

五月十三日

胡茂臻君约中餐，在金山上海楼。餐后又至欧克兰，因与唐惠玄等，约共游爱德公园（Idora Park）也。余等不知园址，先约定至马利湖（Lake Merry②）相候，实则园距白克里甚近，湖则距白克里、金山均远也。至园，园门稍类中国式，余等前曾过其门，未暇入观，今日园中售票，每人一角云。今日系冰吉林日，园中各处有售冰吉林者，及进园殊失望，盖专为儿童戏游者也。有飞车以木架路，高下相间。路上有铁轨，以小电车飞行其上，车行速度及振荡度均甚大，童子乘坐

---

① heterosexual 指异性恋的，原文此处当为误用。

② 此处应为 Lake Merritt，即梅里特湖。

其上,引以为乐。成人亦多乘者,不及小儿之多。有飞船以圆轮高架空中,周围悬小船,船可容三四人,以电力使轮飞,轮上各船均随轮飞舞,如河南省小儿之牛梦秋,惟较大耳。有飞马以大旋盘置地,盘之周围,安装木马数十,皆作奔驰状,小儿跨马上,亦作骑马式,电发盘旋,群马如飞,实则马足并不能动也。有摇车,有大广场,场上面安铁网,下面安坚实地板,周围有槛,防观者入内及车行出外也。场内有摇车十数,车大概圆形,后半装安如汽椅,乘客之坐位也。前半安一有柄转轮,如汽车前司机人所持之轮,以司车之行动转折也。车中又安一立木,木中有铁通电,木上有小平铁板,可触上面铁网,故电门一开,群车皆旋转而行,盖铁网铁板相触而不连,故能发电以动车,车仍可游行自如也。车上转轮,乘者持之以转车之方向,但只能旋转不能直行,各车下端周围有弹性铁圈护之,故两车相撞数车相撞,皆无危险。此外尚有旋车等,皆不过以旋盘为动机,而安车马于上以乘人者也。小儿乘之有趣,成人殊觉无味,然美国成人为此者甚多也。其中有一事可注意者,美国社会秩序最好,凡游具之所,皆由一门入内,如人数多,则依到之早晚为序,前后排列,成人童子,皆守此例,无拥挤者。今日游人过多,每处门皆排列数十丈长,地位不足相容,则周折排列,前后仍不紊乱,且园中并无人为之指示,而游者习惯上自然遵照,此中国所应自勉者也。余等亦购冰吉林一杯饮,以应节令,寻草地坐息。偌大一园,而无清静之地可以坐谈或饮茶,殊觉不便。五时又赴金山,因加省大学此季毕业,有中国人数人,今日公宴于远东楼,余亦被约前往也。同乡郝君坤巽,去岁毕业,未领文凭,故亦加入此期毕业之中,学生会长谭君葆慎亦此次毕业者也。与宴者约三四十人,演说皆英文,因毕业者粤省人多,不解普通话,最后余亦勉强以英语演说,稿另记,此第一次也。

　　宴毕已十一时矣,倦极,回白克里已十时[①],寝。

---

　　①　此处时间疑有误,或为"十二时"。

五月十四日星期[①]

午后因阿谟君电话相约,往访之,谈至夜十时半方归。遇鲁孙山女士,盖心理癔病家也。彼曾游学欧洲,专研求心理癔病之法多年,现以此为业。

五月十五日

阿母司窗君(Armstrang)来谈,余约之于白棉旅馆中餐,彼为余介绍一农业家,一二日来谈,阿君谓购已用糖厂机器不可急急,彼知现在已经又有预备歇业出售者数家,明年或当更多。又谓第一糖厂,须全在美国购,第二厂可只购炼糖锅,余件在中国造,大可省钱也。

下午康白情来谈,谓国内之非宗教同盟会,彼不赞成,若改为非基督教,则彼可赞成而加入为一会员,久谈乃去。晚安石如君来,与唐惠玄共谈及家庭幼年生活情形甚久,到深夜始去。

又今日午间,与阿母司窗君谈及年岁,彼长余十岁,今年五十一岁,余询以自四十岁至五十岁之十年,与自三十至四十之十年相比若何,彼谓大异,前十年觉甚长,后十年则急如奔驹,瞬息已过云云。余今已入自四十至五十年之范围,为之默然。晚又谈少年事,如在目前,岁月逝水,古今同慨也!

五月十六日

晨,欲收拾行装,未果。

中餐约威廉博士便餐于白棉旅馆,唐惠玄作陪。余询彼意红人从前与中国人有关系否? 前不久尚有地下发见有中国字之箭,彼云当然从前有关,然此箭必为由中国携来者,非红人故物,因中国文化在世界各国之前,如红人古时即与古国文化有关系,其文化程度,不应发达如彼之低云云。彼前曾谓风俗习惯,各国均以各保存其固有者为好,若世界风俗习惯皆趋于同,减少人类之兴趣,殊无可取。余以其言颇有独见,并记之。

[①] 原文误作"期星"。

晚餐与葛理爱君、阿谟君夫妇共餐于金山上海楼。葛君答余前询之问题，谓师范学校女生之多，其原因男子作他职业，其薪工皆高于小学教员，故无愿以此为业者。女生中年岁多在三十岁以上者，因此班多半系现任教员，或有已充教员多年者，以旧智识不足敷用，故重入学也。嗣又谈及彼之讲义，如在大规模之大学中讲演，必为有势力者所排除，因此邦凡不利于资本家之学说与讲演，皆不能自由，宪法上之言论自由，只具文耳。彼从前曾有一种讲学之组织，公家亦拨款相助，后有资本家派人往听，记有笔记，送资本家阅看，遂知照政府，立予停止经费，故此邦学问上实无自由也。阿君不能久停，因彼为商业美术协会之会长及商业美术之编辑，今晚开大会，彼须早到会也。

阿君谓此邦资本家有家园极阔者，亦有并无家园毕生居于旅馆之中者，彼等但知金钱以多为贵，并其生命之娱快亦毫不讲求，而其予他人之痛苦甚多云云。若是则与中国之守财虏亦颇相似矣。

餐后偕阿夫人同归白克里。

五月十七日

今日大学行毕业礼。约往参观，简上书明早晨十时行礼，另有参观券一纸，以为入门之券。礼场在大学内希腊①戏园，昨日报纸又登有声明，谓自九时起入场，凡有券者均尽九时四十五分钟前入场，逾时仍有空坐，尽无券先到者入场。余偕唐惠玄同往，已十时五分，场内坐客甚满，余等未至正门，即绕旁路登山观之。因此戏园名为戏园，上无照棚，四面无墙，且后面楼连山崖，故可登山观也。场内人约以万计，场②外相等。学生毕业者约有一千，中国学生约十人。博士、硕士、学士皆着毕业礼服，礼服甚长，袖亦极宽，与中国秀才所着蓝衫相同。礼帽下圆上方，类中国古时之弁冕。参观者皆陆续入场，

---

①　原文作"蜡"，疑误。
②　原文作"厂"。

毕业生则按所习科目,分定地点,齐集后鱼贯入场,其情形与中国科举时代秀才入学时,由县官、教官相送游泮池者酷肖。场内场外及沿途士女争观传语,亦轰动一时。惟其街市甚宽,校内道路,亦与街市相等,且场外空地极多,又三面临山,登山瞰下,远近皆可看见,尚不十分拥挤,若街窄院狭,必至拥挤不能来往也。余因此有数种感想:

一中国学校制度,周时大备,至汉承平时太学生三万人。今加省大学规模,极为宏大,亦只学生一万人。中国自科举兴而学校废,何时方可恢复旧观,使大学有三万人也?

一中国学校制服,为青边长衣,自周时已然,诗人伤学校之废,所以有青青子衿之诗。中历二十代,叠经塞北族入主中国,此制未废。明亡,秀才多着青衿,赴泮池殉国者。清帝重视之,乃于改革衣制时,独留此制,今方务兴学而废此服,以学外国,何不思之甚者也?

一人类非专求衣食充足,即完了其生命上之欲求,故社会方面,以常能给人以精神上之兴趣为要,如此次毕业生之行礼,凡教职员自校长及省长代表以次凡有学位者,均着宽边长服,社会耳目为之一新,观者啧啧称羡。中国今日但因科举之反动力,凡与科举相似之形式,一概屏除,而不知社会上实有此种需要也。

美国以移民独立,其政治风俗,均可随意创造,故他种聚会,多含急遽躁切之意味,惟此毕业典礼,承欧洲之旧习而来,雍容有大雅风,盖自历史中陶镕出也。中国历史最长,而今乃欲举往昔之所有尽弃之,亦惑之甚也。

余因中饭约阿母司窗及文德毫特(Winterhatter)二君便餐,须早去,未至礼毕即去。

中餐与阿君、文君谈糖业事,文君乃经营农业公司者。

晚与安石如、唐惠玄同谈,近来已犯旧病,专以谈话为长日课程,既不读书,亦不作文,可笑也。唐君谓今日美国商会公宴本省大学中之外国毕业生,各生来自十余国,约数十人。有二人演说,一为远东学生代表,即谭君葆慎;二为墨西哥学生某,乃中美南美学生之代表,中美南美合称拉丁美洲，因为西班牙种之势力也。某君演说言盎格鲁撒逊美人（Anglo-Saxon American）与拉丁美人（Latin American）之性质，随处皆异。盎格鲁撒逊美人，诸事急遽，不知乐天为何意义（How to enjoy the life）。拉丁美人，则随时可以乐天，并无急遽之[①]象。如同一时表，北美人谓之为此表跑的甚好，而拉丁美人则谓走的甚好，此一异点也。同一物北美人谓此物之好如黄金，拉丁美人则谓此物之美似面包。诸如此类，可以见两民类之生命观念不同。二十年前，拉丁美人对北美人感情异常之恶，以其时时对拉丁美人之疆土，有侵略之意也。自前总统罗司福于一九零六年[②]在巴拿马开全美洲大会以后，声明彼此相安相助以来，感情稍见融和，然仍时时予拉丁美人以不快，故此后欲真求两美民族亲善，尚须再求改进之方法也云云。此君面较白人为短，鼻亦较低，必杂有红人之血，其演说确能代表一种民族之精神，可佩！

余闻葛理尔君云，墨西哥人大概可分三级：一、资本阶级，多为纯粹之西班牙人；二、政治阶级，多为西班牙与红人之间种，前总统爹阿士（Diez[③]）即为红人血统较多者；三、农民阶级，殆全为红印度人，此次之演说者，或即属于其政治阶级者也。然红人之旧文明，已全为白人所灭削，可叹！

五月十八日

文德豪特君函询余筹划大纲，列十三条相询，石如来共同为函复之，并询彼数事，然几耗全日之时力矣。

五月十九日

晨起偕石如往参观本城高等学校，略记如下：

校址大楼四座，在街之两旁，无院墙。

---

① 　原文不清，疑为"之"字。

② 　原文作"一千零六年"，当系笔误，今改。

③ 　此处应为 Díaz（西班牙语），即波菲里奥·迪亚斯（Porfirio Díaz）。

　　学生一千八百人,女生多于男生四五十人,教室多合,而操室则分。

　　图书室与教科书室分,一为藏书,多备学生阅书,一则专储教科书也。

　　图书室有教员为之长,学生分班按时入室阅书,教员监之。

　　化学实习室,男女生约各半,机械实习室,只有男生(此就所见者而言)。

　　餐室专备中餐,亦分班轮食。

　　大讲室(名为戏场)二座,一较小,一甚大,可作公共聚会及演戏之用。

　　其长图书室之教员,为马秋声夫人(Mrs. Matheuson),招待余等甚殷恳,且言彼甚愿至中国一游也。

五月二十日

　　收检行李,分为三部:

　　第一部,随身携带,皆必要而简单者。

　　第二部,及礼服及必要之书籍,寄华盛顿。

　　第三部,不必要者,乃在此地所购之书籍、纪念物等寄回国。

　　下午偕唐惠玄至大学行一周,此为与大学别离之参观也。

五月二十一日星期

　　阿母司窗①君来视,谈糖业事,且送别。

　　下午与石如、惠玄步行至海滨,并下岸边沿行,长风万里,使人气爽!

　　同访潘力山君夫妇,潘君前有归意,近因国内有接济,愿久居此间,自求学问,谈至夕阳着海面乃去。

五月二十二日

　　北大同学会开茶话会,欢送同乡郝君象吾(即坤巽),余亦加入,

---

　　①　原文作"阿母司创",以下统改,与前文一致。

唐惠玄与余同来,柳报青与康孟等同寓,亦加入,实有非北大同学者之人矣。诸君以余年最长,多责勉之言,余亦就"中国当洪古时代,曾创世界古代文化,人类食赐至今,现在极形衰退,而全世界人类之屈伏欧洲物质文明之下者,今已有情见势绌之趋向。中国人宜就旧有者,博大光昌之,改造世界新文化新经济制"略有所言,散会。

晚潘力山君饯行,偕惠玄、石如同往,餐后邓君夫妇(与潘君同寓)约至其室茶话,归晚。

五月二十三日

继续收检行李。

下午赴金山领事馆,请入墨西哥护照,并由馆员偕赴墨领事馆签字,仍回领馆,与叶领事可梁同赴威廉博士之约,至其宅茶会。威君曾任中国各处总领事,并充美国驻北京代使,故所约之客,大半与东方有关系者。威君为余介绍至十余人之多,男女参半,余均略与谈,然不能记其姓名矣。威君在中国时,其中国名系卫理,字道生,并记之。

威君前华府会议时,遇中国事多相助,后回白克里,数次演说中国问题,多主持公道也。

晚偕惠玄、石如、谭葆慎三君,同赴胡茂臻之约。胡君与江苏张女士订婚,今晚依美俗宴客宣告,坐客二十余人,中美参半,上正菜时,二幼女分送鲜花于各客,花上织白花纸,签上有英字曰:"张女士荔莲被订婚于胡君茂臻之宣告(announcing of engagement of Miss Lily Chang to Morgan Foo)。"此数字颇足为研究白人婚姻习惯之一助,若参以中国习惯,则必曰胡茂臻君张荔莲女士订婚之宣告也(announcing of engagement of Mr. Morgan Foo and Miss Lily Chang)。归寓,康白情、孟寿椿君来送行,康君有诗三章云:

> 王教与吾儒,司徒出圣丘。东京隆大学,节义肇前猷。明社迁燕都,生派贯世流。惟我与吾子,先后共斯流。相逢新大陆,欢冶谁与俦? 虚衷悬日月,夜话良悠悠。每闻塔钟至,尝忆景

山楼。

　　中州产豪杰,惟公肆奔放。卓尔①驰独断,快谈矜宗匠。欲访田人墓,树我华裔障。游罢墨西哥,欧澳还东向。重见当何日,握手深惆怅!

　　先后共斯流,惟我与吾子。相去十四年,昨日犹今是。大战复当前,平治其时矣。武功托文化,徒蹙普鲁士。大任在吾躬,起吾汉家子。纠世界健儿,另辟新世纪。他日逢任公,为言当造史。

余诗才极钝,更艰于和人,颇觉歉然也!晚至十二时,二君方去。

五月二十四日

晨潘力山君来送行,谈一时去,将出门,惠玄追之回,盖彼已起,闭门填词,为余送别也。其词云:

　　海外相逢,倾盖后盛谊如结。频太息中原无主,豪情激发。绿草为茵浴午日,红茶当酒评英杰。祝此生莫负好头颅,空哀咽!

　　谈世事,声洪烈,寻古迹,中心热。傲寰球,文化尽出华阙。吸取新潮矜学海,宣扬国宝苦慈舌。到歧途莫洒丈夫泪,伤离别!(调寄《满江红》)

潘君读二君词及诗,因言白情前二年在国内,颇以白话新诗名于时,此诗乃为极端之旧式。末潘君自书其近作白话旧式诗三章,颇有情致,率录于后:

为姑难

　　于今世道不如古,两妇之间难为姑,讨得这个好,那个不舒服;讨得那个好,这个又咕噜。咕噜从未已,一架就打起。打得鸡犬满地窜,左邻右舍不敢劝,一村一千几百家,那有一家似我家?一年三百六十日,那有一日得安适?不安适,事还小,他们

---

　　①　原文作"桌尔"。

明明欺我老。

战

上年两个打一个,今年两个互相打。不打不得烂,打给大家看。

那战不希奇,这战死尸如山积。山积可奈何,丢下琉璃河。

种田田不熟,不如去吃粮。大哥吃粮到奉天,二哥吃粮到洛阳。一朝兄弟忽对阵,各人打死大路旁。

堂下有儿女,堂上有爹娘。厨间两妯娌,辛勤作羹汤。羹汤熟了献堂上,不知兄弟打死大路旁。

潘君去后,石如及郝象吾、郝照初、谭敬敷、胡茂臻诸君陆续来,白情亦又来,谈至午。白情有课先去,余偕诸君中餐,餐后回寓,除寄回国及寄华府之行李托石如代办外,携余件登车去。

与房东照例作别,余寓此室五月余,一旦言别,未免有情。计余生四十二年,约在本县通许住二十年,开封约十年,北京约十年,焦作约一二年,此地乃居至五阅月之久,为第五之故乡矣。他日深夜想思,必当梦魂绕此室左右也!

郝、郝二君送余登车别,此余别白克里也。谭、胡二君送余至金山别,余亦乘汽车赴南太平铁路总站,瞬息间别金山而南去矣。

惠玄、石如二君,不忍遽别,送余至帕娄阿斗(Palo Alto),共下车寓大学旅馆(University Hotel)。此站东为小城,西为司坦佛大学(Stanford University),余来此盖为参观大学也。此地距金山不过英里四五十里,火车自金山开时四时十五分,至帕娄阿斗五时余,城市不大,半含山林趣味,趁夕阳未落,与石如、惠玄二人,同在街上散步,即顺大学街向西直行,见一带油木松树,莽苍与山色相接,沿路处栅一短木,路入林处,左右筑石垛贰,相对如大门,意必司坦佛大学也。入内行二里余,佛大之建筑物渐入视线,而林木亦渐稀,各大房均有正房居中,左右相对者,周围又连以走廊,俱以赭色大石筑之,博大光昌,为到美以来所仅见。闻此房建筑师为南欧人,或仿自罗马也。最后至其藏书楼，此邦藏书楼大都任人入览，无须通知，即入内观览，规模不及白克里加省大学之大，而其建筑布置，均有一种雄丽古雅之风味。出藏书楼至学校后，见另有街道，绿树浓阴，楼阁入画，而各色宝相、刺梅、玫桂等花，或丛立路侧，或高攀屋檐，时有飞英，则与铺地芳草互相点缀，令人意醉。直至夕阳下沉，暮霭四合，乃沿电光寻原路归寓。晚餐，餐后又谈，深夜始睡。

五月二十五日

闻前中国北洋大学丁家立君住此城，晨起电话与约，十一时往访。

先偕惠玄、石如在街上散步，欲询中国学生会所在，乃至中国杂碎馆问之，无知者。遇一美国人，告余等，乃乘电车往。电车目余等昨日所行之道，绕丛林旁，折入学校后部，盖专为学生来往也。下电车，乃知中国学生会即在昨日所见最美丽之街第四号。惠玄记其号而忘其街名，故昨日不能得也。访齐君璧亭，名国梁，齐君毕业北洋大学，又入日本高师毕业，归国充北洋女子师范校长，去岁又来此留学，可敬可佩。齐君导余参观一切，其足记者：

（一）教堂为伟大正房之一，即余昨日所见者，墙壁内外皆宝石满嵌为花纹，人物为多，惟妙惟肖。前壁外面嵌四人，各代表一种德行：一愿（hope），二信（faith），三慈（charity），四爱（love），内部亦大半为宗教画。地震前，正面上嵌一巨眼，为上帝有眼之意。地震此眼崩毁，补修时未照原式也。

（二）办公室，又为伟大正房之一，其壮丽雄兀与教堂相同，惟无宗教画，而代以司坦佛家人之画像。一为司坦佛夫妇，在此居住起家，而成大富者也。一为李兰司坦佛少君（Leland Stanford Juner①），司坦佛夫妇之独生子也。此子生于西历一千八百六十八年，至一千八百八十四年游欧洲时卒，年仅十六岁。其母伤之，商于

---

①　此处应为 Leland Stanford Junior，即小利兰·斯坦福。

其父,捐款建此学校,以为纪念。一为司坦佛父之像。其像以司坦佛
少君为最美秀,殆白人中所少见,夭一富郎而社会增一大学校,亦最
好之纪念也。

（三）校址,在学校内临山处,四围碧树,数里澄波,课余游览,殊
多清兴也。

访丁家立君,谈一小时,彼居自有之屋,绕屋莳杂花果蔬。丁君
时操锄刀自芟理之,亦娱老之一法。

中餐后,又至学生会,补午前参观所未竟。晚邀齐君等同餐,餐
后至旅馆谈,谈后送彼等归,又至大学,归寓。将寝,石如震于校内教
堂之伟大,又发赞成基督教之议论,余极加辩正,旋谈他事。至一时
始寝。

五月二十六日

晨六时起,七时别石如、惠玄二君,登车南行,余与惠玄同寓五阅
月,与石如虽不同寓,几于无日不来余寓,一旦言别,怆然久之。

路行至三汝司(San Jose)换车,停一小时,余在街市游览,亦可
为多游一城,惜无所得也。司托可吞(Stockton)为金山、罗三吉尔间
之大城,有中国人业农者三千人,余取道西线,故未得过此。下午三
时,车行正海滨,自此沿海两行,直往罗三吉尔矣。下午十时达,寓司
体威旅馆(Stillwell Hotel)。

五月二十七日

晨起,觉寂寞,访谭富园君,彼前清为御医,今开中国药店于彼。
午寻一中国杂碎馆中餐,餐后乘汽车出游。至圣树村(Holy[①]
Wood),有一小山,山上有中国建筑,绕山上行,至一美国人之家,此
人名包海沫(Burnhiemer),其正房在山之最高处,其屋可以俯眺全城,
山顶属此人私产,遍莳松柏及杂花,院中陈设皆为中国铜像,如佛、龙、
狮、鹤等等,其正房甚少,然闻全价至值美金七百万元,亦大奢豪矣。

---

① 　此处应为 Holly,Hollywood 即好莱坞。

赴长滨海岸(Long Beach)一带,观西人作海水浴。男女少年累累千百,或浅浴,或深泳,或洗后同卧沙中,沿海岸南行数里,皆如此,何作海水浴者之多也?盖今日星期六,且为下午,各城之人,皆来此浴也,沿岸所停汽车以千计,最后至以一小城,名浣泥司(Nanice),其地亦有飞车、飞马、飞船等等,较金山及欧克兰所见者,特为新鲜整齐。晚餐后至唐人街,在一中国学校(明德学校)内遇黄君剑农,又同访李君长春、黄君伟夫。与李君未遇,归寝。

五月二十八日

晨杨君明恝、李君长春同来访,李为北京大学毕业,直隶人,杨即前与同船来者也。相谈极欢,至今日朋友亦多,无寂寞之感矣。

黄君剑农来约同游乡村,其同学爱瓦特女士(Miss Lyndoll Atwater)约至其家,黄君特约吾等同往也。出城数里,下电车,爱女士已在车站候久矣。爱女士指山上云,吾家在彼,恐君等不易寻也。沿小路上行半里许,至其家,路旁间有住民,疏落不相连属,极得山林之趣。女士家在山高处,东傍长林,绕屋遍莳花木,幽蒨明丽,室内陈设不奢不苟,一望知为家庭生活之人家。其父母出谈极欢,盖亦厌美国城市生活,且反对美国之机械教育者。其楼下为美真会,乃其施天然教育之所,除其子女外,邻居儿童皆可来学也。谈时许,女士又导余等遍观其宅边花木,乃绕别路送余等下山道别。

美国现在之机械生活,凡能领解生命为何事者,殆无不反对之。资本家之不反对,以其利于人为机械也。劳动者之不反对,以其自身已成机械,终身不知生命为何物,不知反对也。此邦教士与教员,多有不赞成此等生活者,以教会与学校皆为资本家之所有物,故为地位计,不得有反对之言也。

下山乘电车至同声公园(Echo Park)。园内有湖有山,林木苍秀,徘徊甚久,余尝谓美园林天然美、人工美皆胜,惟无历史美耳。

晚杨君约便餐于巴黎楼,在中国街(即唐人街),味亦尚佳。餐毕,又至明德学校,阅中国报。

五月二十九日

访杨君明惹，同游陈列公园（Exposition Park）并参观其中之博物馆，毕，参观南加省大学（South Cal. University），其规模视加省大学及司坦佛大学远逊，午同杨君至学生餐室用餐，借以参观。

餐后访东方教授喜得林博士（Dr. Hedley），为富兰雅博士所介绍。喜君意极殷，然闻余在中国经营有较大之实业，且彼在中国为教士时，曾至焦作，故对余言词颇类僚属，如对显宦者，此或美国教士对资本家应有之态度欤？虽然余非资本家，更非美国之资本家，自问觉不安耳。

别喜君后，又往参观陈列所，盖专陈列加省产物，并以模型表明其生产之方法手续也。

杨君介绍余访浙江徐君、张君，直隶杨君兄弟及其姊。晚杨君弟兄约餐于西班牙饭店，然烹调与中国所开之俄国餐馆相似。

五月三十日

此日为美国南北战争纪念日。直隶杨君乘车来，约余同游帕叟登纳城（Pasodena①），此城据闻为美国最美丽之城，其城多富人，有长年居此者，有居东方他埠仅暑期住此者。阔宅大院，佳木时花，而住室皆不甚高。此城尽处，有一公园，园亦不过如此，特人众耳。今日为纪念日，人特多，中有泳水池，男女混杂，此美国各处之普通风俗也。晚归，余约诸君便餐于巴黎楼，餐后，赴戏园看大戏（dramma②），此剧名为《在爱与爱之中》（In love with love），浙江张君作东。

五月三十一日

参观林肯高等学校（Sincolm③ High School），晤其教员孟兰女

---

① 此处应为 Pasadena，即帕萨迪纳市。
② 此处应为 drama，即戏剧。
③ 此处应为 Lincoln，即林肯。

士及副校长,忘其名。中餐仍至学生餐室用餐,大概各处学生餐室,皆与普通便餐店相同,自取食品,有司钱者,按食品多寡收钱,故任何人皆可入食也。

餐后继续参观,大概图画实习女生多,化学实习男生多,机械实习尽为男生,挞字实习多为女生,于此可以与其社会职业加以印证。盖工厂作工,几于皆为男子,而公事房办公,几于皆为女子也。余所参观市政厅、省公署等,其事务官大半为女人,又曾参观各大公司、商店,亦然。又此间高等学校,男生实习最普通者,为修理汽车,因此邦人口三百三四十万,前有汽车六十余万辆,今年注册车号渐超过七十万以上,约合每九人二车矣。

最后在机械室遇一教员,谓美国万事皆谬,盎格鲁撒逊人有心皆私,此人类中最不公正者也。

又谓中国风俗习惯诸事皆好,其高尚之观念,为白人所向未梦见。余询其何处得此东方观念,彼谓得自《亚西》(Asia)及《文汇》二杂志。余询彼为何种人,云为阿尔兰人,名哈德(L. B. Heard),实则彼国报所述中国事实,并未能得真际也。

此次参观,黄君剑农为介绍,彼即肄业此校,黄君有独立不拔之气,故其校中人多重之。

下午二时,别康君自游林肯公园,三时乘电车赴圣地村,访威尔逊博士及女士,此女士为白克里威尔逊女士之妹,非一人也。彼父女极爱同余谈,款以茶点,至六时乃回。

晚剑农又来谈,谓彼与孟兰女士约与谈,今日未得谈,似以函与另约乃好,乃同作一函,交黄君面致。

威女士询余中国语文情形。余云,中国语文,文有一定音义,语随文变,渐趋统一。二千五百年前中原一片土,方言极不统一,今渐为文所统一,仅闽粤一隅,尚多歧异,西南至云南与印度相近,东北至北满与西伯利亚接连,语言完全相同。欧洲以字母协声拼合为字,语言随地理气候而变,文字随语言而变,故欧洲民族之下,所用之字母大致相同,而语文分至数十种之多。余言未竟,彼云,我今乃知所谓中国语文者,以文为语之标准也,余思此为最完妙之法,美国人不解中国语文,往往妄加详论,彼等殆皆误解云云。补志之。

六月一日

午前补写日记,未出。下午访杨君明①忢,同访喜得林君。喜君介绍访其校长,盖托彼为函介绍他学校也。返杨君寓,谈中国事,主张设艺文院,办理全国图书馆翻译审订等事,甚畅。晚约其同餐。

餐后又回杨君寓,谈及此大学为教会所立,以祷告为最要之事,如不往祷告,则扣除分数,虽学问好亦不能毕业云云。中国向无此种苛例也。余因谈中国宗教有最高之教义,而无人发挥广大之,今后吾辈应负此责。盖余等在中国时,均略有教育普及则宗教非必要之见解,余见美国情形,知前时见解,恐未正确,吾国一千七百余县,大庙有产业者,以十万计,小庙以百万计,如假之为普及知识之凭借,其势力正甚大也。

六月二日

午前未出,清理从前日记,思寄回国。正午,排偶尼尔机器公司总理美森尔(Maescher)君来访,盖阿母司窗所介绍也,余约其中餐。

晚约孟兰女士及某女士(孟兰之友忘其名)、黄君剑农便餐,谈中美经济制度之种种不同。

餐后,偕黄君赴胡番街某宅之音乐会,此会为林肯高等学校教员所召②集,奏乐者均为学生,其请帖则请听爱瓦特女士之音乐,即前日约黄君偕余共至其家之女学生也。余等到甚晚,至门,爱女士启门出迎,若知黄君偕友人之将至者。余道歉来迟,彼谓彼有多曲,已将奏完,此乃末剧矣。余等急入,坐未久,他女士已奏曲毕,照例鼓掌。

---

① 原文误作"昭",以下统改。
② 原文作"招"。

爱女士登琴台献其最后之技,初潇洒如松风,继流利如莺啭,又继洪壮如千军万马,又继悠扬如高山流水,末则遗韵杳杳,渐去渐远,有"曲终人不见,江上数峰青"之意。听者闭息无声,精神随乐音以俱远,最后嘹唳爽朗两三声,戛然中止,若唤回听者之精神,使恢复其原状者。以十数岁之少女,而有此技能,真令人绝倒也,鼓掌声震耳不止者逾数分钟。女士又来与黄君谈,女士之父来与余谈。余前与见时,彼着工人衣,方整理其家中器物,今日着楚楚之衣,几不相识,盖此君亦博士也。彼又为介绍数人,稍谈数语,均忘其姓名,亦有二人为博士,甚哉美国博士之多也!吾国有谚云"过江名士多于鲫",今可云"渡洋博士多于鲫"矣,一笑。余友威尔逊女士,为金山音乐老名家;爱瓦特女士,为罗埠新出冠时之音乐学生,拟为其介绍见面,可交换知识也。乐后又用饮料、饼干等,座客纷道别称谢,散。余等归较迟,黄君馈女士鲜花一束,女士行则抱之,后乃转交其妹。美国女子最爱鲜花,故赠女子亦以此为上品,吾国古代亦有此俗,今日中国社会,殆不免有太干燥之处也。又前日余等在爱女士家,彼曾为奏三曲,似不及今日之美听。今日女士亦奏数曲,余等仅闻其一,女士云,末一不如前二也,何以余觉今日之末一,乃较前日所闻者为好,此或余之心理作用。抑女士因人多而奏技,亦特加出色耶?此亦心理作用。究竟原因由于何种心理作用,颇不易辨也。

六月三日

上午李长春来访,出同中餐。餐后赴西南博物馆(South West Museum)参观,并访其馆长康司徒克(Comstock)博士导观,赠以揽要二小册。在馆中遇尝在中国传教倡禁烟之丁义华(Edervard Thuing)云,已归国二年,其同行有一人,亦在中国多年,名郝士,曾在天津一带,能作中国语。自云中国部之物,为彼所收集。其中有价值者足以代表中国文化者甚少,关于中国旧日礼俗上之物如哀启、喜帖等等,其说明甚简单,不能表出中国习惯之意义,不过与红人遗物同视,作为未进化人类之一种无意义之物耳。更有从前女子弓鞋甚多,使余昔日见之必大为动气，今已视之淡然，惟生有二种感想：

一、为中国缠足弊俗，士夫宜力为劝改，官长应严加禁阻，勿得再为此内则弱种、外则辱国之习惯。

二、教士之来中国者，对于中国文化哲理，毫不考求，一旦归回，信口毁誉，余见教士所著之中国书，如《北京报告》（*Peking Suroey*[①]）等，对中国事事乱加详判，皆含毁诬之意，郝士所收此物，亦足代表其教士之心理，中国人不整理先进故有之教化，而听彼等夸诈以自誉，周纳以罪我，不但可耻，亦觉可虑。

馆中陈列有红印度人之生活模型，像貌之类中国人，固不待言，其上衣下裤，殆完全与中国衣式相同。又所陈红印度人用具弓箭及他物，与他处所见大概相同，惟其手转之钻，完全与中国相同。此物须考欧洲古时所用与此式相同否，如不同，则此或为单独自中国传来者；如相同，可知人类在有史前，或者各处本有交通，故此模彼效，各物大致相同。抑或欧洲文明自中国西渡巴比伦，北渡白令峡，而蔓及于全世界也。

晚美国人克修夫妇（Mr. Mrs. Henry J. Kaschub）约便餐于宅，在伊沙白街（Isabel St. 1179），同席有前京师大学教授科达君、林肯高等学校历史科教长孟兰女士、中国人黄剑农、美国人安思坦，余一人亦醉心社会主义者，忘其名。因科达君有中国名，余客各请余等为之译一中国名，因译中国名而及中国语文。孟女士云，中国闻已制有新字母，此后可以废去象形字否？科君云，决不能，胡君可言其理由，较余为透激也。余云，中国语文，与欧洲系语文，完全不同。第一异点，欧洲以语文为一名词（language），而无语言与文字分立之名词，故以写的语文（written language）为文字，以说的语文（spoken language）为语言。中国有语言与文字分立之独立名词，而无二者合一之独立名词，故合语言文字二字为一名词，由此生第二异点，即欧洲

[①]　此处应为 Survey，即查勘报告。

文字用以代表语言，语言随气候地理而变，文字亦随之而变，因其本无独立之文字也。故欧洲地域在中国人视之，不过为一国，欧洲人不过为一民族，因其语言随气候而变，文字随语言而变，故分裂为多种语文，因之造成多种民族。中国在四千年前，大禹之时，版图东西南北约长宽各三千英里余，其大殆如西欧，即二千五百年前内地尚为多数种族杂居，方言各歧，惟恃有统一之文字，而语言随之转移，故中国今日有独立语文，成极大之民族，东北自北满毗连西伯利亚处，西南至云南接近印度处，相悬约五千英里，言语完全相同，仅东南隔闽粤一带，因气候不同，语言未能统一，然今已大有统一之倾向。至中国以外，如日本，如高丽，如安南，如缅甸，如暹罗，其人大多皆用中国文字。中国文字之向外发展，与欧洲文字之向外发展者不同，因欧洲以兵力、商业、宗教之力，挟语言而前进，中国则向未派教士出外传教，向外用兵之时亦少，而文字乃随文化向外发展。以现在状况言，说中国语者，全世界约五万万人，读用中国文者，约六万万人，英文为现世最有势力之语文，西班牙或则次之，若以适用之人数多寡论，则中国语文实为世界第一。知上述之义，则知中国文字之不能废。盖中国文字，在通常时有统一语言之效用，如中国历史所经过是也。在特殊情形之下，有脱离语言独立之性质，如日本、高丽之适用中国文字是也。进举一例，印度文化风俗多与中国相同，惟文字采用拼音法，源①于梵文(Sanskrit)，今其语文分裂为多种，同国之人，语文不能相通，吾若废吾文字，不将蹈印度之覆辙耶？再举一事，文学为最高之美术，然与文字有密切之关系，以中国文译英国诗，往往不尽其妙处。以余意见论之，总较以英文译中国诗，为能得其似，因中国诗有一种，每联中同位之字，皆须虚实性质相对，音调相协，译为他国文，只能传其意义，其文字之美丽全失。余前数日曾有诗，其中一联云：

----

① 原文作"原"，以下统改。

　　　　白雪妙歌怀夏女,黄金好梦误春婆。

　　此二句并不好,不过举以为例,如句中白雪对黄金,夏女对春婆,清丽动人,若但译其意,美处全失矣。若译其字面,毫无意思,此亦中国语文不能废去文字之一证也。科君略解中国文,因云,吾意可以中国文字,为世界普通文,对言语独立,各国各以其本有之音读之,如马字中国人读马,英国人仍读为毫尔司,字同音不妨异也。安君少年,听余言最感兴趣,谓余意中国语文最好,可径以为世界语文。孟女士谓此终东方之世界语耳,余亦谓欧美人习此恐过难也。此等谈话,本非特别讨论中国语文问题,然余以谓吾国语文,确有吾之特长,不可不使彼等知之,因彼等白人,往往误中国文字之价值,等于菲律宾、夏威夷等语言也。

　　闻科君星期二将在某处演说中国之文明,届时,不知有暇去听否。

　　餐后,克君导余密室独谈云,余生于德国,为德人,愿君注意德国。今后中国必为世界有力民族,愿君尽力以联合德俄二国,此三民族联合,可以解决世界一切问题,其他白人趾高气扬,暮气已至,私心太重,往往鄙视其他人类,非能为全世界谋永久和平者也。余云,印度人亦当联合,此四民族居旧世界(即亚、欧、斐三洲)之中心,占人类十分之六,壤地毗连,足以控制全球,以为人类谋永久和平,但必当破除国界种界,乃有真平和耳。克君极以为然,秘谈良久,乃去。科君辞京师大学教席后,寓俄十五年,去岁始到此,谓俄人大半为东方意味,非白人意味也。其人种亦多数类东方人,余因之游俄之兴趣又动,归寝已逾十二时矣。

　　六月四日

　　晨广东旧同学张君来访,忘其名,约之中餐,乃去。张君约余访一德国人,未暇往,彼言此德国人住于城外一小山上,其住室用具,皆其手工所自造,其所用一切原料,皆出外所自采自运,不假机械者,余甚以为有趣。余意余晤村居之朋友,乃心理的理论的反对机械生活,此德国人乃物质的实行的反对①机械生活也。

下午五时赴威尔逊博士及女士之约,同坐有色司坦(Thurston)君及尼敦夫人(Mrs. Needom),亦为女士之姨妹。女士自为治餐,美国中人家,均无厨役也。以碎肉炒大米杂以波罗、果枚、桂干等,彼知中国人爱食大米碎肉,故特为治之。美国烹调法最简单,肉鸡皆以极大之块蒸煮或烧,无切碎者,以其太费时也。余素不喜米,尤不喜美国食法以甜咸混合,今夕因感其意殷勤,不能不勉食,然食之亦适口有别趣。岂口味可随心理转移耶?

自五时至十时,乃归,彼等皆爱闻余谈,此五时之中,几于皆余一人谈,而彼等听。余决计到东方或他处再寻生友,大概在西方不能多得见识矣。近来往往聚会中美国人听余谈,以为有趣,而彼等所谈乃无一事足以助吾兴趣,于此有一义必须记者,物质生活之程度逾高,其社会之组织逾简单,其人民之生趣逾缺乏也。

谈时色君曾反诘余话,因余谓美国工人无内在常有愉快,乃不惜掷其汗血所易之工价,以买空间性的暂时娱乐。彼谓工人并非买娱乐,或彼所买亦并未娱乐。余不解其意,彼又谓彼乃消遣也。余于英文字"消遣""娱乐",界说不甚清晰,彼又谓娱乐(pleasure)乃真乐也,消遣但消磨此时间以求免烦恼而已。余云诚然,余以英文不好,故选字不精,余前言易以消遣,乃较妥也。由此观之,可以知美国人竟日奔忙之真相矣。不知者乃误以为彼②有真乐,岂不可笑? 大概机械下之工作,心无所用,身不甚劳,故作工时间,异常烦闷,至工毕而无事更烦闷,此所以彼谓非求娱乐,乃求去烦恼也。若人工工作下,可以表现个性,可以用心,可以用力,故工完但觉休息之可乐。学者对此问题,不知研究心理上应如何安顿,而斤斤于作工时间,可谓文不对题。即社会主义,日日研究人生产之如何分配,而不知如何研

---

① 原文作"动"。

② 原文作"被"。

究生产权之普及分配,仍思集中于少数人之手,是否足以瘳人类烦闷之病,恐尚是问题。余意白人决不能研究得适于人类精神生活之方法,恐此任务,必须中国人负之也。而中国青年有一大病,即必须白人有言之者,乃肯认以为可研究之问题;必须白人有主张之者,乃认以为可遵从之价值。实则白人现在之沉溺,视中国人较深,中国人必须取彼之物质文明①,以补助生活上之必要,而欲救彼等之陷溺,恐尚须中国人生观之输入彼邦也。

六月五日

晨起美森尔君(Mr. Maescher)电约十一时来访,余在寓候之,因仍整理日记。

美森尔君来稍谈,约同赴西班牙馆中餐,其味类中国所有之俄国馆,但因用葱太多,余不能食,勉强果腹而已。餐后别美君归寓。

美君年五十六,精神极好,与其妻分居已十五年,妻在他埠,各不相干涉,彼现有一女与同居,非夫妇也。彼养一义女,今方二岁,彼甚爱之。

美君厂中有工人百人,彼闻余游欧,因戒余曰:切不到俄国,此危险地也。

下午四时,黄剑农来访,并交喜德林君转交之介绍信,及此地大学校长之介绍信。谈一时,乃知前日听音乐之地非私宅,为私立音乐学校也。主任请客者,为音乐学校教员,非林肯高等教员也。爱瓦特女士在此校习音乐已五年,故其技如是之精。黄君借余日记二小册一读,余允之。

六月六日

晨作冷水浴,甚快。到罗埠后,旅馆住室内有浴池,已恢复冷水浴数次矣。

---

①　原文作"朋"。

十一时,访海恩氏博士(Dr. Haynes),谈未久,因彼太忙之故,彼约明日十时,再往一谈。

下午李长春君来谈,问生育管理一事,彼甚赞成,余意究如何?余谓余未敢苟同。为此说者,一根据于人口论,此无研究之价值。(一)全世界土地与人口比例,每方英里合三十人,今中国内地,每方英里合二百六十人,尚是自养,然农事未改进,荒田未尽辟也。即以中国内地为标准,人口再加二十六分之二十三,尚可生活,今尚无须防止。(二)世界现在人类,不尽为生育额高者,其生育减少者亦颇多。此或多生,彼或少生,生育少者,尚不易使之加多,生育多者,断不可使之减少,此根据人口论不应提倡此说也。(三)此说又根据于优生学,此学主张生育管理,乃欲使优种多生,劣种少生,余意除有特别传染病当另作一问题研究以外,无论何种人类,不可轻为优劣之,尤不应有制限劣种之学说,以为自号优种之贪残民族所利用,因此为一种学说,不为一种政策。至此次某女士至中国向北京讲演者,此更不合,因此学本意在使劣者不多传种,而能听讲之人,皆为社会上优秀分子,若优者少传种,不适与学理相反乎?此根据优生学不应提倡此说也。此后再就余个人学说言之,余意过往伟大动物之灭种,大概源于过剩进化(over evolution),因适应环境而养成向一方面特别进化之倾向,殆环境已变,或环境尚未大变,而进化之结果已定适用于此环境,此时前述之进化,自应停止或减轻其进化之度,乃其倾向不能遽转,仍前进化不已,则此后进化之结果,将成为适应环境之一种障碍,此生物已往之例也。就生育一事言之,生物多数借本能以行生育,故高等动物之性交,多为一种本能作用,至人类则进而有爱情(高等动物或亦有略具爱情者,然与余说不背),再进而有肉欲,故性交一事,初则半为生育之作用,半为爱情之发泄。然已有发泄爱情而防害生育之倾向矣,继则半为爱情之发泄,半为肉欲所驱使,又继几于全为肉欲所驱使,至此时则为肉欲而牺牲爱情,为肉欲而断止生育,至断止生育,实人类灭亡之兆端也,然须知此为过剩进化之所致也。欧美已有多处陷于此种状况之下，欲挽救而不能。中国前贤立说，往往为天下万世计，余亦谓学者立言，不应只顾目前，余为人类将来计，实不敢苟同此说，愿君三思之，更愿吾国学者同一留心也。再者中国今之能自存于世界者只二物，一为吾之古文明，一为人口众多。印度为英亡百余年，而死灰必复燃者，人口多也。南北美之完全为白人所住满者，红人少也。世界隙地尚多，吾族有繁衍之力，地球自有吾之相当地位，若吾今日欢迎此种学说，是真自弃其所以自存之道，此又不敢苟同之最后理由也。嗣又谈他事去。

访李钗声（Richardson）、葛鸿（Colhonn）二女士未遇，亦约明日早往。

晚约威尔逊博士及其二女餐于共和馆，彼父女俱爱同余长谈，又及中国古代哲学，三才论产生八卦论及五行论。五行乃利用厚生之学，已入实用科学之范围，八卦论则纯粹为哲学之现象论也。然其后三才论并未衰灭，且漫淫于普通之心理者甚深，故不但造字之时，仰观俯察，其象形指事，多天地有关系，即八卦论之雷风山泽等，仍分属于天地，又其后则天地不分称，盖概地于天之范围中矣。又其后则其他自然现象，亦均概括于天之中，又其后人性中亦划分一部概于天然之中，俨①然以与一切天然对峙。又后则天人合一之论，人定胜天之论，自此之后，言现象则仍天地对称，言理论则天人对峙者多。而天人交战，天人关头，人天大故，一切学术用语，皆自此演出，直至今日，农夫厨妇，用形容字皆天地相并，如欢天喜地、懑天怨地、喧天哗地、咭天古天、溜天满天②、扑天趴地、昏天黑地、青天白地等等不可胜数，皆沿现象论而生之形容词也。至讲论道理，则天地对称者甚少，而单独称天者为多，如云天良、天道、天理、天性、天命，天数等是也。即以学者而论，若纯粹讲中国之哲理，脱去人天二字，几于不能寻出

① 原文作"严"。
② "咭天古天""溜天满天"按文意当作"咭天古地""溜天满地"。

源流来，余他日归国，拟研究中国哲学源流，仍当以此天人学说为系统而研究之。自五时谈至十时乃散。

六月七日

晨访李钗声女士及葛鸿夫人。葛夫人为此地移民局主任，李女士为各学校副监督。谈及美国普通工人不知节俭，不知置产，葛夫人云，俄国人移此颇多，彼等初来时，往往在大城作工，积资向乡间买田。南欧人爱作小本营业，初来者大都如此云云。李女士言，此城教育最发达，每年全城各种教育费一千七百万美金，由国库州库及市税分任，而以市税为多。昨日此间公民投票已决定改良关于教育之建筑用款七百万美金，去岁帕叟登纳以四万人口之小城，通过一百五十万元美金之改良教育建筑费，今已正在改良中，此次专备建筑之用，专由市民担负，因此二城多富人，故商务不盛而居民之收入甚多，盖其营业散在全国，或可云全世界也。余云，然则昨日所通过之巨额建筑费，其中中国人所分担者，亦不在少数。彼等均大笑，然此实在情形也。葛夫人之丈夫来，与谈甚好。

下午访大学社会科主教包家达博士，李钗声女士之介绍也。余询以二问题如下：

问：余闻美国某城工人，正当罢工与资本家抵抗时，同时适有选举，彼等仍往投票，所投之人，仍为资本家所直接或间接决定者，此事确否？如确，其理由安在？

答：甚确。不但某城，各处皆同一情形，其理由如下：

一、美国工人就现在言之，无甚组织，而政党则势力甚大，大多数工人皆仍隶于所谓共和党、民主党之下，故其所选之人，虽为资本家所选定，名义上则党中之候补人也。

二、美国社会党甚无势力，即名为工党者，其党员之工人，亦不甚多。

三、工人皆贪近时娱乐，不思作议员，故视为任举何人，无甚关系。

问：余以为今日人类中，有二大问题必有适当解决，前途乃有真和平，即一为国际间之问题，一为劳动者与资本家之问题，此二问题，当各别解决乎？抑或当合并解决乎？

答：此极大之问题也。此虽为二问题，然其关系太密切，如专就一问题解，自然不能澈底，即以美国论，无论其与何国中间之问题，均不能不与劳动资本间之问题有关系，若能有方法合二者合并解决，自为人类之大幸。

包君为美国极有名之社会学家，浙江徐君定澜称之谓美国之梁启超，不期于无意中遇之。彼三时尚开会，又为余介绍其本科教授瑞因瓦特（Ruinwater）博士及司密氏博士，瑞君前充芝家高某公园园长，著有《美国之游艺运动》（*Play Movement in U. S.*）一书，持以视余，并加解说，谓游艺之设备，恐世界各国以美为最善矣。稍谈去。

访杨明惹君、徐定澜君，辞行，晚同杨君餐。

归后黄君剑农来谈甚久。

思美国吸收世界精膏，以供其国内之建设，中国则自身精膏反被人吸收，正处于相反之地位，若欲事事摹仿美国，恐不免多所障碍。又彼国游艺并无深意，惟建设完备，由于富也，中国人多而穷，乡间游艺之事，应就之改良为善，不可遏止旧者另建新者，须知吾辈所参观与瑞君书中所述，皆为一班国民之游艺场，中国为一班国民计，除改良旧者外，能有力量改建新者乎？中国已往大病，士与农工商太形隔绝，今日更甚，愿来美考察者，留心于其万事社会化，而勿徒震惊于其万事科学化。

六月八日

约李钗声女士、葛鸿夫人中餐，李女士已下乡，葛夫人来。余询其移民局之职务，彼云人口等事，皆直接受联邦政府管理，此邦移民局，专理移来之民居此邦者，彼局隶于此邦之政府，不属于此市，亦不属于中央。又谓外国人来此犯罪者甚多，红黑人更多，此城之府监有四,每监皆数百人,然尚有其他等监也。

餐后,雇汽车赴此地信托储蓄银行取钱,不知其支行距旅馆极近,又赴邮政局送余日记二册,挂号寄回国,此间司挂号之女子桀傲不驯,不如白克里之和蔼也。又赴南太平洋铁路公司售票处,问询开车购票时间手续,归寓。

孔夫人来谈未遇,留字嘱候之。孔夫人为余友阿谟君①之妹,阿君与余至好,属向其妹言之也。孔夫人之夫孔茂利(Morris R. Cohn)君,为此埠一大内衫制造厂厂主,家在帕叟登纳,即此次同杨君等所游之富人城也。

孔夫人又来,导余登其车,车中已有二人,为其表弟普来德夫妇,孔为余介绍,因乘车同游本城各街,又游浩来五一带(即前所记之圣树村,其意误译,故改用音译),又至包海沫之中国宅园,又绕观各电影制造公司之制造厂,有特建为电影剧中之房舍,演剧时轰毁者,亦如兵燹劫痕也。世事何真何假,欧战与吾国此次之内战,亦可作电影观也。

最后乃折回帕叟登纳城,遍游各街。其最富丽之街,均为大富人所居,名橘生街(Orange Growth Ave.),可称之为中西合式之大公园。余曾数问诸友人,此城之美丽全美当推第一也。孔夫人云,余不甚爱此街,而爱余所居之地,因余宅面威尔逊山,天然之风景殊胜也。孔夫人延余登车时四时一刻,余等游多处,甫六时,彼告车夫云,六时一刻到家,游毕至其门时,余视表恰如其时。

美国平通居宅皆无院墙,惟最大之宅园乃有之,大门亦然。车进孔宅大门,先渡一红色砖桥,桥下有水流,不甚大,而河身颇深而宽。在桥上向宅内四面望,绿树繁荫,不见边际,宅内路平正如街,惟少狭。数转至其居室门口,下车入室,未停,彼等脱去大衣,孔夫人即导余等游其果园。百果俱有,更有中国橘二种,一大一小,小者四时常

①　原文作"阿模君",即上文之阿谟君,以下统改。

有果,其他美国种亦有四时常有花有果者,视中国者为大。孔夫人手摘他果饷余,而指中国橘曰:此君之家乡果,君可自摘食之。余云:余自摘可,独食太不公。乃多摘以之遍饷各人。普来德夫人最爱食,谓美国无此美味之果也。果园中大道如进门时之道,备行汽车,小道皆穿入果树内,有时花枝可拂面也。孔夫人摘银桂数枝,遍赠余等,其香冽馥。游此园未竟,孔夫人云,余有他客至矣,可转他路迎之。乃折转,将至其室,果有一老年妇人。孔夫人以手作势,使向其室后他路转。余等又穿入深碧林中,樟木及加省油木参天蔽空,入林地势渐低,跨一小溪,又登高处,遇前述之老妇人,孔夫人与之为礼,乃一一介绍余等,知其为约翰氏女士。立谈数语,前行至一荷花池,美国荷花叶俱甚小,此实其天然美之大缺憾者。又池旁隔溪穿林前望,有白色圆形物甚大,隐约现于地面,孔夫人导余等往,乃其游泳池也。池以洋灰假石为之,周数十丈,旁有半圆形室,抱池一角,周围有廊,廊下有坐,备游者休息,室内乃更衣所也。过游泳池折转至鹿圈,圈内有大鹿四、雏鹿二,雏鹿之小如初生之羊。孔夫人曰,今日小母鹿生二子,君等如昨日来,不能见此雏也。自鹿圈又折转向外,穿林数十武,有小瀑,自石砌下落,乱石承之,铿锵唳亮之声,沁人心肺使清。孔夫人云,此至日本花园矣。泉水落池,绕小溪洄环而流,溪旁以乱石砌池甚多,池皆有东洋水草之花。傍高岸处,以木支小棚数事,皆有日本风趣。溪两岸及池旁,为极细草茵。孔夫人云,此为高茸草,皆远得自东洋者。然其纤秀软润,余在中国及日本所未见也。路旁有牡丹数株,孔夫人指曰,此花中国最多,此亦得自中国者。绕溪前行,有数树叶皆带霜枫叶色,非红非白,奇艳夺目,远映落晖,更觉鲜丽。孔夫人曰,此名日本梅,可摘其果食之。果如小枣而赤红之色过之,食之亦甘冽,含鲜枣、鲜杏二种味,余甚爱之。将折转登岸,溪向前流处,隔树隐隐见红桥,即余等进大门时所渡者。登岸又导余至蔬圃,过蔬圃至马厩,又绕转至一较小之住室,孔夫人云,此余六年前之住室,今已空矣。

回室,孔夫人为介绍其夫弟孔君,孔君居他埠,此来乃专为省长兄嫂也。孔君导余先至厕所,厕亦无大异,惟所陈关于整理面发之用具皆精,其面巾皆一端为人工绣花,此在美国价不赀矣。

餐前先穿室至室后平台,四围碧树,迎面花香,下视见秾碧丛中如巨月之生海底,白光可鉴,乃适所见之游泳池也。举目远望,苍苍茫茫直接威尔逊山巅,长林茂木,不见空隙,此时几不知身在城市矣!彼等以英语谈过快,余亦不注意听,而神遂与威尔逊山合而为一,忽而女侍来云,饭已齐备,乃同诸人入席。餐品特丰腴,而品类不甚多,用具特精,如镂金匙、雕花玻璃杯等等也。餐后,孔夫人出锦册,请各题名留句为纪念,余视其从前所留书,有书诗句者,有乐谱者,亦有以小画寄意者,余仓卒不能成英文,更不解乐谱,乃书中国诗四句云:“主人能好客,名园作胜游。他日更洋外,应忆南加州!”此实不佳,孔夫人请余以英文译意,彼笔记之。余甚觉此诗译英文之毫无深意,可愧,乃另成四句云:“名园繁佳卉,华筵映明铛。不及主人意,高山流水长!”似较好。然他客已兴辞,不便再写矣。孔夫人又谓君等愿一视此室内各间乎?因导余等遍视其室,亦有可记者:一客厅,下为波斯地毯,各窗俱为中国最精之雕花,乃自中国定购者,门及外间木饰,皆为核桃木。有极大之日本瓷缸蓄鲜花,壁上有参用中国西洋画所作之巨幅画,乃余友阿谟夫人所手作也。客厅有三,其一为琴室。书房有三,然书籍并不甚多。寝室有双床寝室四,专备彼夫妇所用,因风雨寒暑之不同,任择其便者而居之。有单床及三床者三四,备他人及其子女居也。浴室有五:一为儿童浴池,较短。二为普通浴室,共二,内有浴池而无立浴所(Bath Stand),二为特别浴室有立浴所,此二浴室专通于双床寝室,彼夫妇所专用也。三为孔夫人妆①室,一妆台当窗,陈各种妆品,四壁均有七尺高之镜,前后左右任意可照也。其厨室极大极洁,然亦各室均互通,甚便。厕所除五

---

① 原文作“装”,以下统改。

浴室均有厕器外,其余大约尚有三四处。电话则各室可以互通,最后又至食堂。孔夫人云,台布已撤,君等可详看此室桌椅,皆为美国仿造之东洋描金漆器也。观毕,余皆道谢,并辞别,彼又以汽车送余归旅馆,此次可为余之参观美国富人之家庭。孔茂利君在美国不得为甚富,其厂中用女工五十人,男工视女工为少,余忘其数。其厂在罗三吉尔,其宅在帕叟登纳南劳补来街(S. Rolblea Ave),宅基十五英亩,合中国一百亩之谱。宅中园丁二人,女仆二人,车夫一人。因其室内园中,皆有自来水管、煤气管、电话等等,灌溉、洗濯、燃火、燃灯之劳,俱可省却,来往奔走之时亦少,故以若大之宅园,只有五人供役也。

余友阿谟君,为急进之社会党,而其妹乃一资本家之妻。阿君尝语余云,彼兄妹甚好,惟不谈经济制度,所以保感情也。余今日餐后闲谈,仍力言美国经济制度之不良,对资本家之妻言此,似觉不合,继而悔之,乃改谈他事。

归来已十一时,十二时就寝。

六月九日

晨,书昨日闻见毕,装置行李,与旅馆结账,并赴此间信托储蓄银行取款。

下午二时,自旅馆乘汽车至太平洋车站换电车,赴威尔逊山。因余昨日闻星期五,彼处有最大之天文镜开放也。车票只售至西拉马咄(Sirra Madre①),至西拉马咄下车,改换公司汽车,余因携有行李,下车过慢,汽车已开,询之此地,无旅馆,不得已,又乘车至帕叟登纳某车站,转车至卢山车站(Mt. Lowe Office),又改乘卢山专车赴卢山,卢山亦有天文台也。车行至山脚为终站,再上则易为上山电车,其倾斜度在四十五度左右,余以上山不便,乃将行李一半寄存此间公事房。车将开,司车者问余云,君已定旅馆否? 余云未。彼云山上旅

---

①　此处应为 Sierra Madre,即马德雷(地名)。

馆无多房，又无人家，且甚冷，必已定旅馆，乃能往。彼停车赴公事房，向山上询问，云任何房屋，均已住满，不能再来客矣。不得已乃又自山脚乘原车下山，回帕叟登纳，乃又易车回罗三吉尔，仍至太平洋公司车站停车，又自运行李过一街口，换泽福森车回原住之旅馆，馆主仍以原房为余住。计今日下午易车七次，上下行李九次，因有二次行李下而复上，仍乘原车寻归途也。然竟未遗失一件，可为余照管己物能力之进步矣。

寝时觉两腕甚疲，因日间受劳过多也。

六月十日

晨，九时乘泽福森车，往杨昭芑寓，不遇。又乘原车赴太平洋车站，购票乘车，再赴卢山，仍至帕叟登纳换车，仍至山脚下停车。盖赴卢山之路，分为三段，三次换车，此为第一段也。已有少半段，盘山绕谷，沿山边凿成小路以行，初次乘此车，不免有戒心。在山脚换梯车上升而行，车状如梯，每级分前后二座。每座可容五人，车共三级，可共乘三十人。此车虽分级，然为梯车，决非楼车也。至回声岭（Mt. Echo）车停，又换平行车前进，此岭下视城郭，已觉邈远，约已在四千尺以上，视中国之泰山已高矣。惟换车即行，不能久停留览也。

换车后仍绕山跨谷而行，车司向众讲说，所经过之地。有足记者：一为大谷（Grand Canyon，按此在美以普通名演为专名也，在喀拉劳豆河两岸，有数处均用此名）深一千五百尺，两岸杂树丛生，下视无地，又前至花冈石门（granite gate），二巨石矗立如竞奇斗怪者，车经其中而过。此处左有马蹄湾，右有弥勒谷（Millard Canyon），其他小山小谷不能记名，亦无从问也。车蜿蜒盘旋于九折羊肠之间，彼此互为隐现，如多幅山水图更轮向眼帘呈递者，忽尔两峰相逼，直觉车无行处，惟见万仞翠嶂，压现面前耳。瞬息乃又折转而出，忽尔至悬岩绝壁，下视绿野碧城，如在目下，车行至此，不免生倾落之虞。乃又折转而入，此地名环桥（Circular Bridge），因至此无前可进，无旁可转,乃由此绝壁之端,修一圆桥,车遂绕桥一周,回转后,向较高之山坡以行,真奇①境也。渡环桥不甚久,即至安尔坡(Alpine)旅馆公事房,在此地车路至此已尽,来此或住此之游者,此后只可步行或乘马矣。自回声岭至安尔坡,亦统名云地(Cloud Land),有时自更高处下视,但见白云铺地耳。

此坡高五千尺,比中国九江之庐山高一百尺,旅馆背山向谷,老树杂花环绕之,景幽邃而奇雄。自旅馆下折至一小谷,为儿童游戏场,专为旅客预备也。余赴旅馆中餐,餐品尚好,惟较贵耳。餐后独步向山之最高行去,本日同车之人亦多,步行登山,间有骑马者,余并非惜雇马之费,因夙爱山行也。向山之东方行,为俯瞰岩(Inspiration Point),其地可向下俯见各城及海面,但较此坡为低,余取道西方向高处行也。盘旋绕上为登山之惟一法门,中外皆同。其道路修理不甚好,若太好,则全失山林真意矣。由此坡至最高(summt②)峰,共二英里半,然余爱向小路略穿林绕行,再回原路上行,故所行较远。山上林木甚盛,视中国庐山为好,树之知名者一为柏树,一为长命油树(liver oak③),其他灌木野花,多不知名,时有松鼠出入不甚畏人,此美国习俗之最良者。凡游玩之地,一切鸟兽,不但不准猎取,亦并无人惊扰之,所以久而驯蔼④,绝不避人也。余游兴甚好,同行者视我似不如,余以防失路故,追得彼等不再疾行。继见每路凡曲折处,均有木牌书明某处,余遂放胆自行,独来独往,豪情不减在国内时也。绕山约八九折,遂至绝顶,回视同行者均瞠乎后矣。成诗二绝云:

> 梯车挂壁到层峦,半疑天上半人间。请君半路须回首,十里碧城倚青山。(梯车登庐山,在美国南加州)

---

① 原文作"寄"。
② 此处应为 summit,即顶峰。
③ 此处疑为 live oak,即常绿橡树。
④ 原文作"霭"。

排云傲日破空蒙,独步落矶第一峰。八百白儿齐仰首,有人
高处御天风。(登沙米巅)

巅上安有望管,以立木上安横管,自管穿视,皆正照一峰,或一
山。管上书其山名,此为游人计,最简而有益之法也。向北之管所指
者为老道带山(Old Daddy),左右二峰:一为马克汉峰(Markham),
一为不对峰(Disoppoiment①),不对峰之山势不与母山合,而趋向西
海岸处,此或其得名之由欤? 东北望威尔逊山,转恨昨日未得达,东
南望俯瞰峰,则低在眼底矣。高低大小等名词,真以比较而成也。

余近来每游一地,总思得一物为纪念。此山之巅,为一小平顶,
周围仍为丛生之木,中间稍有隙地,傍木或树下置数椅,备游人息也。
树枝满悬游人名片,随风飘扬,不问而知为与中国之题名磨崖同一用
意,以美国富人之多,游者何不刻石而悬纸? 可以见其现在之国民性
之一斑矣。此时同游者亦到,彼等坚请余亦悬一有中国字之名片于
树,姑从之,而仍另寻吾之纪念物。此高山古木间,度除木石二物无
可以作纪念者,于满山砂石之中,独得一白石,似类石英,亦可宝
矣。又见大树之旁,地下有老树之根,久经风雨侵蚀,状类怪石,乃
尽力摇之,微动而不得脱,继以大石击之,卒得。然而下面为蚁窟,
彼国于是不知若干纪矣。木内有穴,如蜂巢,彼等所建之宫室也。
各穴之间有洞,彼等所凿之道路也。因思美国人前若干年,驱红人
某种去,以其都城宫庙改为公园,高丽昌庆宫今亦为博物馆,余之
于此蚁也,得无类是。成诗二章,一志吾所得石,一以志所得木且
以吊蚁也。

蚩蚩八百人,肯向山头走。不解生命意,当前果何有? 片纸
当风雨,留名安能久? 惟彼知道人,澄观自向偶。能印帝天心,
山灵来俯首。携取片石归,与吾同不朽!

右志石。

---

①　此处疑为 Disappointment,即失望;沮丧。

古国建何时？浩茫不知记。托此长命树，生聚期弈禩。胡来方外物，觊此神明器。一击九庙惊，再击万民泣。巨石扑不已，颠踣淫威肆。奇祸遘俄倾，荡析谋奔避。扶老更携幼，骨肉不离弃。居者尽室行，来者探首试。攫彼郊社都，供我观玩具。今日我岂醉，猖獗乃无似。贪残尝责人，彼是亦此是。大小各一偎，尔与我奚异？覆巢莫伤卵，略存好生意。

右纪木且以吊蚁也。

在沙米巅流连约一时，乃步旧道下，途中跨一小岭，岭树有中国意。坐树根北望，凉风忽来，如去岁在杭州五云山某处树下当风之情景。于是中国各观念，忽向脑际涌现，人类脑中之回顾性甚强，此其一证也。

自旧路下将至安尔坡，觉时尚早，穿他道东行，里许见一抛球场，无人，又折从原路转，穿小路达一亭，为此山所仅见，盖美国人只知天然美，不知历史美，故大山中不但含有历史之情绪之建筑甚少，即普通之亭台廊树，亦不可得也。此亭名奥柯（Oak Aobor①）亭，亭工并不佳，然有几椅可坐以息，余乃假此地以写吾之诗于草本日记中。写毕回安尔坡，在旅馆中购邮片数十，携归备寄友人。七时一刻下山，在云地车中有售《卢山日报》者，上山时彼请游客各写己名及国籍来处，已印于本日报中，余购二份，见余名在第二列之最前，此时天已薄暮，向山下遥望，电光耀灼，不止灯火万家也。车距回声岭不远，停。卢②山天文台（Mt. Lowe Astronomy）在去此不过数十武，台高不过数丈，形类一圆顶之屋，游者鱼贯入内，室壁周围亦为圆形，游者环坐，中间架有天文镜，一老者以宣讲式说明之。惜彼说太快，余不能全解也。屋顶中间有宽数尺长二丈之空隙，覆以玻璃，吾人可由镜中穿此隙以观星象，游者挨次观，观毕仍回原坐，观法镜之下端旁置一

---

① 此处应为 Arbor，即乔木；凉亭。
② 原文误作"虑"。

梯,有执事司之,观者升梯坐,彼示以如何观,并略为说明。余观时,初登梯,其执事人与余握手称姓问好,余仓卒间不能忆其为谁,彼云吾等曾相会,余亦向彼问好,即询以现看者为何星,彼云为土星,有卫星十云云。自镜中视之,星体大如盂,光极明,惟星体虽浑圆,而两端有轴,向东南者高,向西北者低,周围卫星远近大小不等,其图如左。但余记不甚清晰,其方位大小之比例,均未必合也,余因观者人多,亦不便福观太久,归坐后,询邻坐,知与余言者为拉尔根(Larken)教授,然讫不能忆得何时何地曾与①之相遇也,记忆力之差,可怕可愧。游者均观毕,步行至回声岭,即由此换梯车下山之处也。车站旁有电光台,台高六七丈,下为电机室,台上安一巨管,横支其上,可以周围

上下互转,管中有三百万烛光之电光,射至数十里以外,向何地点,在台近之游者,可顺电光下望,房屋树木,历历可辨,较白昼为清晰者甚多。登梯车下,觉两岸山谷之美丽,乃较日间更甚,下至山脚,又向其公事房中取回昨日寄之行李,回至罗埠原住之旅馆,已十一时。自在沙米巅取得纪念之木石以后,走动必携之,益以行李,更为繁重,睡时两臂觉痛也。

六月十一日

晨起,嘱旅馆制二小木箱,将昨日取得之木石寄归,又将所购之邮片,约三十张,写寄中国友人,觉倦矣。

杨明恧君来谈,去,黄剑农君来谈,共阅报,知本学期罗府十六高等学校,共毕业一千五百七十人,于本月二十七、八、九三日举行毕业礼,其中男生六百九十三人,女生九百九十七人,女生视男生多一百八十四人之多,此虽为一府之比例,然美国高等教育女子之成数较多,亦成为共同之倾向矣。

---

①　原文作"于"。

晚在友人处遇二人,一名可列维鲁(Victor Crovello),一名布劳儿(L. R. Broggi),为此间无强制主义者(anarchist,即无政府主义者),甚乐与来谈,余先询彼等数问题如次,均由可君答。

问:彼所信为无组织的无强制主义,或有组织的? 如为无组织者,则以何术防止他人之防害此主义者? 如为有组织者,愿闻关于此种组织之大概。

答:将来目的自然是无组织的,但为达到此目的,应采之方法,则为有组织的。

问:如目的达后已无组织,而他人乃以有组织之其他主义,起而代之,将如何防止?

答:甚长。余未得其真意,不能妄记。

问:彼对俄国现施之共产主义,如何意见?

答:以余观之,彼所行乃集产主义(collectivism),非共产主义(communism)也。彼等学说,似原于马克司主义,而非原于巴枯宁主义,余乃信服巴枯宁主义者也。

问:君信此主义,在俄国革命前耶? 抑在俄国实行其现在政策以后耶?

答:余信此主义已三十年,吾(指布君)与彼父同其信仰,故彼又与吾同其信仰也。

问:余意解决人类政治经济之总问题,如吾辈所谈者,均为安顿人类之生命起见,君意人类为生命,可分精神的物质的二个耶? 或只一个耶? 如为一个,或为精神的耶? 物质的耶? 抑或另有生命观耶?

答:生命自然是一,据多数科学之见解,生命为物质的。

余笑问曰:如生命为物质的,则安顿生命之法,美国资本家已研究有最好之方法,今日世界生活程度,以美国为最高,换言之,即彼之人民衣食住及一切娱乐游戏,皆较其他国家之人民所享用者为高,对于物质的生命之要求,可谓之比较满足矣,吾辈可否牺牲己见,以赞成彼之主义?

答：资本主义，吾辈极端反对，何能赞成！

问：彼能集中财力，改良生产，以满足人类物质的生命之要求，何以不可以赞成？

此后彼乃转而问我，问答如下。

问：愿闻君之具体意见。

答：余现尚未有具体意见，余甚愿闻君之意见，因此行专为考察各国之大概情形，考察事竣，然后再定余之意见。

问：君无自己意见，就现在世界所有关于社会问题之各主义，君信服何主义？

答：无一为余所信服者。大概近世欧美学者，有二通病：一为科学蔽，因近世学问太涉专精，学者专研究一科，往往欲以其专精之一部分的学理，解决人类全体之问题；二为环境蔽，学者生于一国，往往因于其本国之情形，故其立论之证据，多为局部而不易适合于人类之全体。余英文甚浅，在国内时不能读西书，然数年来中国学者爱研究社会问题，译本颇多，余读之均觉其不免以上二蔽，故均不甚信服，余因科学程度极浅，自信不犯科学蔽，然环境蔽则不能免，此行欲周历世界，即志在解除环境蔽也。

问：如是则愿闻君在中国时之自己意见，与到美国观察后之意见。

答：余在中国之意见如下——

一、对于现世之三权政治，所谓立法、司法、行政者，极端反对其组织，并根本的反对其存在，此稍有似于无强制主义。

二、余以谓人类应依人类之需要，分为数业，凡人均所有应执之业，不得有超出各业以外之政治家，各业各有组织，自无另设政府、国会、法厅之必要，似有类于工团主义及基尔特主义。

三、反对有国家，以为上述主义，必须破国界，合人类通盘筹划。

四、人之生命，既非物质的，又非二个，自然须宗教、家族及娱乐各种问题，合总研究，以为澈底之解决。

以上余在中国所主张之大纲也。到美数月以来，见美国多数工人,每日奔走如狂,不解其意欲何为。细考之乃知其晨起忙上工,工完忙吃饭,饭后又忙上工,工完又忙吃饭,忙看戏,忙跳舞,忙打球,忙喝私酒,余尝屡欲求一真工人与之谈话而不可得。又考求其生活之里面,则作工时得到工钱,同时即得到烦闷,工毕忙忙求消遣,买快乐,排去烦恼,同时已失去金钱,今日工价八元,则用八元,明日工价六元,则用六元,自一月一日起,至十二月末日止,终年劳动,一无所得。而资本家之付予工价,不管左手付之,右手取回也。此等工人,已经资本家改造为机器上之一小部份,久已丧失其生命,故美国社会问题之解决,必在各国以后,可断言也。

可君求余为文,译登意大利无强制主义各杂志,余谓英文甚浅,不能为文,容后再图可也。谈毕已十一时,归。

六月十二日

晨起补昨日日记。

赴墨路线未定,心不怿,余每至思移一地,取道何处,不定时,则心不快也。

威尔逊女士数为余来函,久不报,为歉,今日为长函报之。

六月十三日

赴喀他林那误车,归转至三塔扉(Santa Fee①)车站,购定赴大谷之票,为六月十五日午前十一时之车,行期可为定矣。

下午徐定澜君来访。

六月十四日

晨赴喀他林那,又几于误车,车至三丕柱(San Pedro②)停,此处即罗埠之海口,距埠尚二十余英里也。此港尚在初修,进口之货以木为大宗,因此地建筑者多也。由此乘船出港,至大洋中。历二小时至岛,途中见有三物足记:

---

① 此处应为 Santa Fe,即圣达菲。
② 此处应为 San Pedro,即圣佩德罗。

（一）飞鱼（flying fish）。身长七八寸,有大小四翼,时在海面飞行。

（二）河豚（porpoise）。一名小鲸,大如豕,时跃出水面。

（三）海狗（seal）。此非罕见之物,惟其水中游行,两鬐大张,极为有趣,入水捕鱼,捕得则游至上面,头出于海面上食之,以系岛驯以娱客者。

至岛,岛亦无足异,惟洋水甚清,可乘玻璃底船,下视海面,即所谓海底花园（submarine garden）也。下船后,十二时一刻,即在码头换玻璃底船,绕岛游视,海中之植物大致如岸上,即自海底上生。其低者类柏树及桎树,其高者大于长条,叶类桑而极长,有径尺者,条上着花,花只成片而不成朵,受海水冲激之故也。短者色较深,高者皆作淡黄色,日光下射,光与阴,隐隐可辨,各鱼在海底游行极乐,有大可数尺者,有色极美丽者,或红或黄,或青白相间,身状或扁或圆不一。最奇者船行其鱼并不惧,且鱼有向上游,致与船底相碍,而侧身向上,亦与玻璃相触者,真奇景也。

船将折归,有一水手着短浴衣,向众立正毕,跃入海中,在船底与诸鱼争游,忽至海底,忽升海面近船处,亦绝技也。彼尝自海底取蚌壳,以售诸客为纪念。

去时路遇一美国人邓君（Dum）,与之谈极久,因整理行装,不暇记矣。

晚归至共和餐馆,用饭,看中国报,知黄陂已入京复职,旧国会八月一日召集开会。

第六　赴墨西哥途中游览

（自民国十一年六月十五日起至七月十二日止，共二十七日）

1. 游大谷
2. 参观叶落坡煤公司
3. 至阿白克州参观州立大学并讲演
4. 在三塔扉州十日
5. 参观州政府及土人迎神
6. 参观新博物馆及飞虎里谷
7. 参观三塔扉水电公司
8. 三塔扉习惯之一斑
9. 关于印度一切之考察所得
10. 过美墨交界之叶婆娑

六月十五日

重收装行李毕，交伺者，下客厅，杨君明悊、徐君定澜、张君铭三人来送，因为时尚早，坐谈半时，唤汽车，赴三塔扉车站，三君送余至车站上车，又十余钟车行，余立车端，尚与三君招手，至不见为止，此余别罗三吉尔也，亦即余别加省也。余以民国十年十二月十日到美，在金山上岸，至今日已半年又五日矣。一旦别去，未免有情。加省旧属墨西哥，墨美之战，割以与美，此地当白人未到时，尝有中国人足迹，余寓白克里时，附近发见有镌中国字之古箭，在罗埠参观西南博物院时，见有中国式之印度人装服模型，此随在足以证中国人之来此地,甚为久远也。今乃华侨寓此者,美人视为贱族,可感伤者一也。

此地红印度人,其骨相与蒙古人略近,其些微之文化,或为古代中国人来此时所馈送,颇足研究。今此种已渐为白人斩戮驱除已尽,不闻其宗教家有所纠正,其当权及躬执杀戮之役者,皆为基督教徒,更未尝自以为非,异族人之处于白人势力下者,其惨苦如此。近来留存之苗裔,尝与白人来往,已均迫于势,慄于威,而为基督教徒矣。然数年前,某红人与一白女子发生恋爱,酿为奇祸(盖加省白人男子,视其白女为彼等独有之物,不容其他种人问津,且至定为法律,干涉人之婚姻自由,故中国人有时与白女同行者,白人群以怒目视之)。多数白人,持枪①轰毙印人甚多,政府不加干涉,报纸不敢评论,彼印人饮丸时,尚大声操英语呼云:"都是信高得(此与中国上帝之意不同,盖中国所谓天者,概万有而不名,所谓帝者,宰万化而无形,彼之高得,依《旧约》所载,为彼一族之神,译为上帝不合。以后吾人应称之为高得,以示区别)的,不可自相残杀!"然呼者自呼,杀者自杀。中国人以民族大,距彼远之故,在国内未得受此惨祸,而乃有多数人为其教士所愚弄,而甘心背祖宗弃帝天,而日日颂祷于其高得之名称下,若惟恐中国人不步红印度人之后尘者,此可感伤者二也。

至此邦之与吾以好感情者,其普通人城府甚浅,其学者亦多襟怀开展。余有数友,其待余之厚,同国故旧不过如此。且因指摘其美国现状不合之处,有为彼等所赞同者,其向友人作函时,屡屡称为有最高之眼光,最大之魔力,为生平所仅见云云。此种虚怀若谷之学者,在中国实不多睹,余自问尤觉有愧。

又此邦秩序最好,无论何等公共之地,无论如何,幼年之人,多能守其应有之秩序,故各处巡警甚少,此亦中国自称为礼教之邦者,所应愧悟而师习者也。余临去此省,感想千绪万端,不能备书,略书数语,以志吾别足矣。

---

① 原文作"抢"。

下午七时左右,至尼都镇(Needle),车停较久,下车见印度人持手制串珠花,呼价兜售,工甚美,欲与之言,彼等不甚通英语也。又向他处寻得一通英语之印度人,与之谈古代彼族与中国之关系,彼不能领略,惟云以骨格形相论,当为可信。末余询彼之姓名,彼忽云:君不像①中国人,或为白人耶?再询以姓名,不敢相告矣。岂印人之畏白人,至于如是耶?余登车行。

余午前上车时,先询以二事:(一)在何处何时换车?(二)在何处何时时表应改标准时?知天明五时余,在威廉站(Willeams)换车,夜四时时表须拨快一小时,乃于睡前拨表安寝,不必至四时方拨也。余车同坐为一女子,颇爱同余谈,转车时别去,彼告以家在何处,余未问其名也。

隔坐二人,一为荷兰老者,遍游世界者,曾至中国,忘其名。一为一少女名葛珀(Cupp),东南某省人,毕业于纽哥伦布大②学,现为加省某高等学校教员,亦爱同余谈,故途间并不寂寞。

六月十六日

晨自威廉站换车,向北行,乃专赴大谷之路也。车向下行,沿途为丛柏而不甚大,已斩倒僵卧地面,任风雨损坏者甚多。美国地旷而人口不甚多,故到处皆有暴殄天物之象。九时半至大谷,寓安坦窝(Ettavar)旅馆,每日房饭六元,浴资在外,然房间及饮食俱甚美也。

旅馆对面为一印度屋,名曰侯毕屋(Hobi House),侯毕为印度一种之人名也。至其中有二女子,方以手制地毡。其装束及面相皆如中国女子,其发髻纯为中国旧式,其上衣左右有叉(即缝临边处,有四五尺长不合也),裙亦如中国式,裙长不能见裤,然旁有幼孩,其裤下端亦有叉,如中国旧式小儿衣也。室隅有极简单之制银用具,如纳哇侯(Navaho)银匠所用。由此室通过至一大室,皆为纳哇侯制造

---

① 原文作"相"。
② 原文作"太"。

品,其银品多以极细银丝连属为之,此在河南省名为拔丝活,然视中国者为精。其制银用具与制造品,亦皆与中国旧有者大致相同。其他陶器、木编草编各器俱精美,有古朴意,余未购作纪念,实为可惜。此二女子不解英语,未得与谈。

此室之建筑为楼式,而梯在外,由梯登其上层,有二女子作美国装,解通英语,与之谈,彼云,彼为侯毕女子,在河岸镇(River Side)上学,暑假来此。下面二妇,为纳哇侯也,彼此言语不相通,又云前数年二族尚为阋墙之争,今又和了。余询彼之衣服式,与纳哇侯相同否?彼云完全相同,惟言语不通耳。餐后觉倦,因夜睡不安也。回室少寝,起,沿谷旁视,为之神荡意驰,盖与理想中之大谷完全不同也。谷深不能见底,更不见有树木花草人烟村落者,惟见五光十色之断崖绝壁矗立千仞,或凹或凸,或仰或俛,映落日作万道霞光耳。沿谷岸绕行半里,得下谷之路,乃独步下行,蹭蹬拗折,见谷内石壁上树不甚少,惟因谷大树小,又石皆有宝色霞光,故稍远之处,见石不见树也。下行不过一里,乃折转回,晚与旅馆约定明日八时半乘骡下谷。餐后寝。

六月十七日

晨,七时起。租游衣一袭着之,对镜自视,如煤矿中之工人,出赴乘骡所,见各骡背高齐人,不免有怯心。各客均上骡,余亦随之,步步有戒心,骡行身动,余心随之俱动也。本日同路下谷者,大约四五十人,尚有由他路下者,作二日游,须住谷内帐棚中,余等乃作一日游,晚仍归。行经巴尔克照像馆,彼遍向各游客照像,不知余像曾摄入否?过此则沿蹭蹬拗折之羊肠小道,下行倾斜度极大,有时骡须后腿曲折,乃能无虞,此时所沿之壁,名明亮天使(Bright Angel),余觉译为金刚岩较好也。见岩壁最上数十丈,全为有光白石,过此为有光红石,厚可二百余丈,下为赭色之花冈石。遥向他岩望之,有较青较黄之色,然以红者为多,且皆有光外射。行约二十余折,下见青葱,为碧树芳草之色。又数折,路渐平,有泉自石隙出,穿林草下注。又里许,见垂柳软莎间,有房屋隐约出林际,至其地,各客均下,少息,余徒众人后持小瓢酌泉水饮之,觉此间深林矮屋,乃真世外桃源也。流连不忍遽去。

美国人性情亦不尽同。余等以小瓢酌泉饮时,此人饮毕以瓢授彼人,或酌水以授彼人,彼必称谢。某人饮后,洗瓢酌新水授余,余谢之乃饮,饮毕亦洗瓢酌水授后来者,乃彼并不称谢,饮毕亦不洗瓢酌水授人,昂首竟去,可为无礼矣。

在此休十余分钟,上骡重行,此时距岸已低三千余尺,以谓谷底也。乃沿溪水前行,移时又上谷中之山,又下山外之谷,蹭蹬拗折如前,而倾斜度更大,曲折次更多,人在骡身,不能维持中心矣。计下骡缘壁而行者二次,乃至谷底,小溪又出流,沿溪仍有林木。凡林木均沿溪水两岸,并不甚古,其树以中国所谓小叶杨者为多。而无水之处,树虽小而古,一种似矮柏似丛艾,不知其何名;一种长细之古叶作斑烂之青白色,直生于干,细视之,乃木贼之久而成树者,颇觉奇异。沿小溪下行数百武,有巨流色如黄河而不及其大,自水面至岸五千四百尺之谱,然岸内为嵯峨雄奇之怪山,而岸上高原乃为平地,绝无山形,此其所奇也。

在河旁巨石上坐,领略时许,觉此处之风景,惟读《华严》能契印者,乃能真领略,否则目呆舌拆[①],但事震惊而已。若对之亦并不震惊,则直麻木不仁也,谓之为未尝来游大谷可也。

自河边仍沿小溪回转上行,至一地,山石由南向北环抱,蹲其下可避日光,溪水至此洄环停止,澄清可饮,此大好之野宴(Picnic,按此字译为郊饮、游宴、野饮、野餐均可,近人有主张用音译者。余意必中国真无切合之字,乃可用音译,若此类字即用音译,则意译可废矣)所也。向导解革囊,出食品,每人一分,蹲地食之。内有纸杯,用以酌水,以薄纸酌水数次,并不致损伤,其制造之精可惊也。

---

　① 原文作"桥",以下统改。

餐毕,沿旧途上岸,上坡与下坡不同,马易行,人亦较逸,惟有一讨厌之事,则向[①]导与某女游渐加亲昵,彼遂只顾彼一人,置吾等于不理。彼与某女两骡紧接,在最前行,有时彼等已至平处跕骡,向导下立抚女骡鞍,呢喃细语,忘却余等之骡尚在极险之途中。以彼等既阻碍此一线之正路,使后行者久困悬岩侧道之骡背上,实觉难支,如余及某客不善乘马者,尤为悬心挂胆,诸客尽厌之。以此邦重恋爱自由,故勉强忍受,不愿冒干涉他人爱情之嫌也。余意彼纵相爱,只可自谋幽会耳,以彼之快乐,陷我于危险痛苦之中,总不公道,乃大声呼之曰:"向导,此地有有兴趣之事实,须告吾等乎?"彼张目四望云:"无有。"余曰:"若然,前行之为愈也。"乃前行。自此后,每逢彼与某女士跕骡密语时,必以目望余,察余无反对之意,且骡皆立于平稳之地,彼等乃絮语,不似从前置余等于不顾也。余自此亦不复再扰乱彼之私语,然亦太杀风景矣!途中经过有名印度花园者,然仅以名其地耳,非有何等花木或建筑也。至中途午前在此休息处,仍下骡休息,至上岸已五时半矣。下骡后,腿觉酸,然并不及前年旅行蒙古时乘马之倦惫。余觉西人鞍鞯等,较舒服也。

呼水浴,觉两股间隐痛,抚之皮肉完好,觉骨际痛耳。因思明日须休息,乃能行,旅中不可过劳。餐后仍出在岸边散步,仰观落霞,俯瞰穷谷,天风万里,微振林表,游客或休于室,或休于檐下,或散步静坐于芳草路旁绿树荫下,汽笛不鸣,人语不哗,此在急遽憔安之民族,繁华喧呶之城市中,所断不能有之境界也。倦乃归寝。

又连日晤一通印语之美国人,彼专以通译为业者,凡印人跳舞,向客人收钱时,由彼经手。其跳舞白人乐看,余觉其粗野寡味也。所晤印人中有一能操英语者,尝与之谈。有二老人不通英语,一为其首长(chief),年已逾百,精神尚矍铄也。一为一曾代白人作侦察者,已八十余岁,其首长亦由政府派充,闻昔日如何对印,政府尚以之询首

---

① 原文为"乡",上文作"向",依上文为妥。

长,近来政府但命令之而已。且其首长已与居近车站之人,同作游客之一种弄具而已。意彼百岁老人,前数十年,在彼族者,亦必为有权有势者,如中国苗民之土司,今乃如此,可为一叹! 补记之。

六月十八日

晨起觉不甚倦,乃用电话告账房结账。八时十分,由原路乘车,先赴威廉车站,十一时半到,至下午一时余,东行之车方到。此站火车亦屡屡误时,在车站中餐后,登车东行,一带荒山,数百里无大变化,盖此地为高原,距海不甚远,已高至六千余尺矣。车向东行,势渐低,入新墨西哥境,晚至叶落坡(Gollap[①])下车,此地为美国南部煤矿最富之处,其平地皆山,故取煤皆在平地之下也。

今日所乘之车,为普通车,若加价则可买普尔门(Pollman[②])车,可坐可睡,如余赴大车所乘者。今日之车,上车后见人多而杂,且须自行觅坐。男女老少,横坐斜倚者皆是,其情形介于中国二、三等车之间,惟坐位为红绒气椅,视中国为较好耳。美国火车采一级制,故普通车无一、二、三各等之分,自普尔门车发明实行以后,有身分者即不过夜,亦加购普尔门票,加价仅五元,而车内之安适清洁,伺役之周到,远非普通车可比矣。此种制度极坏,分言于下:

一、普通一级制,美其名曰人人平等,然各人之收入则不平等,车价不以乘车者之收入为比例,而漫取一级制,是强贫人与富人一律出资,宜美国贫人之多也。美国各种制度多犯此病,不可不知。

二、普尔门仅加价五元,比普通车优异太多,如余今日所乘之列车,普通车一辆,人极拥挤,普尔门则有六辆,人极松散,大约乘普尔门者之数,多于乘普通车者二倍,其所收价之总数,亦不过比收乘普通车者价之总数二倍有奇,因普尔门每人仅加价五元,不足一倍也。然彼六车之建造及常年之各种费用,视此一车,至少必为十与一之比

---

①　此处疑为 Gallup,即美国新墨西哥州盖洛普市。

②　此处疑为 Pullman,即卧车。

例，其价殊为不公。贫人若甘受此亏，是富人坐好车，贫人多出价也。若贫人亦勉强加购普尔门车票，其力将更不支，而火车立法之本意，乃奖励贫人坐好车，可以尽吸其劳动所收入之款。吾未详研究此问题之前，曾有中国友人胜称其此种制度之好。由此观之，彼友人之见解大误。中国人来美考察者，往往不知从社会各方面着眼，而仅就其所观之一点向国人介绍，此殊危险也。

然余在车中，可借以观察多数贫人之举动，良为有益，兹就所见者述之：

一、车中人以有家属者为多，因有家属者所须车资多，故坐次等车。其单身生活者，多独坐高等车矣。

二、车中以南欧洲人为多，因北欧来之人皆为富者或高等职业者。

三、其女人多有子女，且有年甚轻而子女累累者，亦皆南欧洲人。美国土生人口之能维持，大有恃于此一阶级。

余下车时，因普通车所下之人多为贫人，自行携取行李，故候时甚久，无人来招唤行李，道旁有一印人，余请彼为觅一旅馆，代余搬运行李，且可向之询印人情形也。彼亦为纳哇侯人，彼云由此北行六七十英里有一城，城有白印度人，皮色洁白，发黄目碧，一如白人状，惟在阳光下目力不足云云。印人亦有白种，此大足为考人类学之助，必欲一往，未能决定。

晚寓德尔马（Delmar）旅馆，德尔马西班牙音，意即大洋也。在书肆中购《大谷故事》（*Story of Grand Couyon*①）一本阅之，见其有孔夫子庙（Confucius Temple）、孟子庙（Moncius② Temple）、佛祖庙（Buddha Temple）、婆罗门庙（Brahma Temple）、武当鼎（Wotan Throne）等地名，乃大悔昨日游历之潦草，又深悔不先购书阅之，而

---

① 此处应为 Canyon，即峡谷。
② 此处应为 Mencius，即孟子。

仅凭普通乡导之任意引看,盖余初仅闻大谷为奇景,而不知其有如许之古迹也。此外庙名甚多,然大半总皆中国传来者,此而潦草过去,真唐突此游矣。又思明日或可仍回大谷一为访之,亦踌躇未决。此书著者为美国地质调查员、地质学者达尔吞(N. H. Darton Geologist N. S. Survey),彼但注重地质,对于古迹绝不注重,况此全为由中国来之古迹,彼更不注重,不过用其地名耳。倦寝。

六月十九日

晨起浴,余居室面东,朝曦入窗,如逢故人,因出国以来,皆住大旅馆,四面楼房,不辨方向,日光入室之时甚少,寓白克里,余窗面西,故久未得见朝日也。

出门游各街市,此城极小,盖因周围煤矿发达,殆如故乡之焦作。入一土物肆中,购纳哇侯银器甚不精,余询所见之精者,彼亦有,但为墨西哥土人所制。末彼乃引余视其纳哇侯银匠,正在工作,不通英语,不能与之谈。少顷[①]来一人,类南欧人,通纳哇侯语,自谓父为白人,母乃纳哇侯人,其发须墨,而两颧类白人,手腕多毛,总计类白人者多。盖前日曾细视纳哇侯人,毛甚少也。余又与彼银匠握手,并自袖中出其腕视之,毛少类中国人,此等视察皆足为研究人类学之补助也。余友阿谟君曾告余云,印度人临太平洋岸者鼻较平,临大西洋者较高,余对彼等之鼻,尤为留心也。在此购土物一二件,又得彼古代石斧二具,购之寄归作纪念。

赴此地叶落坡省银行取款,识其司事郭西岩(Gorria),因约之中餐。餐后求彼设法介绍此间煤矿主任何人,欲往一参观,彼允之,请余一时半至彼银行。至则由包梅堤(Bonment)君接待,并介绍余见其总理,云已电叶落坡美国煤矿公司(Gallap[②] American Coal Company)城内公事房矣,请郭君偕君往可也。至其公事房,晤包尔氏

---

①　原文作"倾"。
②　此处疑为 Gallup,即美国新墨西哥州盖洛普市。

(Bonvers)君,彼驾汽车陪余至其矿厂,坐落在吉坡森(Gibson),晤其厂长毛遂式(Morses),导观一切。此为专门事业,必有专门学问者,乃可参观。余之参观,略观大意而已。彼厂有旧井三,观其一,日出煤一千吨,用工上下四百人之谱。地下工人,每出煤一吨,工价八角六分。每一吨所用之架木(stuff),合金四分,此专指在小巷(rooms)内所用者,其大巷(entrances)在外,因大巷分为三种,一为铁质者,一为水泥者,一为木制者,若合大巷为木制者,总计亦在一角三四分之谱也。此井为平井,用侧道(Inclined)出煤,每一列共车十六辆,每辆载重一吨半,共二十四吨也。其筛煤机(screener)上,只有二人,用手捡出石块及骨煤(bone coal),石块全无用,骨煤火力不足而坚度太高,等于废物,本地有驾车来购者,价不及一元也。其装载机(loading doom)连属于筛煤机,与从前在开平所见者相类,惟用人工更少耳。又至新井第五井参观,此井尚未竣工,以每日作工八小时计,可日出煤四千吨,工人在井下者一千,井上约五六十人足矣。此井所用电机,为一千一百马力。此为主井(main shaft),其旁更有附井,专备上下人及出入木石等物,其电机四百马力,另为有机器厂,有生电厂,其生电机能至五千马力之电力,如用再倍法可生至一万马力矣。此井筛煤机及装载机更大更便,机下并列五轨铁道,备由筛机转入装载机,即直下入火车中矣。

余询此间罢工问题已完全解决否?彼云未也,但吾矿少受影响,并不至停工也。

又余等来时,包梅堤君交一通过券于余,盖此间现住军队弹压,不准无业者入矿厂,故出入必有券,进厂时彼等识包君,故未验余券也。

又英语称帐棚或窝铺曰坎铺(camp),此间大矿,亦通称为坎铺,即通过券亦载明出入坎铺,不云矿厂也。

晚约包梅堤、包爱氏二君,同餐于白馆(White Cafe),彼等询余中国煤业及政治情形,余一一告之。彼等曰,微与君谈,吾等以谓中国人并无自办之煤矿,且现在确分为二个国家也。

餐后又至土物店购石器三,寄归。见有一化石植物为棕树,大可径抱,树身完好可爱,询其价云五十元,继谓此初自印人得来者,近两年来各处博物馆停止购物,遂至无人过问,若在数年前,五百元不能得也。余思此物之价值当然甚高,然终以旅费无多,不敢滥行购物也。

十时寝,备明日早行也。

又余晤美印合种人时,余细视其鼻及两颧间,皆有极红之细爪状筋,隐于皮内,犹太人往往有此种红纹,此亦研究人类学者之一助也。

又在彼肆中与人谈此地煤矿罢工情形时,某君云,此地罢工急切不能解决。余问此间罢工,仅为工价问题耶?彼云,然。煤矿公司均按吨付价,每吨七角八分,然工人往往一星期只有二三日或一二日可得到工作,余日无工坐食,二三日或一二日之工价,断不足供一星期之生活费,彼等要求改为日给制,案日付价也。余云,彼等罢工无工价可得,如何度日?彼云,此间工人,多有积蓄有产业,彼等生活多可自了,惟既为工人,则最低之限度,总须工价足以度日耳。余询问金山、纽约等处工人,皆无蓄积无产业,何以此处独有?彼云,彼等作工日已久,有已在此地作工二十余年者,故多有蓄积也。余问,工人均系何处人?彼云墨西哥人、日本人、意大利等人云云。余思此数种人,皆未染美国大城之习气也,故工人能积资置产,此亦可为研究美经济状况之一助。

余寓之德尔马旅馆,馆主包乐,即为意大利人,在此间煤矿作工,历多年,娶妻生子女八人,并能积资置产,此旅馆房屋,即其所自有。故彼夫妇及子女均无美国工人习气,自理己产,辛辛勤勤,然并不露失意不满足之状,亦不类普通美国人整日跑折两腿,不知所忙何事也。

六月二十日

晨起略书日记,即开账备去,因火车九时十分可到,至九时十分,车并无信,又误时矣。直至十时半,车乃到,余今日仍不购普尔门票,车到并不能登车,因普通车仅到时启门一次,令下车者下车,至开车时启门一次,令上车者上车,故未至开车时不能上车也。但余行李已移至车边,只可在日光下呆立守候而已。彼普尔门车则启门,任坐客自由上下也。余坐普通车虽稍吃苦,然可多得一种经验,美国火车商办,各路规则,多不尽同,余所记者三塔扉公司之情形也。候至开车时上车,车内情形,与昨无大异,而车内气味更坏,开车后仍觉甚热。此地高原,风重携沙,吹面时如去岁在国内山西旅行时也。途经某镇,亦为印人所居之村,在车上望之,甚有异趣,印人多持土物向车上呼售,余因携带不便,故未购。

上车前,在街上行,遇二印人,状类学生,呼与之谈。彼为比卜娄(Pueblo)种,现在阿白克城官立印人学校读书,能通英语,故可与谈。其一绝类余同县亲谊娄耀亭君,若在中国,余必以为娄君也。询彼姓名,彼皆以新命之英文名相告,问以彼之旧名,亦不肯告,余照彼二人像片一纸,不知清楚否?彼二人之英名一为瓦娄(Frank Vallo),一名敖提司(Antruo D. Ortiz),即貌类娄耀亭者也。下午三时半,至阿白克(Albuquerque)下车,寓安华乐土旅馆(Alverado Hotel Indean① Building),每日房饭金共五元,不分计也。

余寓四十号房,入室先浴,餐后至旅馆隔壁印度馆视之,其中有印人制造品颇多,亦有化石植物数种,其最大者不售,其小者每片八元至数十元不等。余乃觉叶落坡之棕树化石五十元,不为多也。内有一室为印人住室,模型有与中国相同者,如中间临后壁处置神龛,其前设香案,置二烛台相对,案两旁置两椅,此颇似为中国式。

晚购印人邮片十张,分寄友人。

余室伺役为此间大学学生,与之谈颇好。

寝后又构思,十二时后乃睡着。

---

① 此处疑为 Indian,即印度人的;印第安人的。

六月二十一日

晨起，闻伺者云，大学现在暑假，只上午有人，下午访校长恐不遇也。乃预备早往，适有新闻记者来访，询余来游目的及在国内作事及现在政治情形而去。

出门乘电车，此间电车执事人尽为女人，开车收钱一人司之。至大学，见其建筑极朴素，别有风趣，与前所见者皆不同。访校长喜尔博士，稍谈，彼请其文理科学长（Dean of Arts and Science College）米起尔博士，导余参观。彼约余十二时在某俱乐部中餐，余允之。彼又询余云，十一时教室中有讲演，君能赏光一临乎？余云，极愿参观，乃辞彼偕米起尔博士遍观各处。米君极恳挚，指示不厌其详。此州草莱初辟，大学亦建设未久，规模不大，然余方欲画计河南省立大学，此规模小者转足师仿，兹记其大概如下——

一学生，只二百五十人，教授二十四人，男生十分之六，女十分之四，惟暑假班则女子乃至百分之八十五。

一经费，美金十四万余元，分为三项：

甲、省税项下，此居大多数。

乙、学费，此校学费最廉，每年二十五元，此项收入，不过六千余元也。

丙、校产项下，此邦初辟，荒地尚多，由政府拨归大学名下三十五万英亩，合中国亩二万顷，现在招佃开垦者有限，每年可分租金三万余元。

一组织，分为文理大学、工科大学两科，中所分科目若二十余科，另外有毕业院，专为毕业者而设，以得学位者也。三科共有学长三人，统属于校长。

一建筑，纯为印度式，故与向来所见之学校建筑一概不同，然甚合用，且含有历史的美，觉盎然有古味也。

一设备，图书馆不甚大，化学及物理实验室规模较大，家政学教室分为缝纫、烹调、洗浣等等，较前所参观其他大学，觉特为详备。游泳池、运动场具备。

参观时，米君随时指示，家政学各学室，共为一座房，名为"欧蔻纳"（Aokone），此为印度土语，意言"蝶女"（Butterfly Maid），其室画壁，亦皆印度画。印度人爱作画，每画皆有寓意，足以表明其宇宙观、人生观，惜其无文字，如有文字，其进化岂只此耶？余尝闻友人云，红人程度远在黑人之下，此不察之言也。黑人无旧可守，且为奴时，能代白人作事，释放后自然更能作白人之工，然其人无深意味，印人始终有不甘白人之心理，遇其通英语者与之谈，颇有能解道理者，甚觉可亲也。

米君谓中国大学，建筑尽仿美式乎？余云颇多，亦不尽然。彼谓断勿专仿美国式，余视吾校建筑，比其他新建之伟大美国式者，有美意也。

参观毕，乃导至草地坐，彼卧而息，毫不足形迹，此美国人之坦直可爱处。少顷，导余至一大讲室前，遇校长喜君，又为介绍一人，云系此州农业大学校长，余忘其名。彼等导余入一大讲室，余意听彼之讲演也，乃奏乐毕，喜君登台报告余及某校长之短史毕，首请余演说，至此大窘，然已不能辞，只可敷衍，谓承贵校校长嘱余演说，得与诸女士诸君子晤面，不胜荣幸，但自愧英语不佳，到美时间甚短，不能发表高尚议论，有负盛意，今就中国风俗制度与贵国不同之点，略述一二：（一）中国富人化钱，其结果多化与贫人，因贫人为农、为工、为商，亦各有产业，各能生产也。富家子弟，往往不务生产，专学奢费，故数传之后，变为穷人，故中国贫富常为循环的。美国贫人，则须化钱于富人，因一切生产贩卖转运之机，皆为富人所有，乃至娱乐之场、代步之具，亦皆为商业化而掌握于富人，故贫人衣、食、居住、消遣、行动，皆须出其工资以易之，其结果终年劳动能积蓄者甚少，故贫富成为二阶级，颇难转易，此其异点一也。由上之异点，中国人多数以产业为生，美国人多数以职业为生。以职业为生者，一失职业即无以为生，故人人多急急于工作，然为人作工，常苦不快，故工毕必求消遣，故内多烦苦之感,外呈活动之状。以产业为生者,生活较为稳固,尝得消闲自乐之境况,而养成迟缓不进之习惯。二者各有利弊,此其异点二也。又中国人婚姻多以生育为目的,美国人则婚姻即是目的。以生育为目的,养成家族制度,故离婚者极少;婚姻即是目的,往往以夫妇为娱乐生命之作用,感情一淡,即流为离婚,此其异点三也云云。演说毕,其学生以女子为多,似颇感兴趣,校长喜尔又向众语,且谓胡君但知中国富家子弟专学用钱,不学治钱,余觉美国女子,但学用钱,不学治钱。各女生哄堂大笑。余曾记在白克利某君演说中国女学生,均不涂粉脂,各女生哄堂大笑,因此邦女学生之施粉脂甚多也。余演说后,农校某校长演说,留米君在讲堂招待,喜君偕余赴奇娲尼氏俱乐部(Kimanis Club)中餐。奇娲尼氏为印度音译义,为吾等建设不休息之意,余觉可译美国行建会,或云吾建会也。此会美国各埠均有,总会员约五万人,每埠组织均以任何职业各有二人为度,如大学内各小学教员、各商行律师、新闻记者等等,均在内也。

同餐者约会员六十余人,客共三四人,余其一也,各客各为一人所请,如余为喜尔博士所请也。餐品亦佳,餐前喜君为余介绍约十人之谱,惜不能记其名。某君告余云,君欲研究此地土人古代与古国之关系,有一事相告,至华盛顿时,必至司密氏古物研究所(Smittisonia Institue①)一观,其中有一中国玉,为二十年前在墨西哥一古银矿中所得,有疑其矿古时为中国人所开者云云。餐时,喜君以余名片观诸会友,并请余起立,彼又简单报告介绍余于全体会员。餐将毕,忽有多人起立请余演说中国政治及实业现在状况,余未起立,鼓掌声先起,已不得已,复以不完全之英语演说。谓中国政治已将有统一之兆,此为国民心理所迫使,因中国国民最富于统一性,勿论何人,决不会梦中国可以分为二个国,中国人可以分为二个民族者,所有南北等名等不过军人一时之代名词,又述中国近十年来煤业棉业进步大概。

---

①　此处疑为 Smithsonian Institute,即史密森尼学会。

此次演说,觉较在大学时口舌较灵便也。餐后临散时,有多人向余握手道好,且甚称余演说之有趣,此时余颇有一人誉之则以为喜之概,岂不可笑? 向喜君道谢,回旅馆假寐。

下午三时,此地晨报记者霍根君来访,谓威尔君本报总编辑,适与君同餐,嘱专访云。大概亦问以中国政治情形,及余个人出游之目的等等。余一一告之。彼对于余意极赞成,谓闻所未闻。末又云,彼极爱读译本中国诗,尤爱李白之作,美国诗殊少当意者云云。临去,数言实欲多领教,东方人之意境实较美国人为高,不知何日能赴中国一游云云。言别去。

此地共有报馆二家,以余英语之艰涩,一日乃在此埠最高之学校中,最大之宴会中,两次演说,与两家报馆记者交换意见,国内同人闻之,宁不大笑诧为大胆耶?

晚约米启尔博士在旅馆便餐,餐后又畅谈,彼谓美国各种制度皆未善,开国宪法,至今真意全失,已成古董矣,愿贵国来游者,皆如君留心考察,勿抄袭吾之弊政。又谓所谓文明者,不应专解释为物质方面,高尚优美之思想与知识,乃真文明也。美国一般人,多自骄美国之文明,吾殊不知美国之文明真价值何在。纪元五百年前,希拉以极小之国度,其文化何等优越,一时哲学家、文学家、美术家辈出,标炳史乘,至今称道不绝。美国以如此大之国家,开国以来,曾未闻有一人或哲学家或文学家或美术家如当时希拉[①]之人物者,有何可以自骄之处? 最后余谓中国在现在尚非物质文明有过度之虞,且急需发达以补吾之缺。余意或者美国现在亦需参和东方哲学之人生观,或于前途稍有补救,彼云此实吾之所急需者也。谈至十时乃去。

稍检点日记,就寝。

六月二十二日

晨起阅报。两报均载有余之新闻,昨日晚报所载者有不尽合处,

① 原文作“希粒”,依上文作“希拉”。

晨报所载，乃霍根君所记，大致均合也。

九时半，又赴大学摄影，且访化学教授可拉克博士（Dr. John D. Clark），彼于此邦实业状况知之最悉也。此邦可分四部分，西北接安利僧纳一带高原，皆为煤田。大公司约在五个以上，最大者为叶落坡美国煤矿公司，其高原上山脉多与地面平行，易采，至三塔扉接近处，完全变为立层，不易采矣。东北之煤，大概炭素五十分以上，易燃质三十分以上，最易炼焦。彼处从前交通不便，现其煤田，大车为斐尔波氏道纪煤矿公司之产业，彼自修有铁路，接于其他干线，东北利源，尽落于此公司之手矣。西南一带林业较盛，有铜矿数处，其林业最大者，为麦荆来（Mackinley）府田木公司（Country Land and Lumber Co.）。所有铜矿，最大者为中国铜矿公司（China Copper Co.），此矿为白人所有，其公司何以名为中国，未详。东南大半为农业畜牧，多为普通农人及小资本家之产业，未有大公司，比较上东南产业，尚在多数人之手也。

可君曾在加省大学为教授，亦不喜美国之经济现状，且甚喜中国之风俗习惯，并谓印度人实优美之人民也，思想恬静，与人无争。余因询以大谷之各中国庙，是否古代为中国人所建，或印人所建？彼谓彼意彼处并未尝有如许多之庙，意者四五十年前，白人曾游中国者，予以此等名称，以记其地，非古来本有此庙也。因谷内能居人之地甚少，且恐古代印人无此力修如许多之庙也。与谈一时半别去。

下午访海克女士（Miss Hickey），彼前曾充大学教员，今在此地专介绍游人考察印度情形者。彼偕余同赴伊思来他，距此城十三英里。海女士自驾汽车约四时到伊思来他，临到渡一河名梨沤古郎德（Rio Grande），印人大概即沿此河而居者也。此间城镇村并无一定定义，如此印人之居所，或谓之城，或谓之镇，或谓之村。入村街道不甚有条理，屋皆平顶，大都有院墙。入村后三四折，至一杂货铺，开此铺名者，帕不娄阿北他（Pablo Abeita），此彼所采用西班牙名也，其印度之名，向不以告人。此君前曾为村长数年，英语称其村长不云村

长,而云高维纳(governor),与州长总督同一名称,现为法官。余询
其行政组织大纲,据云有高维纳一人、甲必丹(capitain①)一人、法官
(judge)一人,各自独立。前者由人民票选,一年一任,连举者可连
任。法官由华盛顿联邦政府任命,又询法官须对政府有报告乎? 谓
每三个月报告一次。又询各官薪俸,谓只法官有薪俸,年金四百五十
元,余俱无薪俸。余询彼意古代与古国人有关系否? 答云不知,惟在
教堂闻牛马等物,皆为西班牙人由船自欧洲运来。又问彼自有历史
书否? 答云无文字,安得有书? 惟据父老相传,哥伦布未到以前,此
村已有二十三代,由河彼岸移来者。又问彼之旧宗教崇拜祖先乎?
彼云现在仍然,吾等信吾宗教之所谓大灵(Great Spirit)永久不灭
也。又问君既为耶稣教徒,而又保存旧教,君信所谓大灵与所谓高得
者,二而一耶? 抑各自存在耶? 彼谓此未能详答,但在教堂祷告时,
则心向高得,入吾自家及吾自己行礼之所(忘其名)则心向大灵耳。
余又询大灵之音,在印度之音如何读法? 彼摇首云,君谓之大灵足
矣。讫不以印音相告,末乃谈他事。后导至其家与其妻相见,妻不能
英语,其室大部分已变为白人陈设。彼又导余至一内室,为印度陈
设,以薄毡遍铺地,而以厚者叠置临壁处。又询以其坐法如何,知为
跌坐。由彼处告别时,共合一影。海女士又导余游各街,人甚少,谓
彼等务农,河岸之田皆彼等所耕,现为农期,多入田矣。又曾询其人
口增减之数,谓一八八〇年,此村人口八百六十人,本年一千〇〇五
人,大致乃增加也。村中小儿女有人向之照像,则索钱数先,至十二
三岁以上之女子,则温谨,不多向外人言矣。末至一老人家,老人无
须,妻子俱死,不通英语,余略与语,由海女士以西班牙语通译。彼谓
欧美人来此者多,未闻有自中国来者,百岁外老人,得与极东人一握
手,实为欣乐云云。盖彼今年已满一百又一岁矣。出村又渡桥寻原
路返,路极坏,途中汽车陷于沙中,极不得出,后行人数人乃出之,归

---

　　① 此处应为 captain,即首领。

阿白克天已晚矣。

又昨日与美起尔君谈时，彼谓美国人所自夸之文明，现在直成为世界之危险物矣。前在金山时，葛理尔君曾谓美国之资本家，今日已为世界之危险物，二君所指之物不同，然实则美国之物质文明与其资本主义，确有极密之关系，不能分而为二也。

六月二十三日

晨写日记。结账，赴晨报与威尔、霍根二君辞行，下午三时上车，赴新墨西哥之都城三塔扉(Santa Fe)。

车由南向北，到西之时见印人村落，以农牧为业者较多。车至来美站(Lamy)换车。余下车知车误时，尚有余时可以在站盘桓，乃向站周围游览。有印度人一群，自荷行囊，置之地，坐而休息，出裹粮充饥，此盖印人之贫者也。余就与谈，彼熟视余曰，君印度人耶？余云君视余似印度人乎？彼云然。余告以余为中国人。彼询中国若干远。余云大约一万英里，地大于美国半倍，人多于美国四倍。彼等惊愕不已。余询其生活状况，彼作工工价，每小时美洋三角，每日作八小时，共得价二元四角。距家十二英里，今晚尚拟回家。余询其旧日服装形式，其言与前余所见者同。

此站赴三塔扉之车，本应六时半开，因候他车至七时余乃开，至三塔扉已八时余矣。下车电灯甚少，且生路不辨方向，但呼汽车送至一旅馆而已。由车站几折至一旅馆，名芒台驻马(Monte Yuma)，闻此旅馆建于西历一千六百五十二年，今已二百余年矣。旅馆不大，亦不甚洁净，惟此地气候夏日不甚热，故居之觉快。

伺役告余云，此地有一中国人，名扎利甘。彼又云，天晚此间已无饭，余送君至扎利甘之饭馆用饭。至则所谓扎利甘者在门外，乃随彼入内，询其姓名，知其姓陈，五十年前从其父[①]来此。其父业船，前此乃为巴拿马运河工程来也。后其父归中国，彼一人留此，居此城已

---

① 原文作"从父其来此"，疑误。

二十七年矣。从前此城中国人只彼一人，因战时美人多往当兵，而生意又好，无处用人，乃函向金山觅二中国人来，今共三人也。餐后彼坚不受钱，又导余至其家，谓："此室已建二十五年矣。余娶墨西哥人为妻，彼前年已死。今有一女已嫁，一子去年在本州武备学院（New Mexo① Military Institute）毕业，然不能通中国语。"在其室稍谈，彼又送余回旅馆至余室少坐乃归。彼待余极亲，问中国情形极多，谓居此城垂三十年，除铺中用人外，未尝一见中国人之面也。彼以其子小照一张送余，并出其子之军衣相示，谓此军官之衣，平民不能着也。彼去余寝。

六月二十四日

发信二封，自赴邮政局，见其邮局及其他建筑，多为印度式。

午，此间报馆访事员邓君（Dume）来访，询余中国政治情形如何。余略为言之，并谓贵国报纸，尝以南中华民国之政府、北中华民国之政府分为南北两方面，即此足以使阅报者，永不得知中国真象。中国人民与国家，纯粹为一不得为二，惟因政争分裂为二政府，各政府均自以为中华民国全国之政府，因其驻在地点分为南北而已。邓君去后，余中餐，餐后少寝，因连日觉睡眠不足也。四时出游览街市、公园、博物馆等。此城之中心街道较狭，四周则较宽。且两旁之树，绿阴夹道，尤觉美观。此种街与前在司坦佛大学所见之街相同，惟玫瑰花甚少见耳。北行半里，见一伟大建筑，疑为州政府，至则为联邦政府之支部，驻有上将、高厅、法厅等等。归访陈君于肉肆，彼有二肆，一为肉及水干果等，一为餐馆。肉肆用人三，餐馆用中国人二，本地人二，女役三，其生意甚好也。晚彼嘱中国厨役为余作米饭、中国菜等等，意极殷殷。余因久未食米，亦觉可口，食甚多。彼既不受餐资，乃至其佣人亦不受小账，余殊觉不安也。在肆中面其子，貌较墨西哥人甚美，类中国人，亦视其父美，惟色较红耳，衣服丽都，不似能

---

① 此处疑为 New Mexico，即新墨西哥州。

执业者,其举动颇类中国所谓傻公子者。盖陈君虽跰此邦五十年,而仍完全保有中国之意味,如为儿子作牛马,见同乡如亲戚等,此非欧美州人之意味也。

晚归因吸纸烟太多,不能眠,觉不快。

六月二十五日

晨起迟。

访陈君,偕在街市游览,至某庙,彼谓甚有趣,因门已闭,未得入。与余等同行者有一童子,讫不知其为何人。末至童子之家,童子之母有子女八,女长者已嫁,小者尚累累膝下也。家极小,然室内亦有地毡、大风琴也。后又至一德国人家,乃归。陈君每遇人必详述余之身分及行径,希得他人之惊赞,彼乃快。与此德国人谈时,德国人则急于出示其各种用具之精美,并夸陈其价值,以博余等之称赞。两老人虽对谈,而意各有在,其谈锋往往不相衔接,余在旁甚觉有趣也。下午二时,陈君来约余观天主教迎神,立其肆门可观。此城共有人口六七千余,此次迎神者之男女老少,亦以千计矣。大概此地居民,皆为墨西哥遗民,信旧教者多也。在街上男女分段,左右排列,约四十分钟乃过完。其所谓神者,皆为耶稣与其母马利之像。前三者皆为画像,以妇女以杖荷之;前后左右四幼女,以彩带牵之;最后一为耶稣雕像,着彩衣立小案上,四幼女荷而行,前后以少女回绕之,大概皆衣白,以白细纱披头上,老女则周身墨衣头披长纱也。男子衣服如常人,惟大主教中行,着彩衣礼冠,如中国诵经时着彩服之大和尚也。

观毕,余又回寓,假寐至七时乃起。晚餐后小雨,余冒雨向南行,觉街中似无路灯,实则此街树木畅茂,灯皆隐于树荫中,故远观不见,而路上皆隐隐可辨,正如在中国于每月十二三新月下游园林,兴趣极雅也。逾三街口至州政府,乃在一极大方苑之碧树荫中。临政府之各街,其绿树与府苑按连为一。此时细雨如烟,薄凉欲秋,余绕府苑周行,阒无一人,惟有带雨林叶时送淅沥之声,穿树电光半含迷离之色,以与此骞地生人之耳目为缘而已。余绕苑既一周,复沿街南行,电灯益少，路径益觉模糊，回首望府苑，其电光犹隔丛林，送余辉，向余照耀，此时心境双清，忽觉此地为小说中所写之境况，而余亦觉为小说中之一人者。再向前行，忽有桀犬猛吠，心忽去境而即于物，乃回首寻原途以归。将至旅馆，有一教堂，其中有人宣讲，乃信步入，择座坐听，讲毕，乐声作，大众起立作诵圣歌，余亦随之起立，隔壁有女子以圣歌本授余，且为余觅得其歌，为第三十二曲也。歌毕，主讲者宣告散会，余亦从众出，主讲者急行就余握手，询姓名，余以一名片赠之。彼持灯下观之云，明日下午一时可在寓相候乎？余应之，乃别。归浴，寝已十时矣，浴后身觉快。

六月二十六日

晨起，书日记毕，访第一国民银行协理瓦特君（Paul Walter. First National Bank），威尔君所介绍也。余欲参观州政府，彼为作函介绍。

昨日与余约之某君，误以为余约其中餐，来甚早，余归彼已去，然尚未至一时也。

下午至州政府，州长赴阿白克数日方能归，教育部长亦不在署，晤其教育次长党哥拉氏（Donglass）及秘书项瑞克（Hunsaker）夫人，谈甚久，略记如下：

一问：大学之校长，如何任命？

答：由州长派五人为校董（regent），再由校董选举校长。

二问：校董具如何之资格，方能派充？

答：无法定资格，总以其智识资望，可以授以选举校长之权者派充。

三问：师范学校若干？毕业生有义务年限否？

答：师范学校三处，毕业生并无义务年限，惟有在未毕业时与各学校有预约者，不在此限。

四问：私立学校之校长，如何选充？

答：此州私立学校甚少，惟天主教所立学校，可以谓之私立，由其教会派员充膺。

五问：各高等学校经费，如何筹定？

答：现此州已规定以一府为一学校单位，每府有权自加学育税以充经费也。此州本有高校五十之谱，从前程度约低。现在与他州相同之程度者，已有二十六处。

六问：此州已受教育者与未受教育者之人口，为如何比例？又高等学校内，男生①与女生为如何比例？

答：此为前一年之报告，与本年无大出入，此处为各年人口之数，此处为各年所调查未受教育者之人数，可由此得其比例也。

此外谈他事尚多，以连日精神觉疲，未能尽记。归阅此间报纸（报名即三塔扉）登载余事，甚觉可笑。盖前日记者来访，余正在公共写字室书日记，彼立余身后，审视甚久，其记事中写余作中国字之状态，颇有趣也。

晚赴陈君餐馆阅中国报，归阅此州教育报告数叶。寝。

又下午在公园观其纪念塔，塔建于西历一千八百六十六、七、八三年，经议会通过，专以纪念战事死亡者：

一、纪念一八六二年内战，在哇完地（Valverde）战场死亡将士。

二、纪念同年其他战场死亡将士。

三、纪念在本境内各战场与野蛮印度人战争死亡将士。

塔石身四面。余在此邦所见各种纪念塔，大半皆为关于战争者。此种后起民族，席其国家主义及其战争宗教（犹太系之宗教，皆以战争淫杀为创教之方法，有《旧约》等书可证）之余毒，几不知世界其他各事之足纪念者。而此种民族，此种宗教，乃为吾国少年无识者所崇拜，可叹之至！余前在白克里时，加省大学因建筑运动场以纪念欧战时本校学生当兵之死亡者，内部颇生龃龉，盖或一二有识者，不以此举为然耶。余正抄其塔上刻文时，有一老而贫者立余旁，余抄毕，彼

---

① 原文作"女"，疑误。

与余谈。余询其年,曰七十二;问其名,曰考叶(Cozer);询其子,曰五人,前年有一死于非命;问其子作何事,曰各有职业,并历举之;问其生活能得诸子之助否? 曰不能,亦不须;问何故,曰余现能作工,且能节俭,养鸡百只,生利足以糊口,冬夏着敝衣,夜间据地寝,无床褥,未尝生病,故不需人之助也。余云,吾国子幼父养子,父老子养父,如君之年岁,如在中国,应受各子之养矣。彼云,吾国无此规矩,然余有极好之身体,使余能工作不生病,即余之大幸也云云。彼极爱同余谈,补记之。

六月二十七日

重访党哥拉氏君于州政府中,余以其事忙,又请彼介绍州路委员会(Committee of Highway of the State)工程师梅君(Chair A. May)谈路政情形,略记如下——

一、路分三种:

甲、州路,自州都通于各府城及大镇者,由州政府路工委员会掌之。

州路之经费,由州议会通过,征产业税充之,每产业价值一千元,征税三元五角,现在路工进行情形,以此税收为定。

乙、府路,由府城通于各村镇者,由府路工委员会掌之,经费由府中自筹。

丙、街路,由市政署路工委员会掌之,其经费由各街居民负担,以所需之数为标准,按各居民居地临街之长短分摊,不论其居地之面积也。

二、州路以正身十六尺宽,六寸厚,旁路各三尺宽计算,每一英里须费二万二千元美金,其中工价占三分之二,物料三分之一,计总价约比铁路便宜①三分之二。

三、街路每一方码合钱二元四角,如三十尺宽之街路十丈长时,

---

① 原文作"易"。

折合需费七百九十九元，约为每一中国里一万四千四百元之谱。

四、修路原料，普通需用三种，一水泥，二沙，三石，其成分水泥（cement）六分之一，沙（sand）六分之二，石（stone）六分之三，总原料四立方尺半，可以修路一方码也。近来有一种石油（asphaltum）作原料者，其路有光而无尘，此邦尚未用也。

五、此邦已修成之路，共四万七千六百零七英里，其中三千二百二十五英里，属于州路。四万四千三百八十二英里，属于府路。但府路不过能过车而已，不如州路之平坦坚实也。

与梅君谈毕，又谈闲话，辞出，中餐。

宾奈尔博士（Dr. Byuner Writter）电约下午四时来访。宾君前充加省大学教授，曾两次游中国，最爱谈中国诗，曾与汪君合译《唐诗三百首》为英文诗，有名于时。余前在阿白克所晤之新闻记者霍根君最爱中国之诗，即尝读宾君译本也。

四时宾君来访，即偕至其寓。在村外，室内多陈中国画，据言前在白克里晤罗提君（Mr. Rorty），知余名，多方探询，知适去二三日，不料于此间得相会。谈极欢，彼座另有二客，皆为加省大学学生，与谈中国哲学源流及中国文字。余言普通言语，文法最规则，故不须有文法书，而人人言语皆合法度，但以代名词言之。英文普通语，即有二十一字之多，然不规则，如第二位无多数单数之分，第三位之女类单数无领格受格之分，其余仍有不规则之处。故到此州后，见各业中人说话时所用之代名词差误甚多。盖此乃英伦岛之习惯的土语，移植各处，自然难学。如中国代名词，只以五字，或单用，或连用，界限清楚，规则严明，即我、你、他三字，为第一、第二、第三各位之单数代名词。再以一"们"字分加于三字之下，我们、你们、他们，为第一、第二、第三各位之多数。再加"的"字于各代名词之下，如我的、你的、他的、我们的、你们的、他们的，变为管格的。学者能于五分钟习此五字，则一分钟之工夫，可尽知其用处，决不至有错误也。此为最浅文字，由此上进，愈进愈深，直至四千年前文字，仍一律能读，文境逾高，变化愈多,则终身之业也。故中国文字,有条理,有变化,可浅可深,可为通俗的,可为科学的,可为美术的。二大学生,一名孟合夫(Fred Monhoff),一名约翰孙(Willard Johnson),极感兴趣,以谓闻所未闻。宾君云,中国美术之文,尤为他种文字所不及,余与中国学者处较久,且治译中国诗之业,故略知其极梗。盖其字形字声布置,随处皆能表见其美,他国文字断不能译中国之美术文字,而全得其美也。乃取《亚洲杂志》一册,授余云,此登有余对于英译《唐诗三百首》之序文,言中国文字之美者,君可一阅。谈时过久,彼留余晚餐,正餐来一客,名那诗(Willard Nash),加入畅谈。那君对于美国人之物质文明,尤为痛恶,且言此地从前极好,可居,今渐为美国化矣。餐后归已九时矣。

阅宾君之《唐诗三百首》序文,言中国文有对仗,有声调,对仗虽不能译,尚可少得其意,乃译"千山鸟飞绝,万径人踪灭"等句证之,至声调之美,则无法能译证也。序文甚长,多能知中国诗之妙处。彼称此三百首,为三百明珠,他国之诗,所不多遘,而诗境之静远,尤为他种人所不易学云云。

余今日曾为彼言英文中只有念之一法,或有诗可唱,中国文诗则介于念与唱之间者,有读有歌,有咏吟等等,可以言官表示文字声调之优美处,此并宾君亦未尝闻也。乃请读《唐诗三百首》之中国序文,以所谓念者比较之,彼等大为赏异,补记之。

今日因谈话过多,且晚读英文,寝不甚安,夜多思。

又与那诗君谈时,彼谓落矶山之印度人,与东部临大西洋之印度人骨格大不相同,显非同种。据地质家言,落矶山东某处,古代为海,后乃渐渐高起,或者当时此海之东西本为两种人类,至海成地后,居住渐渐接近也,云云。补志之。

六月二十八日

上午,书日记,未出。

下午参观新博物馆,与旧博物馆隔街相对,亦为印度式。馆内几可谓尽系印度画,一种为印度人所画者,一种为画印度人及其风物者。馆之隔壁,又有印度房一座,规模亦甚大。房后隙地为蔬园,一印度女子扶锄去草。余出馆后,绕至蔬园观之,娴雅绝不类久与白人同居者。盖中国人久与白人同居,言语笑貌,一切举动,不能不染有白人之习惯,贤者亦不能免,而印度人独能之,此大可研究者也。余数自此点观察,深觉可异,大概评论印度人者,可分为二种词调,一云印度为和厚民族,一云印度为迟缓民族,前者乃喜其长,后者乃嫌其短,然两说不相背,且皆有得于真际。余思人类为肉食动物中之最精悍者,其性与和厚迟缓相反,能渐渐进化为和厚迟缓之民族,无论其有无成文之历史,其进化年代之久,必远过于其他贪残急遽之民族,可以断言。印度人自有其人生观,惜余不通印度语,不能与谈,而其能通英语,又不愿以英语向外人谈其人生观之真际,此一大憾事也。白人颇有著书论印人者,但以最急遽者对于最迟缓者施观察,能否得其真际,此又一问题矣。

晚与陈庚君看电影,即此间惟一之中国人,最独居美国五十年者也。

六月二十九日

夜睡仍不甚安,晨起甚早。

赴飞虎里谷(Frijoles Canyon),谷在城西北四十英里,乘汽车跨山渡河,历二时许至山之高处,乃弃车步行。下谷,谷内外均有似大谷处,惟规模较小,此彼谷之所以名为大也。由盘道下行十一折至谷底,底如小平原,长可二十里,不甚宽,只来时一路可通,此世外之桃源也。古为印度人之一小部落,白人自三百年前来此邦,乃驱之去,谷周多屹①立之石壁,印人凿石为洞居之,或数个相连,或上下相通如楼房,沿石壁皆是。更有一最高石洞距谷底约二十余尺,以为天然者,印度人当以为恪理克瓦(Kivas,即宗教礼厂之意)于石壁上凿蹬

---

① 原文作"矻"。

攀上，游观者著记至有为年代之远，或在埃及金字塔（Pyramid）之前。余对此石洞之年代，不敢下断语，惟印度人去石器时代并不甚久，此石洞均为铜①铁各器未到此地以前所凿，果以何物凿之，若干时乃能成之，不能不惊骇嗟叹也。

谷底壤土肥美，树木畅茂，其空隙处可耕，此或古印度人之居此者取食之所耶？有房基约百间，然规模甚小，今已为墟，又有恪洼遗迹二，乃掘地为坑，以石砌其周围者。

此间有一餐馆及帐棚若干间，备游者宿食，餐馆女役二人，亦为印人，扶役缓慎，有幽娴之意，此在美国所未见者也。

余餐前，觉头晕不适，餐后愈，在庙下休息，遇一美国少年，询余爱此乡否？此照例之问话也。美国人遇外人之来游者，必询其爱此乡否，乃为惯例。余亦照例答之云，余甚爱此乡。彼谓君至东方观其大城，必当更爱，此处城小无可爱者。余云余未至东方，然曾住金山，觉大城不如小城之可爱。彼大异，问故，余头晕方愈，不愿多谈。彼又问中国视美国东方如何？余云此绝异者也。物质文明，自然美国较高，然中国人人有产业，视美国之几于只有二种阶级组织社会者，多数人之心理上，较为相安。彼更不为然，谓美国为世界最进化最文明之国，为最高之工商业国家。中国为农业国，将来欲进至美国之阶级，甚须时日。余云，并不愿中国进至美国之状况，一因中国人口太多，若均能在机器下作工，出产之多，当可想见。今日英美以世界各国为销场，故能成为商业国，若中国成为商业国，恐地球无如此大之商场也。彼又云，任何国皆可以卖。余又云，贵国近议加中国之山东绸之海关税为值一百抽二百六十，试问此种税法之提议，能容认吾国货物之自由入口乎？彼面红云，欧战之时，美国代全世界负财政上之义务，故今日须提高税率也。无论如何美国之文明，当为各国所不能及。余亦作色云，诚然，但若永久停止移民，千年后贵国恐无人迹矣。

---

① 原文作"洞"。

彼问何故，余云，东方大城，使居民始而不爱家，继而不爱子女，终而不爱婚姻，此事确否？彼云确。余云然则贵国将来之民族，自何处来？彼云移民。余又云君以美国为人类国家之模范，若世界各国，皆进为如贵国者，贵国向何处移民？世界将来之人民，更如何得来？彼词窘，余亦甚悔，乃改谈他事。余向来爱同人辩论，然向外人直接辩论，此为到美之第一次矣。

余之同游者，为包庆尔君夫妇。包君为米索尔（Missouri）州人，住亢叟城（Kanso① City），与余甚好，并照余像去作纪念。餐后，又在谷底循石壁游二三里，乃攀盘道上山归。

由山上向东北望，为落矶最高峰。云过此峰，再向东则渐低矣。余盖始终未登落矶第一峰，可望不可即，惜哉！归途得句云："石怪能如我，树低不碍人。斜阳明细雨，薄雾乱轻尘。"此路间写实之句，似未能成一首也。至城已五时半矣。

晚约宾乃尔君、邓君、约翰孙君、孟合夫君同餐，诸君请余译中国姓名。邓君之姓仅一音，乃并译其名为邓般因，余以为此名最佳也。彼等求余以纸书中国字，记此聚会，并各存一纸为纪念，余允之。

餐后，宾君约观电影，此非普通电影也。为德国制本，其事实为一欧洲古代术士，以法迷人，使供驱遣，无事时则令之长眠，且有售票令人看，借以敛钱者，事甚神秘，观者极为叹赏。盖诸君曾在他处观过，更愿重观。有某君谓已观四次，愈觉可爱，此后任何时有机会能观，不肯失也云云。余闻美国电影新本，只演一星期，即换更新本，如不换则看者大减矣。此本何以能使人屡观不厌？以去社会真像较远故。凡剧本能作戏者，如去社会真像太近，即浅薄无味，中国戏之能使人屡观不厌者以此。余去夏寓上海孟渊旅社，与上海新剧大家欧阳仔倩隔壁居，每晨必听其歌声，盖正练习《长生殿》曲备登台也。此

---

① 此处疑为 Kansas，即堪萨斯城，密苏里州西部的一座城市（Kansas City，Missouri）。

与康白情之作旧诗,均可证明新诗新戏,不过备一格,旧诗歌断不因此而废也。

余等初到戏园时,尚未开演,宾、邓二君,乃分向各座客为余介绍,至二十余人,余殆一人之姓名未能记忆也。

六月三十日

访司垂提君(Edyar L. Street)于三塔扉水电公司(Santa Fe Water and Light Co.),司君为公司协理,年六十余,纽约城人,极诚恳,导余参观一切。此地户口少,发电机只七百五十马力,机房外有去温度池,水经机器用过者温度九十,过池后可减去温度十五度之谱。其自来水一部分,有水管而无水塔,因水源在山上甚高,但建净水池,通巨管,下分支管于全城,池在高处,压力可敷用也。彼谓此处水软,最宜卫生,凡山泉穿石灰岩过者水硬,人往往不能受也。谈毕彼约余中餐,余约彼晚餐,约定别。

拜州长梅启模君(Merritt C. Mechem),余先至其秘书处交介绍函,请其转致定期见面。其秘书云,此时彼在宅,可径往也。余以仅着外衫未有背心,太不恭敬。彼云,即此已足。乃径自往其宅,在州政府公署对面,亦为官廨,乃伟大之住宅,围以数十亩碧树芳草之大苑也。至门扣铃,一仆人出,余致函并名片,请其传递,甫入,州长自出,迎余于门,导入客厅,谓阅报知游敝州,得相见为幸。彼历询中国政治社会各现状,并风土人情,余略为道之。彼谓美日感情不好,深为遗憾。中美交谊甚好,因美国对中国决无野心也。彼对斐律宾独立,并非反对,特因斐岛自卫能力不足,不能弃以资敌。又谓白人无意向东移住,如必须移住,则当在墨西哥。此地昔亦属墨,因白人觉人口嫌拥挤,故不能不移殖于此,请彼墨西哥人,渐向中美洲移去也。然此州现在人口转太少,只有三十万人,此都城只有八千,然人口虽少,贫民亦少,人人均能自给也。余谓此州土壤甚好,惟雨量及河流缺少,故农事尚未发达。然偏地在一百尺以外二百尺以内,均可得水源,将来凿井溉灌,农业必可发达也。彼谓现食品如麦果等,尚须自外州购入，若农事能进步，则甚好矣。此间如能得中国人致力于农，当极有益，惟工人反对甚力，君须知反对华工者全为工人云云。彼人甚谦和，与余谈必称先生，余两次兴别，彼留不令去，最后去时，送至大门外乃别。中餐与司垂提君谈及宗教事，彼谓爱读东方书，云曾读《道德经》及佛书等，叹为未曾有，余为基督教徒，然深知必读东方书，返而求之，乃得基督哲学。欧美人日日往教堂，皆未知基督哲学为何意义，又谓基督自谓不破旧法而得真理云云，颇有深意，佛教在印度，亦非独创，故亦可谓之不破旧法而得真理者。谈极快。

午后宾乃尔约茶话会，谓有某夫人等，前日自阿白克与余同伴来，未得交谈，极愿一晤，今日必请余往。余去较晚，与会者十余人，并有英国著述者某君，宾君一一为余介绍，余一一忘之。惟记得克琴夫人（Mrs. Curtin）母女之名，即与余遇于途未得言，今日特约相会者。六时散，宾君送余至寓乃归。

晚约司垂君同餐，餐毕，彼有事出门，约明晨再一晤。余付餐账时，发现钱袋失落，又至宾君寓询之亦无。余在国内常失钱袋，入美此为第一次，余爱失落东西之病，将与生命俱永也。

七月一日

今日将去此城，适又度一月矣，时光如流，殊增感伤也！

晨六时起，检点行李毕，下楼，与司垂提君相晤，彼赠一书名《福音汇览》（*Acquaint Gospel of Juser the Christ*[①]），并题云：承胡君以基督哲学之典籍见询，义不容辞，赠此塞责，抑赠者之意，盖深信基督哲学，惟能照以"亚洲之光"者，乃能领解云云。余又询彼君，意欧美人不研究亚洲哲学者，不能解基督哲学乎？彼云，然，今日欧美人，能解此者实少，余视《道德经》与此书多印契一致也。余未读东方书前，亦不能领解，君须分基督哲学与基督教会为二，盖前者为东方之哲学，而后者为西方之教会也。西方空有基督教会，而不解基督教理，

[①]　此处应为 *Aquarian Gospel of Jesus the Christ*。

故以此书赠君云云。余觉其言有深味,珍重而受之,乃郑重作别。

司君为纽约人,现充此间水电公司协理,营业中人,具如此之见解,不能不令人叹奇。

赴州公署又照二像,因前照者洗出不显也。便询康卫君尚未至署,康君为此间教育部长。

访邓般因君稍谈,辞行,彼愿余与彼常通信,彼集成一册。彼谓美国人苦于不自知,故外国人之评论较有魔力。君前日之短文,余不肯修正而以原文发表者,因一加修正,魔力便减少也。余亦觉其言有趣。

归寓写昨日日记未竟,邓君又来,赠余彼所著书一册,名曰《愈矣》(Cured),盖谓可以愈美国人之通病也。彼就余案题其上云:"一九二二年六月二十九日,胡君约共宴会,赠此为纪念。美国人向来有快餐(quick lunch)而无宴会,故消化不良万事皆病,今偶得一尝宴会之乐,得无如坚物梗胃而不能下耶?"云云,其题词双管并下,亦极有趣也。题毕,即云余今尚正忙,握手径去。余送之,彼又脱手上印制指环自带余手上,嘱云再以此赠,长勿相忘①,乃别。

十一时半,克琴夫人母女来。因昨日彼等坚约再会,故约其中餐也。克夫人之父早死,母嫁于一匈牙利贵族飞尼司君(Fynies),现入美籍,家居帕叟登纳,极富。故克夫人母女有所资,得长年游历。前年曾过中国至印度,居于须弥山顶九阅月。余询以山上居民之貌相,云平面广颧,蒙古人种也。余询其继父飞尼司君之貌,彼云亦然。彼母女不以印度为能独立,因宗教纷歧,文字更不统一也。餐毕,彼母女送余登汽车,乃握手别。余寓此城八日,几于路人皆识余,此城小之故,余亦甚以居此城为乐。余居国内四十年,来往及出国未尝有女子相送,今在国外素未涉足之地,乃有女子相送,且相送者为昨日方相识之人,岂不大奇?别后车行,转折出城向道市去,遥望青山,绝壁

---

①　原文作"妄"。

万仞,回首碧城,绿树十里,不禁有别离之感焉!

七月二日

今日已在道市矣。昨日后半日之事,补记于左:出三塔扉后,所经者为州路,然路工并不甚好,所乘者为司太之汽车,即长途搭客之汽车也。车共乘五人,彼等留后面正中一座于余,临座有一西班牙女子,住乡下,其面色之黄,甚于中国人也。至半途彼等均至达其欲往之地,或转车之地,先后下车去。车上只余余一人,余途中觉渴,购水果食之,西班牙女下车时,余分赠之,彼欣然受,并不客气也。与谈询其乡居情形,亦与中国无大异。途经数墨西哥人之村,亦均狭小也。前两次出行均渡大河(Rio Grande),今日又经此河,两次渡桥,末乃沿上行,处处见支渠分流,为灌溉之用,故所经①村皆沿河居者也。有一村为山下一低源,支渠水面高于地面数尺至一二丈不等。渠绕原一周,周围有桥,备村人出入,有闸备放水灌田,沿渠尽为绿树,多类中国之小叶杨者。村人不过百余,渠内之田,当有数百顷,故不能尽耕也。此等小村,亦世外之桃源矣。其附近之城,名爱司浦蓐拉(Isponola②),闻此村亦沿其名也。再上则沿河流入深谷,其风景亦殊雄奇,有类大谷处。路渐高,河流逾不平,在乱石中奔流而下,如雷如瀑,殊可观也。又渐路沿山壁,盘旋上行,遂与河流分离,偶一过之,则为百丈深谷,不敢俯瞰,但闻其下有汤汤流水声耳。最后已觉登高处,豁③然开朗,地平土厚,又成一新世界,然四面眺望,依然万山环抱也。询之车夫,此地为六千尺之高原,四围山之高低,彼不能知,此原面积,大约东西南北俱可百里。车沿坦途向西北之高处行,车夫云,吾所去之道,在彼最高下也。经④小河数次,云自更高处流下,原上之田耕者,不及十分之一,以人少故也。此时心境高朗开畅,

---

①④　原文作"径"。

②　此处应为 Española(西班牙语),即埃斯帕尼奥拉。

③　原文作"壑"。

一与境同,视游大谷与飞虎里时,又有不同。六时抵道市。前日在三塔扉,曾遇司坦因夫人,即葛理尔君为余所介绍之友人,彼力言至道可寓其家,葛君亦曾为余言之,细思觉不便,乃寓一旅馆。

晚餐后,询知司夫人居城外里许,乃乘夕阳未落,寻至其家,房为印度式之大建筑,周围抱以绿树,夕阳东射,绚烂可爱。至近处知宅苑绕以小河,渡板桥,入百余武,见围墙,墙安巨门,亦印度式。入门东面一带,房舍毗连,西向纳晚景也。西面有小亭三二,亦皆印度式,有一亭置一伟大之印人铜像,与铜像对面之为印度式大楼,即在途所望见者,意司夫人必居此,方欲扣门而彼出,即问行李何在,余云在旅馆,彼甚不怿,不得已以他辞释之。导余入室,内室布置非印非美,更非中国式,使人生惝恍迷离之感。座中另有一客名梅叶(Mayer),司夫人明日当致数人与君谈,惟明晨汤尼将随梅叶君赴丹范(Danver),诸多不便。余问汤尼何人,答印人为余佣者,诚实而细心,吾意其必能为君助。末乃谈印人情形,彼谓印人与白人根本上绝对不同,白人所谓野心(ambition),所谓竞争(competition),所谓贪得无厌(acquisitiveness)皆非印人脑中所有,而印人之精神生活(spiritual living)与生命感觉(sense of life)则白人所绝对不能领解者也。白人口中之印人,生活与习惯,大半皆不可信,因印人对白人,决不以真实相告,彼视白人为其仇,畏之甚,尝惧白人毁灭其生命(destroy their life)。余询彼惧白人屠杀之耶?彼云不然,彼等居某地,其地之一草一木,乃至泥沙瓦砾①,均视为与生命有关,如无白人相扰,彼等精神之快乐,或者不可思议。余与彼等居五年于兹,既非向彼传教,又不与彼通商,故和好如一家人,然所得之观念,大半出于直觉,非自词说得来也云云。谈至九时,余兴辞,司夫人云,候汤尼归,君与一谈再去。将十时汤尼归,一胖大之印人,与谈温静无燥气,然不能有所得。余询以中国常谈有所谓安居乐业者,与印人生活有

---

① 原文作"铄"。

相似之处否？彼目审余微笑云，近之矣。司夫人云，此一语为白人所不能领解者，然吾以谓白人必能领解此意，乃能去其烦燥痛苦。盖白人精神上之病，非物质所能愈也。余叹以为知言。将至十一时，司夫人请梅叶君送余归，急遽就寝。

七月三日

晨起写日记，此间生活，颇觉有趣，杂书于左。

一、晚归时，沿途无路灯，而到处有犬吠。

二、归寓须自以火柴燃油灯。

三、大便坐圆孔之木板上，下为毛坑，小便为带环之便甬。

四、洗面须以瓶提水。

五、用饭误时，无处可买。

此种生活，美国人多所未尝，在美国之旅馆客尝此者，恐亦不多也。

将近十二时，出赴司夫人宅中餐，适汤尼驾车来迎余，乃乘车去。余询云，君未赴丹葩耶？彼云去则余与梅叶君同往，与君殊多不便。司夫人嘱改期或待君去后也。余觉心甚感之。

中餐。除司夫人、梅叶、汤尼三人，另有印度人三，均未能记其名。餐后汤尼驾车送余访马丁博士（Dr. Marting）。彼与其他印人及司夫人女役亦印人，同赴球场观打球（baseball），并候余。余与马君谈约一时，马君谓约翰孙知君不日到此，急愿相谈也。彼为余言，印人织工染业之由来甚详，并其藏印人土物相示，惜不能记也。别去赴球场，观印人、西班牙人、墨西哥人皆有，亦觉有趣。观毕回宅，女伺下车，司夫人上车，又同至印人村城，去此地尚有三英里也。至访其高维纳，参观其奇渥司（Kivas），即宗教礼场，向不准外人参观者。以余非白人，又彼等待余甚好，乃得一观。此司夫人居此五年，马博士居此三十二年所未见者，然并无甚奇也。

又登其最高之屋顶，距地四层，又至一印人之家，与其妻握手。同行之印人，有一名阿楚来他（John Archuleta）者，与余特别相亲，引余至其家，并与余交换通信地点，且言将来能至中国一游方好，此印人之最有思想者。出村车先过旅馆送余归，彼等去。

晚餐后古朗德女士来访，且言若为青年女子，美俗向不先访男子，余幸发已星星有白者，当不见笑也。彼导余至其家，距村外亦里许，女士为一美术家，研究印度画者，谈甚久，不能多记。惟有趣者，司夫人、马博士、古女士三人，对印度人之观察，无一同者，宁不可怪？

七月四日

晨起，书日记，视门外，见汤尼在焉，出询之，梅叶君亦在，盖以车来候余出门也。梅叶君因葛理尔君亦有函致彼故，今日偕来也。彼言司夫人嘱向印人村中约印人今晚至宅内跳舞，约先君六时晚餐，餐后可观跳舞也。如余愿同往则同往，否则先乘车至他处亦可。余因方书日记，谢之，嘱其先至印村，归再来。

中餐前，梅叶君及汤尼来，以将午，乃留彼等午餐，余并约有阿楚来同餐也。

印人皆相传其族种自远北来，不知其何地，然闻那瓦侯印度人，沿太平洋一带，昔日皆彼居游之所，今日阿拉司加（Alasca①）土人，仍为那瓦侯。由阿拉司加与亚洲一比令海峡之隔，彼等来自亚洲，并非不可能之事，或者古代此二洲本为此同种人所蔓居，亦不可知。大概中国人与此洲土人之关系，可分三期：一太古期，就骨格论，为相近之同种，毫无疑义，其如何分居之情形，不能推定矣。二中古期，中国文化曾少输入于此洲土人，如墨西哥之古中国字碑，加洲出土之中国字箭，英属出土之中国字古钱，皆为明证。其他如其弓箭之形式，衣服之形式，银匠所用之器具，皆与中国相同，此其些微之文化，必为由中国输入，殆无疑义。第三期为近世期，白人来征服印度人，中国人向来与印人之关系，至此乃变为与白人通商之关系，而与印人之关系渐疏。

---

① 此处应为 Alaska，即阿拉斯加州。

余此次考查印人生活状况,或者更续生新关系,亦不可知也。

今日余持地图向阿楚君指示美亚接连处,彼乃觉向来不信彼之祖先自中国来者,以尔时人不能渡太平洋故,今乃觉其可能也。

餐后,同梅、汤二君,乘汽车观新出土之印人古村,在其地得纍石残片一,可贵;刀石二,甚小,不足贵也。墟在高处,有房址数十甚小,恪洼(Knias[①])旧址一。

下山转车至他处,为一温泉,梅、汤二君均往浴。此泉为一西班牙妇人所有,其子在此搭帐棚守之,来浴者美金二角五,若加修整可成名胜,因此地山势亦佳也。

在此地见多数西班牙人,其皮色之暗,有与土人相等者,气候变之也。梅叶君语余,最早来此洲之白人,骨格亦渐有变者,不仅皮色也。此乃闻所未闻,不知其确否?梅君非纯白种,乃德法合种而含有十六分之一之印人血统,但其身上色极白,貌亦全为白人,彼到美只四代也。惟其同血统之人,则有甚黑而颧骨亦较高者。此山一带,野景俱佳,因到处有茂林流水,村落疏散,皆住于碧树绿莎中,掩映斜阳,倍觉可爱。少女多半不着鞋袜,且裤短不能及膝,向浅碧草地浓绿阴中行立坐卧,遥望之颇觉有不食烟火之意,并不厌其草野气也。

汽车穿疏林,渡板桥,浴浅流,践芳草,越乱石,上峻坡。末乃又至一处,车不能前进,余等下,梅叶君曰,攀过此数巨石,可见画石(picture rocks)矣。余以为其石美如画,或有花文也。至则为古印人刻石,有类简单之画者,有类古像形文字者,亦有类中国印章者。余摩抄三四种,然石刻有剥蚀处,余之抄摩,未必尽合,可略见其意足矣,不能作考证之资也。

下车前往时,有小溪横阻,三君捡石置溪中,俾可接足超过。三君俱安过,余来回均蹚足溪水中,好在水深数寸,下为乱石无伤也。余在此拾小石数事,置车上携归,石非可贵,以纪游耳。在山下溪旁,

---

①　此处疑为 Kivas,即上文之恪理克瓦,印人宗教礼厂。

颇有盘桓之意,见夕阳渐低,乃寻途归,即至司夫人宅。除余等数人外,尚另邀有三客,一自白克里来者,谓曾面余,余则不能记矣。二女子为自东方某大学来者,暑后即去也。餐后,其他被邀来看跳舞及被邀跳舞之印人,陆续至。其初来者司夫人一一为余介绍,至二十人之谱后,则室为之满,不复能介绍矣。然余所记之新姓名,只有三人,一为一印度少年,彼为葛理尔之友,余记其为鲁易氏(Louis)。其他为格司帕地(Gospard)君夫妇,格君之父为法国人,母为鲜卑人,痛恨欧洲宗教及欧洲文明,为纯系物质的、机械的,以致欧美人多数所作事业,无一为精神的,乃至学者亦渐有不知精神为何物之倾向,而彼等转向中国传教,岂不可笑?基督教在今日已完全破产,绝无救济之希望,人类前途之希望,仅在中国,俄国人东方之意味较多,人种亦近于东方,而对中国感情尤好。君知圣彼得堡,曾改为彼得格拉乎?而莫司寇京城,则通称为契丹格拉,格拉意即城,而契丹乃俄人对中国之称。普通人皆称京城为中国城,而不加改正,足以见俄人对中国之心理矣。

印度人跳舞时,另有人击鼓,腿上各系①小铜铃,铃声与鼓声相调协,以为乐,而又与舞之节度相合。舞时面上涂红色,且有稍加墨色于目上或眉间者,此与中国戏子涂面,微有相似,但其色不似中国涂关壮穆及秦叔宝红之甚也。其状饰以鸟羽为冠,自发际竖立向前,与中国作戏武装帽之前缘,亦有相似处。余素不爱观跳舞,此不过借以考察风俗耳。至十时停止,座客纷纷散,司夫人送客向余招手,余莫名其妙,从他客出西门路甚狭,余云此可通城内乎?他客亦漫应之。此处百亩广场,铺地芳草,映明月作深碧色,穿斜径向有灯光处行,约百步,另有建筑一,闭门而无灯,入一有灯之室,则跳舞场也。诸客俱在,印人亦有数人在,梅叶君鼓琴,诸客随琴相率跳舞,印人与白人亦多合跳者,始终未跳者,仅余与司夫人及其他一二年老之客人

---

① 原文误作"繁"。

而已。余至此乃知此厂在别院,仍隶司夫人宅。十二时半,他客有兴辞者,余亦兴辞,他客云,胡君路生,余车可送君归也,余称谢漫应之。登车出苑,乘月色归寓,下车握手道别称谢,亦讫不知为何人何姓名也。倦极,燃油灯解衣,灭灯就寝。

七月五日

晨写日记,此成为极重之课程矣。因连日新见闻较多,不记之则将尽忘也。

中餐,余约有三印人:一为鲁易氏,其他二人之名忘之矣。连日与印人谈时甚多,彼等亦乐与余谈,兹将连日所得,约记如下——

一关于社会之组织:

甲、有高维纳一人,可名村官,一正一副。吏十人,受村官之命,协助处村事。村官及村副官,由耆傅会选举,一年一任,吏由村官指派。

乙、有村尉一,副尉一,尉兵八人,共十人司村之防备,尉与副尉之选举与村官同。

丙、耆傅会为退职之村官及其他有夙望者得选充,少年人不能与也。共二十四人。

耆傅会有选举官尉之权。

各耆傅分别传教各幼年未成丁者。

一关于家族之制度:

丁、婚姻,男女成年后,以双方父及子女四人之同意订婚,订婚时男女之父为双方代表,逾数月即结婚,其风俗无娶妾者,无离婚者。

戊、亲子。结婚前男子之父须分己之财产一部为子建屋,父之产业虽先后给其子,大概平均,父如愿酌给女子亦可,但非结婚时。结婚时则全为男子之父之责任也。如无子有女,不得以财产与侄。

一关于教育者：

己、男子至十余岁，须与父母分离，就耆①傅居，言动视听皆耆傅教之。就傅之时，傅于密室中用油涂其全身，并按摩其周身关节，云可助其发达。就傅期内，父母对子失其管理权，期满归家，乃为家族如初。

庚、女子不就傅，母亲负教育之责，以养成女性。

一关于经济者：

辛、印人全数务农，间有分执工商业者，然不废农，其古代工商业不甚可知。就近日言之，工者自售其出品，商则多购白人物为印人必须者售之印人也。

壬、女子亦助男子为农，暇时多执串珠织毡之业，而男子出为售之。

一关于宗教者：

癸、古代之传说，有谓其拜日者，谓日与人以光与热，而地能生也。有谓拜自然物如大蛇，如英国古代之孔龙，亦名飞龙者。又有谓秘密之恪洼中，且拜男女生殖器者，余不能详，备录其说而已。

子、组织名为库拦（Klan），此时之库拦有七，每人必须隶于一库拦，不得同时隶二。每库拦各有特别法术，凡隶此库拦者，均须能持其法。

丑、特别法场。在山下湖边，每年一次（或二次记不甚清），几于合村人皆往，裹粮露宿，三日夜乃归。此法场所作何事，外人无知者。

寅、基督教，凡人均往基督教堂，然似为应酬白人之一种礼貌，其心中并不相信。

一关于医药者：

---

① 原文误作"嗜"。

卯、印人自有医生，闻其医对于周身关节，知之甚详，除按摩外，用草药自山中采得者，司夫人即示余以印药一种，完全为中国当归、川芎之味，云自山高处所采。遍察植物字典无其名，亦无与之状相类者。

辰、官医，政府所派，专以考察其卫生情形者，印人有病，并不请彼医也。

巳、印人从前不能种牛痘，亦无天花，自白人到后，曾有数次。因天花死者不计数，此或亦其人口减少之一原因也。

一关于其人生观者：

午、印人知习静，使心中了无一物，静后则良心最为明了，良心之为用，专以判定自己念头之为善或为恶，故言语行动，必须先经良心之判定，乃能生行为。但有时他人问以问题，急须解答，则为任意者，因时间短良心不及判定也。

未、印人重将来，静后常思如何使生命延长至无穷。

申、印人夫妻最固定，彼自结婚后，夫只可思如何对妻好，而不容有对妻不好之念发生，妻亦然，故永未尝思及离婚，更未尝有思及娶妾者。大半印人于其旧日风俗所无者，皆禁阻其思想不得思及。

一关于各村间之关系：

酉、各村不相通婚，故久则此村与彼村之言语，亦渐不易通。

一关于其他者：

戌、印人不纳税，官尉、吏兵、耆傅亦均无薪俸。为官尉者，仍自耕自食。

亥、美政府为印人专立有学校，教以英文及浅近科学，近来受美国教育者颇多，然归村仍如其俗。

以上所述为道市帕北娄（Pueblo of Taos）一处之情形，其他各处或相似，或有大异者。但就此地所得者言之，许行之说：所谓无仓廪，无府库，与民并耕而食，饔飧而治者；老子之说：所谓使民鸡犬相闻，老死不相往来者，非即此种景相耶？黄农虞夏，忽焉没分，葛天氏之民欤？无怀氏之民欤？不禁使人穆然意远！

下午至司夫人宅谈，彼谓今晚约帕苏夫人晚餐，彼为人类学家，著有《印度人生活》一书，君务去可与之一谈也。司夫人年四十七，来自纽约，居至五年矣，广苑阔室，宾客常满，余与友数日，讫未知为如何人，亦不知其所抱为何见解。今日忽发感慨，谓中国亦男女同校耶？余云然。彼乃大发议论，谓男女必应各保存长养其特性，人类之日以进化，因父母异性故，若父母渐习于同等状况之下，将来子嗣必日弱日愚。美国女子近来爱服男子之服，作男子之事，如适间之女士出门着游装，在校学政治，久则忘其为女矣。今日美国女子所犯之大病有二：一为绝欲（Taboo Sex），一为滥交。绝欲则人道废，滥交则爱情死，前途茫茫，将不知所极云云。余到美闻此种议论此为第一次，愿吾国人对此言一三思之！

忽忆及昨日梅[①]叶君，对余忽言美国文明已向死处行，可为长叹，余不解其意。彼又谓白人循物质主义、机械主义，向前急奔，初以为如环无端，永久进行，今渐图穷首见，非死期将至乎？余云，余并不以君言为然，白人近来或则诸事进行过速，如人急奔，不免发喘，稍加休息，自可恢复原状矣。彼谓如能如君言或好，但今已如下峻坂，逾喘逾不能留步，君有何法使吾白人稍为休息耶？此亦到美后所闻最新鲜之谈论也。

六时，帕苏夫人来，即与余同寓之自称为帕苏博士（Dr. Porsons）者也。余方以为医生，而不知为人类学之博士，博士为彼之头衔，帕苏则为其夫之姓也。

---

① 原文作"根"，疑误，前文作"梅叶君"。

餐后,赴古朗德女士之约。至其家,座亦十余人,彼照例一一介绍,余照例一一忘之。

彼等请余谈中国政治情形,余为言其大概。又请言前年旅行蒙古之情形,略言之。末乃言中国语文组织,余先为言普通语之有条理,仍举代名词为例。某夫人荷兰人能记其大概,谓视各国文均简明有条,彼通五国语言也。继谓科学文如欧美而美术文大异,因举代表情绪之文字,超时位,无单多数,此为中国文所独有。读欧洲文学史,白人西历一千三四百年前,始有表示情绪文章之发生,中国《诗经》中所收集之诗,在二千五百年前至三千年前,而表示情绪之文连篇累牍,不可胜纪,此所以超时超位之美感文字,惟中国为独有也。盖情绪为高尚离合之感情,情因人异,人因境异,境因时异,如欲作一文使读者各能于其情其境其时印契一致,则断不容有时与位之限制也。座中数女子,均极感兴趣。十时归,又有不记名之夫妇,驾车送余归寓,寝。

七月六日

晨书日记。

中餐约帕荪夫人同餐,余欲询彼以人类分布之学说,彼欲询余以中国神话及童话,余与彼谈无所得也。白格门(Bergman)夫人约至其家,彼约余又至印人村一游,并访一印医,为彼医手,按摩推拿,一如中国旧法,须臾而手愈。白夫人谓此法极验,白人不能也。晚又与帕夫人同餐,述印医事。彼云彼有堂兄曾病腿,印人以推拿愈之,若请白人医,除断之无他法也云云。

又今日下午,未访白夫人前,司夫人曾导余访胡法君夫妇(Ufer)。胡君谓中国伦理如孔夫子所述,在世界上最好,然不能为白人所采用。中国发明炮药,白人能用而中国人不能用。君归国教国人如何用炮药,以中国之大,可以克复世界,然后以中国哲学教世界人,则世界平安矣。中国若不采此方法,恐中国哲学,不但不能推行于世界,且将为白人所摧残,则人类之前途无望矣云云。彼言之时,

司夫人等先笑之，后扰之，彼非终其言不可，且谓彼久抱此意见，无机
会与中国人谈，请余牢记云云。此为到美第一次所闻者，书之，亦可
以供中国人研究立国方针之一助也。又导余访格司君（Gusglolf）夫
妇，格君为此间第一国民银行总理，言美国能助中国不为他国所侵，
请中国不必有所惧。余厌闻此种论调，谓美国盛意，中国感之，然中
国自有立国之道，不须任何国之助，但望各国无所扰耳。其夫人接
言，中国人在世界上最穷，余闻诸教友，非美国出钱救济，中国人必全
穷死，所以美国许多人捐钱养活中国人云云。余更不愿闻，乃云中国
经济，亦自有存之道①，若全赖美国人养活，中国人有四万万人，美国
虽富，力不能养也，贵国所捐之钱，大概系为赈济。贵国货入中国者，
实际上不过值百抽三四，中国货之来贵国者，值百抽三十、六十以至
有抽过原价者，故贵国每年通商上得中国之利益，大约总以千万计。
贵国因得利太多，故遇中国灾荒，亦乐为捐助。中国对贵国感情，亦
向来好，但非如教士所言，中国人穷死，全赖贵国人养活也云云。此
次之谈话，最为无味，其夫所言，为美国无知识之滑头政客之论调，其
妻所言，乃得之无赖之教士。美国人对中国之观念，往往不明了，大
概皆为教士所混淆，如前在罗埠西南博物院，所见之女子弓鞋等，皆
为教士所搜集，可为太息！

　　自格君宅出，又访某夫人，因彼约茶话也。夫人亦为一美术家，
惜忘其姓矣。茶点颇美，谈后别出。

七月七日

　　夜大睡，午前十一时乃起，因连日太劳也，司夫人又约中餐。司
夫人有女伺为印人，色黄白，以不施粉故，极类中国内地人，他印人则
类蒙古人也。女伺见余数次，向未轻开口笑，亦不多言。白人女子最
爱与生人谈，且目偶视之，必报之以笑，此殆其礼节耶？

　　下午又访格司帕得（俄国人），未遇。

---

① 原文作"国"，疑误。

访胡发君谈，彼又谓英国文明如接枝，自身无所有也，花尽无果，死期近矣，吾等均呼之为格劳贩，言接枝者也。法国今仍驻兵德境，事事干涉，自忘其为谁何，如妄人骑象背，迟早有跌伤之日。十五年后，德必仍称雄于欧，无可疑也。又贵国人爱和平，和平云者，君不欠我，我不欠君，乃可和平，否则不能。欧洲前次之战，乃大战开始，决非告终，中国人切不可误会。贵国关税、租界、内河航行诸权利，均未收回，吾今探手君囊云为君守，实则予取予求，为所欲为，君欲和平，其何能得？欲真和平，惟有一法，出我手于囊外，还君前所已取之物，君视彼列强，肯乎否乎？德人、美人、英人均善制钢，今方务商，不计其他。贵国钢厂，一时出货不能遽然合用，应竭力向三国购买，造船造炮，惟力所能，再次欧战，君之旧物尽恢复矣。贵国宜多派留学生，四年毕业，专习制造，三年实习，然后回国，力求实用。前次欧战之后，再次欧战之前，贵国千载一时之机会也，归语国人，万勿失之云云。余为完全非战争者，然闻此君言，汗为之下，或者亦吾国人所应对之深思者也。

晚赴司夫人处辞行，彼赠余以像片数种，汤尼赠余以印人贯珠袜，梅叶赠余以印人古石器。余仅赠司夫人以绣花小桌毡一事，余无所赠，留待后日而已。阿楚君亦在此同余谈，九时汤尼驾车送余归。

七月八日

晨起，甚早，检行装，下楼，阿楚亦来候时许矣，余约之早餐。稍顷，梅叶、汤尼以次来。七时半，余登车，彼等各去寻原路下山，途中纪实有二句云"野犬逐车吠，村妇抱瓮汲"，可以想见途中风景矣。十二时三刻，至三塔扉中餐，又遇司垂提君。下午四时，仍乘汽车向阿白克，穿山盘旋极为有致。晚七时，至阿白克，仍往前住之旅馆晚餐，十时，购叶婆娑（El Poso[①]）车票，登车就寝。印人事有须补记者。

一印人名命于初生时，由父亲出门外行，遇何事物以为可以名其

---

①　此处应为 El Paso，即埃尔帕索（美国德克萨斯州一城市名）。

子女者，即归名之，终身不更易，并无世代相传之姓。其西班牙名，乃后来所命，专以对外人也。

其印名秘不告人，其村官之名，外人尤不得知。此村现任印官西班牙名，道那欣奴，科斗哇（Donaciano Cardova），彼之印度名为士儿灰拉一尼阿，意言日弓，阿楚惟告余言，居此白人俱不知也。

印人凡不劳而能享有者，均为公产，如水源、木场等是也。

过三塔扉时，重访陈庚，言印人事，彼云印人来此均乐与彼谈。四十五年前，彼在加省及安利僧纳间作铁路工，华工千余，正工作间，忽有印度人一群，大概系阿帕奇种，见白人即杀，此白人多有被伤者，然未伤一中国人也云云。补记之。

七月九日

晨醒，向车外视之，见山青水碧，浅流绕铁道左右，觉有中国江南风味。在新墨西哥一带，回忆觉气候稍干燥，加省临城草城，皆为人造，初观觉平浅可喜，久则生厌矣。此处觉其较自然，且空气甚润也。八时车到叶婆娑下车，有视察员询余护照，此仍美境，何以即验护照，盖查华人特严，恐有偷过境者也。白人待华人之不平等，随时可见。余示之护照，乃又询余国籍。余云，已以中国相告矣。彼云南中国耶？北中国耶？余云中国只有一，未闻有二也。彼见美使署所盖之印，乃又云北中国，乃美国所以承认者也。还余护照，余乃由车站过道出，盖此为美墨接站（Union Station），来往俱由此站出入也。乘汽车赴一旅馆，名歇尔登（Sheldon）寓之，先浴，因在道市数日未浴，即在三塔扉之浴，亦不甚痛快也。浴后觉快。

中餐时，觅一中国人所开之餐馆餐，餐品不佳，而价甚廉，此地无所谓杂碎馆也。

下午访可朗君（Mr. A. H. Krohn）于米新司开公司（H. Lesmsky Company），并晤公司主人海德君（Herd），谈甚亲切，葛娄司君所介绍也。又访《叶婆娑通报》（El Paso Herald）经理人韩德苏君（Mr. Hendeison），稍谈，为邓般因君所介绍。晚归寓餐。

八时,可朗君来访,约游瓦拉士城(Jnaraz①),与叶婆娑毗连为墨国境,中隔大河(Rio Grande),以铁桥通之,名国界桥。桥通电车汽车,可君驾车穿六七街口,至国界桥,过桥出汽车捐二角五,即入墨境。瓦拉士城,街市不及叶婆娑之整洁,然每晚叶城之人赴瓦城者,不可胜计,因有酒可饮,且有公娼也。沿途汽车几有全自叶城来者,适值微雨,街中泥水颇多也。可君先绕街略行,惜夜黑灯少,不能十分看清街市状况。末至一咖啡馆,馆甚大,红男绿女,座为之满,皆美国人,余等入座,呼啤酒二瓶饮之。酒为德国制,较中国通常啤酒为强,且余久不饮,瓶未罄余已微醺矣。入座未久,乐作,馆正中为一大跳舞场,饮者渐有入场跳舞者,初则三五双,继则十余双,乃至数十,场为之满,各舞者时相接踵连肘矣。乐停少休,复作,舞者亦继之,约三四阕,改乐,张幕,舞者俱退,入座。另有一美女子年约十八九岁,姿势颇娇娜,着赤色贯珠小衣,赤珠内杂有白色大珠,光闪烁夺目,衣制非衫、非裤、非裙,前面较高约及胸际,玉乳半掩,状如新月,后面更低,银背全露,左右以二彩带绊于肩,下长齐臀,略见松缓,舞时可张,翩翻如翼,内附短襦,紧贴②肤际,略遮私处,环两股者长不及寸,周身敷粉,色傲冰霜,座近者荼蘼飘香,芙蓉堕粉,鼻目可直接领略之,不须费心神也。亦随乐歌三阕入幕,更乐,坐客重入场跳舞。又数阕,易一肥妓统少女数人,共舞,且歌,歌词余不能解。舞无精妙处,貌亦均不佳也。九时半,余等归叶城,至国界桥此端,美国守者,询余护照,示之云,护照无错,惟外国来往照例须注册,夜间无人司此事,于例不合,然君等归可也。乃还余护照,归寝。

七月十日

晨起为邓般因君作一长信,践前言也。中餐仍至中国餐馆。

下午二时,海德君偕其夫人来访,约游郊外,先导余观其军营。

---

① 此处应为 Juarez,即华瑞兹市(墨西哥城市)。

② 原文作"帖"。

营地长宽约各五六英里,房宇甚多,自中将及兵士皆住其内,规模甚大,惟不及金山军营花木之盛也。现驻^①军队二千,前驻一万,近调他处。美国他事皆为公开的,惟军队调动事前向无人知者。此地为美墨国界间第一商埠,亦第一重镇,东西三路铁道皆集中此埠,其军备上三日内可以全武装之陆军,集中此埠十万人,故墨西哥名为独立,实屈伏于美国势力下也。军营在山半,看军营后,下山穿城至郊外,见河水支派井然,可君谓此水皆来自象山堰(Elephant Butte Dam),此堰未成前,此城为干旱荒原,今尽成膏腴矣。此堰自象山下筑堤,承大河水蓄之,可灌田二十万英亩,即一百三十万中国亩也。由堰筑运河长约一百五十英里,再由运河分筑支河,以备灌溉之用。美国西南共二大河,皆发源克拉劳图州,一贯安利僧纳自加州入加州湾,一贯新墨州及台可撒司州,入墨境,即此河也。二河昔皆为害,皆有沙,今各筑二大堰蓄水,乃变为大利矣。在郊外行约数十里,至一小城,亦名爱司来他,为此州最古之西班牙城,屋皆以土坯建之,归四时半。

五时韩德苏君来约余登山。彼等皆有汽车,登山游原,皆车行非步行也。车亦先至美国军营,此非必经之路,盖皆欲夸耀其军容之盛,故不约而同也。由军营绕登山,山上亦有街道,在山上望下城,万井如画,亦觉有致。此地空气亦甚干燥,前日初到未下车时所见之风景,意亦临象山堰下流之运河,故觉有似江南也。此城可分为道东道西,中隔铁路,以巨桥自上通行人及车。余数铁路轨数,约近五十,此为停车之场,然其数亦可惊矣。又海德君曾导余观其府公署及市政厅,补记之。

晚约海君夫妇及可君同餐,餐后又同乘汽车游全城,归倦,今日几于全为乘车生活矣。

---

①　原文作“住”。

七月十一日

晨起，访可朗君于其公司，同赴第一国民银行取款，并兑换墨金。墨国现亦改金本位，故所兑为五十元及二十元之金币。墨国同行金本位，同以银为辅币，一元者同为银质，乃分量约相等，而墨银一元，只兑换美银一元之半，此等兑换，墨国必受损失甚大。强国之对于弱国，恐无往而不用其操纵也。

赴西班牙领事馆，询入墨情形，并示以在金山所办护照，彼云此足矣，无须敝处签字也。又访韩德苏君，彼介绍其编辑人某君约谈。

下午二时，在国民银行遇一中国女子，为余君之夫人，约至其家。余君先到墨已十七年，在对岸瓦拉士经商，欲来此城居住，讫美移民局所阻。去冬始航海至金山上岸，赴华盛顿求得移民总局认可，今乃居此岸，每日仍过界经理其商务。余夫人之父中国人，为到墨第一华侨，其母为墨西哥土人，曾到中国，云喜为中国人也。现有子女四，余君恬静寡言，余夫人极活动，此间美人多知之，自称为孙逸仙驻此城之秘书。

下午四时汤华丛（Tam Watson）君来访，谓可朗君嘱彼来照拂余过界买车票者，余云今日天晚，略谈去。

波伦提司博士（Dr. Elliott C. Prentiss）来访，谓阅报知君名思一谈，彼因余对于墨华古代之关系有兴趣，拟为余介绍数人治此学者，余感之也。晚约余至其家，彼有天文镜，同时彼并约有司密司君夫妇，晚同观星。彼以三十分之时间，始将全镜在院中平安装停妥，任观何星，均须由彼拨转螺旋，以定方向度数。

第一所观者，为木星（Jupiter），卫星可见其四，星体浑圆，中有横线（transverse）。

第二为土星（Saturn），以此星现在地位，去木星甚近也。此为余观土星之第二次，觉其轴较前次观时更大。

第三观火星（Mars），此为去地最近之行星，中国历史上所称荧惑星，近来无线电家所欲试与通电者。前月某处无线电台，曾得有不知自何处发来之电,疑为自火星来,但秩序凌乱,无从推定为有无意识也。此星体似不及其他之大,然光极强极亮,照耀如火球。

第四观月,如在目前,晶莹透澈,如冰雪制成之球,半透光体,中空而燃有电灯者。月体有痕,似画色之有浓淡,冰体之有厚薄者。余观二次,前次之纹与后次全不同,盖其旋转甚速也。

诸君问余询各星中国何名,余告之,并言其命名之由来,彼等均觉中国名为佳也。

观毕,九时余,司密司君夫妇以车送余归寓,司夫人手带二指环,以大小钻石攒成,恐非数千金不办也。

七月十二日

晨,写日记。九时半访可朗、海德二君于其公司。十时访波伦提司博士于其办公室,彼对于化石木(petrified wood)收藏极富,大小数百件,完全为树干形者亦几百,大概分为三色:一墨色,二红色,磨之有光可鉴,三淡色,多不能磨光。波君云,安利僧纳州大谷之南,化石林数处,今划为国家公园,禁人采取,其化石木有大合围高数丈者,大概皆墨红二色,在公园外尚有,不甚好,今外人所收藏大半为园外之物。询以棕树化石,彼未曾见。与谈后,彼约余中餐在大学俱乐部,餐极洁,地亦清凉,此地无大学,为大学毕业者所组织者。

餐后,波君偕访扎理氏君,彼收藏有墨西哥新出土之古陶人,彼称为陶提克前遗物。彼等均以为似中国及日本之物,然人皆跌[①]坐,与日本适相反,其类中国者,以貌相也。其人本类中国,自然陶人亦类也。距墨城四十英里左右,一年半前发见古建筑极伟大,雕龙为阶,有类中国殿陛。彼照有像片甚清晰,入墨后决当一往视也。

晚至俱乐咖啡馆餐,余初闻此馆乃中国人所开,其司账者姓余,能官话。《通报》又载余今晚将在考古学会演说中国人与墨西哥人古代之关系,实则考古学会,仅约余往与会,余并未允为演说也。

---

① 原文字形似"跱"字,此处疑应为"跌"。

考古学会有会员三十余人，波君为会长，初成立，此为开会第二次，其书记报告前次记事甚详，自云忘记日期矣。询之会长及他职员均忘之。学者之脑筋，往往如此，岂不可笑？

开会由会长报告一切后，某君示其所收集之古物，即余等日间所已观者也。又次为爱的司君报告在秘鲁马邱皮邱（Mach① Picchu）发见古城，建筑伟大精巧，方可数里。彼为工程家，六年前曾往参观，照有多像，观之令人称奇。然此地距海口须铁道三日，骑马三日，余恐不能往也。

余询爱君在南美曾见有中国之古物否？彼云未曾留心，惟闻秘鲁北境楚虎路（Trujolo②）海口，附近有中国字之古物，然余并未见也。会散，余归。波君送余至寓，余允候彼博物馆成立时捐中国古陶人少许③，别，入寓，寝。

此间亦有唐人街，明日即入墨，不知有暇一视否。从前此城中国人颇多，今为美国苛例所限，有减无增，只余一百三十人矣。

---

① 此处应为 Machu，Machu Picchu 马丘比丘（古城，位于秘鲁中部偏南）。
② 此处疑为 Trujillo，即特鲁希略（秘鲁港市）。
③ 原文作"少人许"。

第七　墨西哥

（共两月另二日，于民国十一年七月十二日入墨，
九月十三日离墨）

1. 入墨境顿见穷象
2. 有鞋阶级与无鞋阶级
3. 墨京一瞥
4. 教堂门可罗雀
5. 向罗马司夫人学西班牙文
6. 参观国家戏园并其建筑一斑
7. 参观总统府
8. 到三桓德欧地洼观古城参观
9. 赴高雅观并看林业养成所
10. 参观博物馆
11. 墨西哥政治一斑
12. 墨人不说英语之理由
13. 差度论与教育
14. 西班牙亡墨西哥之惨史
15. 游阿美佳美佳城
16. 参观议会开会
17. 游晓起米尔谷
18. 墨西哥文明之来源
19. 抵拉瑞豆与墨告别

七月十二日

晨六时起，书昨日日记毕，并检点前数日者付邮，然过急有落字处。

结账唤车偕行李出旅馆，先访可朗君于其公司，并与海德君辞行。可君交余介绍函一封，并言昨晚八时往访未遇，此间商会会长舒瓦次君（Schwartz）欲与君一面，可同访之乎？余云可同往。稍谈，彼拥有一极大百货肆，如中国永安公司者，人为一坚辣能作事者，谓：闻君在此埠敝会开会，拟请君光临赐教。余谢之，谓行李已在车，今午入墨矣。辞别后先至美移民局，示以来美护照，请其签字，谓期内仍回美国。又渡桥至墨国境移民局验护照注册，又至税关查验行李，乃至车站复验，前后共验三次，皆不同地。途中所经道路，路坏甚于中国，其关员粗鄙，关署亦陋简，不成局面。在车站购票至墨京，车价九十余墨元，卧车二十三元余墨元，卧车亦为普尔门公司者。卧车公司备车，车上自行管理，而售票开车，则归铁路公司，其票价按成分配。

在车站小馆中餐，餐品甚劣而价廉。下午一时四十分开车，各处验护照，查行李时，余觉其繁琐，费时太多。然余十时别舒君，十二时已至车站，两次验护照，三次查行李，以及途中共费时二小时，并不甚久也。然此次尚称顺利，闻有数处纠扰至半日者。

上车后心神渐定，浮气全消，车行时许，向窗外四望，觉天日风云，俱呈异色，山川草木，顿改旧观，境变心变，不能自知，或者心境互变相为因果耶？再细思其不同之处，觉美国云多弥漫当空，此处多林立远天现奇峰怪石之状，又东望山色全白，如雪岭银峰，亦为奇观。惟村落寥廓，人民穷苦，多衣不蔽体者，知墨国为穷国也。

由西北向东南直趋，晚十时余，至奇洼洼（Chihuahua）城，此西北之大城也。余已寝，重着衣出车观之，适大雨，全城如墨，既散，灯火半明半灭，不能知奇洼洼之城镇如何形势，居民如何情形，惟饱领此淅淅雨声，沉沉夜色，以送余归眠而已。然数月来不见雨，对此亦饶清兴也。

七月十三日

晨起颇早,贪看路景也。此间村户所居,多有院墙,平顶小屋,一门二窗,亦有一门一窗者,且窗甚小,此真初民之村落也。闻此奇洼洼州,盗匪最多,民穷固应多为盗者,然人尽极穷,为盗将向何处盗耶?

同车者人甚多,时亦交谈,然他谈英语者渐少矣,墨西哥通行西班牙语。有包美氏(Terone Pomes)者,西班牙人,为天主教牧师,居美国南部数年,其教徒皆旧日之墨西哥民,故居美国数年,其英语尚远不如余。又有范南德(Fernander)博士,偕妻赴外国游历,经檀香山至日本,未到中国即绕归温哥华经坎拿大、美国归墨,其英语更坏,余询其何以不至中国?云日本人告以种种不便,乃未往。又有简讷尔夫人亦往美国,英语甚坏,其女之英语极好,余与彼等时互语,并不寂寞也。倦则寝,盖坐车事最易昼寝,殆人人通病也。

车中餐品极坏,余食不甚如意,晚早寝。

七月十四日

经多龙城停车,即数年前惨杀华侨之地也,至此未免心动。盖朴野之印人,与西班牙杂婚后,更形粗鄙暴厉,而杂者有势力,其纯粹之土人,则多安处乡间为农民也。下车欲见一二华人,包美氏君更助余寻之,得一二人。余不能粤语及西班牙语,彼等不能普通话,亦不能英语,一语不能通。惟闻包美氏君言,彼二人以西班牙语呼余为假波而已。假波者,美洲对日人之通称也。余心极形不快。

此地车站之幼年,手提小盒为人擦皮鞋者甚多,数向余咭咭。余不通西班牙文,知其请余擦皮鞋也。余数之,执此业者七人,然皆未着鞋。又视他人,除车上乘客下车散步者不计外,其余之人,亦多赤足。着鞋者不过三四人,着鞋者三四人而以擦鞋为业者倍之,岂不使人发笑。

下车至某车站,沿站居民,赤足者尤多,余数之,十三人中仅一少女有鞋,其他无男女老少,皆赤足大仙也。

余戏分此国人为有鞋阶级、无鞋阶级,觉为甚有兴趣之分类标准。美国全国向分有产阶级与无产阶级,然有产无产之分辨,外国人初至其国时,不易辨之,有鞋无鞋则举目可见也。然须知此国有鞋者,不必皆有产,而有产者亦不必皆有鞋,盖有鞋无鞋,不全以产业为标准。兹略分之:

一、大城居民而有产者,皆有鞋。

二、大城居民无产,而有较多之工资者皆有鞋。

三、小镇居民无产者,皆无鞋。

四①、乡村农民有产者,亦多无鞋。

五、大城无产而工资少者,亦无鞋。

六、乡村之特富亦有鞋。

此其分类之大概也。鞋为衣服中甚要之一种,何以此邦人之无鞋者如是之多,大可研究也。或谓此乃习惯关系,彼无着鞋之习惯也。余今再详为分类,乃知其与习惯相关者较小,人类所着之鞋,应分若干种,此极有关系。然惜乎此邦之鞋,只有皮之一种,无从分起。

无鞋者当然无种类之可分,然有其足上足下确乎有物,而不得名之为鞋者,且其物亦不一等,则不能不分而言之。分法如下:

第一派,无鞋阶级,当然以赤足大仙为本等本色,且此派又几占全阶级十分之六七。

第二派,以生皮一片,裁形如足,周围以绳系于足,其系法甚无条理,且各人尚未一律,视中国南部之草鞋、日本之木屐有一定之系法者,完全不同。

第三派,以生皮一片,垫于足底,又以生皮一小片,盖于足面上下,以绳系之,前后左右,足肉完全外露。

第二、第三两派之人,往往足上下之皮已剥落,再多加绳捆之,迄不忍遽然弃舍,以恢复第一派之天然状况。由此观之,其非安于无鞋

---

① 原文误作"国"。

之习惯，可以断言。余将由此点以考察鞋之制度，与经济制度之关系，俟补志之。

将近墨境，万山俱绿，时见河流，农业亦较有进步。此处为八千尺之高原，土不甚厚，而上有黑土一层，约五六寸，极美之田也，就其土壤情形观之，其耕作之年限，视中国大后也。山上仙人掌多成大树，有粗可合抱高丈余者，仙人指亦成树，不及仙人掌之巨。仙人剑突兀由平地直起矗立数尺至丈余不等，色皆碧绿，使人眼帘生奇快之感。又有村民以仙人剑环植屋周，以代墙篱，更觉有致。

晚八时四十分，车入城，天雨下车，寓箓吉士旅馆（Regis Hotel）。

普尔门车上管理人某君，爱与余谈，彼换班亦寓此旅馆，诸事照拂，余下车入旅馆，毫未感不便也。

晚餐食品颇佳，其面蒸鸡如中国蒸角，味亦美，此为墨西哥特制食品也。

作函与抟沙为戏，因今晚兴致甚佳也。

旅馆建筑七层大楼，各层走廊，均为户外复道，爽朗有别趣，随时可望全城，此种建筑，为出国以来所仅见也。

七月十五日

晨起浴，补写前三日日记。

十二时中餐，餐后雇车访王公使，谈极畅，知墨国前时华侨有山东人千许，革命时失业随为盗，墨今总统未得政权时，招抚之，极能战，今只余一百余人，多作下级军官，但向不往中国公使馆，设法致之亦不来，可怪。余前只知日本西部、高丽、西伯利亚一带，到处有山东人，不料墨西哥亦有之，真健儿也！

王公使派馆员雷君与余偕访农文（Nuven）教授，此为此间第一考古家也。观其古物，并与谈。彼为苏格兰人，寓此甚久。

晚与雷君同餐于东方酒楼，中国餐馆也。雷君云：王公使嘱一切由彼作东。无可如何，谢领而已。

自公使馆携归中国报纸数分，晚阅之，知河南当冯赵交替时，扰攘甚久，又知中国内部尚有许多波折，急切仍未可乐观。

七月十六日

夜睡着甚迟，心不静也。

晨起写日记甚少，王公使述清约出城游，并中餐，大约下午一时。因晚恐饥，先在旅馆早餐，余不早餐，此破例也。

十一时，王公使偕其馆员钟、张二君来访，即乘其车先在城内游览。曾遇一最大之街，中为极宽车道，两旁为花树，再两旁为人行之旁道。王公使云，余曾住法国十年，此街与巴黎无别也。见有二大建筑物，工程尚未完竣，一为国会两院，一为国家戏园，此前总统狄亚司时所修。狄氏去国后，工程遂停，至今仍不能继续也。

将出城穿一大林，广博葱郁约里许，此林亦一公园，印人自主时即有之。出城至一处，忘其名，风景极好，昔为一天主教堂，今改为旅餐馆，即王公使约余中餐之所也。餐品极盛，最后之餐品，乃印人旧菜，以辣酱烧野鸡，另外以薄饼配之，饼非欧美式之普丁，乃绝对中国式，与北京山东馆之薄饼，完全相同，即开封所谓之烙馍也。此为本地土人之食品，白人效之，故在此城请客，无论菜品如何多，无此物不得谓之盛宴也。此与昨日所食之面蒸鸡，皆可完全名之为中国菜。久不饮酒，今午有法国之白红二种葡萄酒，尤觉适口。院中景极佳，餐前后在院流连甚久，并合影为记，约四时余归城。过其他一旅馆，为的阿士总统之婿某君之住宅，今租与人开旅馆。入内视之，园林池沼楼阁台榭，伟然大观，又买茗清话时许，回城天已晚矣。

昨日尼文①教授赠书一小册，英西文对照之《古物年代考》也。灯下将英文阅一遍觉倦，下楼稍餐，又购关于墨西哥之书稍阅，就寝。

又午前王公使曾偕往参观博物院，视在美所见伟大，不可以倍数记，大概皆为古石器。雕刻之精，规模之大，种类之夥，使人张目拃舌。其中有类中国文字之刻石甚多，而无完全中国篆字者，玉类皆自

---

① 即前文之"农文"。

中国输入，所收藏在百件之上。尤可怪者，其刻石中各种人像俱备，如中国人、埃及人、马来人、尼格鲁人（黑人）、塞母人（Semitie①），无一不备，惟妙惟肖。余意此当以禹鼎之山海图观之，可据此以证古代此处人曾与他处有交通，而不足证明各人种俱备于此处也。此处须再来数次，乃能详明记之，此不过其大概也。

七月十七日

再阅尼文氏所赠考古录。

下午阅墨西哥史，将晚，使署商务随员李玉麟，字瑞生，随员高赞鼎，字涤堪，二君来访，致王公使意，谓本拟今晚约往听戏，公忙未能，七时约至东方酒楼晚餐。谢之不能，稍坐先出街游，至一法国茶园。规模极大，红男绿女，座为之满。高君云，昔日为一小茶馆，今乃发展至此，晚则多人在此跳舞也。

用茶后，至东方酒楼。王公使及钟、雷二君亦到，餐品极盛，而味亦美。此间业主某君来周旋，盖此君亦如檀香山之李叔腾君，先为外交官，继乃为酒楼营业也。

王公使以司达尔所著《墨西哥与美国》之中文译本抄本，及其弟所译之《墨西哥与古巴》见借，俾破寂寞，且可知墨国情形。餐后又畅谈，甚久乃归。

阅《墨西哥与美国》一书，阅毕已一时矣，乃寝。

七月十八日

出门购书，未得所欲购之书。至博物院，今日放假，不任人观览，因余曾同王公使往，守门者识余，乃令余入观三四时之久，仍未敢下笔，有所论记。

在院中遇一美国老女士，在金山充小学教员，曾游历中国及日本。与谈，彼似专研究美术者，于墨人古文化不甚知。彼对白克里余之友人多识之，且爱下评论，然其评论亦多不当。对于中国亦轻下评

---

① 此处应为 Semitic，即闪米特人。

论,如谓南极星为道家之神,河南省道人,能以法术使幼年道人之头长与身之三分之一相等,如此可以使幼道人聪明云云。此种无稽之谈,殊为可笑。余询其自何处听来,云听一河南人向之言。余谓余即河南人,向未闻如此之事。彼又谓中国不可美化,因中国自唐朝以来,美术甚好云云。偏蔽可笑。

有乡导导余观街中发见之古庙,在地下,中有石刻甚伟大,状亦如龙。

至东方楼中餐,已二时余矣,餐后归寓假寐,使馆馆员高君涤堪来,又携其诗稿请阅,颇有佳构也。

晚高君约餐于东方楼,余约其看电影。

七月十九日

赴美国书肆,仍无可购之书,在街上寻餐馆独餐。下午又赴博物馆,仍不能有所得,惟望洋兴叹耳。

至公使馆,用中国笔墨,致刘雪亚、刘孚若等信数封。晚在使馆餐,完全为中国式,汤面角如国内物,其厨役为山东人也。

日间详观某教堂(西班牙文)尚未记明,其伟大之建筑,精工之雕刻,叹未曾有。今则满地秽芜,三五穷人,设小肆于下。塔之外门,乞儿枕阶而睡,沉酣如死人。余登塔未得至其巅,有门闭,内有守者,余不谙西语,未敢扣门入也。又至正殿中,设马利女像,旁为耶稣二像,中置大香案,燃四烛,香烟缭绕,中有数人正祈祷。一老妇人年五十余,跪地面像,口中念念有词,惜不能解;一男子年六十许,跪地俯首默不一语,状甚幽惨;一少年跪旁面附短案,若有所思者。出正殿,至旁面,似已租为他人作市房矣。此邦人穷,城市中尽为耶稣教,且美人尝云,此地地利,美人可任意取之云云。彼又无须借宗教作用,即可发达,其政治经济上之野心,即无人肯出资向他国传教也。墨美接壤,一极富,一极贫,美国人诚以宗教为心,胡不节其向中国传教之费,以施之墨西哥耶?

七月二十日

竟日未出，仅中餐后，至临近公园散步，晚餐后使馆中周伯符君来，谓代余物色西班牙语教员，已得人，明日午前十一时往访之云云，即去。余在客厅中，遇一老者，就余语，彼澳洲人，近居美国罗三吉尔。墨境内有彼煤矿，因革命时机器被毁，今未复购新机，有油田一千六百万英亩，全未兴采。余询以澳洲情形，彼云在哥伦比亚（按即澳京）从前中国人甚多，今渐少，因现在限制登岸极严，有死者，有去者，遂致日少。又谓印度人不准登岸，彼虽英籍，然非白人也。末又劝余信耶稣教，余戏询云：入耶稣教，至澳洲能自由登岸乎？彼摇首云否否，印度人属英国籍，又多信耶稣教者，不准登岸也。末又谓斐洲已几于全属英国矣，彼能德语，近亦操英语，现在日本人能英语者若干人，中国人能英语者一千二百万人，英语即世界语也，君回国后，务必提倡中国人都操英语。余答云，中国自有国语，且余觉英语甚不便，余本人归国后，即不操英语矣。老者大失望。又记昨日王公使云，尝有南美之外交官，询彼闻中国语文甚难，应之曰然。又继问云，君识中国字否，答云中国人如何不识中国字？彼仍若不甚相信者。白人对中国观念，诸多可笑，然中国应自励也。

墨国人民大概分为二阶级，上等多资本家，然欧美式之人物，无产者亦列入上等；下等多为印度人，论者多谓其缺少中等阶级，故社会不能调协。中国人凡能在此经商者，无不致富，因中国人适合所谓中等阶级者，为彼社会上所需要也。欧美式之人民，往往不屑经营小本生意，或迫于境遇而为之，往往不甚得利，印度人不善经营生意，所以其社会极难调协也。

余前日所分之有鞋阶级、无鞋阶级，实可代表其经济社会之不调协。盖生活程度低者，力不能买皮鞋，而皮鞋下又无其他阶级之鞋也。今将中国之鞋，略为分类——

一、缎鞋

二、绒鞋

三、羽缎鞋

四、布鞋

五、草鞋

大概可分为五等，每等中仍可再分若干级，今则又于缎鞋以上，加皮鞋一等。盖就经济上面，各人之财产不一等，各人之收入亦不一等，而各种用具，为人类所需要，亦应分为多数等级，以任需要者量力而置购焉。鞋亦用具之一，中国鞋之等级之多，故能与经济程度调协，而无鞋阶级之人极少。此邦之鞋，只有一阶级，不为经济地位不同者，留量力酌购之余地，遂显分为有鞋、无鞋二阶级焉。余之差度论，曾以谓平等云者，有其理想而无其境，不平等之反影也。悬殊云者，有其境，而不公平革命之所由生也。惟差度论，既非如悬殊之有乖公道，更非如平等不可实现。人类各有天才之不同，而其地位亦因其天才而有差异，各人随时有奋勉怠忽之不同，而地位即因其奋或怠之度而生差异。人类如陷于永不能超拔之环境中，其心理上，最为痛苦，因奋勉不生效力，如印度教所称之阿鼻地狱矣。世界因差度而循行，故星海无相同之体，万类无相同之形，人类为万有之一种，亦无相同之天才与品性。以万有不齐之天才与品性，并育同行于一世界中，个体与环境，乃成为互变之因果，世界所以日新不已，人类所以进化不穷。各人无相同之环境，即一人之各时其环境亦随其努力之结果而生变动，人类之生趣在此，即造化之秘钥亦在此也。白人文明下之生产物，殆皆所以陷人类之大部分于奋勉不能改变之环境中，此其社会之所以日即于烦闷，烦闷之结果必为崩毁。在拥护此状态者，欲以种种娱乐，消除烦闷，乃绝对为药不对症。其反对此状况者，乃进之以平等，药虽美而不能到口。吾愿近世经济学家、社会学家以及哲学家，反而观诸天壤间自然之现象，有一不在差度线上生存者乎？若抱一册原子表，一本机器图，而云吾得宇宙之真理矣，吾得人生之真义矣，吾得社会组织上之真精神矣，持彼所有之图与表，而为人类前途谋改造，其不为墨西哥无鞋阶级所呵者几希矣。

七月二十一日

周伯符君为余聘西班牙文教员，约午前往会面。余至使馆，彼适有电话，改约下午三四时也。

在使馆阅中国报，政治梦如乱丝，为之不怿。下午偕周君访余拟就学西班牙文之罗马司夫人，谈半时。夫人之父在的阿士总统时代，为总长及省长，夫亦显。夫逝，家仍贫甚，乃肯课余读，然居止仍大家风范也。

回使馆，王公使为余向外务部索介绍函，参观各名胜之函已送来。王君偕余先游其故宫，极有足记，俟补之。又赴一古代教堂，前三百五十年建者，周六十楹，皆石柱精雕，自下至顶，其工程可惊，已半就倾圮，无礼拜之所矣。完好处有人寓之，为某博士，忘其名，王公使识之，扣门访之。彼方督少年学者七八人群作绘事，乃印人陶器图，此为博士近作，拟出书也。屋内除书籍及著述用品外，无长物，谈甚久，彼允助余搜求古代中印关系之证据。辞别后，同余等来之周、雷二君，字之以怪物。

晚余约王公使及雷、高、周诸君，餐于东方楼，十时方散。

七月二十二日

王公使约同参观国家戏园，尚未竣工，其工程浩大，略记其情形如下：

一、园基长方前后约四十余丈，左右约二十余丈，高自八丈至十三丈不等。

二、周围外壁全为大理石（marble）雕花砌成，门窗檐柱雕工特精，分述如左：

甲、正面，分为二层，下层正中为八柱，大门左右为六柱，门二，再左右为四柱，门二，共五门，上层与下层对照，柱稍短，而雕刻更精。上面正中二女像，上有墨西哥国徽，巨鹰覆之，以大理石二方成之，每方宽长均二丈余。

乙、旁面，近前面处左右各有八柱，门一，下层为通外之门，上层为平屋,居左右之中间者,下层为石壁,略有花纹。上层为八柱长廊,每柱高约二丈余,径三尺许,以大理石段节为一柱,雄伟可惊。

丙,后面,自左右二面之后部包至后面,皆大理石壁,分层有窗有门,门窗上附以雕刻,无廊柱。

丁,最上层,后部正中间有最上层,又自两层之上高出数丈,仍皆为大理石,周围有刻花。

戊,正面之前,有正中及左右共五路,路皆有槛,以大理石为之。

三、戏场在园内之后部:

子,座位共四层,下层平满向后斜高,余层俱左右环抱,对面之正中,为总统之特座,可容二三十人。特座之后,为总统休息室,座位共容三千人。

丑,演台,长宽均约十丈,前面有幕障之,此幕宽与台等,高约六丈,用极厚玻璃制成,为半透光体,上有极大极精之图画,制入玻璃内。此幕重二十五吨,用极大之电力升降之,台板两端皆有机器,可以升降,演时所布之景,亦能升降。园之后方上有高出数丈之一部分,备布景上升之地位也。地下亦凿空数丈,用意相同。

寅,装室,在演台之后,备艺员装扮之所也。

四、跳舞场,在园之前部,分上下二层,极大,周围绕以无数房间,现在尚不能知将来作何用。

五、圆顶,分为三部:一前部正中为一圆顶,左右二半圆顶抱之,作三星形;二中部前接前部而趋于后部,前后平直长十丈余,由左右向上作弧背形;三后部即最高层也。其上为方顶,四面向中环抱,四角四大方柱高起,每柱上安极大铜像,前方顶上亦有极大铜像,上为国徽,下为群儿拥之,高约三四丈,径约丈余。四周围部除上述三部以外,以红色精美有光石砌铺如平台。

六、模型室,园内有模型共三分,视全园具体而微,雕刻极精。

七、园外有极大广场,饰以花墙。

此园之大概也,但今尚未完工。此园为狄亚士时代所建,狄氏去国,财政日艰,进行极缓。当狄去位时,据美国司达尔之调查,已用去美金一千一百万元。余等询其现在共用去款项数,云墨金二千五百万元之谱,然内部工程,尚欠太半。若照原计划完全告成,恐须再加二千五百万也。其二十五吨之玻璃台幕,为三十万元,模型室中正中间之完全模型一座,为十万元。导余等观者,谓此园备各国最大戏园之长处,而规模更大,建筑更精,成立后为全世界第一之戏园云云。噫!墨西哥拥一千余万贫苦愚弱之人民,而耗五千万元之巨资,以修一戏园,在狄氏之计划,无非遂一己好大喜功之野心,而夸耀于欧美各国,以表明墨西哥之文明毫无退让于他国,然竭万民之脂膏,以逞一人之挥霍,供少数人之娱乐,未免过举!虽然,且万无以此专责狄氏。余以为此东西两大文明古来不同之要点也。中国当大禹时,版图东西与南北各二三千里,又手抑洪水,八年劳苦,奏平地成天之功,然首以卑宫室见称于后世。五子之歌,则以竣宇雕墙称为古来亡国要件之一,此不但为禹之遗训,恐中国民族当东西播迁时,已确见有专事建筑宫室之部落酋长,不久必归衰亡。故吾民族有此种经验,乃悬为厉戒也。自兹之后,凡开国之君,守成之主,皆以节俭为天下倡,故都城不过为行政出纳之地,而政治所设施,则在为全国人民上之谋教养,次之亦保持安宁,俾之有自由发达之机会。读史见有土木繁兴四字,即不啻表明其已有衰亡之兆也。反之西方文明,自古即集中京城,所谓内作色荒,外在禽荒,酣歌恒舞,竣宇雕墙者,皆为其文明之要件,此种文明之直接影响,可分二方面观之。

其好之方面,其歌舞之结果,产生诗人及文学家,其建筑方面,养成美术家,其有益于文化一也。全国精华集中京城,学者有观摩切磋之便,其思想一变于居养之优异,再变于浸染之多方,故其政治哲学一切学术,亦均应时会而发达,蔚然成一代之特色,其有益于文化二也。

其相反之方面,都市之设施,皆须多金,赋税必重,文化集中都城,换言之,快乐亦以居都城者所享为多,故人民皆趋附移居之。城中人民益多,乡村人民益少,城民多为分利者,乡民多为生利者,生利者日少,分利者日多,则国日穷,国穷益加税,税重民更穷,乡民避税移诸城内,城不能自养责诸乡间,城乡交敝,他族乘之,此一民族遂告终了,欧洲无千年相续之文明,此实其一大原因也。

美洲印度人,族种亦繁,有进化者,有不进化者,亦有精于建筑者。墨西哥承南欧及此邦两系之文明,其建筑殆精巧绝伦,然律以中国古义,彼亦未免有所偏也。

参观毕,又同乘车至离宫之外苑周览而归。苑内树木繁盛,有高十丈大数抱者,决为数百年古物,亦有时花新树相映,景极幽胜,有小湖,有河流,有其他建筑物,任国人游览如公园,苑中有小峰,峰上有伟大建筑物,即余等前日所参观之离宫也。

归后倦少休。

晚高涤堪君来谈。

七月二十三日星期

高涤堪来,谓公使嘱其持券偕余参观总统府,府殊简朴。周围二层大楼,中有大院,可以进车,左部为总统府,右部为财政部。府内有国务会议室,置长案,正中一坐为总统位,左右二坐为外交内务,两端两座对面五座,与总统位正对者为其秘书长,余为各部总长。有总统写字室,有特别见客室、普通见客室,有接待公使室、接待大使室,有餐室二三处、跳舞室,以跳舞室为最大,此外当有秘书等办公室,然余参观者仅上述者而已。星期不办公,府中无重要人来,因总统住离宫不住府内也。

中餐,约高君同餐,餐后在公园中久坐,饱看各色人物。

晚餐后,王公使等来约,谓今日华侨有宴会,约余同往,余已餐毕,然不能谢,往遇多人,惜不能记姓名,留待异日专访记之可也。十二时乃归。

七月二十四日

晨早起，书日记，即赴毛腊丽司夫人宅，正式习西班牙文，本日仅习字母拼音，及简单应酬语，然甚觉困惫也。

课毕，访美国人贾赛德（Garside）略谈，回旅馆。余受课时间为：星期一、三、五为自九时至十时，星期二、四、六为自十时至十一时也。

下午至公使馆，看中国报。

晚王公使约阿台尔（Atl）博士、尼文司（Nivens）教授、卫纳（Uena）博士三人，及余晚餐，三君皆考古之士，座间谈甚久，归已十二时矣。

七月二十五日

晨起不及写日记，赶读昨日之课，因教习已声明尚考问也。十时上课，习二十余字而已。略讲文字，视英文更繁，因形容词（adjective）及冠词（article）均分多少数，凡名字均分阴阳类，而形容字及冠字亦随之分阴阳类，动词变化之繁更无论矣。但其阴阳变化，较英文稍有规则，西班牙文亦纯粹拉丁系之文字，曾习拉丁文者习此较易也。初学殊觉困难。

下午周伯符君来访，并赠余西班牙文法书一册，用英文注解，视之颇易领会。

贾赛德君来访，并约明日晚餐，少谈去。高涤堪君①来访，谓同乡梅君明日约晚餐，已代书知矣，余谢之（因已允贾君之约）。

晚李瑞生君约晚餐，同座者王公使及其馆员并侨胞十余人，行划拳之令，十二时始散。

七月二十六日

晨九时上课，试作短句，十句文法无错者，大为毛夫人所赞赏，惟彼爱教余背诵，此则大苦也。

下课在街上散步，至菜市布棚布摊填满街道，气味不佳，此地无

---

① 原文作"安"，疑误。

鞋阶级者亦较多,在街观两旁字号招帖等,渐有能解者,亦觉可喜。

下午王公使来约同观国家戏园试演,非试演戏也,但试机器是否灵动耳。至则座中人已满。六时许幕启向上去,旋台之最前一部下落至一丈余深,忽台之后壁亦向上起去,忽台之后部自上向上涌一铁架,宽丈许,长二三丈,高至丈许又渐渐落下。忽台之中部地板向两旁自行分开,自开处由下上涌另一部分之地板以补其缺处。忽又向上涌起高至二丈,此部下落,彼部又忽向上,如此数次,台复原状。台面忽向四面分裂四直缝,作长方形,前后丈余,左右约四五丈,自缝中涌出一极大铁架,高至三四丈,又落下,缝亦遂合。总之全台面宽长约均近十丈,纵横高下,全体或一部分,皆能升降转移自由,真奇制也!现台内工程尚未及半,今日所观者,仅其机器之运动耳。至于作戏时,如何利用此机器之运动以布景助兴,则非今日所能预知。观毕出,又参观其外面,觉前日所记,殊未足以尽其美。

一、其后部环抱者,皆有门窗,除左右相对外,余无一同者。

二、其上檐雕花,后面大概分五六层,前面则八九层不等,中层之檐,亦有数层雕花。

三、其门窗之上,各走廊上下,或上向作圭形,或前突作半圆形、数角形,皆补极精之雕花,其所雕之人有用五尺宽之大理石,长约一丈六七尺,雕成一人者,此类之人,左右有四。

四、其前面圆顶上树铜像,中一巨人,下为小人环之,并其他花样,径可丈五六尺,高约四五丈,其后部四角上四铜像,径约近丈,高约三丈。因园工大约十年后方可成,现先移安总统府前,余前日赴总统府曾观之,只此移安费已用至五万元,其规模之大可知。

此园动工至现在已二十余年矣,再须十年方能告成。不但决定建此园之前总统狄亚士已久经薨逝,恐曾兴此役之人,多不及见园之成也,观后归寓。

七时贾赛德君来约余晚餐,往,座中除余外,只一客为德维氏(Davis)君,并贾君夫人,共四人,餐品尚美,餐后闲谈至十一时归寓,少阅西班牙文功课,寝。

七月二十七日

晨上课。

下午阅英文《向耶稣之领解》一书,末附有欧洲村制甚有意义,此制度遗袭自古时,非新制度也。

七月二十八日

晨照例上课。

贾赛德君访,未遇,又电约明日出城作竟日之游,余诺之。下午赴公使馆阅中国报纸,急切仍无统一之望,怅然!

晚王公使宴日本公使夫妇及瑞典公使夫妇,邀余作陪。日使伊藤氏新与一法国女子结婚,旅行方归也。瑞典公使极乐与余谈,告以家及使馆住址,谆约见访。十二时方散,散后王公使又留余谈,归亦一时矣。

七月二十九日

今日允贾赛德君之约,出城郊游,未能上课。

九时半,贾君以车来,车上除贾夫人外,有巴兰蔻夫人(Mrs. Barranco)、谋恩池夫人(Mrs. Mary Muench)及哈什根君(C. Hashagrn)在焉。出城越二三村,行三小时,至三桓德欧地洼观,其地为一印度古城,有大建筑物三,墟垒甚多,知昔日为大城也。其大建筑,一类一极大之寝庙式之殿基,周围筑高台,四面相接,四面各长近百丈。前面台上有四高台,台阶各与下层台阶相连,故可由前面平地直登至四高台上。下层之最中间,另有大台阶一,宽近六七台,似为正门,可由此登至下层台上,再降至台内也。左右两面下层台上亦各有四台,其台较前面之四台为高,且下层台亦较前面宽,故其上层台之阶,距下层台边尚有数丈之余地也。正中平地有一台与四面之台俱不连,亦为方形,后面为一极巨之正方大台,长十余丈,宽七八丈,高五六丈,大台之后。更有一台,建筑之年代似更古,其阶类中国殿陛,两缘皆雕龙为饰,周围亦有雕龙,台共六层,阶级五十余也。雕龙上间涂黄白色,今仍未全退,古色班烂可爱。其前之各台,皆用石砌垒无雕工,然有外突方缘,极整齐。石外先涂石灰厚二三分,再外涂赭色如中国宫殿,色浓厚可喜。此种伟大工程,既不知建自何人,亦不知成于何代,毁于何代,可伤,其中无文字可考也。

另外二建筑,皆为极大之高台,用石斜砌向上而成,此间考古家亦称为庇拉米的(pyramid),即与埃及金字塔同一字,以中国人眼光观之,觉其非塔而坛也。相传一为日坛,一为月坛。又另观一墟在地下丈许深,其中台阶门墙多完好者。壁亦涂赤黄色,间作富贵文,色好尚未退,并有室内地井及浴室等等,此外各墟未观。

此间有博物院一,内多石刻,皆得自各墟中者。早闻此间石刻有中国字,余细视三四次绝无中国字,然石刻多类中国,且有玉器多种,其石像有面长六七寸,亦为玉质中国人形,岂不可宝? 此间考古家均谓此洲不产玉,且中国为世界惟一之产玉地,故凡玉皆中国输去者。然则此间古代与中国之有交通毫无疑义,而讫不能得一有中国字之石刻,岂不可怪? 或者中国古代作海外贸易者,皆不识字,亦不可知也。

在此地中餐,餐品皆贾君等携来作野宴也。然此地有餐馆,寻至其地,为一大石窟,深数丈,长且十丈,旁面临低处有大穴进光。此穴为天然者,察其石纹殆火山崩裂之落石所堆成,窟外伏地多怪石可观,林木花草亦有致。餐后登日坛,高二十余丈,上下两次,觉腿倦,下时遇雨,衣襟尽湿。

归途又遇雨,道坏泥滑,汽车几不能行,至城亦六时矣。

途中村落多为墟者,浅言之,曰多年革命之故,深言之则税重民不堪苦,能全生命而已,不及修理房屋,一也;此间人亦较惰,二也。然城中五千万元之大戏园,迄未停工,此种政治为罗马系文明之特产,以东方人眼光视之,未有不大为诧异者。

晚约同游诸君及诸夫人餐于东方酒楼,巴兰蔻及谋恩池二夫人,并约其丈夫同来,至十一时尽欢而散,归觉倦寝。

七月三十日星期

星期，王公使偕周、雷、张三馆员同来，约共出城游。出城时十时半，途中遇雨，道滑车行甚迟，且陷泥中二次，余等下车许久，车乃得出。下午二时，至一大教堂名狄堡苏士峦（Tepogotlan），楼阁连阡，毗连互通，外面雕壁刻檐，拟于鬼工。其钟楼高逾百丈，高处分三层，四面共悬十二钟，中心悬一大钟，大者高可一丈，小者四五尺，色作苔青，古香斑烂，钟口受推击处露原质，知为红铜所铸。堂内各楼，界成各室，数以百计，不能遍视。其最大者周围皆雕壁饰金，壁上作花木天使等像，各像往往中现一龛，中雕耶稣或马利亚之像，壮丽精巧，气象万千。各楼正门必居中，窗必双数，左右相对，四面环抱，中必有一小院，上露青天，下莳花木。盖南欧式之建筑，与中国北方式较为相近，不但此伟大之建筑物为然，即村中贫民住室，亦与中国北方乡村房屋相类也。余等登一三层楼，三面敞开无壁，取所携来之食作野餐，四面山色，远近奔入眼底，碧障翠螺，景地绝佳，使人心中无尘俗念。王公使云，此石青色山水也。余笑应之云，本来石青山水也。相与共笑。

此教堂中，无教士，政府派人守之，盖西班牙当时以教士之力亡墨西哥，阅三百年，乃重独立。然其中心人物，已变为半西半墨，而非纯粹之墨人。法国约英美出兵是邦，继又派奥国大公爵马可司米兰（Moximilan①）来帝是邦，皆出教士之暗中运动。后法国内乱，无力监墨，墨人戮客帝，重独立，此后深知白人传教之士之非善类，故多由政府没收各大教堂以孤其恃。王公使前次宴余之某大旅馆，亦教堂所改建，城内各教堂亦多荒落，盖其原因有二：（一）墨政府已觉悟外人派来之教士所创立之教堂，心多向外，故墨人决不维持之；（二）因外国知传教政策，在墨西哥已为过时之利器，今不适用。此二者乃此邦教会衰弱之总因也。此邦连年内政不靖，据知情形者言之，谓其邻

---

①　此处应为 Maximiliano Ⅰ，即马西米连诺一世，墨西哥末代皇帝。

邦或接济大盗扰乱治安，以为干涉之借口，或煽动其各州独立，以孤其中央之势力，而促其破裂，墨人之有识者，恨之刺骨。彼之强邻，即吾国上下所认为惟一之良友也。彼于吾国，则利用传教政策，于墨国因其上下对于外人传教，已有觉悟，则用联络盗贼煽惑独立之政策矣。吾意中国今日，只有自图吾立国之道，而自谋进步，彼强国中决无吾之良友也。

此间村落中已几于全为印人矣，极贫。余等食时有童子守候，以食余给之，彼不肯全食，纳之怀中。询以故，曰归以遗母，因之余忆及昨日在三桓德欧地洼观地窟中中餐时，有一老人守候乞食余，友人美国某君叱①之去，而以食余饲此地之狗，饲狗之余，以给旁之一童子。余因戏分美国人目中之物为三等，除少年女子为人类所应供奉之神圣不得列入外，第一等为狗，以其摆头摇尾，予人以活泼之兴趣也。第二等为童子，以其语言动作，含有生趣，不令人讨厌也。第三等为老人，以其老态龙钟，望之令人欲呕也。

此教堂前时，曾办神道学校。余意政府虽驱教士，然不应使此巨大之房屋，弃置不理，似应以之办其他学校也。

归途又遇雨，至晚九时至使馆，途中经村镇三四，俱忘其名，有街市甚整齐者，亦有半为墟落者。

晚在使馆餐，有汤面角、面条、稀饭等等，甚适口，盖馆中厨役为山东人，乐为余作中国餐品也。餐毕归寓，已十二时矣。

七月三十一日

晨上课，因两日未阅西班牙文，所习多遗忘。教员忽执卷向余考询，大窘，盖中年习外国文，难记而易忘，此为通病，余则尤甚也。

下午②高涤堪君来访，转交余金山吴德公司来函，因约之在旅馆中餐。

---

① 原文作"诧"。
② 原文作"半"。

晚九时即寝。

八月一日

又过一月矣。人当二十岁前,最喜改岁,加年四十岁后,即改一月,已觉可悲。余至墨已二十日,毫无所得,不觉怃然也!

照例上课,西班牙文初入手,并不觉难,以其拼音较有规则,不感困难也。至动词变化,则千头万绪,视英文之难殆百倍,视法文亦十倍也。

课毕,赴使馆,与周伯符君同至博物院。因外部已为函介绍拓印,或拍照古石刻也。访其院长,余不能西班牙语,彼不能英语,周君通译,略谈数语而已。彼派员导观,并约定星期四来拍照,因使馆张君同来,彼谓可以照出,清晰可观也。

余约周、张二君中餐于东方楼。

贾赛德君两次来访,谓谋恩池君约餐,由星期三改至星期四云云。晚自赴街上入餐馆独餐,能操简单之西班牙语,亦一小进步也。

八月二日

晨早起试用西班牙文造句,九时上课,乃请教员改之,能数句相连属,惟不免有错误耳。

赴使馆阅中国报,然一月前事也。

下午访贾赛德君稍谈,与哈什根君同至东方楼晚餐,哈君之父为德国人,口中虽不作反对美国之言,而极望德国再振也。餐毕,同观剧,剧尚好。艺员皆墨西哥人,操西班牙语,不能解,少减兴趣。其戏园之建筑,较在美国西部所见者为美观。十一时归寝。

八月三日

照例晨起先学造句,即上课,课毕,赴公使馆,与周君、张君拟同赴博物院照像。因昨日余曾独观,见馆内已陈有照像片,为魏梯照像馆(C. B. Waite Plvoto①)所照,因思如寻得此照像馆,能购像片,较胜

---

①　此处疑为 Photo,即照片。

自照也。因与周、张二君同寻至此照像馆,果得所欲照之像片,以五十元购数十张而归。

王公使约中餐,仍返公使馆,厨役山东人,最爱为余作饭,故每余至使馆用餐,餐品必特佳,且完全为北京口味。余到美洲后,以在此处所用之餐为最适口也。

晚谋恩池夫妇约餐,七时半,谋君亲来,以汽车迎余,坐中生客只一人,余则为前日在东方楼同餐者。谋君有子女七人,余赞称其能为人类尽生人之义务,彼夫妇大喜。前日已声明请余,至其家视其子女,故余去时,购中国香圆果一盒贻之,群儿大欢。谋君子女虽多,而家庭教育甚好,都慎静活泼,将餐则遍向群客握手道别,齐出门,至别室无一留者,亦无一后者,直至餐后,未尝一见其踪影。餐品甚胜,室中陈设及室之建筑亦富丽,然余讫不知其治何业者,岂不可笑!座中言谈极欢,餐后听留声机器,诸妇人仍请余习跳舞,余谢之,彼等亦未跳。十一时归寝,本日曾大雨冰雹甚暴,然雨停后,天气仍如常。

巴兰蔻君为此邦哲学博士,颇以东方事为有兴趣,拟约期与谈。座中之生客,亦为一博士,忘其名矣。

八月四日

晨起上课,课毕回寓午餐,仍赴街上餐馆,可以练习西班牙语也。

午后仍自习,高君涤堪来访,约之同出,用茶,访贾赛德君,彼出城矣。与哈什根君少谈归寓。

接马和赓君自汴来函,述赵督败奔事及开封近事,兴亡一梦,彼劳劳然争权夺利胡为者?在街市上游观,见一甚大之建筑类教堂。上标:一千七百八十年建。门悬有牌,知为墨国地质调查所(Instituto Geologico de mejeco[①]),入内参观,因改造房屋,内中人甚少。见巨大之矿石数种,与守者及职员采极简单之西班牙文,略谈此间建

---

① 此处应为 Instituto Geológico de México(西班牙语),即墨西哥地质研究所。

筑,中间必有院,上露天,下露地,此其与中国同,与美国异之点也。

晚餐后,读西班牙文觉倦,乃校与近二十日日记。校讫,备寄回国,作函致王拚沙、马和赓、黄琢章,十一时寝。

八月五日

晨起正读西班牙文,阿特博士来访,欲与余同游博物院。余因今日须上课,因改约至下星期一日同往,稍谈去。阿君为墨西哥人,其血统殆偏多于印度方面。

今日作十数行之文,请先生改之,余不能久寓此,故学西班牙之功课,自下星期停止课毕。与先生作辞别语,人为感情动物,亦不免两方惘然也。然余觉西班牙文与余确有用处,此后仍拟自修,勿使前功尽弃也。

下午入街购物,略购墨西哥银器及皮夹等,此颇可代表其手工之精,又购陶制古物模型,此颇可见其古代文化,又购关于墨西哥书籍数种归。

晚,约德国友人贾来君(Kahle)在东方楼晚餐,十时归,又赴公使馆,约明日共出城游也。

八月六日星期

晨习西班牙文二小时,叫车赴公使馆,偕周伯符、高涤堪二君,同赴高雅观(Foyocan),因王公使每星期必往彼处一宿,以换空气,今日约余往餐也。高雅观距城不甚远,一小时汽车可到,风景甚好。每家皆有花园,颇类美国之帕叟登纳,洁净不及彼处。而南欧式之城市,较有蕴含,余爱此等城,甚于美国式之一览无余也。美国万事皆一览无余,不仅城市之建筑为然,与彼国普通之大学毕业者,言含宏蕴厚等义意,大都不能了解。

余等车至王公使寓,彼适在街散步,乃乘车共赴林业养成所。广场数千亩,皆为新造之林,而林苗尤多,任人索取栽种,不索值,惟远方邮寄,须出装寄费耳。场内大概以樟木、柏木为最多,油木次之,新柏临路者,皆以人工制为塔形、房形,虽似小巧,然路直长径里,一望深缘,不知边际,气概亦自雄厚深秀,此亦前总统狄亚士所创立。狄氏当国三十年,凡其国内近时新事业,皆彼一手所建。因尔时议会皆其党徒,数改宪法,准总统连任,不加限制,民怨沸腾,狄氏自退职去居法国时,已八十余矣。狄氏土人血统为多,生平爱操作,诸事必自为。尔时实业、财政俱大进步,彼去国时,库存犹以千万计也,其自奉殊俭。彼就职后,所乘之马车,终其任未易,今归博物院中保存,亦不过一普通马车耳。彼任总统时,中国使馆有次不慎于火,消防队以救火机器救之,狄氏犹深夜亲往,登高处指挥,其不惮劳如此。狄氏去国后,终于法国,今已十余易总统矣。每下愈况可慨也! 在场游观一时余,回王公使寓处。中餐后,少息,乘电车回城。

晚仍读西班牙文,在旅馆见有《墨墟稽古录》(*Ruivs of Wesci-co*[①])一书,凡此邦古物皆有照片,索洋十元,余拟购数部,送友人也。

八月七日

今日不赴毛夫人处习西班牙文,心中若有所歉然者,不知何故? 在寓自习约二小时,赴博物馆。前日来访余同赴博物馆者,乃孟纳博士(Dr. Mena)非阿特博士(Dr. Ate),因与二君同时相识,乃误记其名,岂不可笑! 至博物馆,孟君尚未到,有乡导某君,颇能知古时事,与谈亦有趣。后孟君到,同至一室,晤某君,即前日导余参观者,今日乃知其为阿吉利教授(Pro Agnirre),博物馆之考古部主任也。其人英语不甚精,而通土语,其貌亦类土人处为多,盖必偏于土人血统之墨西哥人也。彼等出印本古石刻数字求余鉴定,即三桓德欧地洼观之所谓中国字者也。字甚简单,类中国近代字画。余度此未必为中国字,因中国古篆,与近代字画不同也。孟君又持有石片,上有朱色白色,画文似字非字,彼渴望余证明其为中国字,余难之。余谓以余意吴葛坦(Yucotan[②])之大石刻,虽非中国字,然必为与中国同源之

---

① 此处应为 *Ruins of Mexico*。
② 此处应为 Yucatán(西班牙语),即尤卡坦州(位于墨西哥)。

字,因其结构竖行、方体,每一字可分为二或三之部首,与中国字完全相同,而与埃及之象形字,完全不同,此可称为惟一之中国弟兄文字。至其余小石刻上之间有类中国简单字体者,但或不成片段,或其他部分不类中国字,余只能认为其相似,不能断其是中国字也。此间考古之士,于东方智识太陋,断不足以研究中墨古代之关系。中国今尚未有对此问题注意者,余此行恐亦不能大有所得也。

别孟阿二君后,又自赴陈列室自观各石刻,余来观约六七次矣。

前在街上,曾见一古式伟大建筑:四围高楼,三四层,排柱雕檐,有中国意。院中空隙露天,后院为一餐馆,院中满莳花木,亦类中国式,今日往此地午餐,甚快。连日购物出餐,能作简单之西班牙语,惟不熟,且不足应用也。

晚仍自习,高涤堪君来谈,去,十一时寝。

八月八日

西班牙文自习课如故。得唐惠玄自白克里来函,并转来王赞岑自北京来函。两函所来之地不同,所言之事不同,而有一同者,则一言广西军兴①以来,为土匪世界;一言河南土匪之猖獗也。

在旅馆遇一人,来自吴葛坦,能通马雅(Maya)语。略与谈,马雅语皆单音,稍类中国。从前所闻墨西哥读“人”为“银”,如中国山东音者,殆即马雅语也。拟约期,与之再谈。

前在街市所购之模型古物,讫未寄回中国,因太笨重也。在街上购铅笔、有色粉笔之类,思用以拓博物馆之石刻,不知能拓出否。

晚高涤堪来谈,十一时就寝。

八月九日

晨起读西班牙文,前在魏梯照像馆所照墨国古刻石文片已洗出,大致可辨认也。又前日访尼文教授谈,余甚怕访彼,因不能以问题问

---

①　原文作“与”。

彼，而彼①所言者，永无间断之时也。彼示余以南美印嘉氏（Incas）古国之石刻，印本亦较埃及象形文为与中国篆字相近，盖印嘉氏与墨西哥同为与中国人种相近之民族也。又彼持一古书，谓有人考证欧洲字母之"T"字，与其他民族古文字多相类，读音类中国之"道"字，其义为最高之存在及道理云云。此君年满七十二岁，日孜孜不倦，于其考古事业不敬佩，惟其见解与余多不同之处。而余由彼处所得之知识，并不少也。补志之。

赴博物馆试拓古石刻之类中国字者，不能显明，尚远不如照像片之清楚，怅怅而返。

德国人贾来君约晚餐，其寓处在郊外，另一镇三十分钟之电车，乃能到彼处。又寓二德国人，一名爱沙，其他名忘之。餐后，谈至十时乃归。贾君当欧战时，被法人所俘，将二年和成始归。彼之英文及西班牙文，皆在俘虏时所习。前时在校所习者，不能应用。羁囚无事，乃肆力于学。监狱为特别之学校，信然。

归途至城，误下车之地，下车后，历半小时，始能认路步归。

因用餐晚，不愿即寝。又阅《墨西哥之人民》一书，至十二时半，始寝，不易成眠。

八月十日

夜睡不安，晨起迟，略翻书，已将午。使馆来电话，谓到中国报甚多，约往阅报并中餐，即往。

阅中国报，国事仍如麻，急切不易统一，不快。然餐品则甚适口也。

晚同高涤堪至东方楼晚餐。餐后回寓，遇一英属坎拿大哥伦比亚人约翰孙君（Johnson），为坎拿大②商业银行代表，与余谈。彼大醉，询余在中国何职业？余以名片示之，乃与余重握手，移座近谈，密

---

① 原文误作"被"。

② 原文误作"天"。

语余云：君现在断不可在墨国经营事业，余思有所经营，然必至半年以后乃着手。请君亦待至半年。余问故，彼又云：君须守秘密！墨国今为俄国所同化，其内务总长某（一）即其领袖，故在此国所经营之事业，毫不能得政府之保障。中国人在此，多赤手起家，致富后，如受损失，尚不甘心。英美人投巨资于此邦，坐受侵夺，岂能忍受？故劝君六个月以内，勿经营任何事业！至六月以后，必有解决方法。余云："承厚意，至为感谢！君知余与在此白手起家者不同，如欲投资，必须政府确有保障，乃敢着手，愿君再详见告。"彼又云：君秘之！墨国并未得英美二国承认，二国自随时可采相当方法，以为投资之保障。末言如临美国某某等处，皆极富，皆能生产之地，如在美国管理之下，投资立可致富云云。此君言时有醉意，所言为醉话耶，抑醉后吐真情也。然美国不甘令墨西哥之完全独立，路人皆知，况能听其红化乎？余前在新墨西哥州与其州长谈话及在叶婆婆参观军营时，亦有美国将不利于墨之感想，今日所闻，更代墨人疑惧。然此种消息，真假尚不可知。余之日记，亦姑如中国新闻所谓有闻必录者记之，以观其将来而已。今日得唐惠玄书，并转来家信一封，威尔逊女士书二封。

八月十一日

晨，仍读西班牙文，苦不能记。仍赴使馆中餐归，读英文书，赵谟孙（Walace Thompson）谓：墨西哥土人不闻政治，但希望有贤明执政，予彼等以治安，俾得自乐其生命为已足。白人多大地主，然为南欧之最守旧最消极者，亦对于政治无甚野心，于是政治殆成杂种人之惟一生活。而杂人彼此互相倾轧，在台下者，人人皆争，在台上者，处处皆敌，故独立一百一十年之间，除狄亚氏全盛时代，约二十三年，国内真称治平外，其余无时不在扰乱情形之下，所以革命八百次，易总统九十次云云。此书著者对于墨西哥攻击之处较多，然其言亦确有当处也。

墨西哥名为联邦制，仿美国。然其三十州之州长，殆皆由于中央任命，并选举之形势，亦未尝有。余推其扰乱之原因：在无真民意之表示。盖在法律上,印度人亦享有同等之公权,然印度人不爱使行,则所谓选举者,不免为杂种人之意思之表现。然若法律上只杂人有权,则一杂人一权,亦可谓之杂人之真正民意。而法律上印度人既一律有权,则印人之选举权,常为有势力之杂人所自由使用。有权势之杂人,既自由使用印人之选举权,无权利之杂人,心决不服。墨国诸大问题,多未解决,自然其政治扰乱之原因,不只一端,上之所述,亦其重要原因之一也。中国自民国以来,每次选举,各处均假造选民册,以冀多分选额,以致所谓选举者,各党中人,自行瓜分选举票,自行往投耳。其真实之选民自投者,或不足三之一焉,或不足十之一焉。彼官僚武人,见所谓选举者不过如此,乃群起效尤,变本加厉,而指派选举之恶例以开。当民国元年选举时,余曾亲见官僚武人领其言论,对于选举多不敢妄加干预,此度以后,知党人之竞争选举,并非在法律以内活动,而大乱成矣。故今日改良选政,不在宽定选民资格,而在确行选民选举,选民资格愈宽则放弃者愈多,而真民意愈少。中国之病,与其他各国不同症,甚无以同剂之药投之。至于人民放弃选权,亦非好现象,此盖由于知识不足,尤当整理教育,以增进人民之知识也。

八月十二日

又赴博物院思设法拓石刻,星期六例不开门,然仍可特为余开,因有乡导某人在此,彼通马雅语。余约其同往购书,未得,又约其下午见面,彼定三时,乃下午候至五时未见其来。余前日遇一通马雅语者,亦约期,而彼不至,何墨西哥人之毫无时间信用也?岂余与马雅语之无缘耶?马雅语"期陈"(Chichen)意言"期井"或"月井","纳城"(Nachan)意言"蛇城",单音,且与中国同意。又如"吊"(Teo)之训"帝","板"(Pan)之训"邦"亦可澄其同源。而察罢省(Chiapas)发见之石碑,较其他各处石刻尤与中国篆字相类。且此处临太平洋岸,亦为马雅古时建邦之所。马雅与蒙蛮马来音俱相近。下午思赴察罢,又欲赴东美,不能决。临书忽此忽彼,神不静,即觉不快。每至一处思去时,必犯此病也。

晚独餐,食太多,夜睡觉不适。

八月十三日

余到此邦,已一月矣,总感时光迅速也。学行进步如牵舟上陀之难,而岁月逝水如奔如驰,毫不相待,思之悚然。

高涤堪来谈,赴其他一中国小馆便餐,餐后在公园少坐,同赴使馆,阅中国报。晚余约王述勤公使及周、雷、高三君,同餐于东方楼。餐后王公使约共看俄国新到之踏冰舞,男女合演,装饰如平常戏园跳舞者。惟着冰鞋,滑溜于地板之上,技极娴熟。余等去时,七时一刻,至七时半即停演矣,大约至八时,更演须另购票也。余等以既已观其最后之名角矣,不必更购票重观,乃出园。近来溜冰之戏,各国多有之,而踏冰之舞,俄国最著名,以其地寒,冬日多冰也。今日舞者,最后一女子,技特精而面貌身手亦佳,歌舞之技,往往身手好者,技亦精。

微雨后,地湿,散步归寓,别有兴趣。王公使送余归寓,亦返。

八月十四日

夜三时半醒,忽闻炮声,继续不已,直至天明,余疑为兵变,念此城人口逾百万,多富商大贾,即真兵变,决不先抢旅馆,且此馆所寓多外国人,如兵变有政治作用,亦不愿攘外国人,静心睡去可也。然迄不得眠,至五时半,乃复入睡。晨九时始起,下楼询以夜间炮声为何事?乃知此日为墨国节令燃爆竹也。余不禁哑笑。

高涤堪来访,谓王公使今日下午仍约东方楼晚餐,先请彼达意。余约高君中餐,餐后赴使馆托转电至北京中原公司,请兑款,并请办赴南美各国护照。

下午赴书肆购书,未得。

晚餐,饮酒至十时半,乃散。

前日在德国人贾来君寓晚餐。餐后,曾谈德国经济状况,彼谓:"德国自战后,各处多回复初民经济状况,即每家养猪畜鸡,园内自莳蔬菜。因生活艰难,取家家自给主义也。"余云闻德国工业多恢复,商业上出口货甚多,然乎？彼云:"然。"余云:"英法政策大误,而法国尤甚。彼误认为经济上种种束缚压制,足以弱德人,而不知适以强之。夫家家自给之经济制度,其弊在不能有大规模之工业,而商业亦因之不能进步也。今德国人,入则勤劳,俾可自给而不求于人;出则致力于大工业之下增加出产品,以拓张商场于国外,富力之回复,可期而待也。"彼闻余言而大喜。补志之。彼数人惟贾君英语足应用,其余能听而不能谈也。

又前日王赞岑君自北京来函,谓冯焕章任河南督军后,勤以持躬,俭以率物云云。余因勤俭二字,思及中国如国际取得真平等地位后,世界经济权必渐渐移于中国人之手,因白人大概能勤不能俭,红色棕色等人,大概能俭不能勤,惟中国人兼而有之,盖中国古训夙重此二种美德也。墨西哥中国人大约四五万,大多白手起家,凡中国来此而不以赌烟自误者,必能在经济上占有地位,盖中国人能作白人之工作,而效印人之俭约也。德国从前亦为勤而不俭之民族,战后乃变而兼能勤俭。近来中国习经济学者,往往宗他人学说,谓俭非美德,足以阻经济发展,此半面之理论也。且更有进者,国民多数能勤俭,则产业常分于多数人,若能勤不能俭,则产业必集于少数人。集产少数人,诚足以促生活程度之进步,而制造大多数人均为无产阶级,其与人类以痛苦者实多。夫至人类受痛苦以后,别求救济,讫不能得其道,则何如保持俭德,使人民多数不至夷为无产阶级,而即于多数人均有产业状况之下,别以合作方法,谋工业之进步耶。余昔时无国界主义,今觉其不易实现,则中国人自为中国谋,不能不自求吾新经济之制度,断不可盲从欧美人之旧途也。

八月十五日

连日意态阑珊,不知何故。

张忠夫之世兄现在美国佛德(Ford)汽车厂实习,两次来函,均系英文,余亦以英文函报之。又前日致葛劳司一函、唐惠玄一函,附此间照片十张，分赠彼及威廉博士及阿谟君夫妇。补记之。

清理前数日日记，寄回国。往古董铺，询问余所购古模型寄归否？仍未寄。墨人之缓惰可恶！然须知此为杂种人，惰且无信也。

下午大雨，阴云抱城；天容如泣，助我郁闷。

晚陈运柱君约餐于东方楼，餐品甚胜。王公使及馆员均在，并有孔教会之陈君，十一时方散，座中请演说及余，敷衍成章而已。

陈运柱君在马希加拉营棉业致富数十万，近年棉业颇失利，思别有所图也。

八月十六日

访尼文教授，未得多谈。彼介绍余一印度人蒲拉他波（Mahurdra Pratap），谓蒲君已赴博物院，余亦往，遇之于阿吉利君之室。彼为婆罗门教徒，印度教徒（Hindoism[①]），以得罪英政府，逃亡出，经西藏、新疆，赴阿富汗入籍，其家室仍全在印度，依其连襟以居。其连襟为一有职之王（Maharaja），然不能庇政治犯也。余约彼中餐于东方楼，彼明年可到北京，余允为介绍数友人。

墨西哥人不爱操英语，为尊重其认为国语之西班牙语，且防美国语之势力膨涨也。故彼之操英语，只在二种情形之下：（一）关于职务者，如外交上之翻译、旅行之乡导及商人，但商人必察见顾客确不能西班语时，彼乃肯操英语也。（二）为有私交者，余初入境时，在移民局见一墨人，余向之有所询问，彼即以英语答余云："余不说英国话。"余奇其无理，而不知此为墨西哥人之通习也。又前日使馆中周、张二君持外交部函，偕余至博物馆，请拓其石刻时，阿吉利君即奉派导余者也。彼谓不解英语，故由周君通译，未多谈而去。后余偕孟纳君往时，彼转代余等司译，因孟君不能操英语也。今又偕蒲君在其室，乃发现其英语甚娴。前次因余等持有外交部函，则嗫口不作一英语。此种态度，在吾辈有时颇觉其讨厌，然细思之：此种态度，视吾国

---

① 此处应为 Hinduism，即印度教。

人遇有外交关系,只知恭维外国人,恨不即时能操外国语,俾可直接恭维之态度,谁为正当? 颇耐思寻也。

晚高涤堪君来约余晚餐,餐后王公使又约听戏,此班戏自意大利来,极可观。餐后往,王公使等已到。九时开演,至十二时半始停。第一剧三幕:写一美国富人女子,至法嫁一法国人,然又与一他法国人相爱,而他法国人之妻,亦与此美国女子之夫相爱,互相发觉,窥见隐情,三幕情节不甚相远,觉生厌。第二剧为意大利乡村一炉杀案,颇觉有声有色。末一剧:只一琴师,一歌女,女子歌声婉转悲壮,与平时所听者不同,故散剧时已十二时半,听者仍未倦也。

按欧洲戏大致分三种:(一)为乐府亦可云歌剧,译音为欧拍拉(opera),为最古最雅之剧,事有所本,以歌代言,颇类中国旧戏,然解者甚少。故此种戏园,亦甚少,仅少数名城中有之,且须由政府出资维持也。(二)为说部亦可云话剧,译音为多拉麻(drama),为较普通之戏,全本均为说白,即中国现时所流行之新剧也。其剧本又可分二种:一为掌故的(classic drama),间有名人作本;一为社会的,俱描写现在社会状态,粗鄙可笑,然在西美,即称此为大戏矣。(三)为谐剧,亦可云杂耍,译音为否德惟尔(vandeville①),如北京从前天桥之落子等,且歌且舞,歌辞鄙劣,往往一男一女,互相笑骂,此最为社会所欢迎。

今日所观前二剧皆为说剧,末一剧乃独歌不能成剧,然此歌者乃能唱乐府者,因阳春和寡,遂致古调独弹矣。歌者在戏单所公布之名,为法尼(Fani),其真名为沙列绮紞(Zalachini)夫人,为意大利较有名之歌者。到此无班可搭,现充音乐学校教授,其夫亦沾歌喉余润,充商部顾问。观毕剧,回寓,寝,已一时矣。

八月十七日

蒲拉他波君约中餐,在伊沙伯旅馆(Isapel Hotel),餐后谈至三

---

① 此处应为 vaudeville,即歌舞杂耍表演。

时。彼言印度经济状况，与在白克里时，闻诸孙博士者不同。彼言印度多大地主，地租与农人种，每英亩租金自二元至十五元不等，而税极重，大概地主所得须以百分之五十至六十纳税印人。现亦有自办工业者，有某大煤矿，即握于印人之手云云。蒲君著有《爱之宗教》（Religian[①] of Love）一书。

别蒲君后，赴公使馆阅中国报，载有罗素《论社会主义》译文，亦谓美国之资本主义，已有近共产政府办法。因其全国产业，操于少数人，即操制造政府之权者，其观察点与余有同处。译文余有未真领解处，余意可谓共产国与资本国，事实完全相同。其差异之点：共产国先组织共产政府，由政府委人掌理全国产业。资本国先握全国产业于少数人之手，因以掌管政府。美国资本家最聪明，今日极端反对共产，或者有一日资本家宣布共产，则煤油大王、银行大王者流，未必不据列宁、杜兰司基之地位，此言颇类滑稽，非必不可能之事也。

既归略读英文。

八月十八日

晨读英文，为蒲君作函介绍王幼山及傅佩青，一为政治家，一为学者也。中餐出，赴街寻前同高涤堪同餐之中国小馆，讫不可得，寻伊沙伯旅馆亦不可得。余寓此月余，并路且不能识，所研究者之无多更可知，不胜懊懑。另寻一外国餐馆中餐，餐后操西班牙语，询伊沙伯旅馆所在，竟能得之，亦可喜。

访蒲君谈甚久，有可记者：（一）印度人决非纯一种族，有直类欧洲白人者，有直类斐洲黑人者，其类中国人者更多。（二）印度从前家族制，完全与中国同。女子嫁后，就夫家居。男子娶妻后，仍弟兄与父母同居，此为常例。间有父母在，而弟兄分居，或父母死而弟兄仍同居者。近来男子娶妻后，渐与父母分居，英国法律迫之也。（三）彼读"人"为"镇"（Jan），读"民"为"珉"、"奴"（Maun），读"洲"为

---

① 此处应为 Religion，即宗教。

"渚"（Tu），与中国古音相近。由是可推知其与中国古文化相关，盖远在佛教入中国前也。欧洲语文一部分原于巴比伦，一部原于梵文（Sanskrit），有史以前文化彼此相关之处甚多，于今益觉其可信矣。

访尼文君谈，并翻阅各考古书。南欧及埃及，均有"T"字读音为"道"（Tau），在罗马时，此为表示生命之意。在北欧古时，则倒而用之。又卐字在中国本有之，美洲印人到处皆有，其读音为速阿司提加（Suastika①）。遇一美国人名拉司委尔，为罗三吉尔某校教授，固授余者，星期一同游博物院见之。

晚高涤堪来谈。

八月十九日

晨九时起坐，默思差度论之原理及应用甚久，不能备记。记其关于教育一小部如下：

人生天才各异，然仅为差度的：有主张发达天才，而分教育为高等、普通等阶级。高者极高，而低者极低。分入高等者，才稍低亦强之高；分入低等者，才较高亦抑之低。或且使学生困于环境，以环境决其分入高等或低等，而本身天才，且居其次，此为阶级主义之教育。反其道者谓：人类本自平等，因境遇而致差别，故对人类，应予以平等之教育，而实际上之天才各异，必致同犯强低升高，抑高就低之流弊，此种平等办法亦不免为印板主义之教育。盖天才不齐为差度的，不为阶级的；天赋平等，亦为差度的，而非印板的。于此必须行差度主义之教育，方能于平等②机会之下，各自发达其天才也。大纲如下：

一、教育依现世人类需要及可能之知识技术，分为五等：其直系的为初、小、中、高、大。其旁系的于高、中、小三级，皆有专门的或职业的。

二、大设图书所或实验所，其性质分为二种：一为学校的，二为

---

① 此处应为 Swastika，即万字符；卐字饰；古印度吉祥标志。

② 原文作"能"。

公共的,予学生及人民以课外研究、校外研究之机会,以为课堂教育、学校教育补助。其等第依规模之大小,分为图书院、图书馆、图书室名目,实验所亦然。村必有图书室,镇及小学必有图书室及实验室。城及中学以上之学校,必有图书馆、实验馆。京都设图书院与实验院,俾学者及人民各依其知识及环境之不同,均有研究实验之机会。

三、各级学校,除初等或初小两等均为公费外,以上各级,均应分学生为自费、公费二种。凡低级学校中学生之优异者,均升学为公费生。

四、各级学校,除初等外,均应有两种考试:一为课程考试,一为课外考试。课程考试主宽格的,学生循序用功者,不论天才高低,均予以毕业之可能;课外考试主严格的,每月或每期定期考试,愿与考者报名,仿中国古时书院之例,专以奖进优异,非高才勤学者不能录取,校外人亦得报名与试,惟曾在较高之学校毕业者禁止。

五、学生未毕业,不得无故退学,而随时可插班新生,凡校外年级不相悬之人,均可由图书所转求参与课程考试,与校内学生同程度者即可插入,如投考课外考试,兼能录取者,并可为公费生。

六、教育经费,应以基本产为最上办法,次则固定税入,应分为三种:一为学校经费,一为校外图书实验所经费,一为公费生经费。

以上所述,为今晨所拟想差度主义之①教育制度。至教育之内容及精神,今晨并未思及也。

中国千余年来以考试为取士之方,而即寓奖进于甄拔之内。以书院为养士之地,亦以奖励为培植之方。家庭教育与私学之盛,端赖考试与书院之甄拔奖进于其上,乃能收其效果。其弊也盖在求学之目的,或误与所学之科目未尽适用。而在中国文化上,考试与书院亦自有其相当之效力与供献,而能使多数人均得有求学之机会。寒素子弟,崛起而为贤相者,史乘上踵背相望,皆此制度使之然也。

---

① 原文不清,疑为"之"字。

中国现在四万万余人民，其生活于旧经济状况之下者，百分之九十以上。而小学以上之教育，纯取自费办法。学费之多，学生生活程度之高，断非寒苦之家所能供给，岂非将使富贵之家，其子弟永为智识阶级，而大多数之农民工民，永无进于智识阶级之希望耶？此余之所以于差度主义教育制度中，思及旧日之考试与书院也。

美国学校其规模大者，往往有一班学生，多至千人。课堂教授所得有限，学生依其环境之要求，向图书所、实验所自作工夫，故其知识技术之成绩良佳，故余主张中国非大设图书所、实验所不可。然彼国环境上能使学生感觉求真实知识技术之必要，故学生之课外研究较为用功。中国环境上，并无此种力量，吾人方思借知识技术之力，以改造环境，故非兼采考试与书院二者之遗意，以国家之力量，提倡奖进之不可。且此种主义，在今日中国为必要的。即在他国，亦非绝对不合理，有碍难也。

下午至使馆偕王公使等出，赴旧书铺购书，有马雅语一小本，索价二十元，以其为古董也。嗣至他一书铺，购英文《墨西风景志》（*Pictureeqve*[①] *Mescico*[②]）一本，莱题氏（Marie Robiuson Wright）所著，又西班牙文《皮门德尔全集》（*Obras Completas de D. Grancis Pimentel*）及《祁彼察语言书》（*Lengna*[③] *Chipcha*[④]）二种，同回使馆。晚餐，甚饱，归翻阅皮氏全集中讲印度各种之语言，大概多相同，非绝对的多种之语言也，因无统一之文字展转致异，不能互解矣。其中如称母为妈，或娘，或妳（ma，ne，na），与中国相近，不足异。其称水为Cie，脚为Kal等，多与中国音相近，颇有足研究者。

---

① 此处疑为 Picturesque，即风景如画的。

② 此处应为 Mexico，即墨西哥。

③ 此处疑为 Lenguaje（西班牙语），即语言。

④ 此处疑为 Chibcha（西班牙语），即奇布查人，美洲印第安古代文化的创造者。

贪阅新书,至一时方眠。

八月二十日星期

晨起,读《墨西哥年鉴》。查其人口分布之情形,乃对图研究,因分墨西哥为三部,以求其特别情形:(一)中部十五州,人口繁密地,共二十万英方里,占全国面积约百分之二十七,户口一千一百五十万,约占全国总数百分之七十六。(二)北部十州,面积约四十六万英方里,占全国之百分六十以上,人口二百七十万,仅居全国百分之十八,北邻强敌,广土而荒,且其地各矿富厚,宜美国之野心勃勃也。(三)东部三州,居墨西哥湾南岸,人口不过百万,占全国人百分之六,与中部缺乏联络,故美国人有私诱其独立之企画。

下午拟草游墨所得成一有组织之文,先编题目,晚与高涤堪同出餐。归,仍读前课。十一时寝。

八月二十一日

前在片文教授处之美国人托卫梯君与余言,欲与余同赴博物院。彼自定今日十时,余往候至十一时,不见其来,有人谓墨西哥之时间约会,最无信用,美国人到此地,即效墨人之无信用,余以为戏言,今乃知其确也,然此与心理上颇有关系。

余约阿吉利君中餐于上海楼。彼曾留学美国六年,在白克里及纽约两处,彼学人类学,今为博物院古物部主任兼人类部主任也。其人类部藏有全人骨骼,最奇者有连有皮肉之僵尸一具,皮肉已干枯,并不脱落,此骨当不甚久,因为一白人也。体小发黄,且身上之黄毛甚多,余询印度人身上有毛否? 彼云:无也。

下午仍读《墨西哥年鉴》等书,为作游记之预备,十一时寝。

又得国内来电,已为余兑款。

金山吴德公司来函电询余返金山否? 今日为覆一电,不返金山也。

八月二十二日

思有所记述,读英文参考书,自晨至午,不觉倦也。

午后自赴街,照其风景像片,赴使馆阅中国报,知大局更混乱。

晚仍读书,十二时寝。

八月二十三日

仍读书,西班牙亡墨西哥时之惨,恐世界亡国史中所未有,亦人类思想所不能想及者也。约撮如下:

一、世家大族尽屠戮之。

二、凡识字者尽杀之。

三、凡有墨西哥文字之典籍,由基督教大主教向全国搜集俱焚之。

四、所有祠庙,悉毁灭之。

五、教堂可任意没收墨西哥人财产。

六、白人用土人为奴隶,任意虐待,并卖买之。

七、白人男子任意就土人女子宿。

其结果世家子弟及知识阶级,凡逃至乡间者,隐名埋①姓,并不敢自言识字,因识字,即不免于死也。凡有人之处,皆设基督教堂,以奴其人民,没其财产,墨西哥文明,从此斩草除根,并无恢复之望。又土人女子为白人任意奸淫,以至白人来此者,不过数万,而二百年后,杂种人超过全国人口半数以上,土人日益减少,此种灭种方法,真令人发指。又各处教堂之建筑庄丽,远在美国以上。指定印人为奴隶,任意卖买,直至狄亚氏时代,尚未完全禁绝。

晚贪读睡甚迟。

八月二十四日

晨,读书。正午,出餐。

尝见街内穷人甚多,早晚亦然。且有衣服尚可蔽体,而逢人乞钱

---

① 原文作"卖"。

者。此种现象,颇难得其真际。近来渐知有一种杂人(Meztizo^①),名为劣破老(Le Pero^②译音),只求每日乞得,或以极污极粗之工,易得二三角钱,不致饿死,于愿已足。彼等决不肯到乡下,亦决不愿作长工,俱红白二种人特别劣点,而失其优点。此种人均为无家阶级,不但无住室,亦并无寓处,近人多主张二种文明相混,必产生一种新文明。余意善为混合,方产生适宜之新文明,否则将产生一种危险恶劣之状况也。

八月二十五日

赴使馆阅中国报,知教育部召集学制会议。念十年来,关于教育制度之改革,利少而弊多,为社会制造烦闷,绝不能为社会增多兴趣,此次如何? 为之惴惴不安。

八月二十六日

思为学制有所论述,思之不易成篇,乃又思前拟为国会议员作函论无党政治,乃信笔书之,约四千言,纸尽神亦疲。然文尚未完,且全为空论,并未到题也。久不为文,不能布置妥当,信笔成篇也。

八月二十七日星期

周伯符、雷叔礼二君来,约同赴高雅观,并赴他处乘电车,往至王公使村寓同中餐,餐后天雨,未得他往,遂返城,又游离宫。晚,余约王公使及馆员便餐。

八月二十八日

又赴博物馆寻一乡导预备明日下乡,访印人村。

下午,高涤堪来谈。

连日仍读英文书搜集材料,然未必能下笔为文也。

---

① 此处应为 Mestizo(西班牙语),即混血儿(尤指拉丁民族与印第安族的)。

② 此处应为 lépero(西班牙语),即粗鄙的人。

八月二十九日

晨六时起,六时半偕乡导一人,乘汽车赴一火车站,极狭小。此路名因他路沙米谷(Interosamico),购票乘车,车共分二等:一等人甚少,二等极拥挤。墨西哥旧分三等,近学美国,改为两等。一二两等,票价虽差一半,然其贫富太悬,即二等之价,亦非贫者所能堪也。

途中经村镇四五,余仅记一较大之城,名三塔马塔(Santamarta①),过此城,火车登山,行甚缓,继且分一列车为二段:先拖前段下山,继拖后段。十一时半至阿美佳美佳(Aamecameca②)城,即余今日欲游之地也。下车处,亦不类车站,城甚大。居民约二三万,大半为印人,然重色杂人于印人,实不甚易分也。

余等先下车在市中游行,略观其生活大概。次上山,参观一教堂,三百五十年前建筑物。山在城傍,峻而有姿。遍山丛翠,如大江以南。而山路两旁,古柏乔松,高逾十丈。自地及顶,横枝纷披,为中国所不多见。道以石为之,盘旋③上升,然皆直行,折转如中国古寺,或别宫之路。美国西部,无此景也。临路不远,又有基督之纪念碑。至顶为一教堂,堂数室相连,神像甚多,不但马利、耶稣俱有多数金制木制之像,即彼得、保罗亦均有之,与中国谣祠大致相同。堂阶上多以长方石铺地,上镌人名,年月或其他文义,询之皆墓也。富贵之家,或教中人最爱以死者葬于教堂阶上,而听人践踏,真不可解。尤奇者,沿路两傍树枝多系旧帽、头发,及其他已敝衣饰(以帽为最多)。余询其何意?乃知人民有病,家族来此许愿,病愈还愿,乃以己所着之帽或他饰、或头发送堂系之树上,其意谓彼已应死,此神救之,故以其身上之物,送之于神,以替代彼也。

下山又至他一教堂,见男女老少数人,跪地祈祷。余在中国,最

---

① 此处疑为 Santa Maria(西班牙语),即圣玛丽亚,墨西哥城市。
② 此处应为 Amecameca(西班牙语),即阿梅卡梅卡,墨西哥城市。
③ 原文作"旌"。

不喜见庙中神像之狞恶者,以其予脑中不快之印象,且不易洗落也。而耶稣教旧教堂往往有耶稣死时之像,赤身披发,悬于十字架上,七窍流血,尤不雅观,尤使人生不快之感也。此教堂阶上无大长方石,然小石长尺余者亦多,镌有字,询之,云死者先埋他处,五年,尸化,掘出后,将骨置小匣中葬此。余真不解葬身堂阶,使万人践踏之用意所在。然此非印人旧俗?耶稣教来此邦,携焚杀淫掠之威,禁民间私葬。凡死者,必归教会埋葬,而重征其税,此恶例至华端士(Juarez[①])新法成立,乃除。其他之恶例,亦同时除。然教士运动法国,以重兵驻此邦,置马喜米兰(Maxmilear[②])为帝,墨西哥人之死于客帝之役者,又不知若干万矣。白人以宗教为一种用具,借以贼人国家,本数见不鲜,然未有如在墨西哥之惨者!

　　访其市长,亦一杂人。彼不通英语,乡导之英语亦不足用,未多谈而去。此城颇大,街道甚疏,凡四围皆街中成井字形者,其中间一方皆仍为空地,莳以果蔬花木。较大之房宅,皆四面为房,中为院,莳花木,与美地完全不同。在一印人所开之小馆中餐食薄饼及炒鸡蛋,印人薄饼与中国作法完全相同,味亦同也。

　　城中在市政厅前有一公园,园内有华瑞士石像。华氏为墨西哥史上惟一法律家,惟一好总统,而完全为印度人,且生于极南之奥哈喀(Oaxoca[③])州。以华氏推之,印人将来如能得相当教育,安见无再兴之日耶?公园之南有一小市,皆印人在彼售物,余等中餐,即在其地。

　　下午三时归。由另一路线,车站亦极不洁,此为窄规之路,车亦较小也。道旁其他一山,余忘其名,高一万五千尺,左右终年积雪,雨后天晴可见,游者以为奇景。余上车后,适天晴朗,仰瞻雪山与日光

---

①　此处应为 Juárez(西班牙语),即墨西哥总统贝尼托·华雷斯。

②　此处应为 Maximiliano Ⅰ,即马西米连诺一世,墨西哥末代皇帝。

③　此处应为 Oaxaca,即瓦哈卡州。

相映,真瑶台银阙也。此种景,只能自领略,不能详之笔墨。

归,过察尔口(Chalco)、那提惟他(Nativita)及三塔马塔(Santa Mita①)等城。察尔口以湖得名,古时湖之面积极大,恐此数城俱在湖中,今多成膏腴。山上积雪,四时融水下流,农人资以灌溉。此数城皆有运河干支分流,便于灌溉。印人小村中,多草产,其田极肥,不须肥料,然耕耘之法,并不精也。归路风景较去时为佳,贪看目之倦。晚六时半,抵城。

八月三十日

九时赴议会参观,议长及议员均未至。余往,由博物院院长介绍,乃交函而去。至十二时更往,门者失余函所在,墨人作事之不慎,大致类此。门者不能英语,导余至一秘书室,嗣由秘书三奇氏(Sanchez)及哇亚大瑞(Valladares)二君导余参观,哇君英语较好。众院名额二百六十,每年开会四阅月,今在会期中也。余先参观普通办公室,次至议厅,议员正休息,杂乱无次,此不能专笑墨人,恐各国议会皆然也。议厅方位甚适,惟旁听席不甚多,则发旁听券时,不能不有相当限制也。末参观其印刷室,盖专为印刷会内案件、日报及公布议决案之用。最奇者:彼之主任秘书,由议员互选,与正副议长同,每月一任。议员二年改选,共开会八阅月,而改选议长及秘书八次。其余不开时,有常驻议员,常驻议员之议长任期八个月,与议员同。议会本有新建筑,因过大,经费难筹停工。此处议院之建筑,仍为旧有者,浑坚如所谓普通墨西哥式者,然限于地位,规面太小。

下午蒲拉他波君来访谈,又约余赴三宝庵(Sanborn)饮茶,此地为余常去之所,其他餐品饮料,俱有也。又遇印度人古波他(Gupta)君同谈,古君为印度读书门第,其父有学者之名。余与研究印度人种,彼必称其父说,余询以二问题如下:

---

① 此处疑为 Santa Maria(西班牙语),即圣玛丽亚,墨西哥城。

一、印度人不为一纯粹单一人种,极易证明。今所谓印度文明,如宗教、哲学等建立于人种混合以后耶?抑人种未混合以前耶?

二、如建立于人种混合之后,则所谓印度文明者,即混合之印度种自建之文明,若建立于未混合前,则此文明自何种输入?

彼未能答,然认为研究印度文明之要点也。谈至七时散,余至东方楼晚餐。

餐后,归阅英文、墨西哥书,十时半寝。

八月三十一日

续草《致国会议员书》成之文,极蔓芜,然不愿再加洗伐,神不聚也。

晚约三奇氏、哇亚大瑞二君便餐于东方楼。又询彼此邦政党情形,谓现有三党:一为合作党(Co-oporenretivo①),二为工党,三为农党。闻从前有自由宪政党,今受政府摧残,将至消灭矣。

九月一日

又度一月矣!在国内每度一岁,辄觉悚然!在外国则一月虚度,已觉不自安,略校函稿备发。下午赴公使馆辞行,谓下礼拜起程他往。晚五时,此间国会行开会礼,往参观,因时间太晚,不能得参观券。三奇氏君延余入,就其职员立处同参观。五时众议院先开会,议长与副议长并坐坛上,此与中国略不相同。有议员报告,余不能听西班文,不知所报告为何事也。毕,参议院议员全体来,众议员全体欢迎奏乐毕,两院合开国会(Congress),即中国所谓两院会合会也。仍奏乐,片时总统及国务员均来,奏国乐,总统及国务员均自正门直入,穿议场中间正道登议坛。国会以众议院议长为议长,总统登坛后,与议长一握手,就坐。议长席上改置正面二座,总统与议长并肩坐。左为内务总长胡尔达君,右为众院副议长某君(其名太长,忘之)。最奇者胡尔达君前曾任临时总统,副议长某君亦五年前之总统,一堂并坐

---

① 此处应为 Co-operative。

者有三总统,亦可为之盛会矣。余意此最好习惯,中国一经任总统后,似已与皇帝同尊,断不能屈就他职,似不如行所无事,仍可任其他各职也。

总统欧卜瑞刚革命时,断右臂,故自此不着军服及总统礼服,其握手以左手为之。

又议场内照像者甚多,当总统进场时,当路置一照像机,余方疑其碍路,电光忽发,彼已照竣,一瞬机架均撤去。

乐止国务院秘书报告全年国务之经过,内政外交,略有关系者,均须报告。余至八时去,亦不知其会何时散。

赴伊沙伯旅馆,蒲拉他波君又约便餐也。蒲君为印度王子,欧战时似与阿富汗、土尔基均有关系,与印度独立事关系尤密切,故现不能返国也。谈至九时归。

九月二日

购蒲莱氏葛德(Prescott)所著之《墨西哥之征服》一书,此书极有价值,读之觉有兴趣,其考求墨西哥古文明颇详也。

九月三日星期

昨日阅书太多,睡不安。晨起迟,王公使述勤及周伯符君同来,约共游晓起米尔谷(Xachimilco①),意言花坞,距城约二十英里,乘汽车约一时到,中经印人村落,其地古为一湖,今多成沃田。惟农事未普及,沿山及湖畔,多茂木丰林,下则河流交叉,风景异常。将至,下汽车,乘小汽船。河中游船甚多,船棚皆饰鲜花。舟宽约四尺至六尺不等,长可一丈余。舟行河中,必有卖花船迎面来,或追逐而行。卖花船更小,宽不过二三尺,一少女驾之,满载鲜花,笑面呼售。女子皆印人,色不白,然貌佳者颇不少。舟行二三里许,登岸,对岸为一湖,背山面野,水清见底,荇藻缕缕可数。湖上沿山,略有建筑,不甚

---

① 此处应为 Xochimilco(西班牙语),即霍奇米尔科。

壮丽,而幽雅有中国画意。回忆在美游莫丽湖(Lake Mary①)时,雅俗殊道,不可同日语也。略游岸上,返舟,就舟拍一照,寻原途返。见两岸花园鳞比,此卖花女之所以多也。至一园,稍观园中小儿,完全为中国人,惜与之言中国语,毫不解耳!回城已三时,在使馆中餐,余觉醉,稍阅中国报,暮乃归。

晚在旅馆遇一美国老者,言极夸。自谓少年留学德国,中年曾任西班牙领事,晚以著述为业,生平读书二万余种,能操十二国语言。余以其过夸,转欲叩其所学,亦略有见解,惟博而寡独到处也。然既听且谈,甚觉倦,与辞归寝,已十二时半,迄不得眠,至四时,乃入睡。老人名德葛司多娄(Adophe Douziger de Castro),此西班牙之名,彼为加州人,其父母必为西班牙人也。

九月四日

整理游稿,晚约使馆全体人便餐于东方楼。

九月五日

雷叔礼约中餐于大学俱乐部,地方阔洁。此俱乐部,不限国籍,而以相当之大学毕业,有人介绍,无人反对为合格。然美国人毕占多数也,餐后续谈四时乃散。

晚王公使又为余饯行,陪客除全体馆员外,为赵君雅庭。彼为广东人,来此邦已十二年,毕业于专门美术学校,西班牙文甚好,亦通英文,午前曾访余,王公使之介绍也。餐品完全为北京式,丰且美,余食太饱,餐后谈至十时归。略读西班牙文寝,久未用西班牙文,工夫将全忘之。

九月六日

晨起仍阅王公使之汉文译本《墨西哥与美国》一书,阅毕将还之也。

下午赴使馆,阅中国报。

---

① 上文作 Lake Merry。

晚李瑞生约餐,餐品甚美,其夫人自治之,余饮酒太多,大醉矣。夜睡不甚安。

九月七日

晨起迟,仍补阅前所借汉文墨西哥书。

下午赴使馆还书,并略阅菜园(Torreon①)华侨被杀及交涉之案件。前阅他书,亦有论及此事者,墨人排华,毫无理由,其动机皆出自美国。盖狄氏任内,对于全国实业之开发,其宗旨可括以下列三项:

一、利用欧洲资本。

二、利用中国人工。

三、由本国科学家管理之。

美国人之视墨西哥盖藏,直以为外府。狄氏任内大输入欧洲资本,中国人之来此者,不须护照,不论为农、为工、为商,凡来者皆可上岸,故华侨最多时,除偷过境入美国及渡海入古巴者不计外,约有五六万人。菜园一埠,中国人有银行,有实业公司,有机洗公司,其他普通之商更多,中国几占全市面之半。康南海来游时,狄氏以身为总统,不能正式招待国事犯,乃约之同出城游,同在城外餐,同观博物馆,并以馆中陈列古物相送,狄氏联华之心颇切。美国人既妒其利用欧洲资本,更忌其欢迎中国人。以常情论之,加州排斥华工最力之时,即美国欢迎华工之时,彼不愿中国人之在美境,则中国人就近赴墨以为尾闾,岂非彼此各得其所。而美国人之嫉视华人,不但欲排出于美国之外,更欲排出于美洲之外。菜园之变,非土匪也,革命军也。此革命军暗中主张之者,美国人特利用墨人反对总统连任之心理,以推倒狄亚氏,因以推倒其欧资华工之政策耳。菜园变时,美使馆中人竭力与中国馆员联络,并私谓此变为日本人所指使,此次革党由日本人接济云云。中国使馆承其厚

---

① 此处应为 Torreón(西班牙语),即托雷翁。

意，且据以达部，迨其事后则美国多自认墨之革命，与美有关系，且其接济之款项，已由秘密的进为公开的。噫！弱国而有强邻，真根本之不幸也！然自此之后，墨人排华之心理，迄不能洗脱。盖墨美接壤，美国文明国也而排华，且时以"不排华则堕落文明程度"之褊私论调，腾诸报章，墨人受其讽示，亦有不排华则不文明之感，此其一原因也。美国现仍视墨国北部人口稀处为彼后日移殖之惟一良地，决不愿他人之来此居住，故尝有意的讽示墨人，其二原因也。吾于美人之讽墨排华，为华人悲！更为无识无知之墨人危！今欧洲已有将墨欠各款悉与美国拨兑之说，果尔，则不啻墨国隶美人管理下矣。然闻吾国某伟人，亦创此论，岂以联日为国人所反对，乃因思联美受保护于外人，借以偿其政治欲耶？可叹！

晚在使馆餐，归寓略阅书寝。

九月八日

近人颇有谓墨西哥文明在白人未来以前已完全衰歇者，此当分别论：

一、马雅(Maya)与那瓦(Nahua)文明久已分立。马雅较早已衰，那瓦较晚尚未衰。

二、马雅民族大部在中墨，其古时最大之城，在今察巴州(Chiapas)帕兰克城(Balendue[①])，附近之纳城(Nachan，译音蛇城)现已为捱长至四十英里，此必当时之都城，故墨国东部五省，皆为马雅族，而由此迤东南之瓜特马那(Guatemala)等小国亦为其同族。当西班牙考特氏来墨时，纳城已墟，故可知马雅文明已衰歇也。

三、那瓦蕃殖于中墨一带，即现在墨京附近所谓墨西哥河流域也。其朝代以阿士提克(Aztec)起而代陶尔提克(Toltec)，皆那瓦也。考特氏来此邦，时正值曼德苏马帝第二(Mantezuma Ⅱ[②])，其时

---

① 此处应为 Palenque，即帕伦克城。

② 此处应为 Montezuma Ⅱ，即蒙特苏马二世。

墨政府有行政官,有法厅,法厅有书记官,以记两造之供及判词,是其文字并未衰灭之证。又考氏曾致函西班牙王扎理第五(Charles V)谓:"墨京有市方形,大于沙那满加(Salamanca)一倍。周围以走廊环之,市中或买或卖,每日约有人六万。凡此邦出品,市中无不备,市分多街,珍珠为一街,为珍珠街(Jewel),金(gold)、银(silver)、铅(lead)、铜(brass and copper)、马铁(Tin)、宝石(precious stones)、骨壳皮毛等;有物料街:已制未制之木,已刻未刻之石,已烧未烧之砖等等;有畜物街,鸟类、兽类多有之;有药材街(her dnd roots for medicine[1],按印人草药及医皆与中国类);有棉线街,各种颜色之线成绺分买。如葛郎那大(Granada)丝市之现相,如颜料、鹿皮、陶器各有专街。市中有署,署有市正十人,专司市民争议之排解及违法之惩处;又有稽查若干人,与市正同一署,而巡行市中考查一切云云。此其大概内中详列各物之名,均未译。由此观之,那瓦文明尔时并未衰歇,今日之消灭,皆西班牙人与基督教之焚书诛儒之结果也。

四、北部如亚齐(Yaqui)等,则尚未有如何之文明也。

九月九日

上午赴教育部,访巴兰口博士(Dr. I. Barranco)略询此间教育情形,与金得罗博士(Dr. Kindero)、艾利氏博士(Dr. Illis)等共谈。金君为此邦小学教育专家,曾办国立各州小学,并赴约哥坦(Yncatan[2])开办马雅人小学,为此邦初等教育之最有经验者。艾君为美国特可沙氏州(Tercas[3])大学教授,专来此邦考查教育状况者。彼又为哲学家,以研究教育哲学得博士,又于音乐专门研究,彼约余过彼州参观彼之大学,再赴芝家谷,余亦颇愿也。

下午赴公使馆与王公使谈西藏事,晚约周伯符同餐。高涤堪后

---

① 此处应为 herbal roots for medicine,即药材。

② 此处应为 Yucatán(西班牙语),即尤卡坦州(位于墨西哥)。

③ 此处疑为 Texas,即德克萨斯州。

来,谈至十一时,乃散。晚归,遇孙逸仙之美国顾问某君,谈中国文字。彼虽曾至中国,然与中国文字一无所知,任意乱谈,皆轻侮之词。余询其习中国文若干年? 彼云:未曾。余又询:能中国语否? 云:不能。余告之曰:"余在美国时,颇阅英美人所著书,有关于中国文字者,彼等所言大半皆谬。其确曾习中国文字者,对于中国文字,向来不轻下评论。"彼羞而阻。归至寝,已十二时半矣。

九月十日

晨起,略写日记,自出中餐,餐后在公园散步,遇德葛司多娄博士(Dr. Cstro)夫妇,共谈,归寓仍谈,德君爱谈不倦类余。三时余,王公使偕周伯符来,约同游,瓜德娄培(Guatelupe①)村之教堂,行不及一时到堂之外,观亦与他处同。至内则觉其宏丽名贵,其石柱皆合四为一,径可八尺,高则八丈左右,中置神龛,龛前设供案,龛中塑巨像。其余各处倚墙壁或墙隅处,多设小龛,更设小像于内,小供案于外,与中国庙堂内神像无异。惟此处之神,限于耶稣一系,如其家族徒党之类,中国则兼容并收也。又今日为彼礼拜期,俯地祈祷者,以数十计,跪而复起者,或坐或立,总数可数百人,视中国江南之迷信更甚。更游其他室,老僧短发,薙须,着黑色长衣拥巨椅于门左,俨然中国寺僧也。

在堂内遇二华人,王公使询之,彼娶杂人为妻,子女皆不能中国语。彼执洗衣业,坚询王公使执何业,答云未作生意,迄不相信,后乃告以游历。盖彼往乡间,不知墨京之有中国公使,而彼亦几于为墨西哥人矣。

归后至使馆谈,晚周伯符约餐于东方楼。餐后,又同观电影,前一剧为《弟兄争婚》,女子多爱其弟,而兄争之,弟遇事让其兄,结果各娶一人完。次为谐剧,为贾波林所作,久不观彼之作品,甚觉有趣,归寓十一时矣。

---

①　此处疑为 Guadalupe(西班牙语),即瓜达卢佩。

九月十一日

晨起，德葛司多罗博士约余出门，彼允代余购船票，余已决意自旱道入美，可省时间，谢之。随收拾行李，收拾毕已十一时矣，又写日记时许。下楼准备，今晚决计乘火车去矣。

校正前数日日记付邮。赴使馆中餐，赠李、张、唐以像片，因彼虽为馆员，实则华侨，此后相见之日颇少也。余多饮又醉。

餐后高、张二君偕赴各处辞行，遇梅宗发君、曾君、陈运柱君，回旅馆少息。雷君来，彼曾代余复美国某公司一信，今交还信稿。彼嘱余在旅馆略用晚餐，因车上贵且不堪入口也。餐毕，即欲赴车站，又遇德葛斯多娄博士，彼妻又约余一面为别，彼又求余为短简介绍王公使。彼又言今晨彼介绍《民主报》主笔来访余，未晤，非专为船票事也。余颇悔，盖余初到时，彼报托王公使介绍，并请派人翻译。王公使以使馆派人为新闻记者译话诸多不便，未得晤面。此次又未得晤，颇觉歉然，且余实欲与此邦记者一谈也。与德君夫妇作别，偕雷君赴车站，王公使及各馆员已久候，余深致不安。余将行李检放车上，后又下与王公使稍谈数语，车将开，乃上车，隔窗依依，瞬息千里矣！车启行，王公使等脱帽高扬，余扬巾答之，至不能见为止。此次旅墨，稍有调查，多得王君相助，彼对余恳挚异常也。开车时正大雨，余对之尤觉不安。

余购票太晚，已无下床，上床殊不便，且摇动太甚，夜睡不安。

九月十二日

天明，大约已至圣路易包头西州（Sam Luis Potosi①）矣。墨西哥州（Mescico②，与国同名）、易达尔谷州（Hidalgo）、格雷特娄州（Gueretaro③）、关纳华头州（Guanajuato）为中央繁富之区，皆在梦中

①　此处应为 San Luis Potosí（西班牙语），即圣路易斯波托西州。

②　此处应为 México（西班牙语），即墨西哥州。

③　此处应为 Querétaro（西班牙语），即克雷塔罗州。

过矣。

包头西州地势仍高，雨量较少，地平者可种各种谷类，尤宜棉花，然人口已稀少矣，且农业未兴，人贫苦异常。将晚入口阿委拉州（Corhuila①），人更稀，民更贫。车停时，乞者踵相接，以苹果皮掷地，亦有小儿女拾而嚼之。此处有售果品者，乞儿之目的物，即为行人所弃之果核，噫！可怜矣！然须知此州遍地皆可艺果种谷，且富于矿产也。晚至沙尔底由（Saltillo），为此州都会，且为大城。未至前，见各山上多有电灯烟洞等等，知为矿场，此城或以矿发达乎。

夜入新列昂州（Noevo Leon②），万山漆黑，毫无可见，仍登摇动不定之床上而卧，古人所谓有上下床之别，今乃确领略之矣。

九月十三日

晨天明抵拉瑞豆（Laredo），此美墨国界也，在墨国者属塔茂里帕州（Tamovlipas③）。余所购之火车票，至此尽，而卧车票则至圣安托牛（San Antonio）。盖墨国铁路，虽为外国资本，而名义上则完全为国有。至卧车则属于普尔门公司，本为美国公司，全美卧车只此一家。美之者谓此车或为彼所发明，故尔专利，实则此车之构造，并不见好，仅以此种发明而能享如此大利，吾不相信也。在岸停约一时半为税关检查税品，故至六时半，车行过国界桥，另购票价墨金一元。桥跨大河，即前在叶婆娑城（Elpaso④），城入墨所渡之河，此为下流耳。开车时，改拨时表为七时，因彼此标准时不同也。车渡国界桥，余即与墨西哥告别矣。余以七月十二日入墨，至今两月又二日，寓墨京者两月短二日，来回四日，在途中虽未能遍赴各州考察，然在京中亦有好处：（一）易得友人访问一切。（二）易得书籍以备参考。

---

① 此处应为 Coahuila（西班牙语），即科阿韦拉。

② 此处应为 Nuevo León（西班牙语），即新莱昂州。

③ 此处应为 Tamaulipas（西班牙语），即塔毛利帕斯。

④ 此处应为 El Paso，即埃尔帕索。

（三）可至博物院，其中有各处古物。（四）各州人来京中者甚多，如欧哈喀（Oaxaca）、察巴（Chapas①）、约哥坦（Yucatan②）各州之人，余皆在京中晤之。北部之人，今多当政局，故京中尤多也。余向对弱国易表同情，墨西哥亡国之惨，为古今所罕见，故尤望其能复兴。以现状论之，将来未尝无复兴之机会，容当另为文论之。

墨西哥最近观察谈

吾游墨西哥去今已十一年，每次回忆，辄觉其人物风景皆历历在吾目前，其历史经过变迁极奇特，极悲壮，亦极幽惨，乃构成吾之错杂意态，往复回环于脑海中。其中最使吾感情发生矛盾者：其乡间人貌相举动容态，极类中国人，长期被钳制于白种人之下，吾对之表无限之同情。近二十年来，彼族青年，受美国之宣传鼓动，屡演排华惨剧。华人因受排而失业、破产，乃至被驱逐以去，时有所闻。桑园之变，特此无理举动之发端，吾又对此幼稚无识之民族，抱无限之愤慨。总之，墨西哥在民族史中一变态之民族也，其奇特之独立国民性，即由其变态之历史酝酿以成。故语其国土面积不过七十五万八千方英里，语其人口不过在过去五十年中，始由一千万增加至一千六百万。而其民族至今为全世界所注意，则远在三千万人口、三百三十万方英里之巴西，及面积近四百万方英里之加拿大以上。然中国人脑中所存有墨西哥之观念，不过数端：一为墨西哥为革命次数最多之国家，深虑吾国家之步其后尘也。二曰墨西哥为排华侨最烈之国家，深恐此褊狭民族欺吾之太甚也。三曰墨西哥之过去执政中有狄亚斯其人，为专制怪杰，摧残民权，深虑吾国元首之师其故技也。四曰墨西哥为产银之国，吾国所用之花边鹰牌之银元，为墨西哥之国币，而吾国现在所通行七钱二分之银本位货币，亦即仿照墨西哥币制而规定者也。此外关于墨西哥民族上之一切，所知甚少。吾游墨两月余，考

① 此处应为 Chiapas（西班牙语），即恰帕斯。
② 此处应为 Yucatán（西班牙语），即尤卡坦州。

其政治现象,察其民间生活状况,流览其古物,翻阅其历史,所得者有兴趣之事实颇夥,所发生之情感尤为繁复。屡思草为一编而未果,今秋任教汴垣,所携书籍甚少,除《政治年鉴》一本其中略载墨西哥近事外,其他无一参考书,编述颇为困难。今仅将记忆中所存重要意态情感略述于下:

一、墨西哥民族之独立性。西历十五世纪以来,欧洲人开始向全世界夺取殖民地,初则非洲,继则美洲,终则澳洲与吾人所居之亚洲。五百年来,欧洲政治力已争服全地球面积十分之九①,全地球人口十分之七;经济力则直统制整个的地球。地球人类,被欧洲人称为有色民族者,其对于欧洲人无不畏之如魔鬼,尊之如天神。渺兹墨西哥民族,始终不甘对欧人自拜下风。当十五世纪时,其民族为纯血美洲土人(即印地安人),世所称红种者,为抵抗欧洲人损失人口半数以上。其后以残余之三百万纯血土人,在西班牙强暴无理之军力、宗教力下以被征服之杂交,发展为将近千万之美司体叟(Meztiso②,即欧洲与美洲土人之杂血种)。独立之后,其民族自身所含之白色血,始终不能战胜红色血,其对西班牙之独立,抗白人也。每逢国庆日,狂热之游行运动中,常殴辱西班牙人或置之死地,报复白人也。最近政权尝操之杂色人种之手,其身体中之白血,皆西班牙人所贯注流传永久存在于墨西哥民族中者。但此大量西班牙白血,曾不能牵制其红血,使其对白人对西班牙人略表相当之同感。其墨西哥有志之士,多自称墨西哥为欧洲外独立之种族。当吾游巴西时,适值其国开国百年纪念,开盛大之博览会于首都,以为纪念。各国皆以巨款在会场中作代表本国文化之伟丽筑建,以发扬国光,增进国誉。墨西哥之建筑,则墨西哥古代之阿斯体克式(Aztoc③)。其所陈列,大都为红人

---

① 原文误作"十之分九"。

② 此处应为 Mestizo,即混血儿。

③ 应处应为 Aztec,即阿兹特克人的。

土产品,其以国家之名义对巴西百年开国纪念所赠送之建筑品,则为被西班牙征服时红人皇帝之铜像。其代表国家之大使现任教育长官,白面高鼻,具多份之欧洲人貌像。在公众讲演中,自称美洲人为欧洲外之特立种族,有特别历史,养成有特别文明,决不肯以身有欧血、面具欧像而冒充天骄之白人。当法国小拿破仑倾全力征服墨西哥也,其民族①独立之精神,始终不屈,后卒达到恢复国家目的。美国为世界第一强国,壤地相接,时加侵凌,然美国人之在墨西哥境内者,一切行动迄不逃于墨西哥法律制裁之外。美国尤为世界第一富国,其金钱力足以鞭策世界,其投资于墨西哥也,为数亦甚多,然其纸币及现洋皆受法律制裁,而不能流行于墨西哥市面之中。其议会以此精神立法,其政府以此精神执行,其人民亦皆本此精神,以与美国人周旋。返视吾国,所有外国人(法少数为例外)在吾国内行动皆能超越于一切法律之上。外国银行林立于各大市镇,各发行纸币,不仅流通于吾之市面上,直操纵吾之全国金融。若政府若国立、商立银行若各大公司各大工厂,无一不惟外国之鼻息是仰。吾固决不自认为非独立国也,扪衷自问:吾国之独立性安在? 视墨西哥有愧色矣!

二、地理之特殊性。凡世界之真正独立国族,其地理上之凭借,必足以长养此国族,使得成为独立的经济单位。换言之,即其地理之天产,必须各种具备也。墨西哥可耕农田约七千三百万英亩,长青牧田约可一万四千六百英亩,森林约可四千四百万英亩,备具此三种土地,故其人民之职业及生活上必要物品皆易于互相调和。矿产之富,尤为世界所艳称。世界近十年来银业最为不振,然墨西哥产银:一九二九年为三百三十万期罗,一九三〇年三百二十七万期罗,一九三一年仍有二百七十三万期罗,当全世界产额百分之四十。共他铜、铅、锌等产额,皆在世界上居最高地位,棉花、烟叶、咖啡、糖亦有较大之产额。其地理之坐落,虽近赤带(北纬十四度起至三十二度止),气候

---

① 原文误作"旅"。

则可分为三个区城：一曰中部，气候属于温带，环首都墨西哥城（Me-cico① City）之平原，一名墨西哥高原（Mexcon② Plateau），亦名墨西哥谷地（Mexcon③ Valley），盖其地周围有海拔④八千尺之崇山峻岭，而其中为较低之平原也。此平原气候温和，虽当吾国盛夏，犹当着薄呢衣服。土肥泉美，林木畅茂，凡温带所有之植物，无不具备，故墨西哥现在人口一千六百万中，繁殖于此平原中者将近千万。二曰东部：傍墨西哥南岸，具热带之海洋气候，凡一切热带产物殆无所不有。三曰北部：石厚土薄，风干泉少，颇类陕西之北部，然矿产极富，甲于世界。至于西北临太平洋低地，则为新开辟之棉业区，面积虽小，亦可与前三者并列，在墨西哥现代经济发展中，占有重要之位置。其地理上有前述种种优点，故在全世界市场缺乏、营业停滞、出口货极端不振之情况下，其国际贸易犹能保持有利之地位。兹列其过去五年海关进口出口额如下：

进口货	出口货	出超
一九二六		
三八一二六三千元	六九一七五三千元	三一〇四九〇千元
一九二七		
三四六三八七千元	六三三六五八千元	二八七三七一千元
一九二八		
三五七七六二千元	五九二四四四千元	二三四六八一千元
一九二九		
三八二二四七千元	五九〇六五八千元	二〇八三一一千元

---

① 此处应为 Mexico，即墨西哥。
②③ 此处应为 Mexican，即墨西哥的。
④ 原文误作"拔海"。

一九三〇

三五〇一七三千元　　　　四五八六七四千元　　　　一〇八五〇一千元

其出超最多者超过三万万以上,最少者亦超过一万万以上,五年合计将得十一万五千万余墨洋。彼各工业先进国俱苦入超太大,国富外溢,无术救济,苟持墨西哥海关贸易册读之,能不目呆舌挢? 然有一事须特声明者:墨西哥矿产十分之九皆在外人手中,而矿产之出口,又在其出口货中占最高比例,故其出超之利益,实不能归墨西哥人完全享受也。其出口矿产所易之金钱之用于纳赋税、发工资、供流通者,皆应视为墨西哥国族经济中之一部,其纯益之汇往他国者,方脱离墨西哥国族经济范围,而流入别一国家,此计国富者所应知也。吾国在民国十年左右,国际贸易曾经处有利之地位;民十五年后,内战日多,民生日瘠,豪取强夺,浸成风气,不劳而获之金钱日多,其用于销费外货者亦日多,至近年来海关数目字,几于使吾人不敢寓目!今列过去五年者如下:

进口货	出口货	入超
一九二七		
一四二七〇七千元	一二九四二〇千元	一三二八七千元
一九二八		
一七四六二三千元	一四四八三〇千元	二九七九三千元
一九二九		
一六七七八一千元	一三四六三一千元	三三一五〇千元
一九三〇		
一二三八一二千元	八四五九〇千元	三九二二二千元
一九三一		

一五二七九五千元　　　　九四九八四千元　　　　五七八一一千元

以上数目系英国人折合金镑计算，过去五年，由入超一千三百万金镑，进至五千七百万金镑，几于增加四倍，金银汇兑时有变动，折合时所采兑换标准，各人未必一致。今再将民国二十年海关两进出口数目字列下，以资比照：

进口货	出口货	入超
一四二七五七六三八〇	八八七四五〇九三八	五四〇一二五四四二

以上入超之数，折合现银元将近八万万之数，此八万万之巨额金钱，率皆取之于穷苦小民，而豪费浪掷于外国市场。今内地乡村有农民破产之现象，城市有商民破产之现象，其不破产者而腰缠日富，享用日丰，究属何人，愿吾国民深长思之！虽然，各业皆破产，最后必酿成国族经济之整个破产，"覆巢之下无完卵"，吾更望吾腰缠日富、享用日丰之同胞，亦深长思之！吾因记述墨西哥事，而联想及于中国，吾亦愿读吾墨西哥游记者，亦取吾国一切现实情形比较观之！

三、吾忽忆及政治安定与否，与人口之增减有极密切之关系。墨西哥被西班牙征服后，只残余三百万人口，经西班牙三百年之统治，增加至九百余万。兹后革命频起，人口之增加停止。绝代专制怪物狄亚斯至十九世纪之末，独手统制墨西哥至三十余年之久，其人口乃由一千万增至一千五百万。自一九一一年，狄氏退位，国家又陷于循环革命中。直至一九二二，余游墨西哥时，其人口未尝有丝毫之增加，且有减少之倾向（当时人口不过一千四百万左右）。最近十年秩序比较安静，一九三〇年之调查，全国人口为一六四〇四〇三〇即一千六百四十万有奇，较之十年前进步至二百万之多。总计墨西哥人口之增加，盖在三个时期内：第一期，由三百万增至八百余万，系在西班牙总督统治之下而增加者。第二期，由九百余万增加至一千五百余万,盖在狄①亚斯个人专政而增加者。第三期,为由一千四百余万增加至一千六百余万,盖在经济制度集中改革之状况下而增加者。自不同之观点言之,此三时期在政治上皆有可非议,然政治在一定轨道上前进,国内无重大军事行动,人口之随常例而增加,即所以表现其人民得在常态下生活,反之人口退减时代,则皆内战频仍时期也。中国人口号称四万万约在五十年以前,近年来无年不有内战,吾人口消灭于内战中者不知有若干千万,尚幸无正确之统计昭示国人,吾国人犹可傲②然自大曰:吾四万万之伟大民族也。

四、吾因论墨西哥人口之增减,忽意及其宗教历史之怪诞凄惨,可歌可泣。墨西哥古代宗教,盖尊奉天地间之大灵(The Great Spirt③)而以鹰为大灵之象征。当西班牙征服墨西哥时,其文化程度颇高,人口繁富,史家推论其人口自一千万至三千万不等。西班牙人在本国推翻默耳(Moor)政府,恢复国权后,将回教人杀尽赶绝后,全国人自是流行一种惨杀异教人之热狂,征服墨西哥之考太士(Cortes④)特其时代精神之代表者。全墨平定之后,凡不受洗为耶稣教徒者,悉屠杀之,其土人中读书识字不许受洗为耶教徒者悉杀之。西班牙红衣主教(Cardinal Archbishop)派若干主教遍设教堂于全墨各村,凡不能为教士所信证者,无一能全其性命。全墨西哥之文字记录,由全国教士负搜集之责,运集一处而焚毁之,遂使在墨西哥全境内不复有片文只字之流传。考太士初至时,墨西哥通用者为(Agtoc⑤)文字,墨西哥独立后,在本国境内不能觅得本国古代文字,后由法国博物院赠以一卷,此尚为考太士时代,法国教士自墨西哥携归

---

① 原文作"的",依上文改为"狄"。

② 原文误作"敖"。

③ 此处应为 Spirit。

④ 此处应为 Cortés(西班牙语),即埃尔南·科尔特斯。

⑤ 此处疑为 Aztec,即阿兹特克语。

者。基督教在历史上摧残人类文化之事实甚多,而要以墨西哥所实行者最为惨无人道。历史家所推定一千万至三千万之人口,在征服期中惨杀不知其数,其后以受洗为基督教徒未被惨杀者,只留三百万人。使其原有人口如史家所估计之最底数,则被杀者已为十分之七,若当时人口如史家所估计之最高数则被杀者乃达十分之九。尔时基督教徒以杀异教徒为忠于上帝一种行为,而墨西哥人遂罹此浩劫。墨西哥土人不但人口半归灭亡,经济上完全夷为奴隶。所有全国土地矿产,为征服墨西哥之盗贼式之军人及助桀为虐之教士分而有之,直至独立后,土人及杂种人乃渐得在法律上享有财产权。西班牙人之蹂躏墨西哥人诚暗无天日矣。然在西班牙人中,居住西班牙者,又欺凌居住墨西哥者。在居住墨西哥西班牙人中,其自西班牙移来者,又欺凌其初出生①于墨西哥者,阶级重重,待遇差异。其例:大致土人及杂种人,必须为教民而不许任教职;生于墨西哥之西班牙人,只准任下级教职,而不准任中级教职;久服务于墨西哥之西班牙人,只能任中级教职,而不准任上级教职;其上级教职,则必须由西班牙红衣主教自西班牙本国主教中派充也。故墨西哥之革命,土人并非主动者,乃受杂人之影响而附和也。杂人亦非主动者,乃受土生西班牙人之影响而附和者。土生西班牙人其父为白人,其母为白人,其语言,其貌象,其思想,其行动,无一不为西班牙人,然竟不能与西班牙人平等。又习闻欧洲大陆之革命弥满各国也,白人在欧洲者可以革命,在美洲者何独不可革命?白人由英国移居美国,出生美国者既可以革命,其出生于墨西哥者,又何独不可以革命?于是而土生之白人革命,于是而杂种人附和土生白人而亦革命,于是而土人附和杂人而亦革命,革命思想,遂弥满于全墨哥人脑中。然始则移来白人率土生白人对纯西班牙人而革命,继则土生白人率杂人对西班牙人而革命,终则杂人率土人而革一切白人之命,数数革命之后,墨西哥政权

---

① 原文误作"出初生"。

渐流于大多数人之手。吾游秘鲁时曾于短评中谓：秘鲁之革命，仍在过程中，墨西哥之革命，已达彼岸矣。自政权流于大多数杂人、土人手中，虽彼等因受洗为耶稣教徒已三四百年，对耶稣基督尚未明举叛旗，对于教堂、教士，亦认其为革命对象之一部分。当吾游墨西哥时，数游览其伟大明丽之教堂，其规模之宏、雕塑之精，远在美国各教堂之上。然入其院中，荒凉满目；入其室中，阒其无人；询之同游或乡导，知教产为国家没收，教士被国家驱逐也。此辈教士，当十九世纪后半，期屡屡勾结西班牙及法国，希图颠覆墨社，重作属土，终以独立风潮、革命风潮澎湃弥满，而其技不售。今日教产之被没收，教士之被驱逐，固其应得之结果。最近闻其教会亦与政府成立谅解，其产业之没收者不在发还，其外籍教士一律驱逐出境，此后教职纯由西班牙人充任，政教冲突之风潮，至此将告一段落。基督教之来吾国者，办慈善事业甚多。在彼等之作事习惯下养成现代官吏人材亦不少。吾论事爱平情准理，认此二事为基督教人对中国之贡献，然恐吾国民震惊其新办慈善事业成绩之显著，及由教会中出身人材之众多，而因对于基督教失去慎密之观察。偶有所感，略述墨西哥教会兴废之片段历史，以告国人。

　　五、阅前叙墨西哥地理特点时，略可知其经济状况，然其经济制度之变化，不可不为略述。方吾游墨西哥时，独背元首奥布列刚（O. Bregon[①]）任期将满，其有候补总统资格者：一为前临时总统故尔大（Hulta[②]），一为现任内务部部长嘉野氏（Calles）。外交界人告余曰：胡氏声望最好，下次必可当选。吾询诸旅馆茶役，出游时之乡导及店伙中之能解英语者，皆云嘉野氏贤，为平民所拥戴。吾又询诸外交界人，则云嘉氏为社会党人，行动幼稚，若深恶而痛绝之者。其两极端不同之言论，孰为正确，吾不能辨，然吾参观其国会开会时，其自各邦

[①]　此处应为 Obregón（西班牙语），即阿尔瓦罗·奥夫雷贡。
[②]　此处应为 Huerta（西班牙语），即阿道弗·德拉韦尔塔。

各区，受人民选举而充当代表者，大都面色黧黑，似为代表广大之杂人、土人民众，此多数民众能自以其意思为选举，嘉野氏当选之望当多。吾离墨后嘉野氏果当选。墨西哥经济制度之改革，乃急遽进行。据政治年鉴载："截至一九三一年六月三十，公有及没收之土地面积在一千六百万英亩以上，已根据以乡村为公有土地单位之农业法，分配于各农家。"墨西哥为联邦政体，不以公有土地之单位属之中央犹有理由，乃并不以属之各州，而以属之乡村，此其立法之精神，值得吾人之注意者。且根据此法律不谓分配土地于各村，而谓分配之于各家，此其实际执行之办法，值得吾人之注意者。近来赴俄国参观者，盛称誉其集体农场，盖认农田之集体化为农业改进之惟一潮流也。墨西哥现在面积满二千英亩之农场，已悉分割为较小农场，俾全体农民俱有取得农田之机会。惜现在无从觅得其法令全文，以供研究。再观其他工商各业，进数年来俱有长足之进步。各国人惧社会党人之操政权也，以其接近共党耳，共党主义即集产主义，乃社会党之势力，在墨西哥澎涨之后，其产业普化之潮流，乃远过于集化。最美善之经济制度，必为最多数人生活实际所要求。吾人研究经济制度，研究社会改造，徒震惊于某派某人之学说，而不向广大民众生活实际之要求上详加考察，终不足与言改革大业也！

民国二十二年十月二号

第八　赴芝家谷途中

（民国十一年九月十三日至九月十九日）

九月十三日

接前七时半车，到大河北岸。又入美境，此后将继续在叶婆娑出境前，完吾在美之游程，此后所写，亦接续前稿仍为游美日记矣。河畔桥尽处，为美国移民局稽查所。车停先有关员上车，查看行李。余之行李极少，告以为外交事务，彼即不验矣。关员去，移民局之医生来，并未查验，但云种痘。坐客皆随之下车，入医室，余至，彼询云："君日本人乎？勿入此室！"余云："余乃中国人，有外交事务。"彼继询云："来自何处？"余云："北京，此次乃来自墨京。"又问："停墨京若干时？"余云："两月。"又问："曾住京外他处满二星期以上乎？""未在他埠住。"乃请余入移民视察室。此事有须解释者：

一、诸客一律种痘者，谓美乃文明国家，墨乃不文明国家，由墨入美必须种痘消毒，乃准入境。

二、医生止余入室者，盖黄色人不能与白人平等，须入另一室种痘，以示区别，或者不准入境，即不许入室种痘。

三、有外交事务者，可免种痘。因外交人员均有资格与白人来往，平日必能学白人之卫生，故可免种。

四、如在墨京以外之各埠，住十四日以上者，即已不洁，故仍须种。

余入移民视察室，向视察员示余护照，彼略有问询，余随答之，彼一一登录，又抄余护照签字之人及地方，加盖一戳云准入境，已验讫云云，还余护照。余出，复登车，候至九时半，各客之查验行李、种痘、验照三事之手续乃完，车行入车站，停至此，行入乃完全自由矣。余在移民局停车时，无事乃将墨国隔岸之景及移民局等处各照一像，更增无限感慨！

下车先在车站以墨币易美币，大概每墨洋二十二元，易美金十元。余不爱算细账，易钱者少与余以美金六七元之谱。

两国货币兑换，墨国最伤心之事也。墨法不准外国纸币行用，而美国乃多储墨国纸币，忽存忽兑，专以破坏墨国纸币信用为事。数年前，墨国纸币跌价，市面恐惶，皆美人为之也。墨人无可如何，乃忍痛不发纸币，专行现金，禁止外国货币通行，而美国在国界上之兑换，专以抑低墨金价格为职业，墨金价格既低，美乃收其币印铸之，此种手段，视日本人如何。

余易币后，购车票亦至圣安托牛，乃雇车在此城游览，先至车站西面，乃形势伟大之美国兵营也，然兵房皆空。余询以兵何在？司机者云：皆开往他处，从前驻甚多，今只六百余人矣。余问开走何事？彼云不知。余云："余知之，往弹压罢工者。美国待兵之优，为吾国所创见，其惟一原因，即防劳字与兵字联合成一名词也。"又至车站东，遍观各大建筑，无非市政厅、邮政局、高等学堂、公园、教堂等等，倦不备载入日记矣。又下高处，至河岸，余询河水不深，有偷过界者否？

答云：墨人来往，须先交税八元，极贫者往往夜间浮水来。余询有中国人偷过否？彼云无。盖此城只中国人一无人接应也。美国为防华人入境，故边界之城对华人尤多限制，归至车站中餐。升车至十二时，北行。

余游墨之行，至今日完全竣事。然继此北行，仍为墨之旧土，划归美国尚不足百年也。各村镇中，墨人居大多数，亦多有为无鞋阶级者。道路好坏不等，以未施人工者居多，然此处地坚雨少，汽车通行亦无大碍。树木禾稼亦与墨境大致相同，惟龙舌兰墨名麻给（mague①），小如马耳，不似墨京左右叶长丈余也。道旁矮树丰草，俱为草昧未启之景象。至下午三时后，道旁禾稼渐与草木争胜，尤以棉花为多，蕊大干疏，中国各试验场中之美棉，大概即为此种。

晚六时，抵圣安托牛，住圣安即托牛旅馆。然镇名为西班牙字（San Antonio）旅馆，名则为英国字（Saint Anthong②），音略不同也。

同行有墨西哥人马哥尼氏（Marconez）赴维司康新入大学，爱与余谈。余告以墨人排华，乃受美人之愚，彼大以为然，且言久闻中国文明特优，思得一机会往游，并询西人能得中国妻否？余等同乘汽车，来旅馆，彼代余付车价，还之不受，晚乃约其同餐以报之。餐后，彼导余游各繁盛街。餐时其他白人多跳舞者，彼谓暑假在家，无日不跳舞，有时与他人跳，有时与其姊妹同跳，十时归寝。

九月十四日

晨起，补写前二日日记。忽大泻头晕，泻三次后，振精神，继写日记。至十二时半，出寻一小墨西哥餐馆，名花园（Gl garden③）者，中餐觉适口，饮茶四大杯，遍身有汗，渐痛快。餐后步行街上，寻中国商人，名胡逢者，在东商务街五百零六号得之。胡君到美方五年，来时

①　此处应为 maguey，即龙舌兰。

②　此处应为 Saint Anthony，即圣安东尼奥。

③　此处应为 El jardín（西班牙语），即花园。

一钱不名,今拥巨大杂货肆三,皆扼要街,每年可得利三万余美金。三店中共用白人二名,中国人三四名,墨西哥人二十左右。彼年方二十九未娶,颇美秀,然在中国并未多读书也。余亲见胡君营业方法:

(一)自督墨人作工,墨人勤慎,历久不倦。

(二)白人来为之报告商情,或作介绍买卖各货者,必以最美之雪茄烟赠之。

(三)白人之常来购物者,必择一二价廉之物告之云,此乃奉送。此种方法,皆白人商人所不用,而顾主则爱之,故胡君之商务特别有利也。胡君自驾其车偕余遍观其三店,又略观其他华人之店。每店皆有三四至六七墨人,受佣不等,盖白人不爱墨人作工,谓其太慢,而中国人则善用之。此城有中国铺三十余家,中国人将近三百也。

别胡君后,余又唤汽车参观陆军驻地(army post),长宽皆逾四英里,设备之齐整,使人惊服。其中亦有青年会,且极大,备各种戏具,军营更有专门之军人戏园。

余尝闻人云:美国之青年会,对外最注意者为中国,对内为海陆军。彼海陆军之有无觉悟,非吾国事,吾甚望中国之青年及早有觉悟也,不然则国家未亡,吾青年已间接属于美国资本家旗帜下矣。

嗣游布拉堪律巳公园(Brackenridge Park),此为一私人产业,捐为公园,以其名名之。长宽各六英里,其中之布置,远在金山金门公园之上。

观诞降女子大学(Incaruate Collage①),天晚未得入内,只观其建筑而已。

晚,寻一中国餐馆用餐。餐后步行归寓,又赴花园馆用茶,至遍身有汗为止。

十时寝。连月墨西哥人谈为多,固车夫馆役等等,皆墨人也。

---

① 此处应为 Incarnate College,即圣道大学(University of the Incarnate Word)。

九月十五日

晨起已七时五分，急着衣收拾行李，付账唤汽车至车站，刚未开车。

车七时四十五分开，途间见田皆沃美，河流多作碧墨色，乃其证也。道旁棉花甚多，行狭科小，蕊多，大类中国河南、直隶省之棉。

十时五分，可至得哥沙氏州（Texao①）都城奥司廷（Austin），因机车途间忽停作用，修成再行，误车至一时之久。下车寓朱氏奇旅馆（Driskill）。

又昨日在圣安托牛见街中黑人甚多，今日车上伺役亦皆黑人。美国昔时窥伺得省彼国著作家有讯之谓思得黑人生产地以资贩卖者，然得此地后，南北争黑奴之利，酿成美国惟一内战。中国人往往称此战谓为人道而争，知其内容者，可为喷饭，可为痛心！盖名为为人道而战，实则为人货而战也。闻奥司廷城亦多黑人。

入旅馆已十一时半，写日记约二小时，下楼中餐。此间系美国式，每日美金五元五角，房饭均在内也，餐品中中，口胃未复元，不能多食。

电约艾利氏博士往访，彼请余在寓候彼，少停，彼以车来。先偕余至大学，途过州公署，建筑略仿希腊式，有美意，大学建筑教育科与藏书楼最为美丽，有东方意味，视加省大学建筑为□②。加州特殊建筑为求实用，不求美观，即偶欲求美观，加州人之美术观念似极单薄，不能知何者为美也。大概欧洲美术系统，罗马而后，西分入西班牙，北分入法国，条顿民族之美观渐低下，益格鲁撒逊人更低下。至羊奇（Yankee）殆近于零度，饮食但知有大块牛肉与凉水，建筑但知高至四十层五十层，音乐但知有急遽洪壮，戏剧但知有诙谐调笑。五感渐变为纯粹的物质作用，久失其内在的灵性，此行为派心理学家所以产

---

① 此处应为 Texas，即德克萨斯州。
② 此处原文缺字。

生，遂根本上不承认人类有意识之存在也。此地承墨西哥之旧，大学等建筑略有美意，在美国西南部，真为鲁殿灵光矣。曾记美西人士共以司坦佛大学为极美，实则并未尝达于美之程度，不过略得有南欧意味，在西美自然为仅有矣。美国国富，超越全球，其基督教亦流行极盛，就余所游各大城中言之，曾未见一建筑美丽之教堂，如在墨西哥乡村中所见者，其民族①美的观念之低下，即此可见。艾君先导余参观图书馆（即藏书楼），次教育科大学，哲学、心理皆括其内，又次校外教授所（Extension Teaching，直译当为扩张教授），最后机器科大学，其他各科未参观，略记如次：

一、图书馆。先观古书收藏部，有西历一千六百年前印本，又有斯宾塞尔沙克斯波尔著作之原本，此等书在美国已为吉光片羽最奇者。此诸书艾君不能读，谓中多死文，于今大异。其管此部之某女士，大概能读也。音系语文变迁之速，不意乃至如此。

二、杂志辑寄部（Package Library，直译当为包括图书馆）。其办法由主任及各管理员，将各杂志分门别类，裁开各存一帙。本州各处著作者或研究者，函问此部指出所研究之题目，管理员即按其题目将所裁开分存之杂志寄去，限十日寄还。函索时，须送邮费，现在函索者大约万人左右。余检视其图中，知叶婆娑函索者十七人，拉瑞豆十九人，圣安托牛三人。此三城余皆曾游过，因询云：何以大城函索者转少？彼云：大城已有较好之图书馆故。彼又谓：此部与图书邮寄部（Travelling Library，直译为旅行图书馆）不同之处在彼寄图书，此专寄杂志；彼寄已成之著作，此专寄著作之原料也。

三、校外教授所，只有表册及办事人之地位。其方法：愿学者投函注册，任学何门，主任教授示以该学之细目或一目的之细目。艾君示余以各教授所示之细目，颇类长篇论文内容之标目也。艾君教授所示之题目，有惯性（habit）与教育之关系一项，中列细目甚详；次则

---

① 原文作"疾"。

学生函询参考书籍,或赴各图书馆索阅,亦可向杂志辑寄所索阅;末则按细目自作试卷,请教授核阅,给予大学分数(university credit),但校外生之分数,最多只能得校内之半,以示校外毕业与校内毕业之区别。

四、心理学教室,关于心理实验之器具甚多。其试记忆之机械及表尺,能分一秒钟为一万分之短时间,以验记忆力。余询艾君主张行为派否?彼云:吾大不谓然,然吾甚重视实验,盖彼派谓实验可证明人类根本上无意识,余意由实验更证明意识存在之确实也。

五、机械科。余于此科,知识更简陋,质言之可谓无参观之资格。惟记艾君云:当欧战时,此科参助战役,每二星期能造就驾飞机者一千五百人,每一星期能造成驾汽车者五百人,每八星期能造成无线电收发员五千人云云。末又云:然此但暴弃物质,伤害人类耳,回忆殊无价值。

参观毕,又偕余穿各街出城,登山可俯见全城,此城颇美丽(城之美丽与建筑系二事)。下山至加拉劳豆(Colarado①,与大谷之河同名,非一河)河之堰。此堰专为发电,非为灌溉也。又下至一游泳场,男女同在一池游泳,与加州大学男女分池者不同。女子登高处自滑梯掷身入水时,间有男子承之。此间女子浴衣上半似较他处所见者为短,胸上腋下微露两乳。

归城与艾君别,余因请彼在旅馆晚餐,彼有事未能。

晚餐后自赴街市散步,遇一老人,询余为日本人否?因谈后导余至一中国餐馆,馆主伍姓,颇能谈,且留心中国近事。彼数年前,来自圣安托牛。此间只有中国人二十左右,大餐馆一,即彼所有者。余尚有三较小,另有一洗衣坊。此餐馆用中国人三,白人四,墨西哥人十七,黑人一,共二十余人。其他各家亦均雇有墨西哥人,此州中国人

---

①　此处疑为 Colorado,即科罗拉多。

虽少,然多处于雇主地位,亦自可喜。若加州则白人多以佣于中国人为可耻矣。老人名葛劳佛(S. L. Crawford),曾游中国登长城,故爱同东方人谈也。

又据伍君谓:"圣安托牛有中国杂货铺十五家,餐馆约二十家,洗衣坊三四家。每家皆能雇佣土人作工,不只胡逢君一家也。"补志之。

九月十六日

晨七时起,写日记。至九时,理行装,结账,预备十时乘车赴圣鲁易。葛劳佛君来访,即约之同乘车赴州公署及大学照像。照毕,尚未至开车时间,葛君又导余在街上略游玩,并指谓余:某为前副总统豪氏(House)之住宅。至十时到车站,车适误迟,葛君候送余上车至十一时半,余登车,彼去。

得哥沙州人口四百六十余万,地面积二十六万余方英里。昨日之圣安托牛人口十六万余,惟一大城也。此邦亦有油矿,而以农、林、畜、牧各业为最胜,农业中尤以棉为最。今日登车北行,沿途仍遍地棉花,此间田大略可分三种:(一)未开辟者,丛树茂草,此占大部分;(二)林业,东部闻多松柏,西部多油木,余所经过之道旁,则二者交杂;(三)即棉花,南部多种高干者,北部多短干者。牧业几于到处皆有。乡间时见小屋,皆有居人,而小儿女尤多。耕夫牧竖,尚未进化,故愿为人类尽生儿育女之义务也。

将晚至一城,车停,下,略在街市游览,见汽车轮上,皆染有红土,此州北部土红,而此间路尚未大修,村镇间多为生路,即未施人工者也。

九月十七日

夜睡尚安,阿堪沙司州(Arkansas),全在梦中过矣。州有温泉公园(Hot Spring National Park)有名,他日再游美,往浴可也。天明已至迷索律州(Misonri①),棉花几未一见,森林更富,河流亦多。

---

① 此处应为 Missouri,即密苏里。

其河多以色为名,有黑河、白河、红河等名。然河流多不甚大,殆米西西比河支流。午十二时半,至圣鲁易城(Sent Louis①)本应十一时半至,昨日误时开,今日仍误时到也。寓哲番孙旅馆,此城惟一一大旅馆也。余不须此大旅馆,然不知其他旅馆,只可寓此。中餐时,彼无整餐,皆任意零索。余索菜汤一、白菜一、水果一、茶一,共价乃至美金二元二角,又付②小账二角五,近中国币五元矣。一蔬餐之价如此,真奇昂矣。

又前日与艾利氏君谈教育时,曾及教育基金问题,余以在新墨西哥大学与米奇尔博士所谈之学田办法相告,彼谓:此大学亦有学田,然年费二百余万元,非田之收入所能供。以现在教育之状况言之,年须扩张,田之收入,虽增加其速律,视教育之进步尚远,故必须另有其他收入。间有其他学校指定一二种之税收为固定经费者,亦非良法,因税收往往受经济状况之支配,且有时有极大之变动,学校经费则不能任其陡然减少。假如指此州之油税为学费,五十年之后,油产告竭,急切另谋他税,抵此巨款,殊未易易。教育经费为一切事业发达之基础,故必使其最为稳固。此邦大学经费,除学田外,由议会每岁通过其应须经费,此亦各处普通之法。余意如欲指定一种固定者,则莫如遗产税,因其性质简单,且随经济之状况增加,足以应学校进步之需用也云云。补记之。

又葛劳佛君言此间黑白人不同学校,车站上不同候客室,然站小者往往只一候客室,则黑人只能在门外也。此间本来黑人皆奴隶释放之后,此界限不易骤破也。彼今年六十四岁,不及见黑人为奴详情,然知其大概:黑人被人畜养,俨如牛马,然言语工作,则一如人。当时卖买价钱男约一千元,女则减半。余云:"女者能生育,可得新奴,何以价值反低?"彼谓:"女子工作,不如男子远甚,故价低。至生

---

①　此处应为 Saint Louis,即圣路易斯。
②　原文作"赴"。

育之事,黑奴与牛马不同之处,只此一点,因牛马之交合,至交尾期,由人为之选择临时配偶。黑人则有夫妇也,且彼生子之后,尚须若干年养育,方能作工或出售,故女奴之价,不因之增高也。"余云:"彼既有夫妇,则必有所谓家族矣,买卖时,如何办理?"彼云:"有时夫妇共售一主,则彼等视为大幸事,有时分售异主,饮泣别离耳,此种事实当时甚多也。"补记之。

餐后略写日记,唤车出游,先至华盛顿大学。其建筑略仿南欧式,然不甚好。今日星期,校中无甚人,校址亦甚大,余前后周览出。校内扩张校舍,今正在建筑中也。大学对面,即为森林公园,园内果尚好,游人亦众。出公园,赴市政厅略观,又至米西西比河岸,此河长约三千英里,约介于中国长江大河之间,为北美洲惟一大水,然河流甚小,绝无澎湃浩瀚之致,使人有枫落吴江冷①之感。河岸有沙,不甚多。余观河处在市街东端,河之西岸。左右两巨桥通火车于彼岸,隔岸亦少有市面,或如上海之浦东,河流方向大致由北而南,鲁易城则在河之西面也。归途至一中国铺,余下车付钱,车夫知余为远方游客,多索余钱三元之谱。中南美白人,皆犯欺生之病,游者须谨慎,余受欺将近十次矣。其最易受欺之时:一为乘汽车,如今日所遇;二为兑换钱,如前日在拉瑞多所遇。又记在新墨西哥时,往往觉零钱不耐用,盖余购物时,付整找零,向来不自检查也。一日余忽觉彼找还之钱甚少,数之乃差五元之多,彼见余数,方数完,彼即出五元之票补付。余自此方留心,往往彼补零之数不足,彼见余数则手检出少付之数,手持之待数完而补付,如不数,则自讨亏吃矣。至最大商店,彼收款及兑换有持别手续,则无此弊。

在中国铺中约询彼营业状况,彼介绍余往楼上另一人谈,盖胡姓而医者,生于欧克兰,曾返中国一次,人颇精明。询知此埠中国人约五百左右,大概以洗衣为业者较多,共有洗衣坊一百二十家,其他

---

① 原文作"枫红吴江冷",具体见 37 页注释①。

尚有餐馆十二三家而已。每洗衣坊平均雇黑人三人，总数将近四百矣，故此埠中国人亦在半资本之地位。惟金山几于中国人除自雇本国人外，无佣雇他人之资格者。

胡君名池柏，晚偕其妻、余餐于中国餐馆内。餐后在街散步，片时归寓寝。

九月十八日

本拟今日早车北行，因昨晚胡君约餐，初相识，不愿欠人情，今日约之中餐，故不能早车去也。

午前在街上略周览，至一天主教室，堂内工程甚佳，其后神像雕工尤好。此间黑白分居。昨日出游，车经黑人街，且系星期，黑人不出作工，多在家门口，或立或坐，如下煤矿内所见之煤工也。今日未至黑人街，见黑人较少。此间黑白分校，戏园亦不准黑人入内，而黑人则自有戏园也。此间黑人有高等学校三，有选民①一万六千也。

此城最著名①之制造厂为靴鞋，其他为衣饰等等，然在美国工业上颇占重要地位。盖美国家庭生活少，而衣履二物尤无在家中自造者，当然在销用上占重大之地位也。此间空气本不甚好，而工厂过多，烟突林立，以致物皆烟熏火燎气，人现乌眉皂眼相，空气尤觉恶浊。夜睡不闭窗门，晨起则浓烟满鼻矣。

十二时半胡池柏君夫妇偕其幼子来，出，同餐于某中国餐馆。餐后归寓，付清旅账赴泉地（Springfield），乃伊利诺（Illinoy②）省之都城也。途间已无荒地，土黑田肥，间有森林。

下午六时至泉地，此州正开州展览会（state fair week），各旅馆人皆满。余乘车寻四五家，皆无房，乃别寻私宅为寓，如从前考试时代之租小寓者。小户人家皆以空房成客室出帖招租，余寻四五家，乃得一小室。且今晚适值大雨，天容深墨，小街上电灯无光，颇有中国

---

① 原文误作"民"。
② 此处应为Illinois，即伊利诺伊州。

乡下雨夜荒店之感。房东名久尔,乃一铁路工人,年四十,其妻则近五十矣,余住①其外间。余向留心美国工人生活,今日宿于工人之家,不可不留意考察之。余尚未晚餐,此街无餐馆,久尔君导余至华盛顿街一中国餐馆内,余食毕,彼又导余归,寝甚早。兹将此工人之家,及与其谈话略记如下:

房为极小建筑,中分二门,各为一家,门宽二尺四寸,高不及六尺。此门在大城中,真如陈窦也。门内走道,宽与门等。

进门后,右一门,即为余住之室。此室颇宽大,余度之左右,宽英尺十二尺之谱,前后长将十八尺。下铺九尺十二尺之长方大地毯一条,二尺半四尺长方小地毯三条,二在近门处,一在案前,多压于大地毯上。室一大铜床居中,在中国非豪富不肯购此种床也。一高案在室之外隅,斜置二窗之间,上安巨镜,半类装台室之内面。一隅置小案一,一隅为向内之门,有大摇椅,一为油木所制,亦不恶。

由内向之门通过,为此工人夫妇寝室,与前室同宽,似较之少短,亦一大床,尚有其他桌椅等。再向内似系小厨房一,小浴室一,各室皆有地毯。

房之前有廊檐宽约四尺,长近丈五尺,合房宽十二尺与门宽二尺余计之也。下置大小椅,共三四,可坐以乘凉。

室之前有草地,宽六七尺,以至人行之道(side walk)。室之左右,亦有空草地,约一丈,乃接他房也。

此工人方娶妻三年,彼系初婚。其妻较彼长,是否初婚,不便问之。工人寡言,询以作工情形,不甚愿言。询以罢工情形,则云今大多数已上工矣。余云:"罢工问题已完全解决乎?"云:"有上工者,有不上工者,不能知其为已解决否。"

九月十九日

夜睡尚安,晨起雨更大,不能步行,唤车赴展览会场,场在城外不

---

①　原文作"往"。

远。进口券五角，由商会或公家分，得券者不须出资。此会每年一次，专以励进工商业为主旨，凡本州一切出产品，皆可运此陈列，然大概仍以工业制造品为多。各业分区陈列，由出产者自行派人管理，遇入观者，管理人皆殷勤指示，说明其出产品之用法及特点。故凡新出之制造品，如果确切省工合用者，展览之后，必可增进销场。今日雨大，来游之人不多，余亦不能遍游，匆匆一览而已。出场仍乘原车往参观州公署，其建筑较前所参观之加州公署、新墨州公署、得克沙州公署皆为伟大，内部尤为壮丽精工。加州、新墨州事务官以女子为多，此处男女参半也。此时正在展览会期中，各城来者极多，故参观市政厅者亦极多。余不便访人询问一切，乃出厅乘原车赴车站，车夫又多向余索钱。此间车夫，一知客为远方人，必设法欺之。今日所多索者，不过数角耳。此间多乘他克西（taxi）车，即车上有表，计算远近及时间。车停，持柄一摇，内有纸条飞出，照数开钱，本不能欺人，然彼若知为生人，则不为摇柄取出纸条，而反任意多索，远客不爱与辩，彼遂多得数角钱也。

　　至车站十时半至十一时，方有赴芝家谷之车，乃在候车室中坐息。有一老妇人就余谈，自谓美国人，其夫来自德国，五年前死，有子五人，长者四，皆独立能生活，幼者一，现在德国大学。彼谓彼最爱东方人，中国人剪发后着西服，真美观，日本人亦然，彼子均与日本人为友，不喜美国人。彼识数女子，皆愿与东方人结婚，有一已与一日本人订婚。末又自谓：系美国人，真不知美国人何以爱排斥他国，致世界上皆系仇人，系何用意云云。十一时半余上车，彼犹言渴望再谈，然彼此均未问姓名，何能再谈。

　　凡不乘普尔车者，车上无伺役接待，车站无夫役代转行李（大行李交转运载入行李车，此指小件言），殊不便，不得已仍乘普尔门车。

　　此车又系新式，乃白日坐车，每人一大软椅，下有轴可四面任意转动。自此城至芝家谷，仅加价一元一角四分，然视普通车方便安适何止数倍,此乃奖奢主义办法,专为富者计,未为贫者计也。

　　沿途土沃田肥,户口繁密,至芝埠几于城镇相连。晚六时,至芝埠,天仍雨不止。乘车往海德公园旅馆(Hyde Park Hotel)寓之,以其近芝埠大学,且空气好也。

　　餐后,往访崔庶士君,因徐定澜君介绍彼代余收信也,至则彼已赴纽约。有刘君安徽人在,代存余信,就其室略谈回寓寝。

第九　美国芝家谷

（十一年九月二十日至十月二十四日）

九月二十日

晨起写日记，中餐约刘君（字峻岷）同餐，餐后赴美奇干（Michigan）湖畔散步。此湖北望无边，毗连数州，直入坎拿大矣，似较中国洞庭、洪泽更大也。雨后新秋，凉风飒飒自水面来，渐觉客衣之单，不禁有景换物移之感。沿湖行数百步，折转入贾克孙（Gackron①）公园，园内更有小湖，湖中更有小岛，使人骤忆西湖三潭印月，然其景物殊不类也。刘君颇能谈，坐岛中木凳上谈约时许，又信步出园入街约

---

① 此处应为 Jackson，即杰克逊（公园）。

二三里,至大学。此间暑后尚未开学,且天已迟暮,校中无人,仅略观其建筑,完全为南欧式,大半为高司克式(Gathic①)参以罗马式(Romanesque),美丽雄壮,不但与加州大学之建筑不可同日而语,较之司坦佛亦觉生动活泼也。至藏书楼,门已闭,至球场观男生踢球片时,出大学赴刘君寓,稍坐,又出寻房,如可得,思移出旅馆也。晚仍约刘君在旅馆共餐,餐后谈至十时半,刘君去,余寝。

九月二十一日

晨刘君来电话,谓房主已允,每星期租金十元,房共内外二间,余亦诺之。

校正自墨西哥到此途中日记,寄回国。

午后访刘君,同赴所租之房,在东五十七街一千三百二十三号,房东为贾文尼(Gaveny)氏,亦女房东问事也。与房东言定今日下午即移居,乃回旅馆结账,饭钱每日两元,房钱按一日又一日四分之三结账。此处结账方法,又与他处不同矣。

晚偕刘君同赴六十三街中国餐馆餐,途中遇直隶张君、山西冯君,餐后同赴冯君寓,冯君余友张冠三君之私塾学生也。由冯君得王月波之世兄消息颇详。归寓寝。

九月二十二日

拟此后每日上午写日记,并另草游墨所得,检阅存稿,思下笔觉余出游本旨在考查人类主义能否实行,而《人类主义》大纲前草未竣,后来他作,着笔均觉不便,又思继前草《人类主义》,出前稿自读,以便续草,晚略编总目,尚未定也。

日间发电报致白克里欧克公司,索寄余存储之行李,并作函致葛娄司君。

九月二十三日

晨起浴后归室,一少年中国学生在余室相候,询知为同乡牛荣棠

---

① 此处应为 Gothic,即哥特式。

君,字实甫,询以何以知余寓此,谓适来租房,闻房东谓有一中国人新来者姓胡,意必为公也。彼与月波世兄育英同寓,稍谈,同赴彼寓。育英较前高壮,乍见几不相识矣。谈至午,共出,育英字乐三,约余等同餐,仍为前日往餐之中国馆也。自在司坦佛与安石如别后,久未见河南人,乐三又为故人之子,故谈兴甚畅。此城河南学生只实甫、乐三二人。下午赵君惠武,孟津县人,又自他一小城来,彼已毕业,现在工厂实习也。晚赵君约同餐,餐后赵君去,又在乐三寓中与他省友人冯君及扬州方君、江西蔡君、浙江稽君谈,至十二时,方散,余归寝。

九月二十四日星期

乐三及赵君来访余,约二君至海德旅馆(即余所寓者)中餐,餐后回寓。牛实甫及山西冯君亦来同谈,实甫借某友中国唱碟四片,余室有留音机,置碟发机听之,碟与机不甚调协,故音低而不嘹喨,然纯为中国乐歌,亦雅足以助谈兴矣。晚冯君去,牛、王二君亦有事去。余约赵君同餐,彼去,余寝甚早。

九月二十五日

晨起,略书日记,思续《人类主义》旧稿,仍未下笔。中餐后王乐三介绍贵州靳君荣禄,字宗岳,同来访谈甚久。

在书肆购《遗传与属性》(*Heridity*[①] *and Sex*)一书,为麦根(Thomas H. Morgan)博士所著,晚餐后略翻阅。刘峻民君来,谈至九时半去。

连日见类学生者衣服皆修整,加州大学学生着工人衣服者颇有,故中国学生衣服,亦多类工人者。此间中国学生,衣服亦不类工人,即有在工厂作工者,工毕亦易整洁之衣,风气使然也。

余曾记初来时,与刘君峻民言社会意识对人之行为监督力之大:不入社会意识范围者,不受监督;一入社会意识范围,除大英雄与真下流,未有不为社会监督所左右者。中国乡村社会,凡私德方面之行

---

① 此处应为 Heredity,即遗传。

为完全入社会意识范围,故严重受社会监督,法疏政简,而社会能赖道德之力,维持于不敝者,其原因在此。美国城市社会为多,而大城之社会,不但私德不入社会意识范围,一切行为入社会意识范围者甚少。惟见女人不脱帽、买车票不守次序等小节入意识范围,故社会中人亦惟此等小节受社会监督,无人敢犯,而成为风气。刘君云此间衣服之整洁与否,亦入社会意识范围。余留心察之,此间男子之衣服,视加州白克里一带,判然有别,益信社会意识监督力之强,则对社会意识之养成,不可不注重也。

九月二十六日

今日发愤下笔,续前稿,成十五页,约三千五百字,甚以为少,不知明日文机较熟,能稍有进步否?

房东来余室谈,谓已与夫分居,然非离婚,彼此见面,不过一点首而已。余询其分居之原因,彼谓其夫爱饮酒,口中气味不洁,故决意与之分居,已经法庭判准分居六年矣。余询其夫另有相爱之女人乎?彼云:"无之,彼年已六十,发白而口不洁,此余之所以与彼分居之原因,亦其不能再有他女人与之相爱之原因也。"

又彼示余以各种照片,有其女与他人相抱而坐者,有与一男子竖抱而接吻者。余不愿问此男子为何人,彼指谓余云此彼女儿之友人。又询云中国男女亦如此否?余云当然有如此者,惟决不令人见耳。

以上二者可见美国男女情场一斑,特志之。

又前晚归过晚,已十二时半。上楼梯时,房东之长女,与一男子相抱坐梯上密谈。余云请原谅,彼等欠身让路。余上楼入过道,又见其次女与其他一男子亦并坐当路密语,因此楼梯及过道均窄,故必须请彼让路,乃能走过。房东长女十八岁,次十七,均为高等第四年级学生,今各毕业,明年入大学,特补志之。

本日除两餐外,未尝出门,除房东来谈一次外,亦未有客来,故能下笔补续前稿也。

九月二十七日

晨,牛实甫来约同赴北城,即城之繁盛处游览,同往竟日,略记如下:

甲　美术馆(Arts Institute),中分雕刻、绘画、织物、磁器、乐器等各分部,各国古代近时之物,皆搜集颇备,再分记之:

一、关于中国者:(一) 造像,有有字者,有无字者,有只一头而身不备者,其精美者为在中国所未见。(二) 陶器,皆前数年河南出土之人物、驼马等,亦有精美者。(三) 磁器,多精美。(四) 乐器。(五) 织物。以上各物分存各部。

二、关于埃及者:欧史称埃及文明为白人文明,谓石刻之人物皆高鼻,就此馆所收观之,殊由不尽然。(一) 仿制之墓密(Mummy,埃及人死后设法僵之,使永不腐烂之葬法),其鼻不尽高,颧不尽狭。(二) 仿刻之金字塔,建造者鼻平颧高,近于东方人种。此观之,古埃及之文明,属于何种,尚待研究也。

三、关于绘画者:最近欧美美术家,皆以纯粹写真不足以尽绘画美术家之能事,亦进而学写意,写意又分二派:(一) 务求深远、混含,不使有一览无余之弊。(二) 杂入初民画意,不甚考求比例,时含神秘①之意义。所收新画,以此二种为多。其写真名画,以旧作仿本为多也。近时写真之作,殆皆为油画,堆色有时极厚,近观至不知为何物,立其适当之距离点观之,惟妙惟肖,乃至如在适当距离处所照像片,几不能辨其为画本也。

乙　波斯顿百货店(Postons② Departmental Store),此类如上海之永安、先施等公司,惟规模较大,视金山所见者亦大。其建筑四面临大街,高十层至十八层,上更有一望楼,又高数丈,登楼四望,美奇干湖如在眼底,浩渺无际也。又向城之中心处望,浓烟密布,街市

---

① 原文作"密"。
② 此处应为 Boston,即波士顿。

房宇在隐现模糊之中,盖工厂多,煤烟太重也。较近处之房宇,可全在眼底,惟除最新之建筑外,一切楼宇皆深暗色,如中国燃烧木柴之厨房,亦太杀风景。在此城中作竟日之游者,鼻中亦可宿烟如黑油。

丙　唐人街,旧近城之中心,后被迫移于二十二街不繁盛之处矣。无一较有规模之商店,除稍售土货外,闻其最要营业为赌博。(一)其招牌皆用中国[①]字,如同源或益泰昌等等,亦间有用地名,或某某公司者。招牌旁面皆书即日开皮,昼夜开皮,或便入即日开皮等纸条。(二)其方法多用中国纸(淡黄色,宽长均约三寸左右)印成,其上满列《千字文》之各字,如天地玄黄等以代数目字,盖与彩票性质完全相同也,名曰发财票。(三)其赌场皆在平房之下,即普通所称之地窖或地穴,由平地梯步而下,与中国乡下之赌场,有相同处,使人见之为中国羞。(四)其赌徒大半为在其他各街之中国执洗衣业、餐馆业者,亦有专以赌为业者,另外则为无聊嗜赌之外国人,彼外国人亦能认此种纸条,殊可怪也。此地唐人街,远不如金山之局面,惟其他各街之洗衣坊、杂碎馆则甚多。

房东女代余打字,不愿受金钱作报,为购中国女鞋一双、手绢一幅送之,彼惊为奇珍。

九月二十八日

昨晚略读《遗传及属性》数页,今晨继之,颇有兴趣。

刘峻民来谈,约之中餐。

续草《人类主义》千余字,晚仍阅《遗传及属性》。将睡时阅须用心之书至倦则寝,夜无梦,亦求安眠之一法也。

九月二十九日

现值开学之期,学生纷纷租房。余来租房时,与之论星期有中国学生钱姓等三人,愿租此房常住,房东思得常住房客,余允让之。

下午王乐三偕游林肯公园,去时乘火车,此公园亦不过如其他所

---

①　原文作“国中”。

见者。在美国久住,各城皆见此等公园,亦无可记处。今日之游,可记者全在归途也。

芝家谷城中心商务最盛处名为下城(down town),此美国惯称,非以其地之高下论也。下城中心有高线电车环之,环中市面名曰城圈(down town loop),美国城中平地电车通称为街车,此处称为地面车,以别于高线。归时乘地面车,人拥挤异常,大半为工人。此时五感,除味觉、触觉不甚当令,所感如何均已忘却外,其他三感分志如下:

一、嗅觉所感者详为分析,共为五种:(一)为煤烟气。(二)为汽油气。(三)为白人、黑人狐臭气。(四)为工人衣服汗气。(五)为车中人多所蒸发之热气。各种气浑合为一,此种气味,当然惟文明国之大城中,方能领略也。

二、听觉所感者:(一)所乘之车震荡声。(二)迎面所来之电车震荡声。(三)顶上高线电车之震荡声。(四)两傍汽车行动声。(五)其他一切工厂货肆及街中人之工作行动嘈杂声。各声交互混合,为远东人之耳鼓生平所未尝感受。车中平装满载之乘客,或垂首而坐,或叉手而立,皆呆目不作人声,不但无人声,面上亦均无人色。

三、视觉所感者:(一)十数层至二十余层之高房遮蔽左右。(二)数丈宽之高线电车路遮蔽天空。(三)一切建筑墨灰之烟薰色。(四)饱含煤烟、油烟之空黯淡色。(五)在日光天色所不到之大街,电车中所燃之白昼电灯色。(六)即同车满载面无人色工人之面色。或则其面有人色,而余视觉中无人色。

余等乘此车,每一分钟一停,历二十余分钟出下城圈,始见车上之有天色,耳中车声亦渐减去。又二十余分钟,车中人渐稀少,空气始较洁,呼吸不甚费力。又二十余分钟,乃近王君寓所下车。余稍觉头晕,王君乃更甚,购水果若干,至王君寓食之,稍愈,出餐。餐后,回王君寓,烹茶饮,王君仍未全愈也。牛实甫及浙江稽君、江苏方君均来谈,俱咎王君不应引余乘地面车。余云:"地面车不可多乘,然至少必须乘一次，以领略大城生活之真风味。"谈至十一时归。言君已助余租得新屋，明日又移居矣。

又城中交通，共分四种：一曰汽车，为一、二、三各等人物所乘者；二曰火车；三曰高线电车，为三、四、五等人所乘者；四曰地面车，四、五等人偶行短路乘之。因每街口皆停之，故高线车站较少，火车站更少。其常途乘此车者，皆五等以下之人物，因其价最廉，每一次只美金七分也。其必须乘此车者，因工作之地，附近多无住屋可租，故须乘车以节省时力也。余就五等以下人物，每年应纳车费约略核记如下：

一、单身无室家者，平均每日乘车三次，车价二角一分。

二、有妻室者夫妻合计每日至少四次，车价二角八分。

三、有子女已入学者，全家合计每日五次至八次不等，用车费三角五分至五角六分不等。

三种折衷取数，每一人对于电车价之担负，约为三角。以三百六十五日合算，每年共费一百元又九元五角，合中国币二百元以上矣。以二百元之代价，每日享受前所述车中之滋味至两三次，此大城加惠于多数人民之一种。然电车公司之营业，则日增月盛，利益倍蓰也。

九月三十日

晨起牛实甫来谈，彼此均今日移居，未久去。

收拾行李，十一时王乐三来助余移居。新居在赘克索街（Drexel Ave）五百三十号，房东夫妇为匈牙利人，二十年前来美，然绝非黄种，有谓其系犹太种者。

偕乐三中餐，餐后彼亦移居。

山东张廷玉君来访，彼毕业矿科，已在二三处工厂实习，现兼充哥仑布城嘉福来（Geferry）工厂中国代理人，此矿多作煤矿机器，张君欲介绍余一往参观。

晚赵君会武来谈，又贵州靳君荣禄来访，并赠书《经济购造上工人之地位》(*Labours*[①] *Position in the Economical Strueture*[②]），又
《美国天产之保存》(*The Conservation of Natural Resouces*[③] *in the United States*)二书，谈甚久，十一时乃去。

又书前二日日记乃寝。

十月一日星期

上午，赵会武君来，与王乐三同出中餐，餐后赵君约看电影及谐剧、跳舞，在体物里戏园，其乐有杂东方意味者，舞有夏威夷舞，然只效其装束耳，舞则不似也。

晚张廷玉君约餐，同席有其他学生数人，餐后同来余寓，谈九时余去。

又前存白克里之大箱一，皮箱二，由转运公司两日前寄来，存费及运费至四十余元之多。补记之。

今日箱中取出哲学史一部，读之觉在白克里时甚难求解者，今读之不甚难，岂英文亦有进步耶？晚将眠，读七八页。

十月二日

晨，女房东谈及匈牙利风俗，多有东方意味，惟文字则用拉丁字母，取匈牙利报字相示；又谓彼不喜美国风俗，女子可以昼夜任意出外，三日结婚，两日离婚；又谓彼长女与其他一男子亦为匈牙利犹太人将订婚，彼只能与此一男子来往也。旋，同寓李君来余室，余以房东之言询之，李君云："此老姬之思想，大致如其所言；其女之行为，则与彼所言大异。母女间亦间有口角时也。"

张廷玉君来，少谈关于运煤装车机器事。王乐三来，约张君及余中餐，仍在六十三街之洋叙楼。餐后回寓稍息，四时往张君寓相送，彼今日又赴他处实习也。

---

①　此处应为 Labour's，即工党的。
②　此处应为 Structure，即结构；构造。
③　此处应为 Resources，即资源。

昨日又新来一同寓者,施嘉干君苏州人,自唐山路矿学校毕业,到此国入工业大学(M. I. T.)得硕士,今又在此间实习。唐山学校,美国大学不认为同等学校,在彼毕业可以来此入毕业院。施君乃重受毕业考试而进毕业院者,其硕士论文,校内为之代印,不自出资也。与施君畅谈,同出餐,餐后又与李君同赴大学图书馆参观,并阅中国杂志归,稍息寝。

十月三日

晨与女房东谈及宗教,余谓:"中国古代宗教纷歧,数千年前,谋宗教统一。(一)以万物本乎天,故敬天。(二)以人本乎祖,故敬祖。(三)以古人之发明者、建设者,有功德于后世,故亦敬之。"彼谓:"在匈牙利一如中国也。"

十月四日

赴旧房东处,询彼处有致余之信否?未晤,见安石如致余明信片,取之归,知余前致彼及唐惠玄之函,一写门牌为一三二三号,一为一七二三号,因往询一七二三号之房,视有余信否,走觅数时知街至一六〇〇号尽入公园矣,疲倦而归。

托牛实甫转交余之介绍信于白结氏博士(Dr. Burgeso),约期会谈。白君为大学社会科教授,介绍信为南加州大学社会科学长巴加多氏(Bogurdus)所发也。

又前日晚独游华盛顿公园,地势略见坡坨,有丘壑意。湖水迂回,旁通架小板桥二三,颇类乡村,且园广而树多,四望不见边际,较有深藏。惟此间秋早,黄叶瑟瑟,使人有时叙不居之感。补记之。

十月五日

晨起牛实甫来同赴大学,彼上课,余访白结氏博士。寒暄外,所谈者约三问题:

一、余询:"女子经济独立对于结婚问题之关系如何?"白君答:"美国渐多早婚者,少年结婚似与经济之关系较少,而离婚之率似不免因之渐高。"又白君先询女子经济独立之意,余谓有独立之职业,足以自了其生活,不必恃男子之供给云云。彼乃为前之答语。

二、余询结婚之目的,如生育问题及满足属性之要求,相互之娱乐及女子欲得男子之供给等项,在女子方面究视何者为最重及其比例如何?白君答:"为供给而结婚,亦为年长结婚之条件,少年结婚,与相互娱乐方面较为接近,其他各项无甚相关,因结婚之惟一原因,乃陷于爱情中也。"余又询:"当作爱情功夫时,男子必多方以求女子之见爱,女子有时亦如此。其为爱之媒介者,或容貌、或智识、或性情、或道德、或金钱,以何者为最重?"白君答谓据彼观察以容貌为最重,金钱次之,知识较轻。

三、余询大城中之生活形式与旧式之生活迥异。余意人生快乐可分为三种:第一常在的快乐,第二暂时的快乐,第三必要的消遣(continral[①] happiness, temporary pleasure, necessory amusevent[②])。大城之中,多数人无常在之快乐,故常寻暂时之乐,且增加其烈度,久则变为必要的消遣。消遣云者,排去烦恼之谓也,至是并失所谓乐矣。君意此种生活之趋势为善乎? 彼先询余以中国城市情形,费时颇久,此问题未得解答。时间已尽,约期再会。

下午劳扰,不知何事,竟同虚度。

又昨日购教授之《视察与改良》(*Supervision and Improuement[③] of Teaching*)、《两级高等学校之管理》(*Junior-Senior High School Administation[④]*)及《个性养成》(*Individual Making*)三书,皆关于教育者,前二种本年最新之出版物。余到美仅参观少数学校,关于教育之学理,毫未研究,今略阅教育科书,亦觉有兴趣。

---

① 此处应为 continual,即持续的。
② 此处应为 necessary amusement,即必要的消遣。
③ 此处应为 Improvement,即改善。
④ 此处应为 Administration,即管理。

十月六日

晨赴考司门司齐（Kasmenski）小学参观，校长司密氏君，颇勤勤招待。小学属市教育局长之下，有学生一千二百人，分为九学年十八学级，幼稚园一年二级，国民八学年，十六级。各级衔接，升学留级，毫无困难，然留级者甚少也。另附聋哑科一班，共八人，用单级教授法。余屡闻人谓聋哑者，受教育可作各种工作，余意受教育后，能作工自为事实目的，则可使其有生人之乐也。校中教员几于全为女子，年长者多，貌美者少，此美国社会使然也。兹略记参观时情形如下：

一、校长导余每至一班，必令余用英文及中文自书姓名于黑板上，并请余说中国字之写法，继则令余就地球上指明美国所在及中国所在，并解说指示余来时之路线，各学生极感兴趣。

二、幼稚园中设备与小学异，小学为讲堂式，幼稚园则为家庭式。

三、聋哑学生与校长谈说，毫无误会意思之处。余谓外国人作英语□①动之状，与美国人常有不同，彼未必能解。校长云君言彼等定可解也。余询二生云：汝意余为美国人乎？一年幼者云：然。年长者云：否。余云余非美国人，当为何国人？彼云假波（Jap）。假波者，美人称日本人之土语也。余云：非也，余为中国人。二人均作长声云："中国人。"若不知彼为聋哑者，或将误以为普通学生也。

余又与司密氏君略谈此间教育情形，此城学校教授方案（curriculum）俱由教育局编定视察员（superviser），有随时及定期视察之权，故各小学管理之中心，实为市政府也。

参观毕，赴电报局，向金山发电催款。

午，大学社会科教授白结氏约中餐于大学内教职员俱乐部，谈甚久。前日多余问彼答，今日则彼询余也，谈至一时半散。

---

①　此处原文不清。

下午王乐三偕赴斐尔博物院（Field Musewr①）参观，规模甚大，详观之非数日不可，观甚草匆，略记如下：

一 古物模型（model of autiquity②）部有马亚及其他印度人，古物甚多，有为余在墨西哥所未见者，其上有马亚字甚多。

二 建筑物模型部有中国塔模型在一百以上，开封之铁塔、西湖之雷峰塔皆在内，惟彼译"雷峰"为"雷风"，余似记为"雷峰"也。塔之最高者为直隶定州之塔，共三百六十尺，又其他中国古物及模型甚多，颇足见中国文明一斑，此非教会代为收采，故无弓鞋、烟枪等物也。

三 印人模型甚多。阿拉斯加（Alaska）之土人尤与中国人相类，闻其语言与那瓦族相类，但就模型上之颜色论，面不甚红。

此为一私人所建立，规模如此之大，资本主义下之生产物，吾以为此其最有益者也。晚得电，知余款由邮寄来，而前房东不代为余收信转知，殊为不合。

十月七日

晨，乐三偕余往邮局，询问兑款之函件，纠葛久，乃知在旧住址处未投到，已退回金山矣。下午乐三代购票偕赴大学球场观踢足球（football），此在美国称为国技（national game），各大学生订期互相来往角技。观者辄数万人，胜者如凯旋，败者如丧师，此次为乔治亚（Georgea③）大学来此与芝家谷大学竞技，略记其方法与情形如下：

一、两方各以选手九人，组织一队，以一人为队长。

二、球场极大，周围架梯置座位，俾可向中间观球无碍，约容三万余人。本日因天雨，观者不及二万。

三、竞球地点在场之中心，长一百码，开始竞争在中线上，两队

---

① 此处应为 Museum，即博物馆。

② 此处应为 antiquity，即古代；古物。

③ 此处疑为 Georgia，即乔治亚州。

各分据一面，以竞进退，至五十码，即中线旁之一半，即为负。

四、两队共一球，更替为主球者，推球前进即为攻。他一队防阻其进行，并设法抢夺其球，即谓之守。如一方失球，为他方所得，即转守为攻。

五、拥球前进方法约分为三：（一）平进法：一人蹲式抱球前进，其他人拥之，敌方平进阻之，此可比之如陆军之步兵战争。（二）超进法：两方正排地互拥，忽一人抱球绕奔向前，往往可得多地，敌方亦以一人奔赴迎之，或夺其球，或扑之使踣，此可比之陆军之马队战争。（三）飞进法：两方互拥时，球忽落后面，一人踢之，自各人顶上飞向敌方，往往可得地数十码之远，惟易于失球。

六、夺球法亦可分为三种：一云平夺法，即敌方抱球拥进时，奋力与之夺，但抱者、夺者均以一人为限。人倒即停，不得再夺。二云奔夺法，即敌方用超进法，己方以一人迎赴夺之，一人不得，他人继之，但不得同时，至人倒地为止。三云接夺法：敌方用飞进法时，己方人往接其球，此时往往失地甚多，但接得其球，可转守为攻。

七、监视人。凡两方进退监视者随之，人一倒地，监视鸣笛，双方止争，不如此，必多危险也。又各方中如有违犯规则者，监看人依监视之规则，罚其退后数码，或让球于他方。

八、各方均以失尽场地为输，得尽为胜，但其胜之方法不同，所得之分数亦不同，至最后合算总分数，以定胜负。此次芝家谷以二十分对无分胜乔治亚。

九、出发方面场之两面，由双方各占一面，如战争之大本营高悬校旗，下为各校军乐队。此次乔治亚既未带音乐队，亦无校旗，形式上即不及芝家谷之盛。

十、助威。未角技前，各方均先呐喊示威，正角时各方高呼助之，故各校竞球队赴他校竞争时，同校生偕往者常以千计。去岁芝校球队赴某处时，校生偕往者三千人，皆为呐喊助威也。此次乔治亚来若干人未详。又同行者必有女生队员，出发前女生环而抚摩其体，以鼓励其勇气。

余等一时半入场，至二时半始开始角技。先由芝校乐队奏乐，至美国国乐全场皆起立脱帽，余亦随之，至五时角毕。是日午前大雨，午后雨停，风飒飒，凉不能胜。余前在三塔扉①火车失落大衣，迄未寻得，此时又不能着皮大衣，觉甚冷，然亦竟观，至角毕乃去。

晚乐三借余薄绨大衣一袭，极得用。

十月八日

星期，赵会武、王乐三及同寓施嘉干君同赴中国街用中餐，餐品不甚佳，而有中国味，食甚多。餐后偕施、赵二君往观食品展览会，亦无甚异处。三时半有赛装会，为莫根等三家衣饰公司，雇貌美女子各着其公司所制时装，在台上展转行走，故作袅娜之态，此虽无甚可观，然亦美国风俗及营业方法之一种，不可不一观也。赛装会时，杂以结队跳舞，此为另一队女子，类于唱杂耍之伶人，舞衣紧短，下掩私处，上露半乳，大臂长腿，横拖直伸。初见尚觉新奇，数次以后，觉为罗刹现象矣。中国言舞者必云裙□②翩翩，此则既无裙褒之饰，更乏翩翩之致。谓之为跳，尚觉近似；谓之为舞，则恶作剧矣。

晚归与乐三谈，睡迟。

十月九日

约白结氏博士中餐以报之，并约牛实甫为陪。与白君谈甚久，直至三时方散。前日所观之球，某君告余为美国之技，今日又询诸白君，谓棒球③（baseball）为国技，足球仅为各大学之校技也。下午，又移居至爱赛克氏（Essex）旅馆，至此已四移居矣。旅馆不洁，且不静，既而悔之，四次寓所，每下愈况，不知何故。

---

① 原文作"扇"，疑误。
② 此处原文缺字。
③ 原文作"捧球"。

十月十日

下笔书日记,忽忆今日为中国之庆,离国一年将近,余游历中学问毫未进,而国内之纷扰又似更甚。慨念身世,万感茫茫!

夜睡不安,晨起浴,浴室不洁,增我惆怅。

阴雨连日,前数日甚暖,余只讶落叶之早,近两日已有深秋之感矣。

晚餐时,遇山东李君询余墨西哥事,谓今日华商及学生因国庆在中国街有聚会,约余往,先至彼寓谈。余以彼处无熟人,且天雨过大未往,归次途中,颇觉客衣之单。

使中访贵州靳荣禄君,谈颇久。

十月十一日

起不甚早,天晴,启窗眼帘为快,草旧稿千余字。

中餐后,寻修理箱者未得。因余之衣箱,均破无一完者也。访白卡德君(Burchard)未遇,过旧房东处往谈,并嘱其将余箱交转运公司送旅馆,又寻一转运公司告以有一木箱,由某处运至某处,大约明午可运到也。

赴王乐三寓,又得葛娄司函,言兑款之纠葛。得张廷玉函,仍约准与余同赴某铁厂参观。阅中国报纸,晚与乐三赴大学学生餐馆同餐。

晚山西冯君来谈此邦人情之薄,无家属之亲,无朋友之谊,心目中只有一物,金钱是也。

十月十二日

上午略续前稿,中餐,赴下城圈大陆商业银行取款,葛娄司君又电兑至此也。至,始知今日为哥仑布纪念日,停止营业,只可明日再往。参观市立图书馆,为五层建筑之巨楼。第一为阅报室,阅者不甚多,因各处均有报,不必来图书馆阅也。第二层为借书部,凡有住址者均可借书,以二星期为限,借书之人颇多。第三层为阅书部,余参观时,室内阅者大约二千人以上,大都随时笔记。第四层忽为陆军纪念部,其中所陈大半皆旧式军械,而非图书,大概必为其历史战争上有关系之纪念品,置之图书馆中,真不伦不类极矣。第五层为美术部、音乐部,以贵重古书为多,此部经理人为瓦司喀(Waska)君,余道参观来意,彼招待颇殷,出最古之贵重书相示:一为西历一千四百七十九年印本《新旧约》,系拉丁文;一为仿印本《新旧约》,其所仿之本视前述之印本又早一百二十年之谱;一为一千八百二十五年印本,法文《中国风俗画并说》,为德马匹利(D. B. Demalpiere)君所著,其中并无轻侮中国之图画;一为英文译本之《陶说》,此虽较新,然其陶磁各器之图,精美异常,其原器当必更美,其他尚有《中国古石器雕刻图说》一二本。阅毕,瓦君又导至其目录编订室。室分四部,谓凡新搜辑之书,先入此室,分类分字母编入书目,再转他室方能取阅或借阅。此室亦藏有数种古印本,全未详阅,亦不记为何书。参观毕,仍乘高线车归,不复敢再乘地面车矣。

归寓,见余之大箱,已由转运公司送来,启视见旧物若干,恍如故人重逢。

施嘉干君来谈,约余中国餐馆晚餐,餐后归,校正佳芝[①]二十日之日记,预备付邮。

又无事时尝坐客厅与旅客谈,亦常得有奇异之见闻,不备载矣。

靳荣禄君来访,未遇,并约明日晚餐。

十月十三日

晨起略补前稿,赴下城圈大陆商业银行取款。银行规模甚大,始知下层为储蓄信托银行,上层为国民银行,另有信托公司、存款公司,皆以大陆商业为名而各自独立。余不知其营业性质上如何分别,惟取款在国民银行之外国交易部耳。取款后在街上觅餐馆中餐,餐后往参观市政厅,规模之大,为从前未见。惟在下城圈之中心四围无隙地,毫无风景可言,且建筑毫无美丽之致,而外壁又被煤烟熏为灰色,

---

① 　此处疑为"芝佳(哥)"之笔误。

观之使人生不快之感。

至市教育部,访其部长稍谈,余询其高、初两等教育情形,彼以电话介绍其科长,约星期一日详谈。在城圈来往数次,目力觉不支。今日风并不烈,而煤烟中含有小黑砂,极易眯目,余连眯目三次,不愿再游,仍乘高线车归。

靳宗岳君(即名荣禄者)来约一同往晚餐,同餐者有江苏孙君(为此间学生会会长)及刘庄君。餐后孙君约看电影,电影故事为西班牙斗牛之戏,杂以男女爱情及神秘之事,颇有趣。

刘君欲研究中国历史上中央与地方行政上职权之分划,略谈,夜有思,寝不甚安。

十月十四日

连日发落颇多,昨发见所用发水中,含百分之五十之酒精,意发落之原因或在此? 昨日理发洗去之。今日改用新用生发水,不知如何。保持身体上不生衰弱之现象,以精神健康之一助也。

靳宗岳君、刘庄君来访,谈颇久,同出中餐。餐后过刘君寓,又谈北京大学学生开会,偕靳君同往,会散归寓。昨日新购外衣一件,适送来,尚觉合体。

晚刘君庄约晚餐,同餐者王乐三及靳宗岳君。靳君食鱼,骨梗于喉,餐后西医为取出之,同来余寓谈,散甚晚,赵君来访未遇。

十月十五日

星期,晨赴刘君寓,询以美国财政及社会问题。中餐约彼及靳、冯、王、孙数君同餐,餐后又偕乐三、刘君、孙君同赴哲克森公园划船,前游此园皆步行,今日乘船倍觉有兴。园游毕,刘君又偕来余寓,晚出同餐,遇施嘉干君,餐后同赴余寓,谈西藏问题。刘君少年,能留心西藏事务,可嘉也。

十月十六日

晨早起,访白卡德君,已赴红十字会。余前日与市教①育厅约,今晨往,乃赴下城,先赴红十字会访白君,晤未多谈,约余晚至其家。又赴市教育厅,访其副局长怀体君(H. B. Wight),与谈约二十分钟。怀君有事,又由其秘书与余谈,又半小时乃去。

此城有小学二百六十四,学生三十八万五千八百九十八人,平均每校学生均一千四五百人之谱。余前日参观之小学,有一千二百余人,尚在中律以下也。高等小学即中国中学,二十四处,学生共四万七千八百六十二人,每校约合学生二千人之谱。小学教员共一万三千六百零六人,中学教员共一千八百一十七人。师范学校一处学生只四百九十三人,大学预科(junior college,案此为特别创设,美国普通大学无预科)三处,共七百人,大概与各中学有联络办法也。全年教育经费共二千八百万元,小学一项即占二千一百十二万六百九十六元,中学占五百八十二万七千三百九十九元,其余为他项学校之用。

续谈教育机关之组织方法甚久,连日不知忙何事,不及备载矣。

下午重游斐尔德博物院,略记二事如下:

一、中国之塔模型共七十五座,河南之铁塔在内。铁塔高二百三十五英尺,视定州之塔低一百二十五英尺,其奇者在塔座只三十五英尺宽,而能高至二百余英尺也。中国人习而不察,因其十三层往往称为十三丈,岂不可笑。

二、阿拉司加土人模型有言其宗教者,其神为九种:

(一)名帝老哇(Tirawa),为最高之上帝。

(二)晨星(Morning Star)。

(三)暮星(Evening Star),彼以二星中一星为父,一星为母,二星会合始生人类。按此二星即《诗经》所谓"东有启明,西有长庚",似

---

① 原文误作"数"。

记二星,实为一星,即金星也。

　　(四)大黑流星(Big Black Meteoric Star),谓其能遣神驱除病疫。

　　(五)北极星(North Star),谓其掌理高权。

　　(六)北风,谓其能加惠畜类(原文谓加惠水牛)。

　　(七)博候喀他哇(Pohokatawa),为北风之子。

　　(八)日,谓其予人类以光。

　　(九)月,谓其能生万物(按以月为能生万物无理由,意者或以日月对待,谓有日无月不能生万物,如中国古时所解孤阳不生者。调查者误以为专指月而言,备考)。

　　又尼孟氏君(Emmous)搜集有阿拉司加喀因吉体(Tlingit)人之钱甲一件,全用中国钱缀皮上,其钱共五种:为顺治、康熙、雍正、乾隆及明朝钱一种,余忘年号,搜者疑系俄人运往者。余意俄人运之无用,彼处人必隔白令海峡与中国有交通,如北极之雪房中人有铁器,白人既未输铁于彼,其为由中国展转运往毫无疑义也。

　　晚刘庄君来访,谈至十二时乃去。

　　十月十七日

　　白卡德君约中餐于下城圈,此为此间公有社(league of public owership①)共同聚会之所,为余介绍多人,余皆忘之,仅记赵母孙(Thomson)、劳爱理(Lowerie)二君之名。赵君为共有社干事,劳君为此间合作社干事也。餐毕,赵君约余至其办公室谈一时余。此城之电力为私有,每若干三角三分,土朗头城(Toronto)同量者,价只一角五分,因彼处为奈阿家拉瀑布(Niagara Fall)用水力所生之电,为公有事业也。彼劝余往观此瀑布时,兼观此发电之水磨(water wheel),此为世界最大者。彼又为余作函介绍土城管理此事之某君,惟此城为坎拿大境过界,来回二次,颇觉不便耳。彼为谈美国公有运动事甚多,不备载。

　　───────────

　　① 此处应为 ownership,即所有权。

晚约白卡德君夫妇同餐于竹居餐馆（Banboo Inu①），不便再回南城，乃往观电影以消此时光。餐后同赴豪儿楼（Hull House），此楼本隶属于芝家谷大学，位于意大利街、希拉街之间，闻亦为煤油大王所建（待考），本为外国新移民，与②美国市民隔膜。以此地用社会方法补行美国国民教育，此城之略有社会思想者，乃以此楼为其运动之一种中心。煤油大王之子名鲁易氏，间与社会主义者来往。余友识之者颇有人，盖美国现时之研究社会问题者之与资本家来往颇频。中国前清时代维新人物之与满洲王公来往，特美国资本家之健谈，非满洲王公比耳。未入此室前，白君先导余观意大利、希拉等街，有杂货铺中多人操希拉语聚谈，买二希拉文名信片。

在豪儿楼访塔德教授未晤，听演讲工人居住问题，演讲者首为一初自英国来者名安文（Ragmond Unwin），演说英京在西南隅得地若干，建筑工人住室二万座，式样皆同，每座有寝室三，厨房一云云，并谓欧洲其他各国亦有为工人建住室者。又一演说者为初自纽约来者，谓英国及欧洲某某等国，已先后为工人建大规模的住室，美国对于此种运动，尚未大盛云云。又一本城女子演说太快，余迄未得其意。余对之有一问题，以数万间同式公共住室，安置工人与工人之自有室家者，谁为快乐？真为工人谋者，应取何途以进？

演说毕，已十时，同归座中，一丹马女子昨日新到者，亦与余等同归。此女不施脂粉，上衣长近膝，下衣长近足，觉其有大家风。美国女子敷粉如面，涂朱如漆，裙长不及膝，赤腿外露，细者如立木，肥者如悬瓠，直为世界最丑之装束也。

归寓已十一时，前购历史书一本，名为《人类故事》（*Story of Mankind*），为鲁恩（Riendrid V. Loon③）所著，出版数月已七版，买后

① 此处应为 Inn，即旅馆；饭店。

② 原文误作"兴"。

③ 此处应为 Hendrid Willem Van Loon，即亨德里克·威廉·房龙。

访白君,遗其室中。今日白夫人携交余,归来读二卷,卷甚小,然不觉已一时矣,寝。

十月十八日

略书日记,并阅《人类故事》,匆匆已过一月。刘君来访未遇,靳君、牛君、施君先后来谈,晚赴施君寓,以电话通知赵会武君,明日往彼处,请其赴车站相候。

十月十九日

晨访牛实甫,同往参观大学教育科,前为独立大学,后并入芝家谷大学为一部,草草参观,未详尽也。十时半,乘高线赴爱文司屯(Evanston),十二时到,与赵君在车站相晤,以一小时余用餐及在赵君寓中闲谈,二小时余参观西北大学(Northwestern University)并赏玩湖畔秋景,以二小时参观马克(Mark Co.)工厂。六时余赵君送余赴车站,爱文司屯之游遂完,略记可记者如下:

一马克工厂,隶于马克公司,公司有厂甚多,不在一处,此其一也。厂内专制铁管及管节(pipe union),各种管之原料为已裁成之窄长铁片,制造之机器为多数长形火炉,中间连以各种活动运转机及各种水池。制法:以原料用人工送入第一炉内,出炉即卷为管,以后转入各炉,或加坚,或制光,或送入水,皆由机架上下纵横,自行移转,因赤铁出入炭炉,非人手所可向迩也。制管节之原料为两种不同粗细之短铁管相套,以螺旋节之。导余参观者谓:此以六十二次之手续成之,须知此六十二次之手续,不同部分不同工人,各工人名为制管节者,实则一人所练习者,仅为其手续之六十二分之一,而原料本为已截成之粗细二种铁管,其制造之手续,尚不在此内也。

一西北大学,亦为教会所办,其建筑沿湖数里作一长方形,尽收湖景胜处。校不甚大,颇精美。此邦学生读书,皆在图书馆中,芝家谷未毕业学生在校内公共图书馆,毕业者始在专科图书馆中。此校乃另有女子自修室,为在他校所未见,然有可研究处。

一芝家谷多杂树,叶虽多青,往往未黄先脱,凉风败叶,扫地有声，使人有萧瑟零丁之感。此间多枫，或非枫而似枫者，霜叶红黄，与浅绿淡碧之湖水芳草远近相掩映。有时湖水作澎湃声，送凉风徐来树间，红黄叶袅袅弄秋声，不肯遽落，真足绘秋景之明丽。楼傍湖畔，美人蕉十亩已憔悴，半老徐娘，风韵犹呈妍媚。闻此间有菊花颇盛，余等绕湖岸数里，又循校址他面，归来迄未得见。菊花之隐逸者也，对此东方远客，亦不肯轻示颜色，未免为此游之憾，然菊之性格，惟东方人能领略之，交臂相失，亦菊之不幸也。

登车后，循原路返，在六十三街晚餐。归，知访余者甚多，皆未得遇。十时，刘庄君来约明晚同餐，稍谈去，余寝。

十月二十日

晨起，为各处友人作信，因为靳君事，向贵州当局致信。欲用中国笔墨，到君前送中国墨砚来。余自有纸笔，磨墨展纸，蘸笔使人情绪骤变，盖久不用中国纸笔矣！连作信数械，觉有情致也。

晚刘庄君、靳荣禄君、孙浩煊君共为余饯行于中国餐馆。餐后同赴学生会，孙君为学生会会长，刘君为书记，今日开会，请余演说。余演题为《少年中国之少年》，演辞分五段：一为少年中国之意义，二为少年之意义，三为少年中国之少年之意义，四为少年直接对少年中国之责任，五为间接对世界之责任。第一段以史事证明民族之寿命不同，中国为长命民族，至今仍为少年。二段以携已往、经现在、赴将来为生命之流，已往成眷恋、成保守，将来生希望、生奋进。以现在为界，已往之时间长者，眷恋愈甚，保守愈甚，为衰老性；将来之时间长者，希望益多，奋进益力，为少年性。三段，指明少年中国之少年，属之某一部分之人，俾学生知有责任。四段，对中国分向国外求学、向国内致用二层。末段言必使中国位置高出各国之上，乃能谋世界之全体和平。听者极感兴趣，散会后，又与学生等谈至十时半乃散。

十月二十一日

晨，补写日记，王乐三来，出同餐。

下午牛实甫来，同出，购一大箱。因中国携来之箱皆破，如一再修理,将较购新箱为贵也。

赵会武君、靳宗岳君先后来,晚余约王、靳、牛、赵四君赴中国街同餐。餐后归寓,刘庄君、施嘉干君先后来谈。

十月二十二日星期

今日为余出国周年之日,光阴如飞,百年亦如是度去,思之可怖!

检行李,分不重要者置破箱,遇便寄归,其余置新箱,偕以行,至午未竣,且检且有所思也。王乐三、牛实甫、赵会武三君,在乐三寓作中国饭,约余餐,食鸡丝面太多。餐后至余寓,晚仍同餐,餐后天忽大雨。

十月二十三日

晨,续检行李,大致就绪,中餐时已下午二时矣。餐后,偕乐三赴车站购票,决计明日行。晚同餐,餐后访施嘉干君,谢其作函介绍余参观某处大学,彼偕来余寓,刘庄君亦来谈,至十一时半乃去。余因连日未阅书,取书阅之,不觉已一时矣!

十月二十四日

夜有思,研究意志自由与自然律之调协与各有主宰,此欧洲数十年争执颇烈之问题也。晨起,补写前二日日记,草草不详,并校正以备寄归。然前次校妥封缄之日记,数日仍未寄回,余之疏忽忘事,仍如在国内也。

余在此旅馆住半月,此地局面小,寓客流品亦不等,有小商人、有工人。有游女,既非娼妓,亦无正业,殊不知何以生活,其他妇女亦不甚嫌弃之。游女最爱跳舞,如饮食之不可少,每晚必捉人为之,不论雅俗,不论妍媸,亦不论老少,有时其所捉之人有白发如雪,或十二三岁之童子,视女子低数寸者。然彼老者、少者亦或欢然为之,皆同寓非生人也。工人、小商人爱中国掷骰之戏,然彼为博,非为戏也。彼等或立柜台边掷之,或蹲伏地毯上掷之,不爱坐几向案上掷之,不知何故。

余时与彼等共谈,寓客亦有曾受高等教育者,然发问往往可笑。

行李布置既定，以一大新箱装次要之书籍、衣物，交转运公司；以手提小箱及提包装必要物，随身携之；以旧箱装非必要物预备存此或寄回。每久住，起程时必多琐事也。

牛实甫来，谓白君已绍介教育科教授巴璧君(F. Balbitt)与余谈话。下午四时，访巴君于大学教育科，余询以三种问题：

一、大学之教授方案，与国民教育应取相同之体系耶？抑大学较自由耶？

二、教育予人以普通知识及实用知识，二者比较上孰为重要？

三、公立大学与私立大学，其组织之异同如何？

巴君对于三者，皆有解答。第一，不主从同。第二，主张并重。普通知识自有其必要，非专以为实用知识之[①]基础也。第三，特不满意于私立大学之组织方法。彼举二大学为例：一为伊利诺大学，校董九人，由公民投票选举，每二年改选三人；校长由校董选举；各科各有教务长，名为由校长委任，实则近于由教员资升，比较上近于民治的组织，此为州立者。一为芝家谷大学，校董由创办人指派，更选时亦不能加入他人意见；校长由校董选举，进退惟校董之意；各科教授去留，毫无保障。助教以下皆有合同，教授无合同，名义上较好，实则失去保障，此为私立大学，此学创办者，为煤油大王也。其他公立大学组织，与伊利诺不尽同，校董有为议会选举求省长同意者，亦有用他种方法者。私立大学之组织方法，大概相同。教会所立大学，似界于公立私立之间，其选举当然不能公之于大众，其实际亦不能为一二人之私有物也。

按巴君以研究教授方案有名于时，亦主实用主义者，谓教授内一切之科目，必求有济于实用；而人生方面，无论何种动作及需要，凡不能自然发达及供给完满者，均须由学校设科目以授之。彼尝就人生之行为及需要，条分缕析至数百种之多，巨细无遗，然后一一研究其

---

① 原文不清，疑为"之"字。

须用学校设科教之否,以此种分别研究之结果,乃定其所谓教授方案也。

彼曾任斐律宾大学教授五年,途过中国小住,彼亦谓中国教育不能全抄自美国也。

晚餐后,牛实甫、王乐三、靳宗岳、刘治乾四君先后来送行,九时同至车站,九时五十八分车始来,在车站约一小时。余登车,诸君乃各去。入车,床已展,即寝。

第十　赴坎拿大游中

（自民国十一年十月廿五日至十一月三日）

1. 游览哥伦布城
2. 参观嘉福来工厂
3. 银折失而后得，一场虚惊
4. 抵狄楚埃参观佛德汽车制造厂
5. 参观茂开盐业公司

十月二十五日

晨七时起，隔窗见小村镇，眼帘甚觉新快。八时至哥伦布城（Ca-lumbus①），为欧海欧州（Ohio）之都城。下车寻旅馆，各家屋均住满，闻为女子开何种会，来城中者多也。三次易地，乃觅得一屋，屋不大而房金日三元，可为贵矣。发电至麻地森（Modison②）城张廷玉君，因彼约定余至此必电彼知也。

赴街游观，往书铺中购本城地图，因汽车价过贵，如乘电车非先阅地图不可也，至三、四书铺乃得之。

午赴一自取餐馆（cofeteria③）用餐，最奇者餐品自取，取毕有伺者接而代置诸桌上。伺男客者皆女子，伺女客者多男子，故餐品自

---

① 此处应为 Columbus，即哥伦布城。
② 此处疑为 Madison，即麦迪逊市。
③ 此处应为 cafeteria，即自助食堂；自助餐馆。

取，须开小账也。餐后回寓，少息得张君回电，明日早车即来。美国电报在三百英里内者，大约两小时内可得回电，再远亦不过三四小时，其交通之灵便如此。

乘电车出，参观古物历史博物馆（Archaeologic and Historic Mustum①）及大学图书馆。大学为州立，规模甚大，校址宽敞，风景甚好，惜今日天晚，并未参观室内，仅在空地观学生兵式操，操不甚整齐，似初学者，衣服尤参差。乘电车归，天已晚，至一中国餐馆用餐。

又前在芝埠晚归，遇一乞者，索钱一角，余与之。问其何业，彼乃先问余为工程师否？余云非也。彼云彼知中国多工程师，前数年曾与中国工程师共事，知中国工程师学问甚好，继又问余云："中国有好工程师，何以不愿在美国，而愿归国？洗衣工人何以皆愿在美国？"余觉其问甚奇，答云："中国国内应作之事甚多，故工程师愿归国，洗衣工人在中国多为无业者，故愿在美谋事。"余又问彼究执何业？答云："中年在工厂，今老不能作工矣。"问以有子女乎？答云："七人，长者有三人，皆在乔治亚州作事；少者有二人，今在芝家谷大学尚未毕业。"问其年，云："六十七矣。"余与谈时，闻有酒气，岂乞者尚饮酒耶？抑以爱饮而致为乞者耶？子自就事，父自行乞，在中国或诧为奇谈，在美国毫无足奇。补记之。

又刘峻民君言在某教堂演说时，有美国人当众询以闻中国语文中无诗，然乎？又施嘉干君言曾有人询彼，谓闻中国人脑无想像作用（imagination），然否？此种问题皆可使人喷饭，于此见美国多数人常识之缺乏，并记之。

十月二十六日

晨，未起，张廷玉君已来。

中餐后，同赴嘉福来工厂，张君介绍访其经理范司来克君（Van Slyke）少谈，即派人导余等参观。先参观电力机关车，次装运机，次

---

① 　此处应为 Archaeologic and Historic Museum。

井底凿煤机，又次电力发动机，此最为复杂，虽略知其意，此种专门事业，究非外行者所能详知其构造及作用也。

中晚餐皆与张君同在中国餐馆用餐，价值奇昂，余殊不爱之。

暇时即与张君闲谈，故连日不能作日记，补记则不详也。

十月二十七日

晨赴嘉福来厂，与工程师三人谈装运机三种，一为中原公司装火车之用，二为装马车之用，三为福中公司、汉口煤厂装船之用。至正午仍谈未竣，在其厂中中餐，餐后继谈，至四时乃毕。此非定购，不过略谈其情形，介绍于中原、福中二公司而已。有时余直接与谈，有时太涉专门，余不能谈者，由张君译之，竟日作用心之谈话，余倦甚。

晚张君约看戏，价贵至每人二元七角五，戏仍为谐剧，但角色较整齐，时杂以结队跳舞，此种跳舞，美国人通称为赛腿戏（Legs show），因舞者皆裸示全腿也。

十月二十八日

今日拟赴狄楚埃（Detroit）城，赴银行取钱。至银行，探囊忽失银折（letter of credit），急归旅馆室内寻之，亦不能得，急请旅馆用电话通知本城各银行，无论何人，持胡君银折取款者勿付！又电芝家谷发出此折之大陆商业银行挂失号，请其通知各处。又赴《哥伦布捷报》（Calumbus① Dispatch）登告白声明失票，已电各银行停止作废，有拾得者送回酬钱十元，盖挂失票后，虽能防止拾折者之取款，而补折仍有额定之期限，总以能得回原折为好也。余既请广告部登广告，并求已登入新闻栏内，彼谓须访新闻记者。余又访记者言明来意，彼乃大向余访问中国新闻，与谈中国事，约三十分钟之久。

归寓，张君自嘉福来厂归，因今日彼晨起即赴该厂也。余言失折事于张君，彼大为余挥汗，余惟镇静而已。张君又同至余室，向各衣中及床上地下遍寻之，无有。下午忽忆及余之大箱签有行李票在车

---

① 　此处应为 Columbus，即哥伦布。

站未取,票夹银折中同时失去,颇觉烦躁,急偕张君同赴火车站,向行李房挂失换票,照章给费洋伍角,幸行李尚未为他人取去。

下午张君赴一车船票代售所,余偕往,就便探询南美船车价,仅纽约至秘鲁即二百八十元,美金连票至智利则三百五十元,因念既失银折,而旅费又如此之巨,南美之游,只可作罢,速赴欧洲一游,早日归国可也。

晚餐后,归室见银折在案上,大惊喜。余谓折在案上,余等向各处寻,乃未寻案上也。张君谓折下之书,乃余寻折不见,新置之案上者,折置书上,乃新送来者。急由室内电话向旅馆中人询问有人送银折来乎?彼云无之,余等益诧异不置,细思乃余昨夜睡时银折落床上,晨起未察,即着衣出门。余甫出门,收拾床被之黑女来,将床被掀开,乱置折叠而堆压于下,故数次迄未寻得。黑女作事,不甚有秩序,且因见余出而又回,乃置余室,先收拾他室。至正午,他室收拾竣而同时余及张君又在室,彼乃去作他事,直至晚餐时,彼又来收拾床被,由被中检出银折置案上。此事虚惊一日,化去电报费、电话费、告白费若干,至此乃告一结束。此虽余不谨慎应受之惩戒,而黑女之收拾床被迟缓,亦不能无过焉。原物既得,急电芝家谷银行取消前电,幸彼通告各处之电尚未发出,原折仍可使用也。

十月二十九日

晨起偕张君赴各处照像,同访其美国友人江司(Jones)君谈。江君不爱至城中繁盛处,亦不爱看戏,有子女五人,颇有东方人意味也。

中餐后,余收拾行李出旅馆。馆役云:"伺室黑女见报,希望君付以酬金十元。"余大笑云:"彼在何处拾得余之银折?还至何处?"彼云:"室内。"余云:"若然,十元太少矣,余之一切行李,彼皆在室内检得,还至室内。"伺役亦羞笑而退。

张君送余至车站,又送余登车,车行而张君未下。张君思跃而下,余止之,谓俟再一站补一票,须费有限也。见车守,询之,彼乃请机车停驶,使张君下车,此事实美国最好之现象也,而送客者车行未下者甚少。若中国火车可任意呼停,恐送客者均将至时不下车。中国人之短处,如此类者甚多,研究社会教育者所当加意也。

途中经数镇,无甚大者。沿途千林黄色,倍领秋景之富丽。此处气候略似中国中北部,麦子秋种而夏收,盈眸麦苗,饶有中国风趣也。

六时换车,八时半下车,至狄楚埃寓阿司陶旅馆(Astor Hotel)。

十月三十日

晨起,补写前三日日记,出门赴银行取钱。此城为美国汽车制造之中心,又入坎拿大之要道也。前日来时电张君清涟字文涛,在站相会,下车时未见。昨晚寓此,又电彼,今日电局退回原电,谓交不到。余既思参观汽车制造,必须有人相助乃可,中餐后自往寻张君寓,历四小时不能得,乃返。

晚餐后,张君来访余。惊其何以知余到此,此谓:"自哥仑布所发之电,因移寓,今日上午始行转到,故来城见旅馆即询问,已询旅馆二十余家矣。"相谈甚欢,至十时乃去。张君为老友张忠甫之子,毕业于冶金科大学,前曾在皮慈堡实习,现在此埠佛德(Henry Ford)汽车厂实习镕铁。彼去,余就寝。

十月三十一日

访坎拿大政府代理处(Canadean goverment agence①)询以入坎拿大之手续,彼不甚详,又询此间有无坎拿大领事,彼谓:"只有英领事。"余又访英领事,彼允为余签护照,但云能否入境,彼无责任,因彼驻此邦,仅对英国来此之商人负保护之责,至坎拿大几等于一独立国,英领事无权过问也。

中餐后,访张文涛,同往利弗鲁氏(River Rouge)译意曰胭脂河,参观佛德汽车厂。此厂可分为四部分:一冶铁部,有大冶铁炉二,每炉每日平均出铁五百吨,二炉共一千吨;二为炼焦部,全厂及佛德所属他厂所用焦炭皆由此部炼出;三制汽电部,有大锅炉六个,卧式已高至六七丈,其接近处为发电机,机轮直径约在四十尺以上,参观欲见一轮一锅

---

①　此处应为 Canadian government agency。

全体之高度,非升降巨楼三四层不可也;四拖车部(tracter①),专制拖拉重载之车头,不须铁轨及电线,其形式似稍笨重,而应用则甚方便。此车牌号名为佛德森(Fordson),即佛德之子之意。佛德之子年方二十五岁,现为各厂总理。佛德年五十九岁,并未衰老,因佛德急欲向政治方面活动,现已着手预备作下届总统,故以总理让其子也。

张君昨夜尚作工,今日未得多睡,参观毕,余请其归寝,余自乘电车归寓。

八时刘敬宜君(开封人)来访。刘君由河南留学预备学校卒业,官费来美习飞机,暑假毕业,因飞机不易得实习地,故亦在此间大陆汽车厂(Continerstal Antomobile Manufactory②)实习,谈至十一时乃去。刘君曾入基督教,余不知,亦未问之,谈时亦未常及宗教问题。刘君忽发议论,谓白人组织之教会及其宗教家,皆口道德而心盗贼者也,日日言平等,而白人教堂不准黑人入门,高级社会之教堂不准工人入门,此犹同隶于一教会者,若不同教会,更无待言矣。余询高级社会之教堂,何以能不准工人入? 彼谓彼等至教会时,皆礼服盛装,其衣饰稍差者,一入门即为众目所指,故工人自不能入矣云云。

十一月一日

张文涛来同中餐,餐后,赴海兰公园(Highland Park)街参观佛德制汽车厂,参观者甚多,余等亦不过随众人作普通之参观耳。厂地部分太多,制法太繁,匆匆数小时,所得殊有限,然亦可知其大意,兹略记如下:

甲 设置及能力:

一、厂之建设,约在一方里面积以上,高十二三丈之谱。

二、厂内之悬运机(crane)、转运机(conveyes③)上下纵横,周

---

① 此处应为 tractor,即拖车。

② 此处应为 Continental Automobile Manufactory,即大陆汽车制造厂。

③ 此处应为 conveyer,即运输机。

围布满,全场成一体系,故在此一方里十数丈高之空间内,无用人力取送任何物件者,其下上左右轮转输送,皆有一定组织,亦无为一物一件特别转送者。

三、电流、水管、蒸汽管、凉风管遍通全厂各处。

四、飞轮、皮带、转轴遍通全厂。

五、融、冶、钜、凿、钻、磨、刻、印、漆、治木、治铜、治铁皆机器,皆位于其适当处所。

六、工人四万八千名。

七、每日工价总数五十万元。

八、每日造车五千一百辆。

此厂之设置并无锅炉及发电机,因胭脂河之汽力电力,足以完全供给此厂之用也。

乙　手续:

一、治木者自解板起,治铜、治铁者自制模起各自为部分,更各自分为多数小部分,与此各部分之前相接连者,即为转运原料。

二、解木者将解成之板,分别置于转运或悬运机上,至次站,治木者将木上下左右略变其方向或位置,即由机器解为适用之大小,仍由运机拖之前行。前站有人或刨光,或刻削,亦皆以手定其方向,由机器自行工作,再前则分板至数机上,各板之分别制造已成,再前各板又同向一机来,有人承之,或立之,或平之,同时压集机、钻锭机各施作用,成为一车箱,再前则安门矣,安玻璃矣,上漆矣,绘花矣,于是一车箱之工完,然仍由机器运之前行,以便与车之他部会合。

三、治铜者将沙模制成后置机上前进,同时融铜者已融铜成汁,侧机罐倾汁其中,模仍前进,或应经凉水处、凉风处,观不甚详,但知再前则模分而铜质见,已成机件,工人又以手转其方向,使受钻或受磨如前,前进不已。有时合多片而以一机刻之,以取一律;有时又分各片各别制之,未几而铜件完成,仍循机进行,以待与他机会合。至制铁者,与制铜之法完全相等,不过铜少而铁多,机件有大小之不同，人工有多寡之不同耳。

四、制发电机者，此机最为复杂，合铁板、铜板、铜丝、丝线，皆以极薄极细之小部集合。一大机作圆滚状，故此部忽加女工，因缠丝试电，但取手眼明敏不费气力也。各原料先由各部分制成，会至一处，成为发动机，仍在运机上向前进行。

五、制车身者由制铁机上接收已成之大干及机件，合至一处，合处各件削孔相合，由工人加螺丝钉旋之，即成一器，再前又接收铜件，联合如故，再前则接收发电机置于上。而车之大体已成，有人乘其上以试电之发动，而车体仍在运机上。

六、车轮亦先有专制之处，至成则运至适当地位，候车体之至，车体上试电者自试电，安轮者自安轮。轮安上后，车仍在运机上，而车机之两旁则有拖板，架轮以试其转动者。又前则至车箱制成之所，由上下落于车身之上，工人两旁以螺丝钉转之，箱与身合而为一，至此全车告成。而运转机此时亦渐变形为拖板二长条，倾斜近地面，车上之人至此完全成一驾车者，汽笛一声，由机驰下，驰赴厂外矣。前车方下，后车又成，汽笛声连续不断。厂门之新车，亦接踵向外飞驰，故二十四小时，乃驰出五千一百辆也。

参观毕，又往参观汽车专门学校，即此厂所设，与其教习某君谈。此校有中国学生一班，此时将有课，余至其讲堂参观，忽遇谭葆慎君，即前海军总长谭学衡先生之子，西美中国留学生会长也。余深讶其何以来此，询之，乃知彼送余自白克里南行后，仅一星期即来此为工学生，相谈极欢。俟教授开讲，余又稍听数分钟乃回。

晚刘君、谭君皆来，合余及张君济济一室矣。谈至十二时，彼等乃散。

十一月二日

晨谭、张二君先后来，同赴茂开盐业公司（Mulkey Salt Co.）参观，此公司盐厂亦在胭脂河，去佛德工厂甚近。公司主人姓茂开，兄弟二人，兄为总理，弟为总司库，共有盐田十五英亩，合中国一百亩。

盐矿在地下九百五十尺深，约经黄土、砂石、石灰石各三分之一乃至盐层，层厚七十尺，质纯洁无杂质，佳矿也。地面上有厂二座：一制食盐，日产三百吨；一制晶盐，日产一百吨。盐质采取法：用机器钻地成井，至盐层，数井相并，各安水磅，以长管通水至矿中，一端进纯水，一端出盐水，井只为通水之用，并非如采煤矿者用多数人下地中也。食盐制法：以水入锅，以高度之热蒸之，入旋转机干之，即成如雪之盐粉，与制糖之法大致相同。成粉后，入装包室，室分二种：一为装大包者，每包十磅、二十磅不等，包袋以麻线制成，以机装入，以机器缝口，人仅为机器伺役而已；包小包者，每包一磅、二磅及半磅者不等，包以纸为之，或以马口铁为之，机器裁片，机器縐卷，机器封固一端，由人扶之使彼端向上，机器贮入一定重量之盐，机器再縐卷上端，封粘坚固，即为完工。此室转回皆精巧之小转运机，纸及马口铁自裁片后皆在转运机转行，有女工十数人分伺各役，至最后则极齐之盐包自机之末端斜板上倾走而下，至存储之所，而制造之事告毕。晶盐制法：以盐水置平池中，加热使蒸发水气，另以适当之纸温度凉之，即结为小晶，此专为化学及药品等用也，其装包法大致如前，惟其制造费则较贵，食盐每吨制造费美金四元，晶盐则五元五角，兼开采、制造皆在其内矣。

厂主二人皆晤面，霭然可亲，其兄导其他夫妇二人参观，弟导余等参观。彼厂已办数十年，资本共三十万元，今财产值五十余万元。盐田厂地，昔购得时价值甚廉，今则每英亩三万元，共价值四十五万元，参观毕向茂开君致谢回。

余尝疑中国内地制盐无改良办法，此次参观后，觉内地之盐改良正非甚难，知参观一厂必有一种益处也。

归寓，晚刘君又来，同餐，餐后刘君约同观剧，为说部戏（drama）之描写社会状态者，尚好，然观者不甚多，因此间人愿观谐剧也。刘君明早尚作工，先归，谭、张二君同余返寓，张又稍谈去，谭君宿余寓。

第十一　坎拿大

（自民国十一年十一月三日至十一月十九日）

十一月三日

晨起，先赴美国移民局，请其验护照，说明有事入坎拿大，不日仍回美。局长不识法文，又约其他一人译之，译后甚加优礼，为作一信，介绍于沿坎拿大各移民局，请妥为照料优待。余称谢回寓，张君亦来，谭君亦起，乃开帐出馆早餐，餐毕同游白来岛公园（Belle Isle Park）。园景甚胜，此地宜秋，岛多红叶，而碧柳成行，长条嫋嫋，叶傲霜不肯辞枝，尤足使游人意醉，惜笔拙不足描写之。在园中摄影数张，回城共中餐，餐后余偕行李乘船赴温塞（Windsor）。余购船票后入码头，谭、张二君无护照，不能购票，至此乃匆匆告别。余入码头后，二君犹目盈盈向余望，至不能见乃去。余既别二君，亦与美国暂别矣。船上过客不甚多，而汽车过渡者甚多，此船大约每五分钟一次也。登船不过十余分钟,已达彼岸。船泊码头,有二门通船,一上人、一下人也,下人之门,出门即为海关查验所。余以行李置关员前,谓余先访移民局视察员,关员遂不先验行李,而送余至移民视查所。余出美移民局之信及余之护照请验,移民局员乃将余行李移至移民所,局员验后,以电话告局长。局长嘱偕至总局,略加问询,彼允入境,询余自何处出境,余云奈阿格拉。彼乃嘱秘书为作函,至彼处移民局,交余一份,寄彼一份,请余过彼出境时,以此函交彼,函中并嘱彼局届时函覆,并呈报坎京总局。一游历者之过境,何严密乃尔耶?秘书作信时,彼与余谈中国事及坎拿大独立事,函成,余去。余此时忽忆前日请英领事签字时,领事乃一六七十岁之老人,此日之移民局长,不过为一二十余岁之少年,此亦英、坎不能相容之一斑也。又美移民局函,谓护照业经美国公使签字,各局应妥为照料云云。坎移民局则验照时,只问中国由何处发出,置英使及领事之签字于不顾,其致他局函云,照经验查无讹,由本局核准入境云云,其视英国若无物矣。余辞别后,在街上游行,寻旅馆,觉其气象有与美国不同者。最高大之银行,标名曰皇家银行(Imperial Bank),其余用"王家"用"亲王"等字样以为招牌者甚多。余寻较小之旅馆不得,乃至一最新之旅馆,其名则为爱德华亲王旅馆(Prina Eduard Hotel①)也。入馆后,由馆中伺役往移民局取行李,余先至室。此城高房无多,旅馆高十一层,几为全城之冠,周围多空地,开窗可见半城,为之神旷心怡,且室内陈设亦清丽可喜,惟每日房金三元五角,太昂矣。

晚在街上散步,见洗衣坊二处,皆中国人。至一小餐馆用餐,入门见其棹椅布置有中国意,果见其伺者皆中国人也。餐后,伺者以中国报纸相示,曰能读乎?余云,自然。彼云,若然,君必为高丽人。彼等之不轻许人为中国也如此。餐后又在街上散步,片时归寝。

---

① 此处应为 Prince Edward Hotel。

十一月四日

晨起，补书日记数叶，出照相，其市政厅甚小，然非美国式。美之市厅建筑亦为罗马式（Romanesque），然千篇一律，便觉可厌矣。

下午四时十分，乘火车赴陶朗图（Toronto），经小伦敦（Loudan①），未得下车，此亦一小名城也。直名伦敦，余以其无以别于英京，加小字以别之。

沿途秋景之美，沁人欲醉，过小伦敦后，天色已暗，觉入坎以后，神境较清朗，成诗一章云：

久作天涯客，今宵又北征。远灯明大野，高树下秋声。路色天同暗，客怀水共清。相思无一事，坦淡气平生。

晚十时半，车抵陶朗图，下车寓皇后旅馆（Queens Hotel）。

十一月五日星期

步行街上，观各种商店银行之招待，有以女皇（empress）、女王（queen）、皇家（imperial）、王家（royal）、王（king）、亲王（prince）等名字为字号者，有以坎拿大及属地（dominion）为名者，亦有以坎拿大国家（canadian national）为名者。第一种之名称，代表其旧思想，显明英帝国之统治权也；第二种见属地之发达，显明其自治权也；第三种则代表坎拿大已进化有国家之资格矣。

行至皇后街，见有中国国民党招牌，系中国字，入内无一人，然有报可看。少顷有数人来，与之稍谈，然彼稍亦皆来看中国报者也。午至北京餐馆中餐，亦为中国人所开，隔壁为北京旅馆，余曾至其中，询有可谈之人否。甫出门，听其中有人云日本人，卖药的，最讨厌的狠云云。余手提一照相机，彼以为药箱也。余以英语隔窗告之曰，余不能说广东话，而能略解，余非日本人，更非卖药②者，乃去。

至市政厅①及省政府参观，其建筑皆与美国异趣，尤有不同者，美国衙署，星②期日开门任人入观，仅有守者守之而已，此地则各门不得封锁俱不得入也。坎属建筑，有深厚敦穆之气象，岂此尚系衍袭欧洲之旧耶？省政府名为议会（Parliament），闻其首都城亦然，盖英国属地之自治者，亦为议会政治也。署外有铜像三二，皆庄严可观。后为皇后公园，地势微高，万木乔耸，俯映宫阙，使人悠然意远。

自公园向西转，一带大建筑，抱以空场，杂木米③成林，细草铺地犹未黄，望之深秀，不能得边际者，省立之大学也。大学建筑不下数十房，都有美意，夕阳半下，绚烂楼宇林木间，使秋色沁人意醉。在此地流连盘桓甚久，转入他街，其他房屋亦多与美国异：一、美国通行不宅无院墙，此则多有短墙，且有宅门；二、美国通行房门皆单扇门，此间之门多为双扇，余曾遍查一小街之门，仅有三门为单扇者；三、美国大建筑，但求适用，此地则门窗檐壁往往取对偶布置，以增其壮丽。此城街道，不尽为井字形，除商务繁盛之各街外，多为丁字形，亦使游人望之有深厚之意。又其大建筑如省政府、市政厅等，皆坐北向南，大门之前为最宽最长之南北街，故在此街隔数里之远，可北向望见公署之正面，遂增无限之庄严，此在西美、中美所未见者也。

晚在旅馆中餐，餐后在街上散步半时归寓。购关于坎属之小书读之。

十一月六日

晨起大雨，闻此日为坎拿大节日，各机关、商店停止办公。上午在寓写日记，下午雨势渐减，冒雨乘电车至省公署及省立大学一带，游眺傍晚方归。

---

① 原文误作"听"。
② 原文误作"早"。
③ "米"字疑衍。

十一月七日

晨访亚丹·白克(Sir Adam Bick①)爵士于水电管理局(Hydro Ectric Cleommition②),询问奈阿葛拉水力及所生电力管理方法。大概彼谓:一、经费不出自全省,因现在能享用此利益,其范围不及于全省也。当时由十三地方团体合组,故年费由此十三地方共认。二、公家对于设备及管理费若干,只向各地方征取若干,不另取利。三、管理总局所管理事务:(一)为水电总机器;(二)为向各地方中心之交传线,至各地方后,彼自组机关自行管理也。爵士为此局总董,甚忙,又嘱其总工程师葛贝(F. A. Gaby)君,为余详谈,实则余之工程智识有限,并无详细问题向之请求也。稍谈片时,余请其介绍向大学参观,先至其普通管理部,告余以组织大纲:

一、校长由校监(governors of university)选举,校监由政府选派,政府即议会,此是邦之通称也。

二、大学共统四学院(faculties),八学校院(colleges),校各有教务长(dean)一人,无两院两校教务长以一人兼充者。院校下设分科(department),每科正教一人,即为此科主任,其下设副教授(associate professor)、助教授(assistant professor)及讲师(lecturer)、教员(instructor)各等教职。教务长由校长委任,教授由教务长商承校长聘任。

三、另外设秘书、会计(bursar)、图书馆三部分,直隶于校长。

又赴图书馆参观,与其馆长谈甚久,出中餐。

下午又赴教育科大学参观,晤其教务长巴金汉(Pakinham)博士,谈甚久。此校无本科生,凡入此科者,均须在他科得有学士(B. A.)学位。此科一年半毕业,派充中学教员,此省各中学教员,以此校为惟一之造成机关。学生只二百余人,另外设中学(high school)、高等

---

① 此处应为 Sir Adam Beck,即亚当·贝克爵士。
② 此处应为 Hydro Electric Commission。

小学(sincor^① school)二部，为师范生观摩^②实习之地。此邦国民教育，即小学共八年，所谓高小即后四年也。余询其何以无前年级？彼谓当初以前四年与后四年教法不同，不宜于师范生实习，故缺，今又考得有设置备观摩之必要，现正在添设中也。共谈二小时，至四时方归。

十一月八日

晨仍赴教育大学参观，巴君托其中学主任某君导余遍参观其各级讲室，均正在讲授中。普通参观讲室者，大概以一时间参观一讲室，上课时入，下课时出。余此次因时间太少，每十分钟参观一讲室，故能以一小时余之时间，遍观八级之讲室。此间教员程度，较普通学校当然整齐，观其学生领解之程度，颇为充分，良不易也。下午又来参观，其师范生实习教授，一人在讲坛^③上教授，其他若干人在学生座上与学生同听，守同等之规则。惟学生为被教授者，其他在作日记，以记坛上实习者之教授方法而加以批评也。

其附设之中小学各班，另有专任教员，中学行分科教授制度，小学行分级教授制度，与其他中小学相同，惟有时为师范生观摩及实习之田耳。余询以中小学中记分数百分法与等级法孰为相宜，彼等均谓实验之结果，百分法为相宜。小学生之自信力较差，用分级给分法，不足以满足其对于自己功课所欲得之批评之希望心。

参观毕去。

访怀德(A. V. White)君于其办公室，续谈询水电管理及发达事务。彼局设立方十二年，现在设置费用至二万五千万，生电机至五十五万马力，可谓巨观矣。

晚赴奈阿葛拉城，六时五分误车，将票退还，另购他线之票，七时

---

① 此处应为 senior。
② 原文作"磨"，下文统改。
③ 原文误作"擅"。

十五分开车，十时半到。下车寓一小旅馆内，出门购茶至一餐馆，又为中国人，颇可谈。余用茶一壶，水果二枚，讫不受钱，无可如何，此华侨中之不易得者也。谢之回寓寝。

十一月九日

晨乘电车赴瀑布处，乘车处名桥街，即坎、美之交界桥也。两桥相隔，不过数十步，一为此往，一为彼来，火车通行其上，国界河即以奈阿葛拉为名。乘车西行，不远又一桥，所以通汽车及行人也。河水甚大，而距地面尚隔十余丈，岸多杂树，景亦可观，车再向上，则见瀑布矣。瀑在彼岸，而观者在此岸可见全景，瀑宽数十丈，高只十余丈，浪花雪白，冲激作风雷声。此瀑此河之南岸为美国界，此瀑亦名美国瀑，亦名奈阿葛拉。再上已至河之尽头，其上为安泰流湖，湖面高于河身一百六十余尺，湖水下注之口状如马掌，水由口倾入河身，如银河倒泻，成此大瀑，名为马掌瀑（Horseshoe），象其形也，亦名坎拿大瀑，对美国瀑而言也。瀑宽将近百余丈，环水下衡，声浪闻数里，千军万马，不足以喻其状，湖面近瀑处为岩石岸，巨石磋讶纵横，水衡过其上，浪滚滚如沸如腾，惜声浑于瀑声之中，毫不可闻矣。由此南望，为浩瀚无际之平湖，去瀑愈远，水势愈平，心随目远，瀑布之声若忘而不闻矣。美瀑与坎瀑相距甚近，同以湖水下泻而成，坎瀑为湖水下河正门，美瀑不过由旁壁下河之分流，二瀑之间为一小岛，势较高，故界水为二，不然，则成一瀑矣。岛属美，由美国岸上有桥可通，此瀑在河之南岸也。河之北岸为棹面山（Table Rock），山势不甚高，而嘉木成林，亦自幽雅。山去河不及一里，故河岸上成一狭长之小平原，电车沿河通行，即余所乘之而来者也。

沿河一带均属公有，名为皇后公园，山上山下有极富丽堂皇之建筑，皆旅馆，为夏日旅客避暑之所，秋冬以来，闭门歇止矣。沿山下西行，地势渐起，至与山平，成小村落，南傍大湖，村周围间有小溪回绕，通以木板桥，另成一世外桃源，以上皆地面之景也。棹面山下有房，名曰棹面山房（Table Rock House），余入而少息，其中伺者询曰：入地下观乎？余然之，纳费五角，导余入一室，易长腰皮靴及雨衣帽。乘电梯下，入地中，约百余尺，由隧道侧转南行，渐闻瀑声，排穴而入，耳若不能胜。不数十步出洞，洞口适当瀑际，飞泉下奔，浪花溅溅入洞口，由东边侧处可见河岸及河底，此时听觉全失。同来者有相语者，但见唇动腮动，作惊讶之状而已，不闻其能作丝毫之声也。回洞中，又向西转南而进，又出洞口，适当瀑下，但见绝壁上白光下垂，及地则化为冰涛雪浪，折转向上腾腾而已。此种景可赏，不可用笔记，余固拙于描写，恐善文者亦不能达其确实之观念，因其景状太奇，无固有术语足以代表之，亦少其他术语足以比拟之也。立久觉身上发冷，乃沿隧道归，复自电梯上，此由地洞穿至瀑下之景也。

　　余来时，由水电局给有介绍券，可参观其发电场，水轮之大，为世界第一。厂共三处，余仅参观其一。入门时但见小建筑耳，讶其不似，伺者导余乘电梯。下经一百六十五尺至一大地洞，洞在河岸下，而前壁之窗则临河沿，可见日光也。此室长数十丈，宽亦廿余丈，前室皆水轮，半伏地面，半现地上，然不能见水在何处。伺者导余上下数层，前后数室，余迄不能知其如何作用，向来参观所得之观念，以此次为最不明了。由电梯升至原处，又由隧道向北行四百五十尺，已入棹面山腹中矣。又由电梯上百余尺，又为一大建筑物，下在地面中，上一层露①地面外，中多机器转动，亦不能知其系何用意，下出用餐。此日几于全在此处流连徘徊，晚购车票回陶朗图，濒行往与张兴汉辞行，即昨日不受茶资之中国人也。十时抵陶朗图，仍寓旧所。

十一月十日

　　晨起迟，赴怀德君处辞行，余急欲行，而彼因与谈宗教问题甚久，余迄未明其意。十二时半回旅馆，携行李购票赴坎京欧脱华（Otta-wa），下午九时到，寓罗索旅馆（Russell House）。

———————————

①　原文作"雾"。

十一月十一日

晨起,赴中国领使馆,余既不知馆员为何人,亦不知馆在何处,由电话簿上查得往访之而已。先遇葛君祖燫,为浙江人,又遇刘君宾如,为江苏人,现在代理总领事,又遇徐君,为奉天人,三君皆谈普通话,即在馆中中餐。下午徐、葛二君导余参观议会,此邦议会即政府也。有大建筑三,正中之一为两院开会之所,右为下议院,院中座位与其他各处所见者殊异:(一)议员皆在两旁分行面中。(二)中间置长棹为书记席。(三)书记席之向内处又一长案,一端为总督席,所以代表英皇者,一端为议长祝告之席。(四)左旁之席为多数党,即政府党之议席,右旁为少数党,即反对党议员之席。发言时皆在本人席上,然双方辩论,恰恰对面,且其要人之席,皆列前行,更无发言彼此不能听见之弊。(五)旁听席皆在楼上,议员共二百三十五人,此下院之大概情形也。左为上院,人数六十九,其方位大致相同,惟无总督席及祝告席耳。正面建筑约三四层,两院会场所占有限,余皆办公之室,左右又有二大建筑,则为行省(Cabiuet①,此在英文即内阁也,原意为小屋或密室,为议会之一部分,乃要人处理机密之所也)及各部之办公室。

室外有小阜,为院旁最高之地点,亦即全城最高之地点,有英国前之皇维多利亚之铜像在焉。像座高数丈,像身亦高丈余,矗立碧空,极显其英武庄严之气概,此女子直一世之怪杰也。此处为小山,山后临大河,汽车路盘旋而下,直至河岸,隔岸即为桂北克(Auebec②)省矣。出议会,又在街上游览,晚仍在领事馆餐。

十一月十二日

晨,刘领事来访。

下午赴领馆,与各馆员同乘汽车遍游城内各公园,又至议会,汽

---

① 　此处应为 Cabinet,即内阁。
② 　此处应为 Quebec,即魁北克。

车由山上盘旋至河岸，城内有运河通大河，各公园地面虽小而布置建设精巧，且无工厂，故天气特清。车过运河数次，末至天文台，在台旁共合一景。又至菊花室，花在温室内，赏菊者过多，余等未入。最后至博物院，刘君先回馆，余及徐、葛二君入内参观，中有坎属发见之古生物，其说明谓在二百万年前，此本意推之词，然生物历史之长，本非如人类有文字之史，可以千百年计算也。

本日星期，故不能访本地人。

十一月十三日

怀德君为余介绍矿务部次长，以电话询之，云赴外省，本月二十六日始归。巴金汉博士为余介绍此城总视学员，住址有误，不易寻得，下午得之，彼不在办公室矣。来坎京一次，仅日日作领馆之食客，而未尝与坎人交换意见，未免遗憾。

刘、葛二君偕余同购票赴莽堆澳城（Montreal），属桂北克省，乃坎属第一大城也，人口约八十余万。下午六时半到，直隶王君焕文、浙江钱君博泉在车站相迎。下车至圣哲母氏旅馆，极不便，在馆少坐，王、钱二君约同赴中国街华英楼晚餐。餐后赴王君寓，四川葛君酉泉亦来，谓到处相寻，讫不能①得，诸君皆交通部派来实习铁路者也。王君为烹中国茶，大饮而特饮，十一时方归，仍由王君等送余等归寓，彼等乃去。

十一月十四日

晨移寓皇后旅馆，上午访此间商会王君，并参观华人所设之医院。由一老年法国医生主任院事，有中国看护妇一人，法国看护妇二人，此省为法国殖民地，后并入英，故至今法人仍居百分之八十以上也。院内经理甚清洁，惟地址较狭耳。

中餐由王、钱、葛三君及直隶郭君子纯、广东唐君康泰共作主，在皇后旅馆中餐。下午在馆中谈，后赵君彼得（广东人）以车来，载余等

---

① 原文作"变"。

各处游览,晚仍在华英楼餐。

十一月十五日

上午英文《星报》及《法文报》各访员先后来访,同时同乡诸君亦来,同乡均在刘君室谈话,新闻记者在余室,约一时记者先后去。

余约诸君中餐于粤东楼,因使馆诸君下午即去也。又昨晚在赵君彼得宅内谈甚久,赵君父方死,其母及二妹二弟同在此,均出招待。今日余约赵君,彼未能来,歉然。

下午四时,送刘、葛二君回坎京,托王君为余介绍参观麦基尔(Megill①)大学,彼有友人孙都合女士与大学较熟,允明日导余等参观。

晚《星报》女记者艾德森(Edison)夫人来访,乃孙都合女士告之也。来谈约一时之久乃去。

十一月十六日

王君及孙女士先后来,同赴麦基尔大学参观,此校为坎拿大最著名之大学,惟其规模稍次于昂泰流大学耳。此校医科为欧美所推重,故孙女士之意,注重余参观医科,余则注意其图书馆也。第一余等参观图书馆,余叩其古代印刷物及牌板收藏如何,馆员导余观其所收西历十五世纪之《旧约》印本,中间字母系木刻所印,边栏处有花,则皆手绘,又每句起首之字母,亦附以彩绘,黄青蓝各色相间,余前在芝家谷图书馆及特可沙司大学所见古印本亦大致如此。盖以彩画加入字中,以助文字之美丽也。在墨西哥时,见其马雅人之石牌文字以雕刻助其美,那瓦人之象形记录,亦以彩色助其美,此亦研究文字学者所应注意也。又馆中藏有巴比伦泥鼓文字(本名胶泥板〔clay tablet〕,以其形如石鼓,故予以此名),字形与前在白克里所读巴比伦古代史中所辑印者相同,惟字迹太小,不能辨认。此外尚有梵文、巴利文、波斯文,此三种字形之分别,梵文字母笔画较繁,巴利较简,波斯多点与

---

① 　此处应为 McGill,即麦吉尔。

阿富汗字大致相同也。亦藏有中国及日本印本书少许,惟非精善本耳。次参观校内博物馆,亦有极大之古代生物,古生物之发见,以在美洲为多。又次参观医科大学,此科为此校最著名者,然余毫不感兴趣,且见许多病症标本模型,生极不快之感。最后访其校长克利将军(General Currie),纯粹之英国式人物也。少许出至注册所,取校中之年报等印刷物去。以将军而作校长,总觉不类不伦,然须知彼邦将军出入学校时,亦与其他教职员相同,且按时办公,绝无卫兵、马弁跟随等等之威武也。

参观毕,与王君、孙女士同赴一餐馆午餐。

十一月十七日

晨,王、郭、钱、葛及一新自美国来假道回国之王君同来,余唤汽车同赴坎拿大太平洋铁路公司之机器厂参观。厂规模甚大,有时可容万人作工,现在只有五千人,分机关车与客货车二部。每部又分为制造与修理二种,制造有时停工,修理则为继续的也。其修理处容六十五至八十辆机关车同时修理,现在制造停工,故所观皆为修理,然亦自九时至下午一时方草草在厂内一周。来时访其经理,去时又与之一辞行,回城中中餐。

晚与王君同访孙都合女士及其父母,彼约往谈也。座中尚有其他二三客,至十一时客渐散,余辞不能去,孙君(女士之父)极爱同余谈,至十二时半乃归。孙君送余登电车始返,彼为律师,又精罗马法,尝研究印度法,彼谓罗马法出于希拉,希拉法又出于印度,印度法与中国法谁先谁后、有何关系,彼无从考证,欲询于余。余未习法律,而印度古史年代尤觉其不易证明,无从知其与中国谁先谁后也。孙君曾著《印度法及其势力》(*Hindo Law*[①] *and its Influence*)一文,登哈佛法律杂志中。

---

① 　此处应为 Hindu Law,即印度法。

十一月十八日

晨起甚迟。

下午冒雨赴口口奴发家（Kokonovaga①），观此地印度人生活。去时乘拉欣（Lachine）车前往，至拉欣下车，由拉欣码头乘船过河，即印度村也。此地印度人名为伊鲁瓜氏（Iroquos②），居民尚有二千八百人，皆操伊鲁瓜语，惟其人种大都杂有白人血质，老年人有能兼操法语者，少年者或能兼操英、法语，惟不精耳。本日大雨，街上行人不多，余仅至二杂货铺、一教堂、一人家，略与谈，教堂中所遇，仅一印度女人，且不能英语，与其他一法国人作极可笑之宗教问答语。此外即去街走游观，导余者为一十岁之印童，然面白皙，鼻亦微高，非纯种也。印童颇聪明，余以糖果贻之，彼乐导余游，余亦爱之。傍晚仍冒雨归，去时，遇一荷兰夫人与谈，及下船，一印人与之同行，彼语余云其夫也。余颇觉奇异也。

拉欣（Lachine）者，莽堆澳附近一地名也。若分此字为二段，上段拉（La）字为法文之冠词，下段欣（Chine）字正式用法文读之，则为喜内，即法文中之中国（Chine）字也。闻人云，法国人初来此时，以为西班牙人所征服者为印度，此地必为中国，因以名之。久虽知其误，然亦因之，故至今未改也，岂不可笑。

十一月十九日星期

检点行装，预备再入美国，中餐约王、葛、唐诸君同餐。

下午偕王君赴女青年会。既至，除王君与余外，无一男子，觉举动为之不安。少顷开会，奏乐一次，奏乐颂圣歌者三次，全场皆起立，颂圣，余亦执颂词一本，略阅之，觉陈腐可厌也。三次毕，主席报告开会，继请王君演说《中国女子之生活》，所举皆中国之善良习惯，为彼国所未闻者。王君虽为基督教徒，然不以教士专门向美、坎散播毁诋

---

① 此处疑为 Kahnawake，即莫霍克。

② 此处应为 Iroquois，即易洛魁人（北美印第安人）。

中国之流言为然，故特举中国之善良习惯，冀以改变白人对中国之旧观念。

晚购票赴波斯顿，购票时须先得移民局认可。车站之移民局，有两方办事员，对①余向无为难之处。余白日曾来询开车时间，彼告以九时一刻，至第二次来，则云八时一刻，故上车甚仓卒。郭子纯、钱伯泉二君送余同上车，又电王君亦来，车开动时，诸君犹招手不止，直至不能望及乃已。

十时半至美、坎国界，又有移民局委员验护照，海关关员验行李。示以护照，谓有外交事务，则行李免验，各委员去，余亦随乘客均就寝。

坎拿大最近观察谈

世人在有色地图中，皆认坎拿大为英国属地。吾游坎已认明坎拿大已由属地变而为自治区，由自治区（dominion）长养而成为一独立之新国族。此新国族有种种之特点，值得吾人之注意国②，举其要者：

一、其国族本身构成之分子：当十四五世纪时英法两国尽向美洲大陆殖民时，英国所占得仅美国本部滨太平洋，世所称为新英格者之一小部分；法国所占领者，起自坎拿大现在桂白克省，经昂太流省及美国中部，沿米西西比河，直至墨西哥湾，横贯北美大陆，亘长万余里，沿途设堡，有席卷全美之势，后酿成两国殖民地战争，英国殖民地之根据借以巩固，法国在北美殖民地之事业由此结束。法属之划入美国疆土者，亦随美国人而独立。桂白克省为法人移殖美洲惟一根据地，一再变更条约，改归英属，后与昂太流等省合组为坎拿大之干部，桂白克之法国人亦遂成英国皇冠下之子民。然有两事犹表明其对英国不肯屈服之精神：第一，桂白克省沿用法国语，政府不能迫其

① 原文作"封"。
② "国"字疑衍。

改习英文;第二,当坎拿大行重大典礼,参加者欢呼天佑吾皇(God Seafes the King①)时,桂白克省人皆转面向后,以表示其不甘为英皇臣民之态度。英种人民既不能强法国种者必习英文,其他国之移民亦得享有仍用祖国文字之权利。在五十年前(1881),人口只四百三十万之谱,至最近人口已增至一千〇三十五万三千,几增加百分之五十,除原有人民之繁孳②者,大都自欧美国迁入。最近四年言之:一九二八年由外国移入者,十五万一千余人,一九二九年十六万七千余人,一九三〇年十六万三千余人,一九三一年数目最少,尚八万八千余人。移来者,以英美两国为最多,德国次之,其他法国、奥国、挪威、瑞典、比利时、意大利、俄罗斯无不各占有相当之数目。无论来自何处,一经占籍斯邦,皆自视为坎拿大国族之一员。盖国家为万民之公共组织,凡来参加者,皆得为国民之一员,得有所表现,得有所供献于此新国家之社会中,故其自身之认识上,亦深觉自身为国族中不可少之一分子,爱国之念,随即在此国家中所处之地位、所享之待遇以发展滋荣,故不必千年百年培养陶融也。返视吾国,以庞然四万万人民铸成此大物,以四五千年历史之长养,以同姓不婚之婚姻网,联结全民族为一血组的团体,而其对于国家离心力日大,向心力日小,何其与坎拿大之现象相反也? 愿国人深思其故!

二、其国家经济发展之程序:欲知其经济发展之程序,必先知其地理上之自然情形及历史经过。桂白克一带为欧洲入坎之门户,其经济发达最早,实为坎拿大工业革命之先河。昂太流为物产最富、人口最密,接连美国中部,交通最称便利,为美、坎两国经济之连锁,亦即坎拿大自身之经济中坚。北部各区则纯一林、矿、渔、牧区,西部滨太平洋一带本由英国与美国划界,自奥列纲(Oregon)中划分而为英政府下另一殖民地,并入坎拿大后,坎人首经营其贯穿大陆、接连太

---

① 此处应为 God Saves the King。
② 原文作"孳"。

平洋、大西洋之铁路。又四面分建支路,乃连农、工、林、矿、渔、牧各业为一体,形成今日国际上一庞大之生产势力。故在昔时欧洲各国,对于殖民地,皆视以为原料产地、熟货市场。然现在坎拿大货物之运入英国:一九三〇年为二万八千一百八十三万八千元,一九三一年为二万二千〇〇八万七千元;其自英国输入者:一九三〇年为一万八千九百十七万七八千元,一九三一年为一万四千八百四十九万六千元。在前一年,对英入超为九千余万元,后一年对英入超为七千余万元,英国贸货乃处处处于无利之地位。再观其对美国之贸易:在一九三〇年,向美国输出者五万一千五百万元,自美国输入者乃八万四千七百五十万元之谱;一九三一年,向美国输出者三万六千四百万元之谱,自美国输入者五万八千四百五十万元之谱。对美国之入超,则前一年超过三万万元以上,后一年亦超过两万万元以上。然则坎拿大非不需要熟货也,其需要之熟货,不自其母国输入,而自其邻国输入。自经济上观察,可知坎拿大对于英美之个别关系矣。坎拿大之经济,更有三特点,足使吾人注意:

1. 坎拿大之麦田面积之大、产量之丰,在全世界居前三位。以一千万之人口,其农产品之出口者,在全世界市场萧索时(一九二九年)超过八万万金元以上。吾国以四万万人之多,而连年乃需要外国米麦之入口,果何因以致此?

2. 坎拿大之经营西部也:始之以交通,次之以开垦,次之以工商业。其政府竭全力提倡人民之向西移动,其人民亦竭全力将东部已发展之财富向西部新开辟处移动调用,故能于短期中促进西方发展,以谋全国之普遍繁荣。吾国在今日,固尚不能比五十年前之坎拿大,然所谓中央政府者,有无向边地发展之眼光? 有无向穷北进行之勇气? 有无就国家通盘合计之方案? 吾但见雄踞东南一隅,自许为吾能掌掘全国经济之锁钥。其灼灼之目,盖全注射于外国势力范围之上海,而社会方面之号称有力者,又皆群趋于租界,借求保障于外人,以稳渡其美满优越之生活,谁肯念及内地残破穷困乡村者? 吾乃望其扩大眼光以计划荒边绝域之发展,可谓慎矣!

3. 现代文化程度愈高,其需要木材愈多,建筑所用,犹其小者;纸料所需,最关重要。苏联为世界拥有最多森林之国家,次之即坎拿大。坎拿大纸及纸料之出口,年皆在二万万元以上。中国以世界第一伟大之民族,其需要建筑木材及造纸原料理当甚多。然吾国产林地带,一为东三省,二为外蒙古。今外蒙古独立已逾十年,当国者方赌气争雄于内战之胜负,莫有筹收回之策者。今东四省又被日本人以满洲国名义囊括而去,此后吾可怜之四万万人,将建筑木材及造纸原料亦无处求得矣!

三、坎拿大之政治组织:吾人之误认坎拿大为纯粹①属地者,皆不知其有独立之政府。实则不但其中央政府纯粹独立,决不受英国之任何干涉,即其各省政府亦各独立定制,各立名称、各自选举。其中央政府仿造英制,有国会、有内阁。内阁由国会多数党组织,其阁员初不过十人左右,今已增至十八人,因事分职,随时设官,几无固定之中央官制。各省仿而效之,亦皆行议会制,由多数党组织内阁,其阁员有多至十二人者,如昂太流省;有多至十人者,如桂白克省;有少至六人者;如拿瓦斯克特(Nond Scotia②),此为其现在各级政府组织。当吾游彼国时,其省政府阁员有只四五人者,且各省名目纷歧,有官名同而职务异者,亦有官名异而职务同者。上下级政府间,专自其官名观察,几不知其下级机关之职务应归某一上级机关主管,此英国系政治制度之显著异点。职掌不固定、系统不分明,论者多以伸缩自由推誉之,吾殊不敢苟同也。然以此不甚美善之制度,而坎拿大人乃能善为运用,以调协其内部、发展其实力,是又不能不归功于其国之政治能力矣。世或以其对英国人在同一帝国之名称下,为不具独立国之资格,不知坎拿大自一九一〇年已有独立之海军,自一九二二

---

① 　原文作"纯碎",下文同。

② 　此处疑为 Nova Scotia,即新斯科舍(加拿大省名)。

年更定新军制,扩张庞大之陆军,行全国皆兵制,其常备军设备,远在战前之美国以上。世界第二次大战,虽不敢断其必有,而国际间潜伏战争导火线纵横交错,随时有触发可能,但一隅触发,随时有延及全世界之可能。以坎拿大已往之专务经济发展,绝不注意武备,今亦厉行全国征兵制度,以免将来大战时为他国所牺牲。中国在国际上为伏有导火线最多之国家,请问吾政府,请问吾国民,吾果有何预备?

十月四日

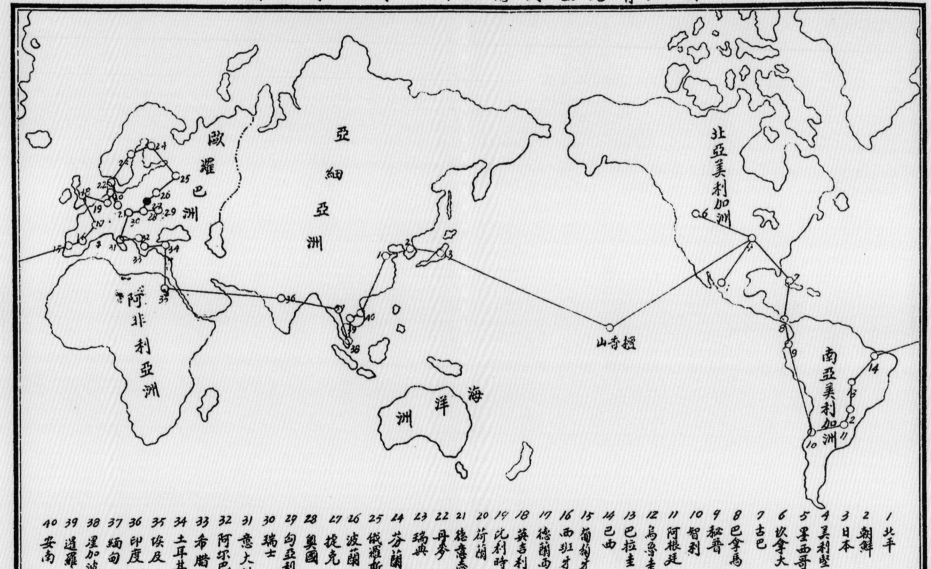

歐羅巴洲

亞細亞洲

北亞美利加洲

阿非利亞洲

海洋洲

南亞美利加洲

40	39	38	37	36	35	34	33	32	31	30	29	28	27	26	25	24	23	22	21	20	19	18	17	16	15	14	13	12	11	10	9	8	7	6	5	4	3	2	1
安南	逞羅	星加波	緬甸	印度	埃及	土耳其	希臘	阿尔巴尼	意大利	瑞士	匈亞利	奧國	捷克	波蘭	俄羅斯	芬蘭	瑞典	丹麥	德意志	比利時	沈利時	英吉利	德蘭西	葡萄牙	西班牙	巴西	巴拉圭	烏魯圭	阿根廷	智利	秘魯	巴拿馬	古巴	坎拿大	墨西哥	美利堅	日本	朝鮮	北平